KB104151

노마드랜드

노마드랜드

Nomadland

제시카 브루더 지음 | 서제인 옮김

엘리

일러두기

- 본문 중의 주석은 옮긴이주이며 원문의 주석은 원주라고 적었다.
- 인명, 지명 등 외국어의 우리말 표기는 국립국어원 외래어표기법을 따르되, 통용되는 일부 표기는 허용했다.

차례

데일에게

"어디에나 틈은 있어. 빛은 그 틈을 통해 들어오지."

— 레너드 코언

"자본주의자들은 자신들의 경제적 그물 밖에서 사는 사람이
아무도 없기를 바란다."

— 익명의 네티즌, AZDAILYSUN.COM

서문

。

내가 이 글을 쓰는 동안, 그들은 나라 곳곳에 흩어져 있다.

노스다코타주 드레이턴에서는, 샌프란시스코에서 택시 운전사로 일했던 예순일곱 살의 남자가 그해의 사탕무 수확 시즌에 노동을 한다. 그는 영하의 날씨 속에서 해 뜰 때부터 해가 진 뒤까지, 밭에서 몰려와 사탕무를 수 톤씩 쏟아내는 트럭들을 지원한다. 밤이 되면 그는 밴에서 잠을 잔다. 우버가 택시 산업에서 그를 밀어내는 바람에 집세를 충당할 수 없어진 뒤로 그 밴은 그의 집이 되었다.

켄터키주 캠벨스빌에서는, 전직 종합 건설업자인 예순여섯 살의 여성이 아마존 창고에서 일한다. 그는 수 킬로미터에 이르는 콘크리트 바닥 위로 바퀴 달린 카트를 밀며 상품을 배치하면서 야간 교대 근무를 한다. 정신이 멍해지는 지루한 일이지만, 그는 물건 하나하나를 정확하게 바코드 스캔하려고 애쓰며 해고당할 일이 없기만을 바란다. 아침이 되면 그는 자신의 조그만 트레일러로 돌아간다. 아마존이 그와 같은 노마드 노동자들을 묵게 하려고 계약한 몇몇 이동 주택 주차장 중한 곳에 세워져 있다.

노스캐롤라이나주 뉴번에서는, 눈물방울 모양 트레일러 — 이 트레일러는 아주 작아서 오토바이로 끌고 다닐 수 있다 — 가 집인 한 여성이 구직 활동을 하는 동안 친구 집에서 신세를 지고 있다. 서른여덟 살인 네브래스카 출신의 이 여성은 석사 학위가 있고, 지난 1달 동안에만 수백 통의 입사 지원서를 썼는데도 일자리를 찾지 못하고 있다. 사탕무 수확 현장에서 사람을 구한다는 걸 알지만, 국토를 횡단하는 여정의 반도 못 가 가진 돈이 떨어질 것이다. 무엇보다, 몇 년 전 일하던 비영리 법인에서 일자리를 잃은 일이 그가 트레일러로 이주해 들어온 이유 중 하나다. 가진 자금이 바닥나자 그는 학자금 대출을 갚으며 집세까지 감당할 여력이 없어졌다.

캘리포니아주 샌마코스에서는, 1975년형 GMC 모터홈에 사는 30대 커플이 어린이 놀이기구와, 동물을 만질 수 있는 체험 시설을 갖추고 핼러윈 호박을 파는 노점을 운영하고 있다. 커플은 텅 빈 흙밭 위에 맨주먹으로 닷새 만에 이것들을 차렸다. 몇 주 뒤 그들은 크리스마스트리 판매로 업종 전환을 할 예정이다.

콜로라도주 콜로라도 스프링스에서는, 캠프장 관리 일을 하다가 갈비뼈 세 대에 금이 간 일흔두 살의 밴 생활자가 가족과 시간을 보내며 건강을 되찾는 중이다.

。

떠돌이, 뜨내기, 부랑자, 정착하지 못하는 자들이라 불리는 사람들은 언제나 있었다. 하지만 세 번째 밀레니엄에 들어선 지금, 새로운 종류의 유랑 부족이 떠오르고 있다. 결코 노마드가 되리라고 상상해본 적 없는 사람들이 여행길에 나서고 있다. 그들은 전통적인 형태의 주택과 아파트를 포기하고 누군가는 '바퀴 달린 부동산'이라고도 일컫는, 밴과 중고 RV°, 스쿨버스, 캠핑용 픽업트럭, 여행용 트레일러, 그리고 평범한 낡은 세단에 들어가 산다. 그들은 중산층으로서 직면하던 선택들, 선택 불가능한 그 선택들로부터 차를 타고 달아나는 중이다. 예를 들면 이런 결정들.

음식을 살까, 치과 치료를 받을까? 주택 융자금을 낼까, 아니면 전기 요금을 낼까? 차 할부금을 낼까, 약을 사 먹을까? 집세를 낼까, 학자금 대출금을 갚을까? 따뜻한 옷을 사 입을까, 아니면 출퇴근 차량에 기름을 넣을까?

⊙ Recreational Vehicle. 승용차보다 크고, 더 많은 인원이나 화물의 수송이 가능한 다목적 차량을 말한다. 미국에서는 주거 시설이 딸린 차량을 두루 가리키며, 유럽이나 일본에서는 레저용 차량, SUV 같은 것까지 포함해 더 넓은 의미로 쓰인다.

많은 사람들에게, 그 대답은 처음에는 급진적으로 보였다.

임금을 올릴 수 없다면, 가장 큰 지출을 덜어내면 어떨까? 벽과 기둥으로 된 주거지를 차를 타고 다니며 사는 삶으로 바꾸는 것은?

어떤 사람들은 그들을 '홈리스'라 부른다. 새로운 노마드들은 그 꼬리표를 거부한다. 주거 시설과 교통수단을 둘 다 갖춘 그들은 다른 단어를 쓴다. 그들은 자신들을 아주 간단하게 '하우스리스houseless'라고 칭한다.

멀리서 보면, 그들 중 많은 사람들이 아무 걱정 없는 은퇴한 RV족으로 오인될 수 있다. 큰맘 먹고 영화를 보러 가거나 레스토랑에서 저녁식사를 할 때면 그들은 군중 속에 자연스레 섞여 든다. 사고방식과 외양으로 보면 그들은 대체로 중산층이다. 그들은 빨래방에서 옷을 세탁하고, 샤워를 하기 위해 피트니스 클럽에 등록한다. 많은 이들이 대침체°로 인해 저금이 사라져버린 이후 유랑 생활에 나섰다. 위장과 휘발유 탱크를 채우기 위해 그들은 오랜 시간 동안 힘든 육체노동을 한다. 임금은 낮고 주거비용은 치솟는 시대에, 그들은 그럭저럭 살아나가기 위한 한 방편으로 집세와 주택 융자금의 속박에서 자신들을 해방시켰다. 그들은 미국을 살아내고 있다.

하지만 다른 누구에게나 그렇듯, 그들에게도 생존이 전부는 아니

° The Great Recession. 2007년 미국에서 촉발되어 2009년 무렵까지 이어진 전 세계적 경제 침체 상황.

다. 그래서 필사적인 노력으로 시작된 것은 좀 더 위대한 무언가를 외치는 함성이 되었다. 인간으로 산다는 것은 최소한의 생활 이상의 무언가를 열망하는 일이다. 우리에게는 음식이나 거주지만큼이나, 희망이 필요하다.

그리고 길 위에는 희망이 있다. 그 희망은 앞으로 나아가는 힘에서 생겨나는 부산물이다. 이 나라 전체만큼이나 넓은, 기회의 감각. 뼛속 깊이 새겨진, 더 좋은 일이 생길 거라는 신념. 그것은 바로 앞에, 다음 도시에, 다음번 일자리에, 다음번 낯선 사람과의 우연한 마주침 속에 있다.

공교롭게도, 그 낯선 사람 중 일부 역시 노마드다. 온라인으로, 일터에서, 전기나 수도 따위의 공공설비 없이 자급자족 캠핑을 하는 동안에, 그들이 만나면 부족이 형성되기 시작한다. 그들 사이에는 서로에 대한 이해가, 동류의식이 있다. 누군가의 밴이 고장 나면 그들은 십시일반 돈을 걷는다. 그들 사이에 번져가는 느낌도 있다. 무언가 큰일이 일어나고 있다는 느낌. 나라 전체가 급속하게 변화하고 있고, 낡은 구조들이 무너져 내리고 있으며, 자신들이 새로운 무언가의 진원지에 있다는 느낌이다. 한밤중에 캠프파이어를 함께 둘러싸고 있노라면 마치 유토피아를 살짝 맛보는 듯한 기분이 들기도 한다.

내가 글을 쓰는 지금은 가을이다. 곧 겨울이 올 것이다. 계절성 일자리들에서 늘 있는 일시 해고가 시작될 것이다. 노마드들은 캠프장의 짐을 싸서 그들의 진짜 집, 길 위로 돌아가 미국의 혈관을 따라 혈구들처럼 움직일 것이다. 친구들과 가족을, 혹은 그저 따뜻한 장소를 찾기 시작할 것이다. 어떤 사람들은 대륙을 시원하게 가로지르며 여행을 할 것이다. 모두가 거리를 계산할 것이고, 그 여정은 미국이라는 슬라이드 필름을 상영하듯 펼쳐질 것이다. 패스트푸드 식당들과 쇼핑몰들. 서리에 덮여 잠든 들판들. 자동차 판매점들, 초대형 교회들, 밤새 영업하는 식당들. 단조롭게 펼쳐진 평야들. 가축을 살찌게 하는 사육장들, 가동이 중단된 공장들, 구획된 땅들, 대형 할인점들. 눈이 쌓인 산봉우리들. 길가의 풍경은 낮을 지나 어둠 속으로, 피로가 밀려올 때까지 필름이 감기며 뒤로 멀어진다. 침침해진 눈으로, 그들은 도로에서 벗어나 쉴 곳을 찾는다. 월마트 주차장에서. 조용한 교외의 거리에서. 트럭 휴게소에서, 공회전하는 엔진의 자장가에 둘러싸여서. 그리고 이른 아침이 되면, 누군가 알아차리기 전에 그들은 고속도로로 돌아와 있다. 다시 차를 몰며, 그들은 그 사실에 마음을 놓는다.

미국의 마지막 자유 공간으로 주차 구역이 있다는 사실에.

1부

1장

틈새 호텔

풋힐 고속도로를 타고 로스앤젤레스에서 내륙으로 약 1시간쯤 달리다 보면 북쪽으로 가는 차들 앞쪽으로 산맥 하나가 모습을 드러내면서 교외 주택지의 풍경이 갑작스레 끝난다. 이 삼림지대는 미국 지질조사국의 표현으로는 "높고 깎아지른 듯한 벼랑"인 샌버나디노 산맥의 남쪽 끝이다. 이 지형은 1100만 년 전 샌앤드레이어스 단층을 따라 일어나기 시작한 지형 작용의 일부로, 오늘날에도 태평양판과 북아메리카판이 서로를 밀어내면서 해마다 몇 밀리미터씩 여전히 상승하고 있다. 하지만 산봉우리들을 향해 똑바로 운전할 때면 산은 훨씬 빠른 속도로 솟아오르는 것처럼 보인다. 그 광경에 자세를 고쳐 앉고, 가슴속에 벅차오르는 감정이 일기 시작한다. 마치 갈비뼈 안쪽에 헬

륨 가스가 가득 차올라 몸이 둥실 떠오르기라도 할 것 같다.

린다 메이는 운전대를 쥐고 장밋빛 테 이중 초점 안경 너머로 다가오는 산맥을 바라본다. 어깨 밑으로 내려오는 은발은 뒤로 빗어 넘겨 플라스틱 집게 핀을 꽂았다. 린다는 풋힐 고속도로를 벗어나 시티 크리크 로드라고도 부르는 330번 고속도로로 접어든다. 몇 킬로미터 동안 도로는 평평하고 넓게 이어진다. 그러다 점점 좁아져 양방향 1차선의 가파른 S 자 도로로 바뀌면서 샌버나디노 국유림으로 들어가는 오르막길이 시작된다.

이 예순네 살 할머니는 지프 그랜드 체로키 라레도를 몰고 있다. 박살 났다가 복구되어 견인 차량 보관소에 있던 차다. 문제가 없는데도 자꾸만 깜빡이는 엔진 경고등에 세심하게 주의를 기울여야 하고, 자세히 보면 보닛에 칠해진 흰색 페인트도 눈에 띄는데, 우그러졌던 부분을 교체한 것이라 차체의 다른 부분보다 미묘하게 어둡다. 하지만 몇 달에 걸친 수리 끝에 마침내 이 차는 도로 주행을 할 만한 상태가 됐다. 정비공이 새 캠축과 리프터들을 설치해주었다. 린다는 낡은 티셔츠와 방충제를 동원해 뿌예진 헤드라이트를 문질러 닦는 등 나름의 DIY 노하우로 최대한 차를 꾸몄다. 지금 지프는 처음으로 린다의 집을, 그가 '틈새 호텔the Squeeze Inn'이라고 부르는 연노란색 트레일러를 끌고 있다. (방문객들이 단번에 이 이름을 알아듣지 못하면 린다는 "네, 자리 있어요, 비집고 들어와요squeeze in!"라고 말하고는 깊이 팬 웃음 주름을 드러내며 미소 짓는다.) 모델명이 헌터 콤팩트 II인 이

트레일러는 파이버글라스로 주조된 유물로, 1974년에 만들어졌고, 출시 당시 광고에서는 "탁 트인 길에서는 새끼 고양이처럼 따라오고, 길이 험해지면 호랑이처럼 쫓아오는" "레저 여행 사상 최고의 성취"라고 했다. 40년이 지난 지금, 틈새 호텔은 매력 넘치는 레트로 스타일의 캡슐형 생명 유지 장치처럼 느껴진다. 모서리는 둥글고 측면은 경사진 상자 모양의 이 차는 그 기하학적 형태가 한때 햄버거 가게에서 쓰던 양쪽으로 벌어지는 스티로폼 용기를 연상시킨다. 내부는 끝에서 끝까지 3미터쯤 되는데, 이는 한 세기도 더 전에 린다의 할머니의 어머니의 어머니의 어머니를 태우고 미 대륙을 가로질렀던 포장마차 내부와 얼추 같은 길이다. 벽체와 천장에 댄 누빔 장식된 크림색 인조 가죽, 머스터드색에 아보카도 패턴이 들어간 바닥의 리놀륨에서는 1970년대 특유의 분위기가 풍긴다. 높이는 린다가 딱 설 수 있을 정도다. 경매에서 1,400달러에 이 트레일러를 산 다음 린다는 페이스북에 이렇게 적었다. "내부 높이가 160센티미터인데 내 키가 158센티미터다. 완벽하게 딱 맞네."

린다는 틈새 호텔을 빅 베어 레이크 북서쪽 소나무 숲속에 자리 잡은 캠프장, 해나 플랫으로 끌고 가는 중이다. 지금은 5월이고, 린다는 거기서 9월까지 머무를 계획이다. 하지만 해마다 따뜻한 날씨를 즐기기 위해 로드 아일랜드주보다도 큰 삼림지대인 샌버나디노 국유림을 찾는 수천 명의 여행객들과는 다르게, 린다는 일을 하려고 이 여행을 하고 있다. 올여름은 린다가 캠프장 관리자로, 다시 말해 청소부, 계산원, 공원 관리인, 경비원, 안내 요원의 역할을 두루두루 다 하는 계절성 노동자로 고용된 세 번째 여름이다. 린다는 일을 할 생각에, 재취업한 노동자들에게 해마다 주어지는 인상분을 적용해 지난해보다 20센트 오른 시간당 9달러 35센트의 임금을 받을 생각에 들떠 있다. (당시 캘리포니아의 최저임금은 시간당 9달러였다.) 그리고 린다와 다른 캠프장 관리자들은 회사의 고용 정책 문서에 따르면 "임의로" 고용되긴 했지만—이는 그들이 "언제든 사유나 예고 없이" 해고될 수 있다는 뜻이다—린다는 매주 40시간을 꽉 채워 일하게 될 거라는 이야기를 들었다.

캠프장 관리자로 처음 일하는 사람들은 낙원에서 보내는 유급 휴가를 기대한다. 그들을 탓하기는 어렵다. 구인광고에는 반짝이는 개울과 야생화가 가득 핀 초원이 담긴 사진들이 큼지막하게 들어가 있다. 민간 운영권자이자 린다의 고용주인 캘리포니아 랜드 매니지먼트사의 브로슈어는 햇빛이 아롱지는 호숫가를 배경으로 마치 여름 캠프의 절친들처럼 서로 팔짱을 끼고 밝게 미소 짓는 반백의 여성들을 보여준다. "캠핑을 하면서 돈을 벌자!" 캠프장 관리자를 고용하는 또 다른 회사인 아메리칸 랜드 앤드 레저의 구인광고 배너가 부추긴다. 헤드라인 밑에는 추천사들이 이어진다. "본사 스태프의 체험 후기: '은퇴 생활이 이렇게 재미있던 적은 없었어요!' '우리는 평생 가는 우정을 쌓았습니다.' '지난 몇 년 동안보다 건강해졌어요.'"

신참들은 이 일에서 그다지 아름답지 않은 부분을 맞닥뜨리고는 움찔하고, 때로는 그만두기도 한다고들 한다. 이를테면 술에 취해 떠들어대는 캠핑객들 뒤치다꺼리하기, 캠프파이어 자리에서 재와 깨진 유리 더미를 삽으로 퍼내기(요란한 손님들은 재미 삼아 불꽃 속에 유리병을 던져 넣어 병을 폭발시킨다), 그리고 하루에 세 번 옥외 화장실 청소하기가 그런 부분이다. 화장실 관리는 캠프장 관리자들이 가장 안 좋아하는 업무지만, 린다는 그런 일로 흔들리지 않는다. 심지어 그 업무를 잘 수행해내는 데 약간의 자부심까지 있다. "내 캠핑객들이 쓰는 곳이니까 깨끗해야죠." 린다가 말한다. "난 세균 공포증 같은 건 없어요. 그냥 고무장갑 쓱쓱 끼고 하는 거죠."

린다가 샌버나디노 산맥에 도착하자 계곡의 풍경이 웅장하고도 심란하게 펼쳐진다. 노변은 좁고, 갓길이라 할 만한 공간도 간신히 나 있다. 몇 줄기 이어진 길을 따라 비탈에 매달린 가느다란 포장도로들을 지나면 아무것도 없는 허공뿐이다. 이정표가 운전자들에게 경고한다. "낙석 주의." "과열 주의: 다음 22킬로미터 동안 에어컨을 끄시오." 하지만 무엇도 린다를 동요시키지는 못하는 듯하다. 거의 20년 전 장거리 트럭 운전사로 일한 이후로 린다는 험난한 도로를 겁내지 않게 되었다.

나는 린다의 차 바로 앞에서 캠핑용 밴을 몰고 있다. 저널리스트로서, 나는 1년 반 동안 간헐적으로 연락을 이어가며 린다와 시간을 보냈다. 직접 만나는 자리 사이사이에 너무도 여러 번 전화로 이야기를 나눈 나머지, 나는 전화를 걸 때마다 린다가 응답을 하기도 전에 그 익숙한 인사말을 기다리게 된다. 린다는 멜로디를 실어 '여보-세-요 오' 하는데, 아기와 까꿍 놀이를 하면서 '보인다!'라고 할 때와 똑같은 세 음이다.

내가 린다를 처음으로 만난 건, 점점 증가하는 미국의 노마드들, 풀타임으로 길 위에서 사는 사람들의 서브컬처에 관한 잡지 기사를 쓰기 위해 조사를 하면서였다.[*] 린다와 마찬가지로, 떠도는 많은 사람들이 경제적 모순에서 벗어나려고 애쓰고 있었다. 상승하는 집세와 낮은 임금의 충돌, 멈출 수 없는 힘과 움직일 수 없는 대상의 부딪힘이라는 모순. 그들은 마치 바이스에 낀 것 같았다. 영혼을 탈탈 털어가는 소모적인 노동에 자신의 시간을 몽땅 바치는 대가로 간신히 집세나 주택 융자금을 낼 수 있을 만큼의 보수를 받으면서, 장기적으로 상황을 나아지게 할 방법도, 은퇴할 수 있으리라는 전망도 없는 상황에 끼어버린 느낌이었다.

그런 느낌들은 엄연한 사실에 근거하고 있었다. 임금과 주거비용이 너무도 극적으로 서로 다른 방향으로 나아간 나머지, 점점 많은 미국인들에게 중산층은 이루기 어려운 꿈에서 불가능한 꿈으로 변해버렸다. 내가 이 글을 쓰는 지금, 미국에서 최저임금을 받는 풀타임 노동자가 공정시장 임대료로 방 하나가 딸린 아파트의 집세를 감당할 수 있

⦿ (원주)처음 그 기사 쓰기에 착수했을 때, 나는 그것이 3년의 집필 기간과 수백 건의 인터뷰를 필요로 하는 더 큰 프로젝트로 발전하리라고는 거의 생각하지 못했다.

는 곳은 겨우 여남은 자치주와 하나의 도시권밖에는 없다. 권장되는 대로 수입의 30퍼센트 아래로 주거비용을 쓰면서 그런 아파트의 집세를 내려면 1시간에 최소한 16달러 35센트—연방 최저임금의 두 배가 넘는 액수—를 벌어야 한다. 결과는, 특히 여섯 가구에 한 가구꼴로 수입의 반 이상을 주거에 써온 미국인들에게는 더더욱, 처참하다. 저소득층에 속하는 많은 가구들에게 그것은 음식이나 의약품, 그 밖에 다른 생필품을 살 돈이 거의 없거나 전혀 없다는 의미가 된다.

내가 만난 많은 사람들이 승부가 조작된 게임에서 지느라 너무 많은 시간을 써버렸다고 느끼고 있었다. 그래서 그들은 시스템을 뚫을 방법을 찾아냈다. 그들은 전통적인 형태의 '벽과 기둥으로 된' 집을 포기함으로써 집세와 주택 융자금의 족쇄를 부숴버렸다. 밴과 RV, 트레일러로 이주해 들어가 좋은 날씨를 따라 이곳에서 저곳으로 여행했고, 계절성 노동을 해서 얻은 돈으로 연료 탱크를 채웠다. 린다는 그 부족의 일원이다. 린다가 서부 근처로 이주하는 동안 나는 그를 따라다녔다.

샌버나디노 산맥으로 올라가는 가파른 등반이 시작되자, 멀리서 산봉우리들을 볼 때 느껴지던 현기증이 서서히 사라진다. 갑자기 불안이 밀려든다. 이 투박한 밴을 몰고 구불구불한 산길을 달린다고 생각하니 좀 무섭다. 린다가 자신의 고물 지프로 틈새 호텔을 끄는 걸 보노라니 많이 겁이 난다. 앞서, 린다는 내게 자기보다 앞장서서 운전하면 된다고 했다. 그는 뒤에서 따라오고 싶어했다. 하지만 왜? 린다는 자기 트레일러가 떨어져 나가 뒤로 미끄러질 수 있다고 생각한 걸까? 나는 끝내 알아내지 못했다.

샌버나디노 국유림의 첫 번째 표지를 지나자, 차체가 번쩍거리는 석유 수송 트럭 한 대가 틈새 호텔 뒤에서 모습을 드러낸다. 참을성이 없어 보이는 트럭 운전사는 너무 바짝 붙어서 연달아 몇 개의 S 자 커브를 돌고, 그 바람에 내 백미러에서 린다가 잘 보이지 않는다. 나는 린다의 지프가 나타나기를 계속 기다린다. 다시 곧은 길로 들어서지만, 린다의 지프는 보이지 않는다. 대신 그 석유 트럭이 언덕 위 직선 도로에 다시 나타난다. 린다의 흔적은 어디에도 없다.

나는 자동차 쉼터로 들어간 다음 린다의 휴대전화로 전화를 걸고, 그 익숙한 '여보-세-요오' 소리가 들리기를 기원한다. 신호는 울리고 또 울리다가 음성 사서함으로 넘어간다. 나는 밴을 주차하고 밖으로 튀어나온 다음, 안절부절못하며 운전석 옆쪽을 걸어 다닌다. 다시 전화를 건다. 받지 않는다. 이제 더 많은, 아마 대여섯 대쯤 되는 차들이 커브길을 빠져나와 직선 도로로 들어온 다음 쉼터를 지나쳐 간다. 몇 분이 흘러가는 동안 나는 아드레날린이 터져 나와 공황에 빠져버릴 듯한 울렁거리는 느낌을 가라앉히려 애를 쓴다. 틈새 호텔이 사라졌다.

○

수개월 동안, 린다는 길 위로 돌아와 캠프장 관리자 일을 시작하기를 갈망해왔다. 그는 로스앤젤레스에서 남동쪽으로 80킬로미터 떨어진 미션 비에호에서 자신의 딸 오드라와 사위 콜린, 그리고 모두 10대인 세 명의 손주들이 함께 사는 임대 주택에 갇혀 있었다. 침실이 부족했기에 린다의 손자 줄리언은 주방 바깥에 있는, 문이 달리지 않은 식사 공간에서 잠을 잤다. (하지만 가족의 지난번 아파트보다는 편한 구조였다. 거기서는 작은 옷방이 한 손녀의 침실을 겸하고 있었다.)

　린다는 남은 것을 가졌다. 현관문 옆 소파. 그 소파는 일종의 섬이었다. 가족을 사랑하는 만큼이나 린다는 그 집에서 오도 가도 못하게 된 기분을 느꼈다. 지프가 정비소에 처박혀 있어서 더더욱 그랬다. 린다를 빼놓고 외출할 때마다 가족들 모두가 문으로 가는 길에 있는 린다의 소파를 지나가야 했다. 상황이 어색해지기 시작했다. 린다는 걱정이 되었다. 저애들이 나 없이 시간을 보내는 데 죄책감을 느끼는 건 아닐까? 자율적인 생활이 그립기도 했다. "아무리 딸네 집이라고 해도, 남의 집에서 왕을 모시며 살기보다는 내 집에서 왕으로 사는 게 낫지요." 린다는 내게 말했다.

　동시에, 건강 문제로 가족이 감정적으로도, 재정적으로도 무리를 하게 되면서 린다가 그들에게 의지하기는 더욱 어려워졌다. 린다의 손녀 개비는 몸이 약했고, 원인을 알 수 없는 신경계 이상으로 3년 넘게 단속적으로 침대에 누워 생활하고 있었다. 개비는 나중에 자가면역질환의 일종인 셰그렌 증후군 양성 판정을 받았다. 손자 줄리언은 제1형

당뇨병이었다. 딸 오드라는 심한 관절염을 앓고 있었다. 그리고 그걸로는 충분하지 않았는지, 가족을 부양하는 사위 콜린마저 최근 편두통과 현기증이 심해져 직장을 그만두어야 했다.

어느 순간 린다는 떠돌이 노동자들을 고용할 목적으로 온라인 소매업자인 아마존이 개발한 '캠퍼포스'라는 프로그램을 통해 아마존 물류 창고의 계절성 일자리에 지원할까 고민하기도 했다. 그러나 린다는 전해에 똑같은 일을 했었고, 손에 드는 바코드 스캐너를 사용하다가 결국 반복 사용 긴장성 손상 증후군을 얻었다. 그 병은 린다의 오른쪽 손목에 포도알만 한 혹으로 눈에 보이는 흔적을 남겨놓았다. 눈에 보이지 않는 것은 더 나빴다. 엄지손가락에서 손목으로, 팔꿈치에서 어깨로, 그리고는 목에서 끝나는, 오른팔 전체로 번져나가는 극심한 통증이 있었다. 200CC 커피잔이나 프라이팬만 들어 올려도 몸서리쳐지는 통증이 재발했다. 린다는 그 증상이 악화된 건염일 거라고 생각했지만, 그걸 안다고 해서 아픔이 사라지지는 않았다. 그리고 통증이 낫지 않는 한, 린다는 돌아갈 수 없었다.

파산한 데다 소파 섬에 갇힌 상태로, 린다는 틈새 호텔의 소유주이자 유일한 거주자인 자신의 미래에 집중하려고 애를 썼다. 가족과 함께 살기 전에 린다는 8.5미터짜리 1994년형 엘도라도를 타고 일자리에서 일자리로 옮겨 다녔다. 차는 휘발유를 엄청나게 먹는 데다 퍼지기 시작한 참이었다. 그래서 틈새 호텔을 좀 손봐야 했어도 그만큼 작은 트레일러로 규모를 줄이는 게 맞다는 생각이 들었다. 전 소유자들은 틈새 호텔을 오리건 해안의 갯바람 속에 방치해두었는데, 거기서 몇몇 금속 부품들이 부식되기 시작했고, 주황색 녹이 줄무늬로 슬면서 파이버글라스 차체를 망쳐놓았다. 린다는 이동 주택 개선 프로젝트로 휴양 기간을 보내기 시작했다. 첫 번째로 한 작업은 재료를 조합해―비밀 재료는 블렌더에 간 달걀 껍데기였다―연마용 세정제를 제조하는 것이었는데, 린다는 녹 얼룩 제거하는 데 그걸 쓰곤 했다. 또 다른 작업은 아늑한 침대를 만드는 것이었다. 트레일러에는 안쪽 벽을 따라 작은 식당이 갖춰져 있었는데, 린다는 거기서 테이블을 뜯어내고 판지를 모양대로 잘라 긴 의자들 위에 딱 맞게 덮었다. 새것처럼 보이는, 얇은 매트리스를 덧댄 퀸 사이즈 매트리스를 이웃 쓰레기 더미에서 발견한 린다는 그걸 주워 챙겼다. 아주 큼지막한 물고기에서 뼈를 발라내는 생선 장수처럼 매트리스를 갈라 열고 스프링들을 끄집어내 버렸다. 그런 다음 여러 겹의 패드를 꺼내 샤피 마커로 상판 크기에 맞게 표시를 했고, 카펫용 칼로 남는 부분을 잘라냈다. 바깥쪽 천도 크기에 맞게 잘라낸 다음 틀을 한데 꿰매 손질했고, 속을 다시 채워 길이 183센티미터, 폭 91센티미터의 완벽한 미니 매트리스를 만들어냈다. "더 좁으면 즐겁지 않을 것 같았거든요. 이 차에는 침대를 나눠 쓸 친구도 있으니까." 카발리에 킹 찰스 스패니얼 품종인 반려견 코코를 가리키며 린다가 말했다. "그래서 우리 둘을 위해 폭을 91센티미터로 만들었지요."

린다가 해나 플랫으로 떠나기 전날, 나는 그에게 흥분되는지 물었다. 린다는 마치 세상에서 가장 당연한 일이라는 듯 나를 보았다. "아, 그럼요!" 린다가 말했다. "나는 차도 없었고, 돈도 없었던 데다, 저 소파에 처박혀 있었잖아요." 달마다 사회보장연금으로 받는 524달러짜리 수표는 린다가 새로운 일을 해서 맞을 첫 번째 봉급날까지 버티게 해줄 것이었다.[*] 린다는 소파 하나 크기로 쪼그라들었던 자신의 세상이 다시 열리는 걸 느낄 준비가 돼 있었다. 너무 오랫동안, 열린 길을 따라 밀려오는 새로움과 가능성의 속도를 높여주던 익숙한 자유 없이 지내왔다. 이제는 떠날 시간이었다.

5월 6일 아침은 포근하고 흐렸다. 린다와 가족들은 포옹으로 작별 인사를 나눴다. "도착하면 전화할게." 린다가 약속했다. 그는 코코를 지프에 싣고는 출발했고, 자동차 숍에 들러 흠집이 나고 벗겨지기 시작한 말 안 듣는 타이어들에 공기를 채웠다. 지프에는 스페어타이어가 없었다. 다음 목적지는 주유소였다. 린다는 연료 탱크를 가득 채운 뒤 안으로 들어가 영수증을 받고 말보로 레드 100을 몇 갑 샀다. 갤런당 3달러 79센트인 지금과는 딴판으로, 휘발유를 갤런당 25센트에 살 수 있던 10대 시절을 린다가 추억에 젖어 회상하자 젊은 직원은 고개를 끄덕였다. "기름 1달러어치면 온종일 차를 몰고 다닐 수 있었죠." 린다가 고개를 절레절레 젓고 미소 지으며 그에게 말했다.

⊙ (원주)몇 주 뒤면 린다는 예순다섯 살이었고, 이미 빈약한 그의 수령액은 의료보험료인 메디케어를 제한 424달러로 줄어들 예정이었다.

무엇도 린다의 기분을 어두워지게 할 수는 없을 듯했다. 린다가 지프로 돌아와 차문이 잠기고 열쇠가 차 안에 있는 걸 발견했는데도 그랬다. 코코는 뒷다리로 서서 두 앞발을 운전석 차창에 올려놓고 꼬리를 흔들고 있었다. 코코가 걸쇠를 밟았던 모양이라고 린다는 추측했다. 그래도 차창은 몇 센티미터쯤 열려 내려와 있었다. 나는 밴에서 긴 손잡이가 달린 바비큐 점화기를 가져왔고, 틈새로 손을 밀어 넣어 점화기로 잠금장치를 눌러 열었다. 그렇게 해서 여행은 계속되었다.

틈새 호텔은 페리스 변두리에 있는 창고에서 대기 중이었다. 페리스는 샌타애나 산맥의 끝자락에 있는 마을이자 캘리포니아 해안 지역을 좀 더 황량한 내륙과 갈라놓는 반도 모양의 지역이었다. 그곳에 가려면 오르테가 고속도로를 타야 했다. 그 길은 미국에서 가장 위험한 도로 중 하나로, 〈로스앤젤레스 타임스〉 기자의 말을 빌리면 "도시의 스프롤 현상, 난폭한 운전자들, 시대착오적인 도로 건설 기술이 정면으로 충돌하는 장소"다. 구불구불한 큰길은 오렌지 카운티와 인랜드 엠파이어 사이를 오가는 통근 차량들로 자주 막히지만, 한낮에는 다행히도 교통량이 많지 않다. 오래지 않아 린다는 레이크 엘시노어 서쪽 가장자리에 따개비 군락처럼 달라붙어 있는 대여섯 군데의 트레일러 주차장 중 몇 곳을 지나 건너편에 도착했다. 3년 전 린다는 1달에 600달러를 내고 트레일러를 빌려 그곳 쇼어 에이커스 이동 주택 주차장에서, 고속도로부터 해안 거리까지 뻗은 갈라진 아스팔트 길 위에서 살았다.

할인점 '타깃'에서, 린다는 다음번 사회보장연금 수표가 들어올 일주일 뒤까지 버티게 해줄 식료품을 샀다. 커다란 마분지 통에 든 퀘이커 오츠 오트밀, 달걀 18개, 다진 쇠고기, 볼로냐소시지, 햄버거 빵, 골드피시 크래커, 너터 버터 쿠키, 토마토, 머스터드, 그리고 우유 1.9리터. 일을 시작하는 날까지는 아직 며칠 남아 있었지만, 린다는 주차장에서 자신의 예비 상사에게 전화를 걸었다. 자신이 믿을 만한 사람이며 일을 진지하게 대하고 있음을 알리고 싶었던 것이다. 지금 가는 중이고 어두워지기 전에 해나 플랫에 도착할 계획이라고 린다는 그에게 말했다.

위에 가시철사가 달린 철조망과 햇빛에 바랜 미국 국기들을 지나, 74번 고속도로 북쪽의 보관소에 틈새 호텔이 주차되어 있었다. 린다는 차를 몰고 문을 통과했다. 마른 체격에 반다이크 스타일로 희끗희끗한 턱수염을 기른 루디라는 이름의 현장 잡역부가 린다를 맞으러 나왔다. 린다가 할 일 목록에 있는 것들을 빠짐없이 떠올리려고 애쓰며 트레일러를 준비하는 동안 그들은 농담을 주고받았다. "나는 머릿속이 강철 올가미라니까요. 아무것도 안 들어오고 아무것도 안 나가요." 루디가 농담을 했다. 그들은 계속 떠들어댔고, 그러던 중에 린다가 트레일러 문에서 땅으로 너무 급히 발을 딛는 바람에 트레일러가 균형을 잃고 기울어졌다. 틈새 호텔이 하나뿐인 차축 위에서 시소처럼 흔들렸다. 트레일러 뒤쪽 끝이 땅에 부딪쳐 덜컥거렸다. "오늘 아침에 그 시나몬 롤을 먹는 게 아니었는데, 안 그래요?" 루디가 장난조로 말했다. 린다는 마음을 가라앉혔다. "너무 급했네!" 린다가 말했다. 다행히 린다도, 틈새 호텔도 부러진 데가 없었다.

린다가 트레일러 앞쪽에 있는 보관대를 단단히 조였다. 린다의 냉장고와 레인지, 작은 난로에 연료를 공급하는 9킬로그램짜리 프로판가스통 두 개가 거기 들어 있었다. 끝으로, 린다가 틈새 호텔을 지프에 연결하는 것을 루디가 도와주었다. 린다는 시동을 걸고 앞으로 나아갔다. 처음에는 조금 머뭇거렸다. 그러더니 손을 흔들어 작별 인사를 하면서 문을 빠져나갔다. 낡은 홍보용 브로슈어가 알려주었듯, 트레일러는 "새끼 고양이처럼 따라갔다".

。

샌버나디노 산맥을 첫 번째로 한 바퀴 도는 동안 린다가 다시 모습을 드러내지 않자, 내 머릿속에선 일어날 법한 재앙들이 줄줄이 힘겹게 이어졌다. 엔진이 멎어버렸을 수도 있다. 타이어에 펑크가 났거나—만약 그랬다면 스페어타이어가 없으니 곤란한 일이었다—더 나쁘게도 아예 타이어가 터져버렸는지도 모른다. 불안은 점점 심해졌다. 만약 틈새 호텔이 지프에서 떨어져 나가 언덕 아래로 미끄러져 가버렸다면? 커브를 크게 돌던 지프가 길을 벗어나 〈델마와 루이스〉의 클라이맥스 장면을 재현하듯 협곡으로 떨어져버렸다면?

내가 돌아가 린다를 찾으려고 밴에 시동을 걸고 있을 때 전화기가 울렸다. "금방 그리로 가요." 린다가 말했다. 쉼터에 린다가 나타나자 안도감이 파도처럼 밀려왔지만, 그리 오래가진 못했다. 린다는 차를 세우고는 자기 트레일러에 생긴 문제를 가리켰다. 프로판가스통 보관대가 비어 있었다. 급커브를 돌던 중에 가스통 두 개가 모두 날아가버린 것이었다. 그중 하나는 여전히 호스에 연결된 채 길에 퉁퉁 튕기며 틈새 호텔에 매달려 따라왔고, 트레일러의 파이버글라스 표면에 10센티미터쯤 찍힌 상처를 냈다. 다른 하나는 완전히 분리되어 불붙기 쉬운 회전초처럼 고속도로를 가로질러 굴러가버렸다. 내내 뒤를 바짝 따라오던 석유 트럭은 그 가스통을 피하기 위해 차선을 바꿨고, 속도를 올려 린다를 앞질러 갔다. 린다 앞에 다행히 차를 세울 만한 자리가 있는 차선 하나가 보였다. 떨어져 나간 가스통은 고속도로 저만치에 멈춰 있었다. 린다는 자신이 처한 상황을 파악했고—시야가 제한된 커브 구간 바깥쪽 가장자리에 자리 잡고 있었기에 린다는 다가오는 차들에게 보이지 않을 터였다—도로를 가로질러 달려가서 가스통을 되찾아오고 싶은 충동과 싸웠다. '그 가스통은 20달러짜린데, 난 돈으로도 살 수 없는 사람이라고!' 린다는 그렇게 생각했다. 남은 가스통은 호스에서 돌려 빼 트레일러 속에 넣었다.

거의 사고가 될 뻔한 그 소동을 막은 다음, 린다는 계속 비탈길을 올라갔다. 애로베어 레이크와 러닝 스프링스의 군락들, 겨울에는 스키어와 스노보더 들로 붐비지만 지금은 산악자전거를 타는 사람들과 하이킹 여행자들을 끌어모으고 있는 높은 언덕들을 지나 달렸다. 눈

덮인 저수지인 빅 베어 레이크에 있는 100년 된 댐을 지나고, 그 북쪽 가장자리를 따라가 대머리독수리 서식지를 통과했다. 그다음에는 그라우트 베이와 작은 마을 폰스킨이 나왔다. 폰스킨이라는 현재의 마을 이름은 그라우트®라는 이름이 관광객들을 끌 수 없으리라 여긴 개발자들이 20세기 초에 붙인 것이다. 그곳의 잡화점에는 삼림지대를 탐험하는 사람에게 필요한 모든 것이 있었다. 낚시 도구, 맥주캔 커버, 터보건, 타이어체인, 침낭, 양산, 샷건 모양의 기념품 술병들. ("데킬라 샷을 쏘는 거죠." 계산원이 설명했다.) 근처에 있는 마을 공원은 야구 선수, 인디언 추장, 카우보이, 소방관, 전투기 조종사, 해적, 고속도로 경비대원 등 유니폼을 입은 남자들의 파이버글라스 조각상으로 가득했다. 마치 〈YMCA〉 합창이 시작될 것 같은 풍경이었다. "이 조각상들 좀 봐!" 나중에 폰스킨을 방문한 린다가 소리쳤다. "왜 여자는 하나도 없지?" 그때 다른 조각상들이 린다의 눈에 들어왔다. 포장마차를 끄는 소 두 마리였다. 린다는 그 두 짐승이 아마도 암컷일 거라고 했다. 알아볼 수 있는 생식기가 달려 있지 않은 데다 그곳에서 조금이라도 일을 하고 있는 유일한 생명체들이기 때문이었다. 그때부터 공원을 지날 때마다 린다는 소들을 향해 소리쳤다. "아아아안녕, 아가씨들!"

림 오브 월드 드라이브에서, 린다는 육중한 잠긴 문과 '통행금지'

⊙ Grout. '회반죽'이라는 뜻이 있음.

표지들 뒤로 지나치게 잘 정돈된 잔디가 들여다보이는 어느 사유지를 지나쳐 천천히 달렸다. 콕시 트럭 길로 들어가면서 린다는 지프 속도를 서행으로 낮췄다. 여기서부터는 아스팔트가 울퉁불퉁한 흙길로 바뀌고, 길옆으로는 바위들과 항아리 모양의 분홍빛 꽃으로 뒤덮인 만사니타 관목 사이사이 고개를 내민 노란 웨스턴 월플라워들이 늘어서 있었다. 2007년에 일어난 버틀러 2호 산불의 흔적들도 있었다. 거대한 고슴도치 가시처럼 빽빽하게 지표에 들어선 검게 탄 나무줄기들이 보였다. 그 불길은 숲 면적의 56제곱킬로미터 이상을 삼켜버렸고, 그 안에 있던 해나 플랫은 보수 공사를 위해 2009년까지 문을 닫아야 했다. 캠프장에 가까워지자 린다는 속도를 낮추고 험한 길에 집중하면서 단단하게 눌린 흙에 깊이 팬 바큇자국들을 피해 차를 몰았다. 틈새 호텔이 린다의 지프 뒤에서 덜컹거리며 튀어 올랐다.

린다가 캠프장 입구에 도착했을 때는 저녁 6시에 가까운 시각이었고, 등은 아직 꺼져 있었다. 해발 2킬로미터에 자리 잡은 해나 플랫은 그날 아침 린다가 여행을 시작했던 미션 비에호보다 1.6킬로미터 이상 높은 곳에 있었다. 공기가 더 차갑고 희박했다. 게시판 하나를 발견한 린다가 지프에서 내려 그것을 읽었다. 뱀을 조심하고, 캠프파이어를 확실히 끄고("불씨 하나도 남겨두지 마십시오"), 침략적인 밀항자들―비단벌레 같은 곤충과 '푸사리움 가지마름병' '참나무 급사병' 같은 이름의 사악한 병원체들―이 붙은 장작을 가지고 들어오지 말라고 방문객들에게 경고하는 안내문이었다. 커다란 지도에는 1박에

26달러인, 번호가 매겨진 88개의 캠핑터들을 고리 모양으로 잇는 길이 나와 있었다. 그리고 번호가 붙어 있지 않은 땅덩어리도 하나 있었는데, 입구에 아주 가까운 곳이라 린다가 서 있는 곳에서도 보였다. 그곳에는 포장된 주차 공간, 수도 배선 및 전기 배선 장치, 테이블과 둥근 캠프파이어 자리 같은 몇 가지 편의 시설이 있었다. 입구 쪽, 불개미 떼에 점령당한 썩어가는 그루터기 근처에는 '캠프장 관리자'라고 적힌 안내판이 있었다.

앞으로 넉 달 동안 린다의 집이 될 공간이었다.

。

일을 시작하는 것 말고도 린다가 손꼽아 기다리는 일이 하나 더 있었다. 린다와 함께 일하러 친구 한 명이 올 예정이었다. 예순 살인 실비앤 델마스는 캠프장 관리자로 일해본 적은 없지만 그 일을 해보게 되어 들떠 있었다. "린다 메이만 곁에 있다면 군대도 상대할 수 있죠!" 몇 달 전 그는 그렇게 선언했다. 실비앤은 1990년형 포드 E350 이코노라인 슈퍼 클럽 왜건에서 살고 있었다. 그 차는 그가 종합 광고 웹사이트 크레이그스리스트에서 사들이기 전에는 노인들의 화물 수송용 밴으로, 그리고 재소자 노동 감독관들의 작업 차량으로 쓰였다. 헤드 개스킷은 줄줄 새고, 브레이크는 시원찮고, 파워 스티어링 호스는 터진 데다, 타이어는 닳아빠졌고, 스타터에서는 불길하게 삐걱거리는 소리가 나는, 그야말로 다 갖춘 차였다. 가끔씩 햇빛이 조수석 쪽을 어떤 각도로 스치면 덧칠 밑으로 '홀브룩 노인 협회'라는 기다란 글자들의 윤곽이 드러났다.

실비앤의 친구 두 명이 이 차의 이름을 제안했다. '퀸 메리', 그리고 '에스메랄다'. 하나만 고르고 싶지 않았으므로 실비앤은 '퀸 마리아 에스메랄다'라고 이름을 붙였다. 그는 보석 빛깔 스카프와 수를 놓은 베개, 크리스마스 등, 과달루페의 성모에게 바치는 봉헌 촛불과 사자 머리를 한 이집트 여신 세크메트의 작은 조상이 놓인 제단으로 실내 분위기를 바꿨다. 실비앤은 차를 도둑맞고, 손목이 부러지고(보험 없음), 뉴멕시코에 있던 집이 팔리지 않는 등 잇따른 시련 끝에 밴에서의 삶을 시작했다. "처음 시내에 차를 대고 잠을 잘 때는 끔찍한 낙오자나 홈리스가 된 듯 느껴지죠." 실비앤이 설명했다. "하지만 그게 인간의 위대한 점이에요. 우리가 어떤 것에나 익숙해진다는 거요."

실비앤은 1년 반 전에 린다를 처음으로 만났다. 아마존 창고에서 두 사람 모두 임시직으로 야간 교대 근무를 하고 있을 때였다. 린다는 거기서 손목을 다쳤다. 실비앤은 타로 카드 리더였는데—또한 의료 회사 직원, 웨이트리스, 소매상, 침술사, 케이터링 업체 직원 등으로 일한 적도 있었다—자신을 밴으로 이끈 연쇄적인 사건들을 신성한 힘의 작용으로, 집시의 길을 가게 하려는 여신의 뜻으로 보게 되었다. (그의 블로그 '실비앤은 방랑한다'에서 그는 자신이 겪는 변화를 이렇게 묘사하기도 한다. "아직 은퇴할 나이는 아닌 베이비부머 세대의 한 여자가 광부의 낡은 오두막집이었던 전통적인 형태의 집을, 세 군데의 파트타임 일자리를 포기하다. 그리고 이 산산조각 난 아메리칸드림의 잔해가 여전히 자신의 고통받는 영혼에 불어넣을지 모르는 '미래를 위한 보장'이라는 환상에 대한 그 어떤 집착도 모두 다 버리다. 목표: 남은 평생을 길 위에서 유랑 생활을 하며 타로 카드 리더로, 주술사이자 점성술사로, 우주의 변화를 중개하는 자로 살아가기. 언제나 내 운명이었던 대로.")

실비앤은 자신이 '밴 생활자 송가'라고 부르는 노래를 한 곡 썼다. 그가 처음으로 내게 그 노래를 불러주었을 때, 퀸 마리아 에스메랄다는 애리조나주 버거킹 주차장에 있었다. 우리는 차 안에서 인터뷰를 하고 있었고, 꼭 튀김옷을 벗겨낸 치킨 너겟만을 고집하는 녹색 눈을 한 그의 고양이 레일라에게 너겟을 먹이고 있었다. 그 곡은 〈킹 오브 더 로드King of the Road〉의 곡조에 맞춘 노래로, 실비앤이 쭉 뻗은 막막한 95번 고속도로에서 가사를 쓰기 시작한 뒤로 여러 번 다듬었다. 그 노래의 가장 최근 버전은 이렇다.

낡고 닳아빠진 높다란 밴,
커다란 양철 깡통 속에서 사는 것 같지.
집세도, 규율도, 남자도 없고,
지상의 어떤 계략에도 묶여 있지 않네.

여름엔 시원한 숲이 있어 즐겁고,

겨울은 사막의 태양 아래서 나지.

나는 새로운 목표를 지닌 늙은 집시 영혼,

길 위의 여왕!

친구들은 내가 정신이 나갔다지만,

내겐 걔들 삶이 너무 고루해.

내가 가끔 블루스 곡을 부른다면,

그건 내가 선택한 삶에 치르는 조그만 대가.

난 알았어, 모든 공간이 신성한 땅임을,

새로운 땅을 찾는 신성한 추구 속에

우리가 주위를 둘러보기만 한다면.

길 위의 여왕들!

서쪽 다섯 개 주 모든 뒷길들을 알지.

그 길이 블루 하이웨이˚라면 망설이지 않아.

작은 마을 저마다의 기묘한 역사를 배우네.

˚ 윌리엄 리스트 히트-문의 에세이 『블루 하이웨이』에 나오는 표현으로, 미국의 시골 지역을 연결하는 작고 인적 드문 길들을 가리킨다. 랜드 맥널리사의 지도책에서 그런 길들을 푸른색으로 표시한 데서 유래했다.

늦게 이룰지 몰라도 돌아다니지, 나의……

기름 엄청 잡아먹는 높다란 포드를 타고
가끔은 무섭지만 지루하진 않아,
이 사회의 소비자 무리하곤 달리
나는 마침내 홀로 설 테니까.

날 정신 차리게 해주는 큰 고양이가 있지,
사랑스러운 레일라가 녀석의 이름,
사납진 않지만 순둥이도 아니야.
길 위의 여왕들!

린다가 해나 플랫에 도착했을 무렵, 실비앤은 아직 퀸 마리아 에스메랄다를 타고 남쪽으로 두 시간 거리에 있었다. 실비앤은 에스콘디도에 있는 친구네 아파트 바깥에 차를 주차해놓고 빨래와 더운물 목욕을 만끽하고 있었다. (밴 생활자들의 은어로는 이것을 '사유지 진입로 서핑'이라고 한다.) 전 재산이 40달러 남은 상태로 그는 10년 만에 처음 만든 신용카드가 배송되어 오기를 기다리는 중이었다.

린다가 캠프장에서 보낸 첫 며칠은 조용하게 지나갔다. 코요테를 봤다는 사람이 있었고, 퓨마가 있다는 소문이 돌았다. 눈이 몇 센티미터쯤 내렸고, 린다는 틈새 호텔을 따뜻하게 하기 위해 실내 난방기를 켰다. 프로판가스통을 새로 사서 대체한 것이었다. 린다는 〈앤디 그리피스 쇼〉에 나오는 가정부의 사진과 함께 "비Bee 아주머니가 지켜보는 것처럼 하루하루를 살아요"라는 문구가 적힌 자석으로 냉장고를 장식했다. 그리고 스스로를 '떠돌이 영감탱이'라고도 부르는 작가 랜디 비닝이 쓴 유랑 생활에 바치는 송가 「모든 걸 풀 세트로A Full Set of Stuff」도 함께 붙여놓았다. 그 시는 이렇게 시작한다. "나는 풀타임으로 여행하네, 모든 걸 풀 세트로 갖추고. 필요한데 없는 것도, 많아서 넘치는 것도 없이." 린다는 책을 읽는다. 한 밴 생활자 친구가 『숲에 사는 여자: 애디론댁 삼림지대에서 혼자 살기』를 추천해주었다. 그책을 탐독한 뒤 린다는 저자이자 생태학자인 앤 라배스틸의 독립심과 검소한 생활력에 감탄했다. 앤 라배스틸은 『월든』에서 영감을 얻어 오직 600달러어치의 통나무만으로 자신의 오두막집을 지었다고 했다. 그다음으로 린다는 『아이디어를 현실로 바꾸는 법: 비전과 현실 사이의 장애물 극복하기』라는 경영 분야 자기계발서를 읽기 시작했고, 만족할 만한 미래를 설계하는 데 필요한 조언을 찾아 책 구석구석을 훑었다. 그러고는 함께 쓰는 매트리스 위, 자기 옆에 아늑하게 자리를 잡은 코코에게 몸을 바싹 붙였다. 코코가 가끔 뛰어올라 정신없이 얼굴을 핥아대면, 린다는 이렇게 말했다. "아, 또 뽀뽀냐! 너 그러다 혀 다닳겠다! 혀를 땜질해야 되면 그 돈은 누가 내?"

　실비앤이 도착하기로 되어 있던 일요일, 린다는 몸단장을 하기 위해가장 가까운 샤워장을 찾았다. 8킬로미터 떨어진, 빅 베어 레이크 호숫가에 있는 세라노 캠프장의 차가운 콘크리트 블록 샤워실이었다. 물을 절약하기 위해 설비가 아주 잠깐씩만 작동됐기에, 샤워를 하려면 똑같은 크롬 버튼을 몇 번이고 계속 눌러대야 했다. 주차장으로 돌아온 린다는 햇빛 속에서 긴 머리 타래를 빗어 내렸고, 샴푸 광고에서처럼 머리를 휙 넘겼다. "내 머리, 아직 윤이 나나요?" 린다가 물었다.

실비앤은 그날 오후에 프리다 칼로가 그려진 머스터드색 티셔츠에 치렁치렁한 패치워크 치마를 입고, 핑크색 레깅스와 스웨이드 모카신을 신고 나타났다. 그는 린다를 포옹하고는 틈새 호텔로 다가가 안을 슬쩍 들여다보았다. "사진에선 더 커 보였는데!" 실비앤이 말했다. 실비앤은 키가 크고 마른 체형에 하얘지고 있는 갈색 머리를 뱅으로 잘랐고, 뒷머리에 한 둥근 집게 핀에서는 머리칼 몇 가닥이 덩굴손처럼 빠져나와 있었다. 트레일러에 들어가기 위해 그는 머리를 수그려야 했다. 린다가 그에게 거기서 사는 게 얼마나 좋은지 모른다고 했다. 옛 RV가 주었던 쾌적함 중에 린다가 그리워하는 건 샤워와 화장실밖에 없었다. 화장실은 양동이로 대체했고, 지금까지는 그걸로 괜찮아 보였다.

캠프장 관리자 오리엔테이션은 월요일 아침 8시 30분에 시작됐고, 미국 산림청이 운영하는 교육 시설인 빅 베어 디스커버리 센터에서 이틀 동안 이어졌다. 캘리포니아 랜드 매니지먼트사 감독관들은 수업에 참가한 데 대한 보상의 의미로 참석자들에게 문 파이Moon pie 상자를 돌렸다. 노동자들 대부분은 공짜 점심을 기대하고 있었다. 하루는 핫

도그, 또 하루는 엘 포요 로코의 치킨이었다. 음식 외에도, 각각의 캠프장 관리자는 캘리포니아 랜드 매니지먼트사의 운영 매뉴얼이 적힌 350페이지짜리 밤색 3공 바인더 한 권씩을 받았고, 앞으로 할 일에 대한 자세한 구두 설명도 함께 들었다. '미세 쓰레기', 즉 셀로판 포장지 조각, 포일 조각, 담배꽁초, 그리고 기타 잡동사니들을 찾아 캠프장을 샅샅이 뒤지고, 숲에 높이 뻗은 제프리소나무에서 떨어진 자몽만 한 솔방울 같은 '여행 위험 요소'를 모든 캠핑터에서 제거해야 했다. 피해야 할 실수들에 대한 경고를 담은 일화들도 들었다. 한번은 한 불운한 노동자가 캠프파이어 자리에서 재를 퍼내며 남아 있는 잔불을 확인하는 것을 잊어버렸고, 결국 그의 골프 카트에 불이 옮겨붙었다. 그 사람처럼 되지 마세요. 또 한번은 어느 캠프장 관리자가 곰을 막기 위해 설치한 체인을 다시 연결하려고 쓰레기 수거통 위에 올라갔다가 갈비뼈가 부러졌다. "그거 저예요!" 피해 당사자가 그 자리에 있으리라고는 생각하지 못한 채 이야기를 꺼낸 상사들에게는 유감스럽게도 린다가 소리 질렀다. (그 사고는 지난여름 린다가 캘리포니아의 매머드 레이크에서 일하고 있을 때 일어났다. 그 부상으로 한동안 모든 것이 고통스러웠다. 숨을 쉬고, 청소하고, 골프 카트로 울퉁불퉁한 길을 달리고, 몸을 굽히고, 심지어 캠핑객들과 함께 웃을 때에도 아팠다. 친구들과 가족들이 병원에 가보라고 했다. 의사는 린다의 갈비뼈가 부러진 게 맞다고 확인해주고는, 낫는 동안 4.5킬로그램이 넘는 물건은 뭐든 들지 말라고 권했다.)

수요일 아침 8시, 린다와 실비앤은 세트로 된 유니폼을 입고 업무 첫날을 시작했다. 갈색 바지와 산 모양 로고가 왼쪽 가슴에 수놓인 카키색 바람막이 점퍼였다. 그런 색깔로 입으니 그들은 얼핏 연방 산림감시원들과 비슷해 보였다. 다루기 힘든 캠핑객들을 상대할 때 그 옷이 유용한 위장이 된다는 이야기를 들은 터였다. 실비앤은 자신만의 아침 식이요법을 따르기 위해 이미 몇 시간 전에 일어나 있었다. 독성을 없애주는 허브 차를 마시고 명상을 한 다음 다른 끼니와 마찬가지로 설탕, 육류, 유제품, 정제된 곡류를 제외한 식단으로 아침을 먹는 것이었다. 실비앤은 오른쪽 눈 밑에 생긴 기저세포종이 낫는 데 이 치유 요법이 도움이 되기를 바랐다. 그들의 골프 카트에는 도구들이 실려 있었다. 쇠갈퀴 둘, 빗자루 둘, 삽 하나, 재를 담을 깡통 하나, 청소용품이 가득 든 플라스틱 양동이들이었다. 카트에는 파라세일, 헬리콥터, 세그웨이, 집라인, 오프로드 사륜구동차, '미스 리버티'라고 이름 붙여진 외륜 보트 따위를 이용하는 값비싼 삼림지대 투어 전단지들도 비치되어 있었다. 골프 카트 운전하는 법을 이제 막 배운 실비앤이 신이 나서 운전대를 잡았다. 린다는 조수석에 탔다. 그날 아침은 추웠지만 소나무 사이로 스며드는 햇빛은 눈부셨다. 까마귀들이 나뭇가지에서 깍깍거렸고 산박새들은 동요 〈눈먼 쥐 세 마리〉와 비슷하게 세 음으로 이루어진 노래를 불렀다. 나무들의 밑동에서는 선홍색 스노플랜트─늦은 봄 아스파라거스 모양의 줄기에 꽃이 피고 균사를 이용해 침엽수들의 뿌리에서 영양분을 빨아들인다─들이 솔잎 융단을 뚫고 고개를 내밀기 시작하고 있었다. 서부 울타리 도마뱀들이 자갈밭을 가로지르며 경쾌하게 기어 다녔다. 골프 카트가 다가가자 들다람쥐들이 굴속으로 뛰어 들어갔다.

린다가 모아놓은 갖가지 요령들을 보면 그가 이런 종류의 일을 해본 경험이 있음을 바로 알 수 있다. 옥외 화장실을 소독할 때 린다는 두루마리 휴지 위에 종이 타월을 덮어서 화학약품에 젖지 않게 했다. 그는 팸사의 쿠킹 스프레이―WD-40도 괜찮지만 팸사 제품이 더 쌌다―를 활용하는 노하우도 얘기했는데, 변기의 물 내려가는 부분에 그것을 뿌려두면 배설물이 덜 달라붙는다고 했다. 쓰레기통을 비운 뒤, 린다는 새로 넣은 비닐봉지가 쓰레기통 입구에서 흘러내리지 않도록 빠르게 묶는 방법을 보여주었다. 피크닉 테이블 주위 흙을 갈퀴로 긁어 고를 때는 갈퀴질이 한 번 끝날 때마다 손목을 한 번씩 휙 움직였다. "이렇게 하면 어디까지 하다 말았는지 알아볼 수가 없거든요." 린다가 설명했다. "더 자연스러워 보이죠."

어느 지저분한 캠핑터에서는―펼쳐진 침낭 하나와 화장실 휴지 한 롤이 빈 컵라면 용기와 함께 흙 속에 나뒹굴고 있었다―요리하려고 피운 불이 꺼지지 않고 남아 있었다. 린다와 실비앤은 돌아가며 주전자에 든 물을 거기 부었고, 연기와 김이 일고 잔불이 치익 소리를 내는 동안 기침을 했다. 그들은 불씨가 숨어 있다가 다시 불을 일으키지 않도록 수프 같은 상태로 부글거리는 잿더미를 삽으로 휘저으며 확인했다. 그날 늦게, 20대 남성으로 구성된 캠핑객 한 무리가 하이킹에서 돌아와 물이 흥건해진 불구덩이를 발견했다. 그들은 추웠다. 눈이 온다는 예보에도 한 명은 반팔을 입은 데다 점퍼 챙기는 걸 잊어버렸고, 다른 한 명은 자기가 가져온 유일한 신발인 실내화를 신고 하이킹을 했다. 린다는 그곳에서 불을 다시 피우려고 애처롭게 애를 쓰는 그들을 보았다. "자리를 비우실 때는 캠프파이어 속에 손을 집어넣을 수 있는 상태여야 해요." 린다가 참을성 있게 말했다. "산림 감시원들이 아니라 저희가 발견해서 다행이죠." 감시원들이었다면 그들에게 벌금을 부과했을 것이다. 청년들은 수없이 사과를 했다. "죄송해요!" 그들이 말했다. "죄송하게 됐습니다."

일주일에 이틀, 린다와 실비앤은 해나 플랫 전체의 관리 책임을 맡았다. 나머지 사흘은 그 지역을 잘 아는 또 다른 캠프장 관리자와 구역을 나눠 맡았다. (그 여성 직원은 전해에 있었던 일을 즐겨 이야기했는데, 그 숲에서 일할 때 노출광 한 명이 달랑 성조기만 걸친 알몸을 내보이며 뛰어다니다가 출동한 경찰에게 연행된 일이 있었다고 했다.) 그들의 근무시간 대부분은 해나 플랫의 18개 화장실과 88개 캠핑터를 청소하는 데 쓰였다. 청소 업무 외에도 그들은 새로 온 캠핑객들을 맞고, 요금을 받고, 캠핑터에 달 예약 태그를 정리하고, 하이킹에 관한 조언을 전달하고, 자질구레한 말다툼을 해결하고, 불구덩이를 삽으로 퍼내고, 서류 작업을 했다. 캠핑객들은 그곳에서 묶음당 8달러에 파는, 캠프장 관리자 구역의 보관소에 자물쇠가 채워져 보관된 장작을 구입하러 그들을 찾아왔다. 그들은 '이미 죽은already dead, 아래쪽에 있는down, 떨어진detached 것만 찾으라'는 '3D 원칙'을 따라 숲을 뒤져 나무를 구해보라는 린다와 실비앤의 조언을 듣고 아무것도 사지 않고 돌아갈 때가 많았다. 가끔 캠프장을 다 돌 때쯤 린다는 숨이 가빠졌고, 낮잠을 자야 했다.

'캠프장 관리자'라고 적힌 표지판 근처에서 사는 일은 쉽지 않다. 그건 캠핑객들의 요구에 시시각각 매여 있어야 한다는 뜻이다. 그럼 쉬는 시간은 언제인가? 캠프장 관리자가 근처에 있고, 처리할 일이 있다면, 캠프장 관리자는 응당 그 일을 해야 했다. 하루는 밤 11시 30분에 캠핑객들을 실은 트럭 두 대가 나타났는데, 그들은 곧장 퀸 마리아 에스메랄다로 찾아와 체크인을 해달라고 실비앤을 깨웠다. 캠프장 관리자들은 또 야간에는 '조용한 시간'이 되도록 하고, 소음 때문에 들어오는 항의를 처리해야 했다. 린다는 온건한 방식으로 문제를 미연에 방지하려고 했다. 파티를 즐기게 생긴 한 무리의 사람들이 처음 도착하면 린다는 그들에게 말했다. "즐겁게 지내시길 바랍니다. 하지만 10시 이후에는 즐겁게 지내시되 '정말 조용히' 해주세요." 캠핑터에 맥주병들이 흩어져 있는 걸 보면, 캠핑객들에게 치우라고 하는 대신에 린다는 유용한 제안을 하곤 했다. "제가 대형 쓰레기봉투를 몇 장 갖다드릴 수 있어요."

린다와 실비앤은 주당 40시간을 꽉 채워 일하는 조건으로 고용되었지만, 그 노동시간이 보장되지는 않았다. 일을 시작하고 보름쯤 지났을 때, 감독관이 갑자기 캠핑터 예약이 줄어서 회사가 비용 절감을 해야 한다고 했다. 그 결과, 린다와 실비앤의 노동시간은 그다음 2주 동안 원래의 4분의 3으로 줄어들었다. 린다의 주급은 290달러 이하로 떨어졌다. (린다에게 적용된 재취업 인상분을 받지 않는 실비앤의 주급은 더 낮았다.)

린다와 실비앤은 불안정하고 종종 경계도 없이 이루어지는 이 저임금 노동의 특성에 대해 불만이 없었지만, 다른 캠프 노동자들은 있었다. 캠프장 관리자들이 흔히 목소리를 높여 얘기하는 불만 사항은, 그들이 임금 청구가 가능한 정규 노동시간 이상으로 노동을 요구받는다는 점이다. 2016년 처음으로 캘리포니아 랜드 매니지먼트사에 고용된 60대의 한 노동자는 자신의 근무지에서 내게 보낸 이메일에서 그 이야기를 했다. "캠프장 관리는 일종의 구류예요. '경영진'들로부터 뒤죽박죽인 메시지를 많이 받습니다. 난 주당 30시간 근무하도록 되어 있는데, 어떤 주에는 45시간 이상을 기록했어요. 그것에 대해 항의했더니 요구가 줄어들더라고요." 그러나 운영자들은 그가 이미 추가로 일한 시간에 대해서는 비용을 지불하지 않았다.

이 이야기는 2014년, 60대 중반의 캠프장 관리자인 그레그와 캐시 빌라로보스 부부가 한 법률 뉴스 사이트에 들려준 이야기와 닮은 데가 있었다. 그들은 캘리포니아 랜드 매니지먼트사와, 또 다른 운영권 소유자인 사우전드 트레일스에 고용되어 캠프장 관리자로 근무하는 동안, 근무시간 기록표에 적을 수 있는 시간 이상으로 일할 것을 요구받았다고 밝혔다. "제가 가장 원하는 건 이 이야기를 해서 다른 고령의 직원들을 돕고 이 관행을 멈추는 겁니다. 이건 아주 부당한 일인데, 이 회사들과 계약하는 주체가 결국 연방정부이기 때문에 특히 그렇죠." 그레그 빌라로보스는 기자에게 이렇게 말했다.

2015년에 캘리포니아 랜드 매니지먼트사에 고용된 또 다른 캠프 노동자는 지역 리뷰 사이트 '옐프'에 별 하나짜리 리뷰를 올리면서, 자신과 남편이 종종 하루에 12시간, 혹은 그 이상 근무를 했지만 8시간이 넘는 부분에 대해서는 비용 청구가 허락되지 않았다고 주장했다. "수입이 필요한 나이 많은 부부들한테 이런 짓을 하다니 그 사람들은 정말 잘못됐고, 조사를 받아야 해요!" 그는 이렇게 썼다.

민간 운영권 소유자를 고용해 공공 캠프장을 경영하게 하는 미국 산림청 역시 항의를 받아왔다. 나는 산림청 태평양 남서지부 사무소에 정보자유법 청원을 제출해 그 항의 중 일부를 읽어볼 수 있었다. 마침내 그 문서가 도착했을 때 직원들의 이름과 나이, 연락처는 검열에 의해 지워져 있었다. 14년간 캘리포니아 랜드 매니지먼트사에서 일한 한 직원은 동료들이 무더위 속에서 일하는 동안 물을 제공받지 못했다고 편지에 적었다. "현지 조사를 온 사람들에게도 그늘과 마실 수 있는 차가운 물은 제공됩니다. 왜 자기 회사 직원들에게는 해주지 않습니까?" 편지에는 그렇게 쓰여 있었다. 그 편지에는 두 군데의 캠프장—시에라 네바다 산맥 구릉에 있는 어퍼 커피 캠프와 로어 커피 캠프—을 혼자서 맡아 일하라고 임명된 한 캠프장 관리자의 고통이 자세히 묘사되어 있었다. 그는 섭씨 42도의 날씨에 연일 일하다가 "열사병으로 이미 두 번이나 앰뷸런스에 실려 갔다". 편지에는 "문제의 직원은 초과근무를 많이 했지만 지역 운영자로부터 근무시간 기록표에는 초과근무 시간을 기록하지 말라는 말을 들었습니다. 다른 직원들 역시 똑같은 대우를 받고 있다고 저는 확신합니다"라고 덧붙여져 있었다.

또 다른 항의 편지에서, 캘리포니아 랜드 매니지먼트사에 고용되어 세콰이아 국유림에서 일했던 한 전직 캠프장 관리자는 이렇게 적었다.

저는 이주노동자들이 받을 법한 아주 혹독한 대우를 받았습니다…… 시간당 8달러 50센트에 주당 '40시간' 근무하는 조건으로 고용되었지만, 보통은 그 40시간에 해당하는 임금만 받으면서 50시간에서 60시간 이상 일해야 했고, 그 밖에는 초과근무 수당도, 심지어는 정규 노동시간 임금도 받지 못했습니다. 그러므로 CLM사는 최저임금을 지급하지 않고 있습니다. 제가 말하는 '일'이란 대기 시간을 뜻하는 게 아니라, 8시간 꼭 채워 격렬하게 갈퀴질을 하고, 쓰레기를 버리고, 텐마일과 랜드슬라이드 캠프장뿐 아니라 흄과 프린세스, 스토니 크리크 캠프장까지 깨끗이 치우고, 수없이 많은 구덩이형 화장실을 하루에도 몇 번씩 청소하고, 불구덩이와 먼지 날리는 길, 기타 등등을 치운 다음, 밤 9시에 가까운 시각까지 등록 업무를 하는 것을 뜻합니다. 근무 첫 주에 저는 6일 연속으로 하루에 11시간에서 12시간씩 일해야 했습니다…… 마침내 제가 감독관과의 논의 중에 이런 문제 일부에 대해 애기하자, 그는 저를 "양아치"라고 부르며 "허튼 아가리 닥치"고 "재수 없는 엉덩이 끌고 오리건으로 돌아가라"고 했습니다.

나는 캘리포니아 랜드 매니지먼트사에 편지를 써서 이런 불만들을 전했고, 회사 대표인 에릭 마트로부터 답장을 받았다. "저희 회사의 정책(해당 문서는 전 직원에게 공개되어 있습니다), 현장 교육, 그리고 표준 운영 절차들은 모두 이 직원들이 주장하는 바와 반대라고 단언할 수 있습니다." 그는 이렇게 답했다. 캘리포니아 랜드 매니지먼트사는 이 항의들 가운데 최소한 3건을 조사했으나 받아들일 만한 부분이 없다고 결론 내렸다고 그는 문장을 이었다. (노동자 한 명이 임금이 미지급된 노동시간에 대해 항의한 내용이 인정돼 보상을 받기는 했다.) 직원을 부당하게 대우하고 '양아치'라고 부른 감독관이 언급된 마지막 사례에 대해서는 미국 산림청이 따로 조사하기로 했다고 그는 덧붙였다.

연방 공무원들의 얘기는 달랐다. 이 직원들이 보낸 특정한 편지들에 관해 확인하러 미국 산림청에 연락을 취했을 때, 나는 산림청에서는 그런 불만 사항을 직접 조사하지 않는다는 대답을 들었다. 대신 산림청은 직원들이 불만을 제기한 개별 운영권 소유자—이 경우에는 캘리포니아 랜드 매니지먼트사—에 그 편지들을 전달한다고 했다. 운영권 소유자들에게 운영 허가를 내주고 갱신할 책임, 그리고 궁극적으로는 공유지를 어떻게 관리할지에 대한 책임이 미국 산림청에 있는

데도, 그 기관의 공식 정책은 이러했다.

"산림청은 민간 고용주들에게 제기되는 노동법 위반, 차별, 혹은 기타 어떤 형태의 불만 사항에도 개입할 권한이 없고, 어떤 조사를 할 권한도 없습니다." 홍보 담당자 존 C. 헤일 3세는 이메일에 이렇게 썼다.

이메일에 이어진 전화 통화에서, 나는 그에게 그것이 정말로 산림청의 최종 답변이냐고 물었다. "이 회사들은 산림청과 계약을 한 회사들이고, 명시적으로 산림청의 통제를 받게 되어 있는데, 산림청에서는 전혀 통제할 수 없다고 하니 이상하군요." 나는 덧붙였다.

헤일은 자신이 산림청의 규정을 조사해보았는데, 편지는 전부 전달하라는 게 규정이었고, 더는 말할 것이 없다고 답변했다.

。

나는 린다가 해나 플랫에서 첫 2주 반을 보내면서 그곳에 익숙해지는 모습을 지켜보았다. 밤이면 우리는 린다의 트레일러에 몇 시간이고 함께 앉아 있었다. 린다는 자기 인생 이야기를 할부금 분납하듯 야금야금 풀어놓았다. 세 형제자매 중 장녀인 린다는 부모님의 결점들에도 불구하고 그분들을 사랑했다. 린다의 아버지는 샌디에이고 조선소에서 기계 기술자로 일을 하다 말다 하는 술고래였고, 어머니는 만성 우울증과 싸우고 있었다. 그들은 한 해에 일곱 번씩 이사를 하며 한 아파트에서 다른 아파트로 옮겨 다녔고, 한번은 사우스다코타주 블랙힐스에 있는 가족들과 한동안 같이 머무르기 위해 캘리포니아를 떠나기도 했다. 동쪽으로 차를 타고 갈 때 린다는 부모님, 두 남자 형제, 그들의 소지품 일체와 피터 존스 페리라는 이름의 닥스훈트 한 마리와 함께 트럭 한 대에 끼어 탔다. 같은 시기에 린다의 어머니는 이를 몇 개 뽑아야 했다. "엄마 입에 틀니를 해 넣어줄 돈이 아버지한테는 없었어요." 린다가 회상했다. "그래서 우린 커다란 평상형 트럭 한 대 뒤쪽에 가구를 다 싣고, 이 빠진 엄마, 애 셋, 개 새끼 한 마리, 그렇게 전부 탄 거죠."

시간이 흐르면서 린다의 아버지는 점점 폭력적인 성향을 드러냈다. 가끔씩 저녁 식탁에서 그는 린다의 막내 남동생 머리를 서빙 스푼으로 후려쳤다. 그는 어머니를 때리고, 계단 밑으로 밀치고, "헝겊 인형처럼 이리저리 던져버렸다". 그런 싸움 중 하나가 벌어졌을 때, 일곱 살쯤 됐던 린다는 자기 방에 있는 이층 침대 위칸 뒤쪽 구석에 숨었다. 거기서 린다는 자신에게 한 가지 약속을 했다. 나한테는 이런 일이 절대 일어나지 않게 할 거야.

그러는 동안 린다는 난독증과 씨름했지만, 아무도 그 사실을 알지 못했다. 린다의 성적표가 도착했을 때, 거기에는 "린다는 대학에 갈 능력이 되지만 공부에 집중을 하지 않습니다" 같은 말들이 적혀 있었다. 린다는 오리가 된 기분이었다. 물가에서 지켜보는 사람들에게는 아무 힘도 안 들이고 물 위를 둥실둥실 떠다니는 것처럼 보였겠지만,

물 밑에서 린다의 두 발은 죽도록 발버둥을 치고 있었다.

고등학교는 중퇴했지만, 린다는 결국 고졸 학력 인증서를 받았고, 건축공학 수료증과 준학사 학위까지 따냈다. 그는 트럭 운전사, 칵테일 웨이트리스, 종합 건설업자, 바닥재 상점 주인, 보험 회사 간부, 건축물 준공 검사원, 국세청 전화 상담원, 외상성 뇌손상 치료기관 간병인, 노년층 대상 정부 프로그램의 개 사육사이자 견사 청소원—시추에게 물린 흉터가 아직도 남아 있다—으로 일했으며, 사냥 오두막에서 오리와 메추라기 깃털 뽑는 일도 했다. 그러면서 린다는 두 딸을 거의 혼자서 키워냈다.

나는 린다의 이야기에 최대한 귀를 기울이며 주의 깊게 들었다. 그러면 사라지지 않는 몇몇 질문들에 대한 답을 찾을 수 있을 것 같아서였다. 어떻게 해서 열심히 일하는 예순네 살 여성이 결국 가진 집도, 영구적으로 머무를 장소도 없는 처지에 놓이고, 살아남기 위해 앞날을 알 수 없는 저임금 노동에 의존하게 되는지를. 해발 2킬로미터에 이르는 높다란 삼림지대에서, 오락가락하는 눈과 함께, 또 어쩌면 퓨마들과도 함께, 소형 트레일러에 살면서, 변덕을 부려 근무시간을 삭감하거나 심지어 그를 해고해버릴지도 모르는 고용주들의 뜻대로 화장실을 문질러 닦으며 살게 되는지를. 그런 사람에게 미래란 어떤 그림일까?

어떤 통찰도 얻지 못한 채 내가 돌아가야 할 시간이 되었다. 나는 여분의 식료품을 남겨두기로 했다. 얇게 썬 고기 조금, 토마토, 달걀,

베이컨, 치즈, 케일, 수프, 당근 그리고 토르티야 같은 것들이었다. 실비앤의 제한적 식이요법 때문에 대부분은 린다의 차지가 되었다.

"큰 도움이 될 거예요. 봉급날까지 10달러밖에 없거든요." 린다가 무미건조한 투로 말했다.

내가 떠나려고 짐을 싸는 동안, 린다와 실비앤은 캠프파이어를 피웠다. 불쏘시개로는 낡은 서류 더미를 썼다. 어느 캠핑터가 예약됐는지 보여주는 DAR, 즉 일일 도착 기록표daily arrival report였다. 그 기록들은 불태워지거나 문서 재단기에 들어갈 예정이었다. 만약 저 일일 도착 기록표들에서 나온 연기가 하늘을 향해 메시지를 싣고 올라간다면, 그건 어떤 메시지가 될까요? 내가 물었다. "우리는 캠핑을 갔어요! 재미있었어요! 화장실은 티 한 점 없이 깨끗했어요!" 린다가 대답했다.

해가 기울고, 추위가 기어들고 있었다. 이미 후드 티셔츠와 플리스안감의 워크 재킷을 따뜻하게 걸쳐 입은 린다와 실비앤은 몸을 떨며슬슬 저녁을 먹자는 이야기를 주고받았다. 그날 밤에 체크인할 캠핑객은 더 없었다. 그들은 이미 입구에 '캠프장 만석'이라는 표지판을 내걸어둔 터였다.

나는 작별 인사를 하고 캠핑용 밴에 시동을 걸었다. 두 캠프장 관리자가 일어서서 손을 흔들었다. "캠핑객들이 숲 태워먹지 않게 조심해요!" 내가 소리쳤다. 린다가 고개를 흔들더니 마주 소리 질렀다.

"그랬다간 난 잘리겠죠!"

2장

。

끝

노마드로서의 삶이 시작되기 전이던 2010년 추수감사절, 린다 메이는 애리조나주 뉴리버에서, 자신이 사는 트레일러 안에 혼자 앉아 있었다. 이 백발의 예순 살 할머니는 전기도 수돗물도 쓸 수 없었다. 요금을 낼 돈이 없기 때문이었다. 일자리도 찾을 수 없었다. 실업수당은 바닥이 났다. 지난 수년간 임금이 낮은 일자리들을 전전하면서 그가 함께 살았던 큰딸네 가족은 최근에 집을 좁혀 더 작은 아파트로 이사를 갔다. 여섯 식구가 방 세 개를 나눠 쓰는 그 집은 린다가 들어가 다시 같이 살기에는 너무 좁았다. 린다는 갈 곳 없는 상태로 어두운 트레일러에 갇혀 있었다.

"술을 몽땅 마셔버리자. 프로판가스를 틀어놓는 거야. 그다음엔 정

신을 잃고, 그럼 그걸로 끝이겠지." 린다는 혼잣말을 했다. "만약 깨어
난다면 담뱃불을 붙일 거고, 그럼 우리 모두 지옥으로 날아가겠지."

작은 개 두 마리, 코코와 두들이 린다를 빤히 쳐다보고 있었다. (토
이 푸들인 두들은 나중에, 린다가 틈새 호텔로 이주하기 전에 세상을
떠나게 된다.) 린다는 망설였다. 개들도 같이 날려버리는 걸 정말로 상
상이나 할 수 있나? 그건 가능한 선택지가 아니었다. 그래서 대신 린
다는 친구의 집에서 하는 추수감사절 저녁식사 초대를 받아들였다.

하지만 그 순간, 자신의 결심이 번쩍 스치는 것을 봐버린 그 순간은
린다에게 쉽게 잊을 수 없는 무언가였다. 린다는 자신을 '밝고 쾌활한
사람'으로 여긴다. 모든 것을 포기하는 상상에 정말로 진지하게 빠져
들었던 적은 한 번도 없었다. "그냥 너무 가라앉아 있어서 벗어날 길이
보이지 않았던 것 같아요." 린다가 나중에 돌아봤다. 무언가가 달라져
야 했다.

한두 해쯤 지나 린다는 다시 위태로운 지경에 처한 자신을 발견했
다. 그는 캘리포니아주 레이크 엘시노어에 있는 홈디포에서 시간당
10달러 50센트를 받고 계산원으로 일하고 있었다. 어떤 주에는 20시
간에서 25시간 정도밖에 근무 일정을 받지 못했는데, 그걸로는 1달에
600달러인, 마을 건너 쇼어 에이커스 이동 주택 주차장에 세워둔 트
레일러 임대료를 간신히 낼 수 있는 정도였다. 그 일자리를 구하는 데
는 몇 달이나 걸렸다. 두 개의 건축공학 학위와, 라스베이거스의 홈디
포에서 홍보 담당자—일대일로 손님의 문제를 해결하는 일이어서 린

다는 그 자리가 좋았다—로 시간당 15달러를 받으며 일한 1년 반의 경력이 이력서에 들어 있는데도 그랬다. 그 모든 것이 지나간 뒤에 금전등록기를 두드리며 일을 하자니 추락처럼 느껴졌다. 그래도 린다는 최대한 잘해보려고 애를 썼다. "그 모든 경력에도 나한테 계산원 일을 시키더라고요." 린다가 회상했다. "그래서 내가 그랬죠. '좋아, 여기서 최고의 계산원이 돼주겠어!'" 린다는 손님들에게 계획이 뭔지 물어보고, 도울 수 있는 일을 도와주면서 수다를 떨었다. 주택을 소유한 한 손님이 지붕 판재를 잘못 골라 계산대로 가져왔을 때, 린다는 '배향성 스트랜드 보드'라고 불리는 다른 물건을 사라고, 그게 작업에 더 맞는다고 (그리고 500달러나 싸다고) 조언해주었다. 왜 홈디포는 그런 종류의 지식을 지닌 사람을 금전등록기 뒤에 둬서 낭비하는 걸까? "내 생각엔 그 사람들, 나이에 대한 편견이 좀 있어요." 린다가 넌지시 말했다.

린다는 궁금했다. 그리고 그 궁금증은 처음이 아니었다. 모두들 어떻게 노년을 살아갈 수 있는 걸까? 린다가 평생 가져본 숱한 직업 가운데 그 무엇도 지속되는 경제적 안정을, 아주 조금도 가져다주지 못했다. "연금을 들 여유조차 없었어요." 린다가 말했다.

린다는 자신에게 곧 사회보장연금을 받을 자격이 생기리란 걸 알았다. 하지만 그는 자신에게 오는 연례 보고서에 크게 관심을 가져본 적은 없었기에, 어느 날 그것을 읽고 자신이 달마다 받게 될 수당이 500달러 남짓임을 알게 되었을 때 놀랐다. 집세를 내기에도 충분치 않은 액수였다.

린다는 싱글 맘으로 두 딸을 키워냈다. 근근이 살아간다는 게 무슨 뜻인지 그는 알았다. 린다의 어머니 역시 딸에게 그런 생활을 가르쳤고, 다진 고기 450그램으로 린다와 남동생들을 일주일 내내 먹일 음식을 만들 만큼 아껴 썼다. 저녁식사가 볼로네제 스파게티인 날이면—하지만 접시 속에는 고기 한 점 눈에 띄지 않았다—아이들은 엄마에게 다진 고기를 양말에 넣고 스튜 냄비 위에서 흔들어 가장 결정적인 맛의 성분을 뿌리는 거냐고 놀리곤 했다. 이따금씩 가정에 문제가 생긴 다른 집 아이가 린다네 집에 올 때면, 린다는 자기 어머니가 그 아이 몫으로 "다진 고기가 든 양말을 냄비 위에서 한 번 더 흔들" 거라고 농담을 했다.

아마도 이런 배경 때문에, 린다는 사정이 좋지 못한 사람들에게 감정 이입을 잘 했다. 1990년대 초, 린다는 애리조나주 불헤드 시티에서 '체로키 인테리어'라는 카펫 및 타일 상점을 운영했는데, 거기서는 영업시간이 끝나면 홈리스들이 건물 뒤 옥외 수돗가에 모여 몸을 씻고 물병을 채웠다. "얼마든지 써도 돼요." 린다는 그들에게 말했다. "그냥 다 쓴 뒤에 수도꼭지만 확실히 잠그세요. 잊지 말고요!" 통나무 오두막집처럼 생긴 상점 건물에는 포치가 있었고, 그곳 돌출부 아래로 말을 매는 말뚝들이 설치돼 있었다. 홈리스들이 거기서 밤을 보내기 시작하자 린다는 그들에게 업무를 위임했다. "좋아요, 거기서 잘 거면 야간 경비 일을 해요." 린다는 그렇게 말하고는, 혹시라도 그들을 끌어내려는 경찰관이 있으면 그에게 그렇게 얘기하라고 했다.

그들 가운데 전직 벌채 노동자였던 한 남자가 길거리 생활을 벗어나고 싶다고 린다에게 말했다. 시에서는 계약한 노동자들을 파견해 잡초가 무성한 땅을 치우게 했는데, 그는 그 일을 하면 돈을 좀 벌 수 있겠다고 생각했다. 린다는 그가 일을 시작할 수 있게 갈퀴들과 잔디 깎는 기계, 기름 넣을 돈 약간을 기부받도록 도와주었다. 그들은 함께 차를 몰고 다니며 시에서 입찰로 내놓은, 풀이 무성하게 우거진 땅덩어리들을 살펴보았다. 자신의 사업 허가증을 이용해 린다는 그에게 몇 건의 계약을 따낼 수 있게 해주었다.

그랬는데 두 가지 나쁜 일이 일어났다. 린다의 동업자가 이중장부를 기록하면서 이윤의 일부를 자기 주머니에 챙겨온 탓에 바닥재 상점이 도산했다. 게다가 전직 벌채 노동자는 린다가 자신을 위해 마련해준 일자리들을 펑크 냈다. 라스베이거스에 있는 주택에 페인트를 칠하는 또 다른 일자리를 제안받자, 그는 그 어떤 땅도 치우지 않은 채 마을을 떠나버렸다.

그럼에도 린다는 운이 좋다고 느꼈다. "있죠, 내가 대비가 되어 있어서 너무 다행이었어요." 린다가 회상했다. "돈을 벌 방법이 전혀 없었지만, 그 계약들이 있었으니까요." 오래지 않아, 린다는 때로 섭씨 49도까지 올라가는 극도로 건조한 여름날에 잔디 깎는 기계를 밀게 되었다. 그는 열사병 증상들에 익숙해졌다. "혹시라도 햇볕 아래 나갔는데 오한이 느껴지기 시작하면, 당장 그 자리를 피해야 돼요!" 그 계약들은 린다에게 건당 약 150달러씩을 벌어다 주었다. 종종 린다는 새벽에 일을 시작해 정오까지 일한 뒤 쉬었고, 오후 늦게 돌아가 쓰레기를 갈퀴질하고 자루에 넣는 일을 마무리했다.

"첫날에는 급료를 받기 전이라 그걸 가지고 수거장까지 갈 돈이 없는 거예요. 그래서 우린 자루를 호숫가로 가져가서 모닥불을 피웠는데, 그날은 바람이 아주 많이 불었어요." 미드 호수로 간 일을 떠올리며 린다가 말했다. "바람이 말린 잡초들을 낚아채더니 호숫가 저편으로 날려 보내기 시작했어요. 경비원이 내려오더니 '여기서 불을 피우면 안 된다'고 하는 거예요. 그래서 내가 그랬죠. '저도 알아요. 벌써 흙으로 덮고 있어요. 불을 끄고 있다고요.'

그러고 나선 이렇게 생각했어요. '섭씨 49도에 야외에서 잡초를 갈퀴질하는 일 같은 건 못 하겠어. 내가 이러려고 대학을 갔냐!'" 건축공학을 공부한 린다가 회상했다. 그사이, 린다의 큰딸과 사위는 둘 다 북적거리는 카지노 산업에서 일자리를 찾아냈다. 딸은 레스토랑에서 일했고, 사위는 발레 주차 요원이 되었다. 린다는 곧 도박으로 유명한 네바다주의 신흥 소도시 로플린에 있는 리버사이드 카지노에서 담배 판매원 자리를 얻었다. (그 소도시와 이름이 같은 리버사이드의 소유주 돈 로플린은 원래 그 지역을 '카지노'라고 이름 붙이고 싶어했으나 미국 우정청으로부터 거절당했다.) 린다는 기회를 얻게 되어 너무도 감사한 마음에 돈 로플린에게 장미 스물네 송이를 보냈다. 그러고는 그의 사무실로 불려 갔다. "이게 뭔가요?" 돈이 당황스러워하며 물었다.

"마음에서 우러나온 감사의 표현이에요, 돈." 린다가 말했다. "다른 이유는 없어요. 그냥 일을 주셔서 감사해서요. 달리 원하는 건 없습니다." 카지노에서 린다는 어깨끈이 달린 트레이를 둘러메고 사탕과 꽃, 담배를 팔았다. 트레이가 너무 무거워서 처음에는 트레이를 떠받치는 걸 도와주는 등 지지대를 착용해야 했다. 지지대를 착용해도 심하게 힘이 들었다. "담배를 팔면서 사이즈가 L에서 M으로 줄었어요." 린다가 회상했다.

린다는 장미를 한 송이에 96센트씩 도매로 사다가 4달러에 팔았는데, 그러면 보통 팁 1달러가 따라왔다. 담배는 보루로 사서 한 갑당 50센트씩 이윤을 남기며 팔았다. 차츰, 린다는 도박꾼들에 대해 알게 되었다. 그중 한 남자는 언제나 두통이 있었는데, 25센트짜리 아스피린 한 갑이면 5달러를 받을 수 있었다. 운이 좋은 밤이면 린다는 200달러에서 300달러까지 벌 수 있었다. 거기에 더해 린다는 카지노의 인조 식물들을 청소할 사람들을 고용하고 감독하면서 두 번째 수입원을 얻었다.

하지만 리버사이드 담배 판매원들의 전성기는 담배 자동판매기가 등장하면서 갑작스럽게 끝나버렸다. 돈은 린다를 사무실로 다시 불러 린다의 일자리가 없어지게 됐다는 소식을 전했다. 하지만 그는 린다를 해고하고 싶어하지 않았다. 대신 린다에게 총지배인인 데일과 얘기해 다른 일자리를 찾아보라고 제안했다. 린다는 데일을 찾아가 단도직입적으로 물었다.

"여기서 누가 제일 돈을 많이 벌죠?"

"글쎄요, 딜러 아니면 칵테일 웨이트리스일 텐데." 데일이 대답했다.

"저는 칵테일 웨이트리스가 되는 쪽이 훨씬 낫겠네요." 린다가 말했다.

새 일자리에는 유니폼이 딸려 있었다. 아주 작은 연미복과, 그 아래 실크 같은 천으로 된 빨간 장식 허리띠, 허벅지 부분이 깊게 파인 레오타드, 스타킹, 힐이었다. 상상할 여지를 별로 남겨주지 않는 이 옷은 린다에게 걱정을 안겨주었다. '내가 정말 저걸 입을 수나 있을까 모르겠네!' 린다는 생각했지만, 한번 해보기로 마음먹었다. 처음으로 그 옷차림을 한 린다를 보고 감독관은 아름답다고 했다. 놀랍게도, 린다 역시 그 말에 동의가 되었다. 카지노 플로어에 나가 있을 때는 보호받는 느낌이 들었다. 칵테일 웨이트리스를 막 대하는 도박꾼을 봐주지 않는 경비원들이 있어서였다. "경비원들이 사람들 뒷덜미를 잡고 그대로 정문에다 갖다 박아 얼굴로 문을 열어버리는 걸 본 적이 있어요." 린다가 말했다.

리버사이드에서 보낸 몇 년을 린다는 애정 어린 마음으로 돌아본다. 유니폼을 모두 갖춰 입고 미소 짓는, 짙은 머리칼을 짧게 자른 자신과 그 뒤로 흘러가는 콜로라도강이 담긴 스냅사진 한 장을 린다는 아직도 간직하고 있다. 하지만 그때 린다는 40대에 들어서 있었다. 린다가 할 수 있는 일의 선택지는 수년간의 경험을 반영해 넓어질 리는 없었고, 나이가 들수록 점점 줄어들 것이었다. 저임금 노동이라는 쳇바퀴에서 내려설 방법은 없어 보였다.

60대가 되자 질문이 닥쳐왔다. 일을 그만두면 대체 어떻게 살아갈 것인가? 린다는 인생 대부분을 저축이라고 할 만한 것이 없이 그달 그달 먹고살아왔다. 그의 유일한 안전망인 사회보장연금은 위태로울 만큼 적었다. 한 달에 500달러 안팎으로 먹고사는 퇴직자가 어떻게 되겠는가?

그와 동시에, 린다는 미래를 향한 장기적인 꿈 하나를 갖게 되었다. 그 꿈에는 플로리다의 외부인 출입 제한 주택지라든가 골프 몇 라운드처럼 진부한 클리셰는 전혀 들어 있지 않았다. 린다의 희망은, 그야말로 문자 그대로, 흙먼지와 남들이 버린 쓰레기로 이루어진, '땅에 발붙인' 것이었다.

린다는 어스십Earthship⊙을 짓고 싶었다. 어스십이란 깡통이나 유리병 같은 버려진 물질을 이용해 만든 수동형 태양열 주택으로, 흙으로 채운 타이어들이 하중을 견디는 벽 역할을 했다. 1970년대부터 이런 집들을 만지작거리던 뉴멕시코의 급진적 건축가 마이클 레이놀즈가 발명한 어스십은 전기, 가스, 수도 등의 공공설비를 전혀 이용하지 않고 주거를 유지할 수 있도록 설계되었다. 타이어 벽은 배터리처럼 작용하는데, 낮 동안 남쪽을 향해 길게 늘어선 창문들을 통해 태양열을

⊙ 우주선(spaceship)에 대비되는 말로 '지구선'이라는 뜻.

흡수했다가, 밤이 되면 열을 방출해 실내 온도를 조절한다. 비와 눈 녹은 물은 지붕에서 물탱크로 흘러 들어가고, 이 물은 필터로 걸러진 다음, 씻고 마시고, 실내 정원의 과일과 채소 들에게 주고, 변기 물을 내리는 데 재사용된다. 전기는 태양전지판, 그리고 경우에 따라서는 풍력 발전기에 의해 공급된다.

그 모든 실용주의적 면모에도 불구하고, 많은 어스십들이 첨탑과 작은 탑, 기둥과 아치, 강렬한 색깔의 어도비 점토로 덮인 벽, 스테인드글라스 느낌을 내기 위해 줄지어 박아 넣은 유리병 등을 갖추고 공상적인 분위기를 띠고 있다. 어스십을 짓는 데는 특별히 정교한 기술이 필요하지 않은데, 그래서 아마추어 건축가들이 접근하기 쉽고 창의성을 발휘할 여지도 있는 편이다. 뉴멕시코주 타오스 외곽에 있는 사막 지대, '더 위대한 세계를 위한 어스십 공동체'로 알려진 구획 곳곳에는 어스십 수십 채가 점점이 늘어서 있다. 이 어스십들은 나란히 놓고 보면 닥터 수스와 안토니오 가우디, 〈스타워즈〉의 세트 디자이너들이 공동 작업으로 만들어낸 달 식민지처럼 보인다.

독특하고, 자급자족이 가능하며, 생태적으로도 건전한 주거지를 만든다는 생각은 린다에게 깊은 인상을 남겼다. "대량생산한 집이 아니에요." 린다가 말했다. "마치 한 점의 예술 작품 속에 사는 것과 같아요. 그리고 내 두 손으로 직접 지을 수 있는 집이고요." 린다가 어스십에 매료된 건 1989년 드라마 〈건스모크〉의 배우 데니스 위버가 어스십을 짓기 위해 콜로라도로 이주한 뒤부터였다. 데니스 위버는 건축

과정을 담은 다큐멘터리를 제작했는데, 그 다큐멘터리는 수년간 공중파 텔레비전에서 방영되며 미국 주류 사회에 어스십의 개념을 전달했다. 다큐멘터리의 시작 부분, 이 백발의 배우는 낮은 담벼락에 서서 커다란 해머로 타이어 속에 흙을 다져넣는다. 그가 시선을 위로 향하더니 의도적으로 카메라를 향해 성큼성큼 걸어온다. "전기 요금 청구서도, 에어컨도, 열풍 덕트도 없지만 추운 겨울에나 무더운 여름에나 완벽하게 쾌적한 집에 산다면 어떨까요?" 그가 묻는다. "말도 안 되는 소리 같죠?" 그가 즐겁게 건설 인부들에게 합류한다. 그는 통나무에서 나무껍질을 깎아내 지붕보를 만든 다음, 진흙과 모래, 지푸라기를 섞은 것을 그의 침실 벽이 될 타이어와 깡통 들에 두텁게 바른다.

그럴싸한 타이어 더미 속에서 살고 싶어하는 이 배우의 열망을 모든 사람이 이해한 건 아니었다. 지역 주민들은 그의 어스십에 '미쉘린 저택'이라는 별명을 붙였다. 〈더 투나이트 쇼〉에서 코미디언 제이 레노는 그에게 쓰레기를 내놓을 때마다 집을 확장하는 걸로 이웃들이 오해하지 않더냐고 물었다. "쓰레기 수거 직원이 오면, 어디까지가 집이고 어디서부터가 쓰레기인지 어떻게 알죠?" 코미디언이 농담을 던졌다.

소박한 재료들과는 별개로, 데니스 위버의 면적 929제곱미터짜리 이 주택은 짓는 데만 100만 달러가 들어간, 사람들이 '돈 많은 유명인들의 어스십'이라고 부를 만한 극단적인 예다. 어스십 주택 대부분에는 결국 전통적인 주택만큼 돈이 들어가지만, 뉴질랜드의 한 가족은

2만 달러가 채 안 되는 예산으로 짓는 데 성공했다. "저는 미성년 노동에 찬성합니다." 다섯 아이의 아버지임을 자랑스러워하는 브라이언 거브는 온라인에 이렇게 적으며, 아내가 처음에는 어스십을 짓고 싶어 하는 자신을 '미친놈'으로 여겼다고 덧붙였다. 시애틀에서는 어스십 예찬론자 한 무리가 쓰레기 더미에서 공짜로 주워 온 재료와 자발적인 노동, 한 친구가 너그럽게 제공해준 사유 도로를 활용해 작고 단순한 버전의 어스십을 짓기로 했다. 지역의 한 격주간지가 "꼬마 어스십"이라고 부른 그들의 소형 건축물은 현재 건축 중이다.

어스십은 남극 대륙을 제외한 모든 대륙에 존재한다. 세계 곳곳을 돌며 재난 구호 활동을 하는 자원봉사자들은 2004년 인도양 지진해일, 2010년 아이티 지진, 그리고 2013년 필리핀의 태풍 하이옌 같은 대참사의 잔해 위에 어스십을 세워왔다. 아마도 지금껏 가장 악명 높은 어스십 건설자들은 뉴멕시코에 있는 자신들의 합숙소에 타이어 집을 세웠던 종교단체 '천국의 문'의 신도들일 것이다. 1997년 그들의 집단 자살 사건 이후 이어진 미디어의 광풍 속에서, 건축가 마이클 레이놀즈는 어스십이 그 참사와 아무런 관련이 없음을 미국인들에게 분명히 했다. 다른 모든 사람들과 마찬가지로 "정신 나간 오컬트 숭배자들에게도 집이 필요하다"고 그는 〈AP통신〉에 말했다. "우리는 여기 있는 사람들에게 지구를 떠나는 방법이 아니라 지구와 연결되는 방법을 알려주고 있습니다."

린다는 가장 열렬한 레이놀즈 숭배자 중 한 명이다. 린다는 도통 알 수 없는 주택 규제들을 지지하는 관료들에 대항해, 이상을 실현하기 위해 힘겹게 싸워온 레이놀즈의 투쟁을 존경한다. 그의 투쟁은 〈가비지 워리어〉라는 영화로 연대순으로 기록되었다.

"마이클 레이놀즈라는 이 사람 마음속에 들어가서 산책 한번 해보고 싶지 않나요? 이 사람은 1970년대부터 이 싸움을 해왔어요." 린다가 열광적으로 말했다. "처음에는 지은 집들이 실패작이라는 이유로 건축 허가를 취소당하기도 했어요."

최근 몇 년 동안 레이놀즈는 자신의 어스십들이 시장에 휘둘리지 않는 방식으로 인류에게 기본적으로 필요한 것들을 제공하는 역할을 할 수 있다고 주장해왔다. "우리는 경제라는 이름의 괴물에게 종속되지 않는, 안전한 지속 방안을 찾아내야 합니다." 그의 웹사이트 글에는 이렇게 적혀 있다. "경제는 게임입니다. 그 게임은 (오토바이, 컴퓨터, 텔레비전처럼) 필수적이지 않은 사물들에 관한 것이 되어야 합니다. 가족을 먹여 살리는 개인, 계속 생존하는 일, 보금자리를 갖는 일…… 이런 것들은 경제에 종속되어서는 안 됩니다."

10년 전쯤부터 린다는 어스십의 평면도와 계통도, 내부 사진들을 찾아 인터넷을 샅샅이 뒤지기 시작했다. 가장 좋아하는 이미지들은 프린트해서 나뭇결무늬가 들어간 비닐 커버의 3공 바인더에 깔끔하게 정리해두었다. 린다의 페이스북 프로필은 뉴멕시코의 핑크빛 저녁놀 아래로 사막의 덤불 속에 솟아오른 어스십 한 채의 사진이다. "이게 내가 꿈꾸는 집." 린다는 이미지 옆에 이렇게 써놓았다. 그러고는 설명하기 위해 덧붙였다. "어스십은 재활용 타이어와 유리병, 깡통으로 만들어진다. 이 주택은 자급자족 구조로, 공공설비에 연결될 필요가 없으며, 태양열과 바람으로 전기를 만들고, 물은 하늘에서 떨어지는 것을 쓴다. 물은 네 차례 사용된다. 먹을 것은 실내 정원에서 기른다. 공짜로, 청구서 없이 살 수 있다는 뜻이다. 이 집을 지어야 내가 주택 융자금을 갚을 수 있다고 얼마나 많이 말해야 할까?"

린다의 소망은 어딘가에서 건축 법규가 엄격하지 않은 싼 땅덩어리를 찾는 것이었다. 레이놀즈는 그런 장소를 "이례적인 자유 지역"이라고 부른다. 린다는 재료들을 공짜로 조달하고 작업을 도와줄 자원봉사자들을 구하는 일에 관해서도 대강 생각해두었다. 하지만 저임금 노동에 붙잡혀 봉급을 그대로 집세로 흘려보내고 있는 상황에서 어떻게 그런 야심만만한 이상에 착수할 수 있겠는가? 린다에겐 살아갈 새로운 방법이, 벌어들이는 수입을 지키면서 안 그래도 적은 생활비를 더 줄여나갈 전략이 필요했다. 다시 말해, 어스십으로 가기 위한 중간 단계가 필요했다.

린다는 더 기다릴 수 없다는 걸 알았다. 그는 나이를 거꾸로 먹고 있지도 않았고, 새집을 지으려면 그에 합당한 신체적 건강도 필요했다. 자원을 모으려면 시간 역시 걸릴 터였다. 하지만 해낼 수만 있다면, 그 프로젝트는 그저 은퇴한 뒤 들어갈 파격적인 장소 이상의 무언가가 될 것이었다. 어스십은 후세를 향해 린다가 쏘아 보내는 것이었고, 한 세기 또는 그 이상 지속될지도 모를 기념비였다. "그 일에는 내가 받은 모든 교육과 내 노하우와 마음이 들어갈 거고, 난 오래 지속될 무언가를 남기게 될 거예요." 린다가 말했다. "그걸 내 아이들과 손주들한테 남기고 싶네요."

린다는 자급자족이 가능한 상태를 갈망했다. 그는 식량, 전기, 실내 온도 조절 기능, 물을 제공하는 자립적 시스템을 갖춘 어스십이 거의 공생적 유기체처럼 기능할 거라고 추정했다. 그런 주택을 만들고 유지할 수만 있다면, 그 주택도 린다를 돌봐줄 것이었다. 그런 종류의 안정이라면 든든하게 느껴졌다. 린다도 결국 나이가 들면서 불안정한 인구 집단의 일원이 되어가고 있었다. 2015년의 인구조사에 따르면, 혼자 생활하는 노인 여성 6분의 1 이상이 빈곤선 이하의 생활을 하고 있다. 같은 연령대 노인 남성(149만 명)의 거의 두 배나 되는(271만 명) 수치다. 그리고 사회보장연금은 여성이 남성보다 1달 평균 341달러 적게 받는데, 이는 총 지불급여세 분담금이 더 적기 때문이다. 이 같은 현상은 성별 임금 격차의 결과로, 과소평가되는 부분이기도 하다. 2015년, 여성들은 남성들이 1달러를 벌 때 여전히 80센트밖에 벌지 못했으며, 어린 자녀들과 연로한 부모를 돌보는 무임금 노동을 할 가능성은 남성보다 높았다.(린다는 두 아이를 길러낸 데다 1990년대 중반 공격적인 뇌종양에 걸린 자신의 어머니를 위해 나중에 입주 돌봄노동까지 했다.) 여성의 생애임금은 더 적고, 누적 저축액도 적다. 그리고 여성의 수명이 더 길기 때문에—남성보다 평균 5년 더 오래 산다—그 돈은 더 먼 미래까지 버텨줘야 한다.

2012년 6월 1일, 린다 메이는 예순두 살이 되었다. 다음 달, 린다의 첫 사회보장연금 수표가 우편으로 도착했다. "수령을 예순다섯 살부터 했어야 하는데." 린다는 나중에 이렇게 돌아보았다. "하지만 받는 수당이 너무 적어서 이렇게 생각했죠. '몇 퍼센트를 지급하든 신경 안써. 미룬다고 별로 늘어나지 않을 테니까.'"

어느 방법을 택하든 문제는 있었다. '어떻게 남은 평생 동안 일을 하지도 않고 아이들한테 짐이 되지도 않으면서 살아갈 것인가?' 린다의 의문이었다. 린다는 어스십이 장기적인 해결책이 되기를 바랐다. 하지만 어떻게 거기까지 간단 말인가?

3장

。

미국을 살아내기

　2010년, 추수감사절에 린다가 자기 트레일러를 날려버리지 않기로 마음먹고 정확히 일주일이 되던 날, 인구 300명의 공장 마을 엠파이어에 나쁜 소식이 전해졌다. 네바다 북서부에 있는 블랙 록 데저트의 등에 작은 혹처럼 붙어 있는 엠파이어는 미국에 마지막으로 남아 있던 전통적인 기업 의존형 마을 중 하나로, 마을 전체가 석고보드 '시트록'을 만드는 회사인 유나이티드 스테이츠 집섬사의 소유였다. 엠파이어는 상당히 낭만화된 미국 제조업의 전성기, 즉 공장 일을 하면 확실히 중산층이 될 수 있고, 해고될 두려움 없이 가족들을 부양할 수도 있던 시기에 머물러 있던 곳이었다.

　엠파이어는 셀레나이트 산맥 기슭에 아늑하게 자리 잡은 석고 노천광인 '더 집the gyp'에서 북쪽으로 9.6킬로미터 떨어진 곳에 있었다. 그 광산에서 광부들은 안포폭약 ─ 질산 암모늄과 연료유의 폭발성 혼합물 ─ 을 터뜨려 다섯 개의 계단식 채취장에서 하얀 백악질 광석 덩어리들을 캐냈는데, 가장 큰 채취장은 지름이 800미터였다. 운반 트럭들은 고속도로를 따라 한 번에 석고 60톤씩을 마을 변두리의 석고보드 공장으로 실어 날랐다. 그곳에서 노동자들은 석고를 가루로 만들었고, 대형 가마에서 섭씨 260도까지 가열한 다음, 미국 서부의 가정에서 볼 수 있는 벽판 형태로 만들었다.

엠파이어의 공장을 지나면 작은 단층집들이 미루나무와 느릅나무, 은백양나무 들이 심어진 네 개의 주요 주택가를 따라 줄지어 늘어서 있었다. U. S. 집섬사는 집세 보조금을 지원했는데, 이곳의 집세는 아파트가 110달러, 주택이 250달러로 저렴했다. (석고보드 공장 기술자들은 임금으로 시간당 22달러까지 받았고, 장비 기사들은 그보다 조금 덜 받았는데, 이는 직원들이 대체로 하루나 이틀치 일당으로 1달치 집세를 해결할 수 있다는 뜻이었다.) 회사는 이에 더해 TV, 하수 시설, 쓰레기 수거, 인터넷 서비스에 들어가는 비용까지 지불해주었다. 지출은 적고 수입이 안정적이었으므로, 근근이 살아간다는 개념 ─ 바깥세상에서는 너무도 흔한, 신경을 갉아먹는 그 불안정한 존재 양태 ─ 은 이곳에서는 상대적으로 낯선 것이었다. 엠파이어는 1950년대에 멎어 있는, 마치 전후 경제가 끝나지 않은 마을 같았다. "돈을 모으기에 정말로 좋은 곳이에요." 공장 연구실에서 석고보드를 검사하는 일을 하는 15세 직원 애나 마리 마크스는 이렇게 말했다.

U. S. 집섬사의 사내 잡지 〈집섬 뉴스〉 1961년 7월호에 따르면, 이 마을이 가장 부흥하던 시절에는 750명 이상이 거주했다. "엠파이어에 집을 마련하는 사람들은 행복한 하나의 대가족 같다." 잡지에는 이렇게 적혀 있다. 현대화를 거치면서 인구가 줄어들어 2010년 무렵에는 그 절반에도 못 미치는 수가 됐지만, 이런 정서는 변화하지 않았다. 엠파이어의 모든 주민들이 서로 아는 사이였으므로, 현관문은 늘 열려 있었고, 차들은 열쇠를 안에 놔둔 채 주차돼 있곤 했다. "범죄자도, 사이렌도, 폭력도 없죠." 공장 감독관인 남편과 함께 이 마을에서 살았던 토냐 린치는 열변을 토했다. 그리고 엠파이어가 너무도 고립돼 있었던 까닭에―수년간 447번 고속도로에서는 "아무 데도 아닌 곳에 오신 것을 환영합니다"라고 적힌 이층 높이 표지판이 이곳을 안내해주고 있었다―이곳 사람들은 스스로를, 그리고 서로를 즐겁게 해줄 수밖에 없었다. 주민 파티, 각자 음식을 지참하는 저녁식사 자리, '벙코'라고 불리는 주사위 게임을 하기 위한 모임, 그리고 사슴과 영양, 회색과 계피색 깃털에 줄무늬 날개와 선홍색 부리를 한 바위자고새를 사냥하러 고지대 사막의 황무지로 떠나는 여행 들이 수없이 이어졌다. 많은 마을 주민들이 비현실적으로 푸릇푸릇한 잔디를 기르는 것으로 말라붙은 풍경에 맞서고, 시민의 긍지처럼 보이는 무언가를 드러냈다. 그들의 땅임을 표시하는 풀밭이 끝나면 블랙 록 사막이 가로막는 것 하나 없이 쭉 지평선까지 펼쳐져 있었다. 위성사진에서 엠파이어

는 유난히 두드러졌고, 그곳이 없었다면 침울하고 척박한 불모지였을 곳에 떨어진 녹색 얼룩처럼 보였다.

고립에는 긍정적이지 않은 점도 있었다. "저희한텐 자경단 프로그램이 있어요." 공장의 유지 관리 책임자인 에런 컨스터블이 농담조로 말했다. "좋든 싫든 이웃의 감시를 받는 거죠." 이것이 직장 동료들이 서로 가까이 거주하는 이 지역에서 수십 년간 이어져온 생활방식이었다. 1923년, 노동자들은 텐트촌을 세웠고 그것이 나중에 마을이 되었다. 몇몇 기록에 따르면 엠파이어는 미국에서 가장 오랫동안 지속적으로 운용되어온 광산으로, 1910년에 퍼시픽 포틀랜드 시멘트 컴퍼니가 처음으로 불하받아 권리를 설정한 청구지를 파내면서 시작된 곳이었다.

2010년 12월 2일, 그 역사는 갑작스럽게 중단되었다. 아침 7시 30분, 발가락 부분이 철로 보강된 신발을 신고 안전모를 쓴 직원들이 의무적인 회의에 참석하기 위해 마을 회관에 모였다. 부드러운 목소리의 석고 공장 관리자 마이크 스필먼이 공간을 가득 채운 어리둥절한 얼굴들을 향해 잔인한 지시를 전달했다. 엠파이어가 폐쇄될 예정입니다. 모든 주민이 6월 20일까지 마을을 떠나야 했다. 침묵이 흘렀고, 그 다음에는 눈물이 터져 나왔다. "아흔두 명의 직원 앞에 서서 '여러분은 더 이상 일자리가 없을뿐더러 집도 없습니다'라는 말을 해야만 했습니다." 훗날 마이크는 무겁게 한숨을 쉬며 회상했다. 직원들은 그날의 나머지 일을 면제받았다. 그들은 밖으로 나가 잔뜩 흐린 겨울 아침의 추위 속에서 이리저리 옮겨 다니다가, 그리 오래지 않아 잃게 될 각자의 집으로, 그 소식을 곰곰이 곱씹고 가족들에게 알리러 돌아갔다.

기업 가치가 40억 달러였던 U. S. 집섬사는 2010년 삼사분기 말 2억 8400만 달러의 적자를 내며 막대한 손해를 입었다. 당시 CEO였던 윌리엄 C. 푸트는 회사의 쇠락하는 운명을 "지속적인 시장 조건 악화와 예외적으로 적은 선적량" 탓으로 돌렸다. 알아듣기 힘든 그 용어들 속에 담긴 것은 조금 더 단순한 이야기였다. 엠파이어에서 만들어지는 제품에 대한 수요가 더 이상 그렇게 많지 않았다. 벽판 제조업자들의 운명은 국내 건설 산업에 달려 있는데, 주택시장 붕괴가 불러일으킨 불황이 너무 오랫동안 지속되어왔던 것이다. 그런 이유로 많은 마을들이 불경기에 상처를 입는 정도였던 반면 엠파이어는 완전히 사라지게 되었다.

2011년 1월, 나는 잡지 기사 취재차 엠파이어를 방문했다. 품질관리 감독관이었고, 그 전에는 총책임자였던 캘빈 라일은 자신이 1971년 7월 1일에 공장에서 일을 시작했다고 했다. "여기서 39년 7개월 동안 일했습니다." 그는 사실을 전하는 건조한 말투로 말했다. "단 하루도 결근한 날이 없고, 부상도 당해본 적이 없어요." 가장 오랫동안 중단 없이 일한 기록의 보유자였기에, 생산 라인을 중단시키는 영광은 그에게 돌아갔다. 자기 아들 역시 정비공으로 일하는 공장의 컨베이어 벨트 옆에 선 예순두 살 노인은 동료 직원들이 지켜보는 가운데 오른손을 들어 올렸다. 그는 정지 버튼을 눌렀고, 눈물을 흘렸다.

"보드 공장에서 들을 수 있는 최악의 소리가 침묵이에요." 캘빈이 설명했다. "이 일은 미국을 건설하는 일의 일부예요. 단지 여기서 석고보드를 만드는 게 다가 아닙니다." 그는 엠파이어가 안정적인 생활을 하면서 자연으로 나와 아이들을 키우기에 대단히 좋은 곳이었다고 덧붙였다. 그는 자신이 뒤뜰에 심어둔 장미 덤불을 파내 가져갈 생각이었다. 마을이 빠른 속도로 잡초들에 잠식당할 테니까. "아마 영화 〈공포의 휴가길〉처럼 보이게 되겠죠." 그가 진지하게 말했다. (그 컬트 공포 영화의 2006년 리메이크 버전인 〈힐즈 아이즈〉에서는 낡은 집들과 숨어 있는 식인종들로 가득한 버려진 핵실험 마을이 대단히 중요한 부분을 차지한다.) "2011년 네바다 버전 유령 마을이 될 겁니다."

공장이 보이는 곳에서는 노동자 성 요셉 가톨릭 전도단이 마지막이 될 미사 중 하나를 올리고 있었다. 성당에는 상근 전기 기술자로 31년간 공장에서 근무했던 예순한 살 교구민 톰 앤더슨이 조각한 새 나무 표지판이 붙어 있었다. 캘빈이 장미 덤불을 가져갈 예정인 것처럼, 톰 역시 떠나기 전에 자신의 수공예품을 돌려받을 생각이었다. 그는 20명이 조금 넘는 이웃들과 함께 미사에 참석했다. 끝날 무렵이 되자 주임 사제가 특별히 나누고 싶은 기도가 있느냐고 사람들에게 물었다. 연보라색 공주 드레스를 입은 여섯 살짜리 여자아이가 입을 열었다. "집을 찾는 데 도움이 필요한 사람들을 위해 기도하고 싶어요." 아이가 더듬더듬 말했다. "그리고 살아가기 위해 이것저것 필요한 사람들을 위해서도요." 방 안에는 침묵이 흘렀다.

마을 남쪽 채석장에는 이미 차량 통행을 금지하기 위해 길들이 거대한 자갈 둔덕으로 막혀 있었다. 곧 엠파이어의 종언을 알리는 다른 신호들이 나타나기 시작했다. 꼭대기에 가시철사가 달린 높이 2미터가 넘는 철조망이 마을 경계를 따라 세워졌다. 지역 주민들은 그 철조망 때문에 마을이 '강제 수용소'처럼 보인다고 했다. 갓 실업자가 된 사람들은 우체국 맞은편에 있는 나무의 가지에 자신들의 안전모를 던져 걸어서 임시 기념비를 만들었다. (U. S. 집섬사의 안전모는 한때 그것을 쓰는 노동자들에게 자부심을 가져다주는, 스포츠팀 유니폼의 회사 버전 같은 물건이었다. 많은 안전모에 이름이 적힌 스티커가 붙어 있었고, 몇몇은 페인트나 지워지지 않는 마커로 주인이 표시돼 있었다. 그리고 캘빈처럼 근속 연수 25년이 넘는 직원들을 위한 특별한 황금색 안전모들도 있었다.)

천천히 이주가 시작됐다. 주택시장의 붕괴로 침체되었던 경제의 한편에서는 금 가격이 치솟고 있었고, 네바다의 광산들에서는 사람을 뽑고 있었다. 전직 엠파이어 직원 여남은 명이 근처에 여러 작업장을 둔 배릭 골드사의 일자리로 떠났다. 하지만 쫓겨난 직원들 중 다른 이들은 더 힘겨운 시간을 보내고 있었다.

"여기저기 이력서를 넣어봤는데 어디서도 입질이 오지 않더라고요." 전직 공급망 관리자 댄 모런이 말했다. "결국은 그냥 장작 패는 일이나 하면서 벌어먹고 살지요." 엠파이어에서 성장한 스물두 살 모니카 베이커는 공장에서 일할 수 있을 거라는 약속을 받고 최근에 두 어린아이들과 함께 오아후에서 고향으로 돌아와 살고 있었는데, 결국 폐쇄 소식에 얻어맞기만 했다. "정말 화가 났어요. 여기서 일할 수 있을 거라고 사람들이 계속 그랬거든요." 금광에서 사람을 뽑고 있다는 소식을 듣기는 했지만, 모니카는 유독성 침출물 웅덩이 근처에서 일하는 상황을 염려했다. 그는 그 산업에서 흘러나온 수은 때문에 이미 네바다 북부에서는 아무도 그곳에서 잡은 물고기를 먹을 수 없게 됐다고 했다. 모니카는 남쪽으로 112킬로미터 떨어진, 체인점들이 있는 작은 도시 펀리에 가서 자신의 운을 시험해볼 생각이었다. 그는 국가 경제의 흐름을 타게 될 터였다. 제조업에서 멀어져, 소매업과 서비스업을 향해 나아가는. "그냥 월마트 아니면 로스°에서 일하게 될 것 같네요."

직원 가족들의 퇴거는 6월이 지나도록 이어졌다. 마지막 가족이 떠나자 마을은 사슬로 묶인 문 뒤로 잠겨 봉인되었고, 보안 카메라와 통행금지 표지판이 설치되었다. 작은 집들, 공용 수영장, 교회 두 곳, 우체국, 그리고 나인홀 골프 코스가 망가져가도록 방치되었다. 심지어 지역 우편번호인 89405조차 사라졌다. 잡초가 자라는 것을 억제하기 위해 회사는 염소 스물네 마리를 들여왔고, 그 염소들은 살아 있는 잔디 깎기 기계처럼 신생 유령 마을을 배회했다. 몇 년 뒤에 방문객들은 그곳을 체르노빌에, 중단된 삶이 목록처럼 나열되어 있는 그 장소에 비교할 것이었다. 공장 사무실에는 마시다 만 커피잔들이 책상에 놓

° Lowe's. 미국의 주택 개량용품 소매점 체인.

여 있었고, 달력은 여전히 폐쇄되던 날의 날짜를 보여주고 있었다.

으스스하게도, 엠파이어가 여전히 살아 있는 곳이 한 군데 있다. 2017년 현재, 구글 맵스 스트리트 뷰에 들어가 조그만 아바타를 서클 드라이브 위에 올려놓으면 여전히 중단되지 않은 삶을, 주차된 차들과 정원용 가구, 자기 정원에 물을 주고 있는 사람들을 보면서 이리저리 돌아다닐 수 있다. 그 모두가 2009년부터 업데이트가 멈춘 사진 속 풍경으로 얼어붙어 있다.

。

엠파이어가 죽어가던 바로 그 시기에, 남쪽으로 112킬로미터 떨어진 곳에서는 새롭고 아주 다른 종류의 기업 의존형 마을이 번성하고 있었다. 많은 점에서 그곳은 엠파이어의 반대말처럼 느껴졌다. 중산층의 안정을 제공하기보다는, 이 마을은 '프레카리아트', 즉 낮은 임금을 받고 단기 노동을 하는 임시 노동자에 속하는 사람들로 채워졌다. 더 구체적으로 말하자면, RV, 트레일러, 밴, 그리고 심지어 몇몇은 텐트에서 생활하는 떠돌이 노동자 수백 명이 그 마을 주민들이었다. 해마다 이른 가을이 되면 그들은 편리 인근의 이동 주택 주차장들을 채우기 시작했다. 린다는 아직 그곳을 몰랐지만, 그 역시 곧 그들에게 합류하게 될 것이었다. 그들 중 많은 사람들이 60대와 70대로, 전통적인 은퇴 연령에 다가가고 있거나 이미 그 나이에 들어선 사람들이었다.

대부분은 수백 킬로미터를 여행해 와서, 범죄 경력 조회나 컵에 소변을 받아서 하는 약물 검사 같은 일상적인 모욕을 경험해가며, 시간당 11달러 50센트와 초과근무 수당을 받으면서 창고 임시직으로 일할 기회를 얻은 사람들이었다. 바퀴 달린 그들의 주택 대부분은 영하의 온도에서 생존 가능하게 설계되어 있지 않았지만, 그럼에도 그들은 겨울 초까지 머무르게 되어 있었다. 그들의 고용주는 아마존닷컴이었다.

아마존은 이 노동자들을 자신들이 '캠퍼포스CamperForce'라고 부르는 프로그램의 일환으로 고용했다. 캠퍼포스는 회사가 '풀필먼트 센터fulfillment center', 혹은 FC라고 부르는 물류 창고 여러 군데에서 계절성 노동을 하는 노마드들로 구성된 노동자 집단을 말한다. 그들은 전통적인 형태의 임시 노동자 수천 명과 함께 '성수기', 즉 소비자들이 몰리는, 크리스마스 전 3개월에서 4개월에 걸친 대목의 막대한 배송 수요를 맞추기 위해 고용된다.

아마존은 정확한 채용 인원을 언론에 밝히지 않지만, 내가 애리조나에 있는 아마존 채용 부스에서 한 캠퍼포스 관리자에게 프로그램 규모에 관해 슬쩍 물어보자, 그는 대략 2,000명쯤 될 거라고 추정했다. (이것은 2014년의 일이다. 전직 프로그램 운영자의 페이스북 게시물에 따르면, 2016년 시즌에 아마존은 캠퍼포스 노동자를 뽑는 일을 평소보다 일찍 중단했는데 "그해 지원자가 기록적으로 많았기" 때문이었다.)

노동자들의 교대 근무는 10시간에서 12시간 정도 이어지는데, 근무시간에 이들은 제품을 바코드 스캔하고, 분류하고, 상자에 담는 일을 하며, 몸을 굽히고, 쪼그려 앉고, 쭉 뻗고, 계단을 오르면서 24킬로미터 이상 콘크리트 바닥 위를 걷기도 한다. 휴가 시즌의 수요 급증이 끝나면 캠퍼포스가 필요 없어진 아마존은 프로그램에 고용된 노동자들을 해고한다. 노동자들은 차를 몰고 떠나고, 그 광경을 관리자들은 유쾌하게 '미등 행렬'이라고 부른다.

내가 몇 달에 걸쳐 엄청나게 긴 메일들을 주고받았던 첫 번째 캠퍼포스 구성원은 돈 휠러라는 한 남자였다. (이 이름은 가명인데, 그 이유는 나중에 설명할 것이다.) 돈은 자신의 주요 경력 중 마지막 2년을 소프트웨어 회사 임원으로 지내며 홍콩, 파리, 시드니, 텔아비브를 돌아다녔다. 2002년 은퇴를 함으로써 그는 마침내 한 곳에 정착할 수 있게 되었다. 캘리포니아 버클리에 있는, 1930년대풍 스페인 식민지 양식을 복원한 저택에서 그는 아내와 함께 살았다. 은퇴는 또한 그가 평생 집착해온 빨리 달리는 자동차에 탐닉할 시간을 주었다. 그는 빨간색과 흰색의 미니 쿠퍼 S를 구입해 210마력으로 올렸고, 연습을 계속한 끝에 미국 투어링 카 챔피언십 프로 시리즈에서 종합 3위를 차지했다.

그 질주하던 시간들은 지속되지 않았다. 내가 돈과 이메일을 주고받기 시작했을 때 그는 예순아홉 살이었고, 이혼한 상태였으며, 펀리의 창고 근처에 있는 데저트 로즈 RV 주차장에서 지내고 있었다. 집은 그의 아내가 차지하게 되었다. 2008년의 시장 붕괴가 그의 저금을 증발시켜버렸다. 그는 어쩔 수 없이 미니 쿠퍼를 팔아야 했다.

돈은 6.8킬로그램짜리 잭 러셀 테리어인 리조와 함께 그가 '엘리'—모델 번호 300'LE'라서 그렇게 부른다—라고 부르는 1990년형 에어스트림에서 살고 있었다. 에어스트림의 계기반에는 훌라 춤을 추는 여자 인형이 놓여 있고 경주용 차량 포스터들이 내려진 블라인드에 기대세워져 있었다. 예전에 그는 생활비로 1년에 약 10만 달러를 썼었다. 새로운 삶에서는 일주일에 75달러쯤 되는 적은 금액으로 그럭저럭 살아갔다.

2013년 휴가 시즌이 끝날 무렵, 돈은 자신이 아마존 창고에서 일주일에 5일 동안, 해 뜨기 직전까지, 30분의 점심시간과 15분의 휴식 시간 두 번을 포함해 12시간 동안 지속되는 야간 교대 초과근무를 하게 되리라고 예상했다. 근무시간 대부분을 선 채로, 들어오는 화물을 받고 바코드 스캔하면서 보내게 될 것이었다.

"힘든 일이지만, 돈을 괜찮게 주거든요." 그가 설명했다. 돈은 대머리에, 금속 테 안경을 쓰고 새하얀 염소수염을 길렀다. 오른쪽 고관절은 인공 관절이었는데, 오리건 캠프장에서 다른 임시직 일을 하다가 픽업트럭에서 떨어지는 사고를 당했을 때 치환 수술을 받았다. 돈은 불평꾼들이라면 질색이었다. 그러나 동료들 대부분처럼 그는 12월 23일, 캠퍼포스 워크 시즌이 끝나는 날까지 남은 날짜를 세고 있었다.

돈은 자신이 점점 확산되는 사회 현상의 일부라고 내게 말했다. 그와 캠퍼포스 노동자 대부분—그리고 더 넓은 스펙트럼에 속해 있는 떠돌이 노동자들—은 자신들을 '워캠퍼workamper'라고 불렀다. 이미 그 단어를 들은 적은 있었지만, 나는 돈처럼 매끄럽게 그 단어를 정의하는 사람은 만나보지 못했다. 그는 페이스북 메시지를 통해 내게 이렇게 말했다.

워캠퍼들은 이동 생활을 하는 현대의 여행자들로, 미국을 돌아다니며 캠핑터를 무료로—대체로 전기와 물, 하수관도 포함됩니다—사용하는 대가로, 거기에 보통은 급료 또한 받으면서 임시 노동을 하는 사람들입니다. 워캠핑이 현대에 등장한 현상이라 생각하실지 모르지만, 우리는 오래고 오랜 전통을 지니고 있답니다. 우리는 칼을 갈고 갑옷을 수리하며 로마 군대를 따라다녔습니다. 고장 난 시계와 기계 들을 고치고, 요리 도구를 수선하고, 높이 30센티미터당 1페니와 가능한 한 많은 발효 사과술을 받는 대가로 돌벽을 지어 올리면서 미국의 신생 도시들을 헤매 다녔습니다. 우리는 도구와 기술을 지니고 짐마차에 올랐고, 서쪽으로 향하는 이주자들을 따라갔습니다. 칼을 갈고, 고장 난 것이면 뭐든 고치고, 땅을 개간하는 일을 돕고, 오두막에 지붕을 이고, 밭에 쟁기질을 하고, 수확물을 거둬들여 식사와 푼돈을 벌고, 그러고 나서는 다음 일자리로 옮겨 갔습니다. 우리의 조상은 만물 수선공들입니다.

우리는 만물 수선공들의 짐마차를 쾌적한 대형 버스, 혹은 피프스 힐 트레일러°로 업그레이드했습니다. 이제 대부분 은퇴자인 우리는 평

⊙ 대형 트레일러의 한 종류.

생 동안 업계에서 얻어온 기술들을 우리의 레퍼토리에 추가했습니다. 우리는 여러분의 상점 운영을 도울 수 있고, 집의 앞쪽이나 뒤쪽을 손볼 수 있고, 트럭과 지게차를 운전할 수 있고, 제품을 운송하기 위해 선별하고 포장할 수 있고, 기계를 수리할 수 있고, 컴퓨터와 네트워크를 애지중지 다룰 수 있고, 사탕무 수확 작업을 할 수 있고, 땅에 조경 작업을 할 수 있고, 여러분의 화장실을 청소할 수 있습니다. 우리는 과학기술 시대의 만물 수선공들입니다.

내가 대화해본 다른 워캠퍼들에겐 자신들을 묘사하는 그들만의 방식이 있었다. 많은 이들이 70대나 80대까지 쭉 일하리라 예상하면서도 자신을 '은퇴자'라고 칭했다. 어떤 이들은 자신을 '여행자' '노마드' '타이어 떠돌이' 혹은 자조하듯 '집시'라고 불렀다. 외부 관찰자들은 그들에게 다른 별명을 붙였는데, '대침체기의 오키°'에서 '미국인 난민' '돈 많은 홈리스' 심지어 '현대의 과수원 부랑자°°'까지 있었다.

사람들이 그들을 뭐라고 부르고 싶어하든 간에, 워캠퍼들은 미국 전역에 걸쳐 있는, 그리고 심지어 캐나다까지 올라가는 일자리의 순환 흐름에 올라타고 이동한다. 이 흐름은 '워커스 온 휠스'나 '워캠퍼 뉴스' 같은 웹사이트에 구인광고를 내는 고용주 수백 명이 이끄는 그

⊙ Okie. 1930년대 대공황 시기의 오클라호마 출신 이동 농업 노동자들을 가리키는 말.
⊙⊙ Fruit tramp. 대공황 시기에 과수원을 떠돌아다니며 일하던 노동자들.

림자 경제다. 그들은 1년 중 어느 시기인지에 따라 버몬트에서 라즈베리를, 워싱턴에서 사과를, 켄터키에서 블루베리를 딸 노마드들을 구한다. 노마드들은 어류 양식장에서 투어 가이드를 하고, 미국 스톡 카 경주 협회 NASCAR의 대회에서 티켓을 팔고, 텍사스 유전의 정문에서 경비를 선다.[*] ("끔찍했어요." 텍사스주 곤잘러스에서 정문 경비 일을 했던 한 워캠퍼가 말했다. 그는 남편과 함께 24시간 동안 일해 약 125달러를 벌었는데ー시간당 계산하면 약 5달러다ー오직 짧게 주어지는 쉬는 시간들에만 잠을 잘 수 있었기 때문에 빠르게 지쳐버렸다. "밤새 쉬지 않고 모든 방문객을, 차량 번호판과 이름표를 기록해야 돼요. 거길 떠날 때 남편이랑 저는 완전히 좀비 같은 상태였어요.") 노마드들은 애리조나주 피닉스에서 봄에 열리는 트레이닝 시리즈인 캑터스 리그 야구 경기에서 버거 패티를 뒤집는다. 그들은 로데오 경기에서, 그리고 휴스턴의 NRG 경기장에서 열리는 2017년 슈퍼볼에서 구내매점을 운영해달라는 요청을 받는다. ("업셀링[**]에 능숙해야 합니다." 구인 내역에는 이렇게 적혀 있다.)

그들은 미국 산림청과 미 육군 공병대에, 그리고 민간 운영권 소유

---

[*] (원주)이 워캠퍼 가운데 일부는 2010년에 전국적인 뉴스 헤드라인을 장식하기도 했다. 미국 노동부는 코퍼스 크리스티에 있는 고용주인 게이트 가드 서비스 LP사가 워캠퍼들을 피고용인이 아니라 독립계약자로 잘못 분류하여 620만 달러의 임금을 체불했다고 주장했다. 그 후 연방법원 판사는 그 행정명령을 기각했다.

[**] 물건을 팔 때 더 비싸거나 좋은 품목으로 업그레이드하게 유도하는 전략.

자들에게 고용되어 그랜드캐니언에서 나이아가라 폭포에 이르는 지역에 있는 캠프장과 트레일러 주차장 수백 곳을 관리한다. 그들은 콘크리트로 만든 길이 24미터짜리 브론토사우루스와 싱잉 카우보이⊙ 로봇들이 있는 윌 드러그, 그리고 수십 개의 노란색 광고판이 "직접 보면 믿지 않을 수 없다" "사막의 미스터리" 같은 문구로 유혹하는, 황량하게 뻗은 애리조나 고속도로변의 희귀품 박물관 '더 싱The Thing?'처럼 관광객을 상대로 장사하는 미국 내 명소 몇몇 군데에서 일한다.

유랑 노동자들은 공휴일에 길가에 가판대를 세워, 핼러윈에는 호박을, 독립기념일에는 폭죽을 판매한다. ("일주일 동안 폭발물이 가득한 텐트 근처에서 캠핑이라니…… 내가 미쳤나?" 남편과 사별한, 폭죽 판매 일을 맡으려고 준비하고 있던 한 워캠퍼는 이렇게 썼다.) 어떤 이들은 크리스마스트리를 판매한다. ("캠핑용 크리스마스트리 한번 들여보세요!" RV 생활자들을 겨냥한 한 광고는 이렇게 유혹한다. "짜증 금지." 다른 광고가 이렇게 짜증 낸다.) 어떤 이들은 쇼핑센터 내에 작은 매점을 세우고 시스 캔디와 히코리 팜스 제품 같은 시즌 선물을 판다. 다른 이들은 누출 탐지원으로 천연가스 파이프라인에 고용되어 폭발을 방지하기 위해, 탄화수소 수치를 점검하는 장치인 '플레임 팩'을 들고 매설관 수 킬로미터를 따라 터덜터덜 걷는다.

⊙ 서부 영화에 나오던 카우보이 유형 중 하나.

플로리다 어획수렵부는 사냥꾼 검문소에 노마드들을 고용하는데, 그곳에서 그들은 멧돼지와 사슴 시체의 무게를 재고, 검사를 해서 현지 동물 무리의 나이와 건강 상태를 조사하는 데 쓰일 생물학적 표본을─구체적으로는, 사슴 턱뼈를─채취한다. 사우스다코타에 있는 한 꿩 사냥꾼 숙소에서는 '조류 해체'팀에서 일할 사람을 모집한다.

워캠퍼들은 테네시주 돌리우드에서 아이오와주 어드벤처랜드, 뉴욕주 대리언 레이크와 뉴햄프셔주 스토리 랜드에 이르기까지, 여러 놀이동산에서 놀이기구를 돌린다. ("워캠퍼들은 세계 곳곳에서 온 새로운 사람들과 만나 함께 일하게 될 뿐 아니라, 어린 시절의 꿈이 이루어지는 순수한 기쁨도 날마다 경험하게 됩니다!" 스토리 랜드의 구인광고는 이렇게 약속한다.)

보상으로, 어떤 고용주들은 시간당 임금을 지불한다. 조지아에 있는 한 농장은 "라마를 매일 직접 훈련시키는 작업"에 워캠퍼들을 구하는데, RV를 대고 물과 전기를 쓸 수 있는 자리를 제공하는 대가로 일주일간 20시간에서 24시간의 무임금 노동을 시키고, 그다음부터는 시간당 7달러 50센트를 지불한다. 다른 곳들은 임금 없이 그저 숙식 수준의 편의만 제공한다. 포장돼 있지 않을 수도 있지만 고르고 평평하기를 희망해볼 수는 있는 주차 구역, 그리고 물과 전기, 하수 시설을 쓸 수 있다는 뜻이다. (그런 무임금 일자리를 알리는 어느 구인광고는 "보트 운전 가능하세요? 좋아하시나요?" 하고 묻고는 캘리포니아에 있는 포트 산루이스 하버 디스트릭트에서 수상 택시의 선장이 될 "자원봉사자"를 구한다고 써놓았다. 그 일을 하면 일주일에 40시간까지 일을 하고 RV 주차 구역을 대가로 받게 되지만, 급료는 없다.) 그리고 해마다 사탕무 수확이 있다. 9월 마지막 주, 아메리칸 크리스털 슈거 컴퍼니는 RV 생활자 수백 명을 몬태나, 노스다코타, 그리고 미네소타로 데려간다. 날씨가 괜찮으면 그들은 주간과 야간에 12시간 동안 교대 근무를 한다. 그 대가로 1시간에 12달러인 초봉에 초과근무 수당, 그리고 보통 수준의 주차 구역을 제공받는다.

미국에서 얼마나 많은 인구가 노마드처럼 살고 있는지 정확한 통계는 없다. 풀타임 여행자들은 인구 통계학자들의 악몽이다. 법이 고정된 주소지—다시 말해, 가짜 주소지—를 유지하라고 요구하기 때문에, 그들은 통계상 나머지 인구 속에 섞여 들어간다. 얼마나 멀리 돌아다니든 상관없이, 노마드들은 공식적으로 어딘가에 '주소지를 두고' 있어야 한다. 거주하는 주란 당신이 차량 등록을 하고, 차량 검사를 받고, 운전면허를 갱신하고, 세금을 내고, 투표를 하고, 배심원으로 복무하고, 건강보험에 가입하고(메디케어° 가입자는 제외), 장황한 목록을 이루는 다른 책임들을 수행하는 곳이다. 그리고 집 없이 산다는 것은, 알고 보니 어디든 원하는 곳에서 살 수 있다는 뜻인데, 최소한 종이 위에서는 그렇다. 그래서 많은 사람들이 귀찮은 상황이 가장 적은 장소를 거주지로 선택하고—플로리다, 사우스다코타, 텍사스처럼

⊙ 미국에서 운영하는 의료보험. 65세 이상의 고령자와 장애인을 대상으로 한다.

주 소득세가 없는 곳들이 오랫동안 사랑받아온 선택지다 ─ 연락을 유지하기 위해 우편물 전달 서비스를 사용한다. 사우스다코타주 주민이 되기 위한 규칙은 유난히 느슨하다. 지역 모텔에서 하룻밤을 묵고, 사우스다코타 우편물 전달 서비스에 등록하라. 그런 다음 그 두 가지 영수증을 주 공공안전부에 제출하면 주민이 될 수 있다.

구체적인 숫자는 없지만, 미국의 유랑 노동자 계층이 주택시장 붕괴 이후 급증했고 계속 증가해왔다고 일화들은 말하고 있다. "2008년 이후로 굉장히 많은 사람들이 우리를 찾고 있습니다. 사실 저는 일자리 소식을 듣는 데 관심 있는 사람들의 목록을 가지고 있는데요, 2만 5,000명에서 목록을 마감해야 했습니다." 110군데의 캠프장을 운영하고 300여 명의 워캠퍼들을 고용하고 있는 레크리에이션 리소스 매니지먼트사 대표 워런 메이어는 〈알자지라〉 기자에게 이렇게 말했다. "노동자들 대부분이 커플이기 때문에 실제로는 아마 5만 명쯤이 제가 가진 50개의 일자리에 지원하는 거죠." 그가 덧붙였다. "2008년에 저는 그런 퇴직자들의 모임 같은 데 찾아가서 우리 회사에서 일해달라고 간청해야 하곤 했습니다."

워캠퍼들의 주요한 고용주인 캠프그라운즈 오브 아메리카(KOA)는 매년 약 1,500커플을 미국 전역의 리조트와 프랜차이즈에 고용한다고, 한 대변인이 미국 은퇴자 협회(AARP)에 말했다. 웹사이트에 인기 있는 구인광고 서비스를 제공하는 격월간 잡지 〈워캠퍼 뉴스〉는 회원 수가 1만 4,000명에 이르며 신규 가입자가 항상 늘고 있다고 말한다.

한편, 〈뉴욕 타임스 매거진〉은 2011년 말에 "밴에서 살기, 혹은 '밴 생활'은 이제 유행"이라고 선언하고, 그해에만 120만 가구의 주택이 압류될 것으로 예상된다고 덧붙이면서 밴 판매량이 24퍼센트 증가했음을 알렸다.

아마존의 캠퍼포스는 워캠퍼들을 구하는 모든 프로그램 가운데 가장 공격적인 모집자 자리를 지켜왔다. 신규 고용을 위한 프리젠테이션에 사용된 슬라이드 한 장에는 이렇게 적혀 있었다. "최고경영자 제프 베이조스는 2020년까지 워캠퍼 네 명 중 한 명은 아마존을 위해 일해본 경험이 있게 될 거라고 예견했다." 자리를 채울 노동자를 찾기 위해 아마존은 미국 전역 10여 개 이상의 주에서 열리는 노마드 친화적인 사업 장소들—대체로 RV 쇼와 랠리—에 모집 부스를 설치해왔다. 구인 담당자들은 캠퍼포스 티셔츠를 입고 "모집 중"이라고 적힌 전단지와 함께 홍보용 스티커, 노트, 종이부채, 튜브형 립밤, 풍경 달력, 그리고 '쿠지'라는, 맥주 캔을 차갑게 유지하는 네오프렌 슬리브를 나눠준다. 모든 물건에는 캠퍼포스 로고가 들어가 있다. 아마존의 휘장인 미소 로고가 그려진 움직이는 RV 한 대의 검은 실루엣이 그것이다.

더 최근에는, 주차되어 있는 RV의 앞유리창을 가리도록 만들어진 커다란 자석식 차양에 그 로고와 캠퍼포스 모집 사이트 링크가 등장했다. 2015년에 이 물건들은 소수의 캠퍼포스 노동자들에게 선물로 주어졌고, 노동자들은 어디로 떠돌아다니든 그것들을 눈에 띄게 붙여 달라고 강력히 권유받았다. 노동자들은 또한 가입시키는 사람 1명당 125달러의 추천 보너스—2012년의 50달러에서 오른 것이다—를 받게 된다.

캠퍼포스는 예비 직원들을 위해 프로그램의 베테랑들로부터 받은 팁을 담은 디지털 뉴스레터도 발행해왔는데, 이 팁들은 예를 들면 다음과 같다.

도나 보넷: "새로 산 신발을 신고 일하려 하지 말아요! 반드시 미리 길을 들여두시길."

조이스 쿨리: "가장 중요한 팁이 있다면 긍정적인 태도겠죠. 모든 것이 우리한테 주어지기를 기대하진 말자고요. 일해서 얻어내야죠."

캐럴 페티: "시작할 때부터 제대로 된 시각을 지니고 있으면 분명히 도움이 될 겁니다. 이건 일자리지, 평생 직업이 아니에요."

조지 넬슨: "흐름에 맡기고 불평하지 말아요. 이건 우리 직업이 아니니까요. 이건 그냥 계절성 일자립니다."

브라이언 넬슨: "나는 내가 피커picker로서 '운동을 하면서 돈을 받고 있다'고 생각했어요. 피킹 구역 사이의 거리가 멀 때는 파워 워킹을 하세요. 칼로리도 더 많이 소모하고 동시에 더 생산적이 될 겁니다."

섀런 스코필드: "상자 다루는 일을 하다 보면 손이 살짝 베이거나 쓸려서 따끔거릴 수 있어요. 아마존에서는 손을 보호할 장갑을 공급합

니다. '괜찮은' 핸드 로션을 사서 꼼꼼히 문질러 바르세요."

뉴스레터들은 또한 노동자들이 휴식 시간에 즐길 수 있도록 아마존 창고 근처에 있는 갈 만한 장소들을 추천했다. "10월에 펀리에서는 '불경기 댄스' 축제가 열립니다. 참석자들은 공황기와 '불경기' 스타일의 옷을 입고 모입니다." 어떤 추천에는 이렇게 적혀 있었다. 캔자스주 코피빌의 노동자들을 겨냥한 또 다른 추천은 이랬다. "공원에는 견과가 열리는 나무들도 있어요. 흑호두, 피칸, 히커리너트를 무료로 주울 수 있습니다. 어느 캠퍼 커플은 작년에 피칸을 45킬로그램 넘게 주워서 팔았답니다!"

아마존의 한 구인광고 전단에는 이따금씩 온도가 섭씨 32도를 넘어가는 환경에서 한번에 22킬로그램 이상을 들어 올릴 각오가 되어 있어야 한다고 캠퍼포스 지원자들에게 경고하는 내용이 담겨 있다. 프로그램 뉴스레터는 아마존의 동기 부여 구호를 반복한다. "열심히 일하세요. 즐기세요. 역사를 만드세요." 그들은 프로그램이 주는 무형의 보상들을 강조하기도 한다. "함께 모여 새로운 친구를 사귀고 옛 친구와 다시 인사를 주고받으며, 캠프파이어를, 혹은 테이블을 둘러싸고 맛있는 음식과 좋은 이야기, 그리고 좋은 시간을 나눌 캠퍼포스 동료들이 여러분을 에워쌀 겁니다. 어떤 면에서 그건 돈보다 가치 있는 것이죠!"[0] 노동자들이 운영하는 비공개 페이스북 그룹 '아마존 캠퍼포스 모임'에서는 한 여성이 3개월 근무하는 동안 11.3킬로그램이 빠졌다는 게시물을 올렸다. 다른 노동자가 댓글을 달았다. "매일 하프 마라톤만큼의 거리를 걸으니까 살을 빼는 건 쉬워요. 보너스: 너무 피곤해서 밥도 못 먹음!" 세 번째 노동자는 10주간 일하며 880킬로미터를 걸었다고 자랑했다. 그 후에 또 다른 노동자가 나타나 1위 자리를 빼앗았는데, 그는 12주 반 동안 1,319킬로미터를 걸은 자신의 핏빗Fitbit 기록을 포스팅했다.

○

나는 이 새로운 종류의 기업 의존형 마을을 직접 보고 싶었다. 그 말을 전직 캠퍼포스 구인 담당자에게 하자, 그는 "사람들이 아직 그렇게까지 지치지는 않은" 10월 말이 방문 최적기일 거라고 했다.

나는 그 조언을 받아들여 2013년 핼러윈 전주에 펀리에 도착했다. 그때 노동자들은 이미 아마존 창고로부터 56킬로미터 정도 떨어진 구역들에 몰려들어 있었는데, 리노에 있는 그랜드 시에라 리조트 앤드 카지노의 RV 주차 구역도 그중 하나였다. (린다는 이 사람들의 무리 가운데 있었고, 근처 마을 팰론에 머무르고 있었지만, 나는 당시에는

⊙ (원주)하지만 모두가 이렇게 과장된 애정의 형태로 된 인센티브를 중요하게 생각하지는 않는 것 같다. 2014년 〈워캠퍼 뉴스〉는 캠퍼포스를 커버스토리로 다루면서 몇몇 노동자들을 인터뷰했는데, 그 헤드라인은 다음과 같다. "아마존닷컴 워캠퍼들에게 가장 중요한 것: 돈."

그 사실을 몰랐고 3개월 뒤 애리조나에 가서야 그를 만나게 된다.) 이런 이동 주택 주차장 대다수는 수개월 전에 예약이 끝나 대기 목록이 긴 상태였다. 가장 인기 있는 곳—통근 거리가 가장 짧았다—은 데저트 로즈 RV 주차장이었는데, 50번 고속도로로 둘러싸이고 들릴 정도로 탁탁 소리를 내는 고압선이 머리 위로 지나가며 이등분하는 자갈밭이었다. 캠퍼포스 노동자들은 그곳에 도어매트와 테라스에 두는 가구들을 늘어놓았다. 미루나무에는 풍경과 새 모이통을 매달아놓고, "아름다운 아메리카"와 "어딘가에선 다섯시예요" 같은 문장들로 장식된 깃발들을 게양해놓았다. 몇몇은 손수 만든 정원 예술품을 전시했다. 그중에는 캔털루프 멜론 크기의 날아다니는 안구도 있었는데, 뒤집힌 스티어링 칼럼$^{⊙}$에 부착되었고 양옆에 날개 역할을 하는 여러 개의 포크가 용접되어 있었다. 다른 이들은 건초 더미, 말린 옥수숫대, 분홍색 반짝이로 덮인 호박 같은 핼러윈 장식들을 세워놓았다. 그리고 주차한 자리를 아름답게 꾸미고 있지 않을 때는, 작은 규모의 사회적 거래들에 참여하면서 이 장소를 공동체처럼 느껴지게 만들었다. 이를테면 휘발윳값을 아끼기 위해 카풀을 조직하고, 큰맘 먹고 휴일에 찾아갈 비싸지 않은 레스토랑에 관한 정보를 교환했다. (그들이 가장 좋아하는 메뉴는? 펀리에 있는 파이어니어 크로싱 카지노의 '골드 팬 스페셜'이다. 달걀 두 개, 버터밀크 팬케이크 두 장, 베이컨이나 소시지

⊙ 자동차 운전대 지지대.

혹은 햄, 그리고 사이드로 해시브라운이나 프렌치프라이, 이 모두가 고령자 할인 10퍼센트를 적용해 단돈 2달러 70센트다.)

나는 오랫동안 RV 생활자 대부분이 빈둥거리면서 차를 몰고 미국 내를 한가롭게 돌아다니고, 관광을 하고, 수십 년의 직장 생활이 끝난 뒤 얻은 휴식을 즐기는 은퇴자들일 거라고 가정해왔다. RV는 결국 '휴양용 차량recreational vehicle'을 의미하지 않나. 그런 태평스러운 연금 생활자들은 여전히 존재하지만, 새로운 노마드들이 그들에게 합류했다. 예를 들어, 데저트 로즈에 머무르고 있던 이들 대부분의 머릿속에 '휴양'은 없었다. 새로 온 노동자들은 '업무 강화', 즉 반나절의 교대 근무에 익숙해지는 기간에 열중하고 있었다. 좀 더 일찍 도착한 노동자들은 벌써 창고의 속도에 뒤처지지 않으려고 안간힘을 쓰고 있었다.

"이 일이 제가 태어나서 처음 해보는 공장 업무예요. 완전히 새로운 존중심을 갖고 있죠." 전직 워싱턴 주립대학교 지도교수인 린다 체서가 내게 말했다. 그는 데저트 로즈에 있는 세탁실에서 셔츠를 거는 중이었다. 세탁실 책장들에는 대여가 가능한 소규모 도서관이 꾸며져 있었고, 아직 다 맞춰지지 않은 1천 피스짜리 조각 퍼즐에서는 야생화 초원이 모습을 드러내기 시작하고 있었다. 그는 예순여덟 살이었고, 이부프로펜이 있어서 감사하다고 했다. "아침에 일하러 갈 때 네 알 먹고, 밤에 돌아와서 또 네 알 먹어요." 어떤 캠퍼들에게는 이부프로펜만으로는 충분치 않았다. 고관절 치환 수술을 두 번 받은 예순여덟 살의 전직 버스 운전사 캐런 체임벌린은 5주가 지나 캠퍼포스를 떠났다고 했다. 오랜 시간 콘크리트 위를 걷는 일을 두 무릎이 견디지 못해서였다. 또 다른 아마존 노동자들의 야영지인 코피빌의 빅 치프 RV 주차장을 방문하는 동안 나는 케니 하퍼를 만났는데, 그는 얼마 지나지 않아 일을 그만두었다. 나중에 이메일에서 그는 "내 왼쪽 회전근이 일을 맡기 싫다고 했다"고 설명했다. 다른 노동자들은 바코드 스캐너 사용 같은 반복적인 업무에 의해 힘줄에 일어날 수 있는 증상인 '방아쇠 손가락'* 이야기를 했다. 그리고 내가 들어가본 많은 RV들은 이동식 약제실처럼 아이시 핫 진통 젤, 지친 발을 담글 통, 엡섬 소금, 소염제인 알레브, 진통제인 애드빌을 갖춰 놓고 있었다. 노동자들에게 약이 떨어져도 문제가 되진 않았다. 아마존 창고에는 처방전 없이 살 수 있는 진통제를 제공하는, 벽에 고정된 자동판매기들이 있었다.

。

"주택 난민이란 난민은 다 모였네!" 밥 애퍼리는 캠퍼포스에 합류하기 위해 펀리에 도착했을 때 생각에 잠겨 아내 애니타에게 이렇게 말한 것을 기억했다. 애퍼리 부부는 은퇴를 하면 요트를 타고 다니면

---

* 방아쇠 수지 증후군. 손가락 굴곡근에 염증이 생겨, 손가락을 펼 때 방아쇠를 당기는 듯한 저항감이 느껴지는 증상.

서 살 거라고 생각했고, 그 꿈에 자금을 대줄 것은 오리건주 비버턴에 있는 방 세 개짜리 집의 순지분이었다. 그들은 집을 시장의 고점인 34만 달러에 사서 2만 달러를 더 들이부었다. 그랬는데 주택 버블이 터지면서 집값이 26만 달러로 떨어졌다. 붕괴 전에 그들은 잘해나가고 있었다. 밥은 목재 제품 회사에서 회계사로 일했고—그는 그 일을 싫어했지만, 그 일은 봉급을 줬다—애니타는 실내 장식가이면서 파트타임으로 간병인 일을 했다. 둘 중 누구도 그들의 집값보다 높은 대출금을 갚으면서 남은 생을 보내는 일은 상상할 수가 없었다. 그래서 그들은 2003년형 피프스휠 트레일러 카디널을 샀고, 길로 나섰다. "우린 그냥 걸어 나왔어요." 애니타가 말했다. "우리 자신에게 이렇게 중얼거렸죠. '우린 더 이상 이 게임 안 해.'"

밥은 월 스트리트의 나쁜 놈들을 욕했다. 집을 포기하기로 한 자신의 선택에 대해 그는 거의 방어적으로 이야기했다. 자신이 언제나 내야 할 돈을 제때 냈으며, 좋은 신용등급을 유지했다고 그는 서둘러 덧붙였다. 집값이 계속 올라간다는 복음을 믿은 것이 그의 몰락이 되었다. "전 집값이 떨어지는 경험을 한 번도 해본 적이 없었거든요." 고개를 저으며 밥이 말했다. 그는 새로운 자기 삶의 "천천히 모습을 드러내는 현실"을 영화 〈매트릭스〉 안에서 각성하는 것에, 우리가 살고 있던 즐겁고 예측 가능한 세계가 신기루였고, 잔인한 디스토피아를 감추기 위해 세워진 거짓이었음을 깨닫는 것에 비유했다. "사람들 대부분이 위안으로 삼는 '안정감'이라는 것, 그게 환상이 아니라고 확신하지 못하겠어요." 그가 덧붙였다. "사실이라고 믿어온 것이 '사실이 아님'을 알게 되면 갈피를 잡을 수 없게 되죠. 우리가 사실이라고 믿는 것은 아주 깊이 박혀 있어요. 버리려면 철저히 때려 부숴야 해요." 내가 애퍼리 부부를 만났을 때는 두 사람 모두 사회보장연금을 받으려면 아직 몇 년이 남아 있었다. 밥은 예순다섯 살이 될 때까지 캠퍼포스에서 계절성 일을 계속할 계획을 세웠다. 애니타는 고등학교 졸업장이 없어서 창고 일은 할 자격이 안 됐다. 그래서 애니타는 이웃들로부터 잡다한 일거리를 얻었다. 두 사람의 야영지는 캠퍼포스 노동자들이 지내는 다른 야영지들과 함께 소규모 경제를 발전시켰는데, 이는 창고 노동자들의 집에 있는 파트너들에 의해 이루어졌다. 그들은 공동 세탁실 게시판에 개 산책, 요리, 바느질, 가구 덮개 수선, 초보자를 위한 그림 수업처럼 자신들이 제공하는 서비스를 알리며 다녔다.

애퍼리 부부가 아마존 캠퍼포스 노동자들 가운데서 내가 찾아낸 유일한 압류 피해자는 아니었다. 나는 네바다와 캔자스, 켄터키에서 수십 명의 노동자들과 이야기를 나눴다. 돈 때문에 문제가 생긴 사연은 걷잡을 수 없이 많았다. 때때로 나는 내가 대침체 이후의 난민 캠프들을, 이른바 '고용 증가 없는 경기 회복'이 전통적인 노동 인구 밖으로 추방한 미국인들이 실려와 마지막으로 의지하는 장소들을 헤매 다니는 것처럼 느껴졌다. 어떤 순간들에는 교도소 재소자들에게 말을 거는 기분이었다. 사교적인 말들을 잘라버리고 "'당신은' 왜 여기 오게 됐어요?" 하고 묻고 싶은 유혹이 일었다.

내가 만난 사람들 가운데 일부는 불량 투자로 개인 저축이 바닥났
거나, 2008년의 시장 붕괴로 401(k) 퇴직연금°이 증발해버리는 일을
겪었다. 어떤 이들은 그 일이 아니었으면 이겨낼 수 있었을지도 모르는
다른 외상들, 이를테면 이혼, 질병, 부상 같은 일들을 견뎌낼 안전망을
충분히 마련해두지 못했다. 또 어떤 이들은 정리해고를 당했거나, 작
은 사업체들을 소유하고 있다가 대침체 시기에 접었다. 그리고 소수이
기는 했지만, 나는 50세 이하인 노동자들 역시 만나봤다. 그들은 자신
들이 잃은―혹은 애초에 찾아내지도 못한―일자리들과, 학자금 대
출에다 실질적 가치가 거의 없는 것으로 판명 난 학위가 더해져 만들
어진 문제들을 설명했다. 많은 이들은 길 위에서의 삶이, 그것이 아니
라면 텅 비어 있을 미래로부터의 탈출구가 되어주기를 소망했다.

캠퍼포스는 하나의 실험으로서 시작됐는데, 그 실험은 우연하게도
주택시장 붕괴와 동시에 벌어졌다. 구석구석 멀리까지 퍼진 아마존 창
고들은 수년 동안 크리스마스 수요를 채우기에 충분한 노동자들을 배
치하려고 분투해왔다. 그들은 다양한 고용 프로그램을 시도해왔고, 심
지어 노동자들을 3시간에서 5시간 거리에 있는 곳까지 버스로 실어
나르기도 했다. 그러던 2008년, 임시 고용자 에이전시인 익스프레스
인조이먼트 프로페셔널이 크리스마스 전의 물량 쇄도에 대비해 RV 생

⊙ 매달 일정한 퇴직금을 회사가 적립하되, 그 관리 책임은 사원에게 있는 방식의 연금으
로, 퇴직금 지급을 회사가 보장하지 않는다. 미국 내국세입법 401조 k항에 규정되어 있
어서 이와 같이 불린다.

활자 한 무리를 캔자스주 코피빌의 아마존 창고로 데려갔다. 결과에 흡족해진 아마존은 캠퍼포스라는 이름과 로고로 그 프로그램을 브랜드화했고, 펀리와 켄터키주 캠벨스빌에 있는 창고들로 확대한 다음, 임시 고용자 에이전시들과 관계를 끊고 직접 고용을 시작했다. 그 후에 관리자들은 신뢰할 수 있는 캠퍼포스 베테랑들로 이루어진 소규모 팀들을 꾸렸다. 이 팀들은 '어웨이 팀'이라고 불렸다. 캘리포니아주 트레이시, 테네시주 머프리즈버러, 그리고 뉴저지주 로빈스빌에 막 문을 연 시설들에서 노동자들을 훈련시키기 위해서였다. (네바다주 펀리에 있던 시설은 문을 닫았고, 리노에 있는, 캠퍼포스 직원들을 고용하지 않는 새로운 장소로 대체되었다.)

워캠퍼들은 별다른 교육 없이 바로 사용할 수 있는 노동자들이며, 계절성 인력을 찾는 고용주들에게는 편리함의 완벽한 본보기다. 그들은 고용주가 필요한 때와 장소에 나타난다. 자기 집을 스스로 가져와서는, 트레일러 주차장을 일이 끝나면 비워지는 단기간의 기업 의존형 마을로 바꿔놓는다. 워캠퍼들은 노동조합을 조직할 만큼 오래 머무르지 않는다. 육체적으로 힘든 업무에서는 많은 노동자들이 교대 근무가 끝나면 너무 피로해 사람들과 어울리지조차 못한다.

그들은 또 수당이나 보장 제도의 형태로 요구하는 것이 적다. 반대로, 내가 워캠퍼들을 취재하기 시작한 첫해에 인터뷰한 50명 이상의 노동자 대부분은 자신들의 단기 일자리가 제공하는 안정성 비스름한 무엇에든 오히려 감사한 마음을 드러냈다. 쉰일곱 살인 조앤 존슨의 예를 보자면, 존슨은 아마존의 캠벨스빌 시설에서 급히 계단을 올라가다 발을 헛디뎌 넘어지면서 머리를 컨베이어 벨트 지지대에 부딪혔다. 그는 사내 의료 시설인 앰케어에서 머리에 붕대를 감았고, 그런 다음 서둘러 응급실로 옮겨졌다. 이 사건으로 그는 양쪽 눈이 멍들었고, 머리 선을 따라 아홉 바늘을 꿰매야 했다. "계속 일하게 해주더라고요. 저를 해고하지 않고요." 조앤은 애정 어린 목소리로 회상했다. 그리고 그가 다친 다음 날, 조앤과 전직 워캠퍼인 예순일곱 살의 남편이 함께 사는 RV에 인사팀 팀장이 방문했다. 다시는 계단을 뛰어 올라가지 않겠다고 고용주들에게 약속했던 조앤은 벼락에 맞은 듯 놀랐다. "그분이 말 그대로 시간을 빼서 우리가 어떤지 보려고 집까지 찾아와 주신 일이 우리에겐 세상에서 가장 놀라운 일 중 하나였어요."

나는 아마존 같은 회사가 왜 육체적으로 젊은 사람들에게 더 적합해 보이는 일에 나이 많은 지원자들을 더 환영하는지 궁금했다. "우리가 아주 신뢰할 만한 사람들이니까 그렇죠." 조앤이 의견을 제시했다. "우린 뭔가를 하기로 하면 그 일을 해내려고 최선을 다하잖아요. 꼭 필요한 경우가 아니면 쉬지도 않고요." (머리 부상에서 회복하는 동안 조앤은 예정된 근무일 중 단 하루만 결근했다. 그날 임금은 지불되지 않았다.)

캠퍼포스 운영자들은 나이 많은 노동자들이 뛰어난 노동 윤리를 지니고 있다는 믿음을 되풀이해 말한다. "회사에 놀랄 만한 일을 해주시는 80대 노동자분들이 계십니다." 〈워캠퍼 뉴스〉가 주최한 온라인 일자리 세미나에서 캠벨스빌 프로그램의 운영자인 켈리 캄스는 이렇게 말했다. "우리 워캠핑 인구의 나이가 대체로 조금 많아서 좋은 점이 있다면, 여러분이 평생 동안 일을 하면서 노력해오셨다는 것입니다. 여러분은 일이란 게 뭔지 이해하고 계세요. 여러분은 일에 마음을 다하시고, 우린 그 일이 마라톤이지 단거리 경주가 아니라는 걸 압니다. 약간 『토끼와 거북이』 같죠. 우리에겐 쭉 달려나갈, 조금 더 젊은 친구들이 있습니다. 여러분은 상당히 공을 들이시는 분들이고요. 여러분은 그저 시간을 들여 일을 하고, 또 일을 하시죠. 그리고 하루가 끝날 무렵이면, 믿거나 말거나, 양쪽이 거의 똑같은 시간에 결승선에 도착합니다."

그런 이점 말고도, 아마존은 연방 세액 공제 혜택을 받는데, 임금의 25퍼센트에서 40퍼센트에 이르는 금액이다. 이 공제는 나이 많은 생활보조금(SSI, Supplemental Security Income) 수급자들, 푸드 스탬프로 살아가는 사람들을 비롯해 여러 범주의 사회적 약자들을 고용하는 대가로 주어진다. 물정을 아는 캠퍼포스 회원들은 그 인센티브에 관해 전부 다 알고 있다. "아마존이 그렇게 느리고 비효율적인 노동자들을 채용하는 건 근로 기회 세액 공제 때문이다." 한 떠돌이 노동자는 자신의 블로그 '광란의 이야기들'에서 이렇게 지적했다. "그들이 거의 1년에 3개월 동안 우리를 정부 지원에서 제외시키기 때문에, 우리는 그들의 세금 공제액이 된다."

°

나이 많은 노동자를 선호하는 이런 태도가 아마존에만 있는 것은 아니다. 해마다 열리는 사탕무 수확을 위한 한 온라인 고용 세미나에서, 임시직 채용 회사인 익스프레스 임플로이먼트 프로페셔널의 매니징 파트너 스콧 린드그렌은 고령의 RV 생활자들이 지닌 견실함을 칭송했다.

"우리는 또한 우리 워캠퍼 여러분에게 탁월한 노동 윤리가 있다는 걸 알아냈고, 그 점에 박수를 보냅니다." 그는 말했다. "여러분이 평생 동안 열심히 일하신 걸 압니다. 일을 잘해내실 거라 믿어도 된다는 걸 알고, 우리의 가장 뛰어난 노동자분들이시라는 걸 압니다."

일흔일곱 살인 워캠퍼 데이비드 로더릭은 이 말에 동의했다. "그 사람들은 우리 은퇴자들이 믿을 만하니까 좋아하는 거죠. 우리는 꼬박꼬박 출근을 해서 열심히 일할 거고, 기본적으로 노예 노동자니까요." 2012년 겨울, 마찬가지로 70대에 접어든 아내와 함께 15년 된 레이지 데이즈 RV에서 살면서 캘리포니아의 샌머티오 이벤트 센터에서 크리스마스트리 판매 일을 했던 때를 떠올리며 그가 말했다. 그의 업무에는 일주일에 6일, 한 번에 8시간에서 10시간 동안 높이가 2.7미터에 이르는 침엽수들을 운반해 손님들의 차와 트럭 위로 밀어 올리는 일이 포함돼 있었다. "물건 파는 일은 아주 좋아하지만요, 그 이면에 있는, 나무를 자르고 차로 운반하는 일은 아주, 아주 젊은 사람들이 할 만

한 일이에요. 하지만 우리 중 많은 사람들이 은퇴자들이죠." 그가 자신의 팀에 관해 말했다.

데저트 로즈 RV 주차장에서 처음 만났을 때 데이비드가 입고 있던 청록색 캠퍼포스 티셔츠가 아니었다면, 백발에 염소수염을 기른 이 할아버지는 유랑 노동자가 될 법한 사람으로 보이지 않았을 것이다. 캘리포니아 커뮤니티 칼리지에서 화학과 해양학을 가르치는 것으로 경력을 시작한 뒤, 그는 선구적인 에코투어리즘 회사를 출범했고, 그 뒤에는 요르단에서 미 국무부 파견 영어 교육 전문가로 일을 했다. (데이비드는 그다음에 사우디아라비아와 쿠웨이트에서 교사로 일해달라는 제안도 받았다. 운영자들이 그가 일흔 살이 되어 해당 지역 나이 제한에 걸린다는 사실을 깨닫자 두 제안은 모두 철회되었다.)

그러나 은퇴할 때 데이비드를 받쳐줄 수도 있었던 재정적 대비책은 사라져버렸다. 훨씬 오래전에 이혼을 하는 과정에서, 그는 캘리포니아 커뮤니티 칼리지에서 16년간 수업을 하며 쌓인 연금을 너무 이른 시기에 어쩔 수 없이 현금화해야만 했다. 만약 그대로 두었다면 그것은 주(州) 연금과 함께 최소한 50만 달러까지는 불어났을 것이었다. 당시 연금은 2만 2,000달러에 달해 있었는데, 그걸 첫 번째 아내와 분할해야 했다. 그 뒤에 데이비드는 재혼을 했고, 이번에 아내가 된 사람 역시 재정적 타격을 입은 적이 있었다. 아내는 첫 번째 결혼 생활 동안 쌓인 연금 65만 달러를 1991년 당시 보험 산업 사상 최악의 실패였던 이그제큐티브 라이프사의 파산으로 잃었다.

데이비드는 내게 아마존 창고에서 하루에 수백 번씩 그가 하는, 쪼그려 앉았다가 몸을 펴는 동작을 보여주었다. 그는 자신이 운이 좋다고, 아내와는 달리 쑤시고 아픈 데가 없다고 했다. 그는 자신이 평생 가장 많이 벌던 액수의 5분의 1쯤을 아마존에서 벌고 있다고 어림잡았다.

"그러니까, 저는 일을 구하는 데 어려움을 겪어본 적은 한 번도 없어요. 하지만 그 일이라는 게 이렇게 노예 임금을 주는 수준인 거죠." 데이비드가 말했다. "이게 새로운 은퇴자들의 시대예요."

데이비드 같은 노동자들이 자기 이야기를 할수록, 아마존 노동자들의 야영지는 점점 더 국가적 재앙의 축소판처럼 보이기 시작했다. RV 주차장들은 자신들이 언제나 당연시해왔던 중산층의 안락함에서 까마득히 아래로 추락한 노동자들로 꽉 차 있었다. 이 사람들은 최근 몇십 년간 미국인들을 괴롭혀온 모든 경제적 재난을 대표하는 사람들이었다. 모두에게 각자의 사연이 있었다.

그중 한 명은 일흔 살의 척 스타우트였는데, 그는 창고에서 주문에 맞춰 제품을 선반에서 끄집어내는 '피커'로 일하면서 하루에 20킬로미터씩 걸었다고 어림잡았다. "사람들은 거길 '감옥'이라고 불러요. 일렬종대로 걸어서, 출근카드를 찍고, 자기 업무를 하러 가니까요." 그가 말했다. 이전에 척은 45년을 맥도날드 주식회사와 함께 보냈는데, 그곳에서 그는 사무직 직원이었고, 1970년대 말에는 맥도날드 본사에서 제품 개발 이사로 근무했다. 하지만 2011년, 쉰일곱 살의 음악 교사였던 아내 바버라와 함께 주식시장에서 41만 달러가 증발하는 것을 본 뒤에 척은 결국 파산을 선언했다. 그들은 사우스캐롤라이나주 머틀 비치에 자리 잡은 외부인 출입 제한 주택지 헤런 포인트의 골프 코스에 있던 집을 잃은 뒤, 자신들이 TC라고 부르는 1996년형 대형 버스 내셔널 시브리즈로 이주해 들어갔다. (괜찮은 날에 'TC'는 '완전히 편안한totally comfortable'의 약자고, 안 좋은 날에는 '양철 깡통tin can'의 약자라고 그들은 설명했다.) 버스 안에는 "집이란 포옹이 있는 곳"이라고 십자수를 놓은 문장이 걸려 있었다. 아마존 일이 끝나면 그들이 할 일은 오클랜드 A 야구팀의 봄 훈련 경기에서 맥주와 버거를 판매하는 일이었다.

또 다른 사람은 걸프전 '사막의 폭풍 작전' 참전 군인인 마흔여덟 살의 필 드필이었다. "저는 딱 두 달만 하면 된다고 저 자신에게 계속 얘기해요." 그가 말했다. "육군을 할 수 있다면 아마존 일도 할 수 있다고요." 필과 마흔여섯 살인 그의 아내 로빈은 2008년 시장이 붕괴하고 은행이 그들의 집에 담보권을 행사한 뒤에 워캠핑을 시작했다. 물가 상승이 불러온 격렬한 경쟁 때문에 필이 미시건에서 하던 고철 수거 업체 '위-아르-정크'는 박살이 났다. "고철 가격이 급등했어요." 그가 말했다. "자기 차 위에 뭔가를 실을 수 있는 사람이라면 누구든지 고철 수거를 하려고 했죠." 이제 그들은 피프스휠 트레일러에서 살고 있었다. 트레일러를 끄는 차는 금색과 적갈색의 1993년형 닷지 P350 픽업트럭이었다. 트럭 옆면에는 '쉽게 번 돈Easy Money'이라는 글귀가

판박이되어 있었다.

"저건 우리가 샀을 때부터 저기 있었어요." 필이 말했다.

○

내가 아마존 캠프에서 만난 많은 노동자들은 최근 몇 년 사이에 놀랄 만한 속도로 늘어난 인구의 일부다. 하락 중인 고령의 미국인들. 엠파이어 같은 곳의 전성기에—직업 안정성과 연금으로 완성된 탄탄한 중산층의 시대에—그들의 상황은 사실 상상할 수조차 없는 것이었다.

경제정책연구소에서 일하는 경제학자 모니크 모리시와 나는 이런 변화의 전례 없는 특징에 관해 이야기를 나눴다. "우리는 현대 미국 역사상 최초로 노후 보장의 역전 현상을 직면하고 있습니다." 그가 설명했다. "현재 젊은 베이비붐 세대부터 시작해 그 뒤로 이어지는 세대들은 은퇴 후 생활수준 하락 없이 살아갈 능력 면에서 그 전 세대들보다 떨어지고 있어요."

그 말은 나이 들어가는 사람들이 일을 쉴 수 없다는 뜻이다. 2016년에는 900만 명에 가까운 65세 이상의 미국인들이 여전히 고용되어 일을 하고 있었다. 10년 전보다 60퍼센트 상승한 수치였다. 경제학자들은 그 숫자가—노동 인구 가운데 노인층의 비율과 함께—계속 증가할 거라고 예측한다. 최근의 여론 조사는 미국인들이 이제 죽음을 두려워하기보다는 자산이 버텨주는 나이보다 오래 사는 일을 더 두려워하고 있음을 보여준다. 또 다른 조사에서는, 나이 많은 미국인 대부분이 여전히 은퇴를 '휴식의 시간'으로 보고 있음에도, 자신이 전혀 일하지 않으면서 말년을 보내리라고 예상하는 사람은 겨우 17퍼센트에 불과하다는 사실이 드러난다.

。

　은퇴라는 개념은 비교적 최근에 발명된 것이다. 인간 역사의 대부분 동안 사람들은 죽을 때까지, 혹은 너무 쇠약해져서 손가락 하나도 까딱하지 못하게 될 때까지 일을 했다. 당시에는 아무튼 사람들이 제법 일찍 세상을 떠났지만. 1795년, 진보적인 성향을 지니고 있던 미국 건국의 아버지 토머스 페인은 「토지 분배의 정의」라는 팸플릿을 썼다. 이 팸플릿에서 그는 자신이 전형적인 기대수명이라고 여기는 50세부터 시작해 매년 영국 화폐 10파운드씩을 받는 연금을 제안했다. 미국인들은 그를 무시했고, 그로부터 한 세기가 지난 뒤에야 독일의 정치가인 오토 폰 비스마르크가 세계 최초의 노령연금을 만들어냈다. 1889년에 채택된 비스마르크의 안은 일흔 살 생일을 맞은 노동자들에게 연금을 제공해주었다. 이런 움직임은 마르크스주의자들의 선동을 이왕이면 돈을 덜 들이고 막아내기 위해 계획되었다. 당시 그만큼 지긋한 나이를 지나서까지 오래 사는 독일인은 별로 없었기 때문이다. 그 계획은 또한 독일제국의 건국자이자 '철혈 재상'이라는 별명으로 불리던 우익 정치인 비스마르크를 보수적인 비평가들의 표적이 되게 했고, 그 비평가들은 유화적이라는 이유로 그를 비난했다. 하지만 비스마르크는 수년간 그들의 불만을 무시했다. "사회주의든 뭐든, 마음대로 부르시오. 나한테는 다 마찬가지니까." 1881년 그는 국영 보험에 관한 초기 논의에서 국가의회를 상대로 이렇게 말했다.

은퇴라는 개념을 미국에 전도한 사람은 20세기 초, 기탄없이 발언을 하는 유명 의사였으며 존스 홉킨스 의과대학의 설립을 돕기도 했던 윌리엄 오슬러였다. 1905년의 한 연설에서 그는 노동자들이 40세에 정점에 이르고, 그 뒤로는 60대가 될 때까지 내리막길로 접어든다고 주장했다. 그리고 60대가 되면 클로로포름으로 쓰러트리는 편이 낫다고, 그는 장난조로 제안했다. 이 발언들은 '클로로포름 연설'로 알려지게 되었고, 국민적인 분노를 불러일으켰다. 〈뉴욕 타임스〉 편집국은 오슬러의 태도를 "손아랫사람들에게 방해가 된다고 여겨질 때마다 손윗사람들을 때려눕히는 풍습이 있는 미개한 부족"의 태도에 비유했다. 그러는 동안 '오슬러하다Oslerize'는 인기 있는 동사가 되어 반짝 전성기를 누렸다. (하지만 그 신조어가 완전히 공정한 것은 아니었다. 강제 안락사에 대한 오슬러의 생각은 앤서니 트롤럽의 디스토피아 소설이자 아마도 작가의 가장 인기 없는 작품으로 겨우 877권밖에 팔리지 않은 『일정한 시기』에서 빌려온 것이었기 때문이다.)

연금 옹호자였던 리 웰링 스키에는 1912년, 비슷한 견해를 훨씬 덜 익살스러운 말로 표현했다.

60세 이후는 의존하지 않는 상태에서 의존하는 상태로 바뀌기 쉬운 시기다. 재산은 사라지고, 친구들은 세상을 떠나거나 단절되고, 친척들은 거의 없어지고, 야망은 무너지고, 오직 짧은 몇 년간의 삶만 남아 있으며, 죽음이 이 모든 것에 대한 최종적이고 반가운 결말이 된다. 그런 결론들은 필연적으로 임금 노동자를 희망에 찬 독립적인 시민에서 무력하고 가난한 시민으로 몰아간다.

많은 산업국가들이 독일을 따라 노령연금을 부분적인 형태로 채택했다. 하지만 미국은, 이 철저한 개인주의자들의 나라는, 꾸물거렸다. 20세기 초까지, 너무 나이가 많아 일을 할 수 없게 된 미국인들에겐 두 가지 선택지가 있었다. 자녀가 있다면, 그들은 자녀들 집으로 들어가 살 수 있었다. 아니면 대영제국에서 수입한 침울한 보호 시설인 구빈원으로 갈 수 있었는데, 이곳에서의 삶은 너무 비참해서 '환자'라고 불리는 거주자들은 사실 오슬러당하는 것을 선호할지도 몰랐다. 오하이오의 선더스키에 있는 한 구빈원 시설을 목격한 어느 관찰자는 그곳을 이렇게 묘사했다. "대단히 낡고 황폐한 건물, 끔찍한 상태의 벽들, 사방에 날아다니는 파리 떼, 편안한 의자 없음, 매우 더러운 방들, 일하는 환자들, 아주 형편없는 음식. 이른바 병원이라는 이곳은 교도소에 더 가까운 끔찍한 장소다." 1920년 콜로라도의 주립 자선단체 위원회 보고서에도 똑같이 비참한 시설이 등장했다. "5년 전 주거에 적합하지 않다는 판정을 받은 낡은 교회 건물, 안전하지 않고 무너져 내리는 벽들, 부실한 방한 설비, 갈라지고 더러운 낡은 마룻바닥, 형편없는 침대와 이층 침대 들. 둔부 결핵로 누워 있는 한 환자는 9월부터 이 침대에서 지냈는데 그동안 한 번도 목욕을 하지 않았다······ 또 다른 다 허물어져가는 방에는 누더기를 입은, 아흔이 넘은 여성이 몸을 덥혀보려고 낡은 난로 위로 몸을 굽히고 앉아 있다."

너무도 상징적이고 두려운 장소가 된 나머지, 구빈원은 모노폴리 게임판의 초창기 버전에서 한 칸을 차지하게 되었다. 1904년의 규칙에 따르면 게임판 한쪽 모서리에 자리 잡은 이 시립 기관은 "돈이 부족해 비용을 지불할 수 없고, 빌릴 수도, 재산 중 일부를 팔거나 저당 잡힐 수도 없는" 모든 플레이어에게 마지막 수단이 되는 공간이었다. 나중에 나온 버전들에서, 게임 설계자들은 구빈원을 지워버리고 '무료 주차' 공간을 만들었다.

미국에서 은퇴를 현실로 바꾸는 데는 대공황이라는 대가가 필요했다. 노동자가 너무 많았고, 일자리는 너무 적었으며, 그 결과로 고령자들이 노동력 풀 바깥으로 밀려 나갈 필요가 있다는 인식이 생겨났다. 하지만 동시에, 나이 많은 미국인들은 그다지 잘 살아나가지 못하고 있었다. 1934년이 되자 노인 인구 과반수가 자신의 생계를 유지할 수단을 갖고 있지 못했다. 몇몇 주들은 개별적으로 임시변통에 가까운 노령연금 시스템을 고안해냈으나, 그 시스템들은 가난한 노인 중에서도 아주 적은 일부에게만 도움을 줄 수 있었다. 캘리포니아에서 의

사로 일하면서 건초 농사를 짓는 동시에 망해가는 드라이아이스 공장도 운영했던 프랜시스 타운젠드는 연금 계획을 관철시키기 위한 운동을 시작했다. '타운젠드 노령연금안'으로 알려진 이 계획은 노동자가 60세가 되어 은퇴하면 연방정부가 매달 200달러까지 연금을 제공하는 안이었다. 즉시 서민들로 이루어진 '타운젠드 클럽' 수천 개가 미국 곳곳에 생겨났다. 대통령이었던 프랭클린 D. 루스벨트와 민주당이 주도하는 국회가 1935년의 사회보장법을 통과시킨 것은, 일부는 이 포퓰리스트적 발안에 응답하기 위한 것이었다. 사회보장법은 타운젠드 노령연금안과는 달리 예비 은퇴자들에게 일을 하는 평생 동안 공공기금에 조금씩 돈을 내기를 요구했다. 5년 뒤, 첫 사회보장연금 수표가 버몬트에 사는 예순다섯 살의 은퇴한 법률비서 아이다 메이 풀러에게 발행되었다. 액수는 22달러 54센트였다.

뉴딜 정책 이후, 경제학자들은 미국의 은퇴 자금 모델을 '다리가 세 개 달린 의자'라고 부르기 시작했다. 이 튼튼한 세 발 의자는 사회보장연금, 개인연금, 그리고 투자와 저축의 합으로 구성되어 있었다. 물론 최근 몇 년 동안 그중 두 개의 다리는 떨어져 나가버렸다. 많은 미국인들이 대침체로 자신의 자산이 파괴되는 것을 목격했다. 심지어 경제 붕괴 이전에도 많은 사람들이 점점 저축을 줄이고 있었다. 또한 1980년대부터 고용주들은 고용주가 자금을 대고 종신 연금의 형태로 매달 지급을 보장하는 확정급여형 퇴직연금을, 직원의 개인 분담금에 자주 의존하며 사망 전에 고갈돼버릴 수도 있는 401(k) 퇴직연금으로 대체해오고 있었다. 노동자 자신에게 투자 선택을 허락하는 금융 자유의 수단으로 마케팅된 401(k) 퇴직연금은 '책임의 공유'에서 '더 불안정한 개인주의' 쪽으로 향해 가는 미국의 더 큰 문화적 추세의 일부였다. 그러니까 번역하자면, 401(k)는 기업 입장에서 보면 확정급여형 퇴직연금보다 대단히 싸게 먹힌다.

"지난 한 세대에 걸쳐 우리는 경제적 위험의 대규모 이동을 목격해왔습니다. 이는 위험이 정부와 기업 부문의 자금 지원을 받는 경우를 모두 포함한 '보험'이라는 광범위한 구조로부터 미국 가정의 위태위태한 대차대조표 위로 옮겨지는 이동입니다." 예일 대학의 정치학자 제이컵 S. 해커는 자신의 책『위험의 대이동』에서 이렇게 썼다. 이 책의 가장 중요한 메시지는 이거다. '당신은 온전히 당신의 책임이다.'

이 모든 것은 현재 65세 이상의 미국인 대부분에게 사회보장연금이 가장 크고 유일한 수입원임을 말해준다. 그러나 그것만으로는 비참할 정도로 부족하다. "다리 세 개 달린 의자 대신에 우린 스카이콩콩을 갖게 됐지요." 미국자산운용협회의 경제학자 피터 브래디는 이렇게 야유했다.

그 말은 간신히 생필품만 갖출 수 있는 상태라는 뜻이다. 뉴욕시에 있는 뉴 스쿨 대학교의 경제학 교수 테리사 길라두치에 따르면, 중산층 노동자 가운데 절반에 가까운 사람들이 은퇴를 하면 하루에 5달러 정도밖에 되지 않는 식품 구입비에 의존해 살아야 하는 처지가 될 수 있다. "저는 그것을 '은퇴의 종말'이라고 부릅니다." 테리사는 한 인터뷰에서 말했다. 많은 은퇴자들이 어떤 종류의 급료 없이는 살아남는 일이 그저 불가능하다. 한편, 고령의 미국인들을 위한 일자리들은 점점 임금을 낮추고 있으며, 점점 더 신체적으로 부담이 되는 노동으로 변해가고 있다고 테리사는 지적했다. 그는 우리가 리 웰링 스키에가 한 세기 전에 묘사했던 세계로 돌아가고 있다고 우려한다. 그리고 그 문제에 관해 어떤 진지한 논의를 하려 해도 문화적 낙인 때문에 곤란해진다고 그는 덧붙였다. "저는 이 문제를 절대 '은퇴'의 측면에서는 얘기하지 않아요." 그가 말했다. 미국인들은 전통적으로 "자신이 남에게 빌붙어 살아가는 사람이라거나 생산적이지 못한 존재라는 생각"을 혐오한다.

결국, '은퇴'라는 말을 꺼내는 일 자체에 '욕심쟁이 영감'이라는 고정관념을 불러일으킬 위험이 따라붙는다. '욕심쟁이 영감'이란 21세기로 전환되는 시기에 사회보장연금을 비판하던 사람들, 그중에서도 전직 미국 상원의원인 와이오밍의 앨런 심슨이 불러낸 악귀다. '욕심쟁이 영감'은 젊은 세대의 생명력을 빨아먹으면서 부유하고 한가로운 노후를 보낸다. 늙은 뱀파이어인 그는 로널드 레이건이 언급한 '복지 여왕'의 70대 버전이다. 복지 여왕은 캐딜락을 몰지만 앨런 심슨이 묘사한 풍자화 속의 인물은 렉서스를 몬다는 점만 다를 뿐이다. 심슨은 또한 사회보장연금에 찬성하는, 실제로는 존재하지 않는 압력단체 '핑크 팬서스'에게 욕을 퍼부은 것으로 유명하다. 그는 논쟁을 불러일으키기 위해 허수아비 남자들―혹은 허수아비 여자들?―로 구성된 그 단체를 지어냈다. 실제로 존재하는 압력단체인 '올더 위민스 리그'가 연령차별적이고 성차별적인 조롱을 쏟아낸 그를 비난하자, 그는 한술 더 떠서 사회보장연금이 무슨 "3억 1000만 개의 젖꼭지가 달린 젖소 한 마리"처럼 되어버렸다고 그들에게 보낸 이메일에서 말했다.

그 이메일은 빈정거리는 작별 인사로 끝났다. 마치 그 국회의원이 아마존의 새로운 기업 의존형 마을 같은 장소에는 발을 들여놓아본 적도 없으며, 빈약한 수당을 벌충하기 위해 오랜 시간 노동해야 하는 수많은 고령의 미국인들 중 누구도 만나본 적이 없다고 주장하는 것 같은 인사였다. 그 작별 인사는 이랬다.

"정직한 일자리를 잡으면 연락 주세요!"

4장

탈출 계획

너무 적은 사회보장연금이라는 극복할 수 없는 문제에 직면한 린다는 누구라도 할 법한 일을 했다. 인터넷에서 정보를 구하는 것이었다. 린다는 다음과 같은 말들이 적혀 있는 한 웹사이트를 우연히 알게 됐다.

어쩌면 전생에 집시였거나, 방랑자였거나, 떠돌이였는지도 모르지만, 열망하는 자유로운 삶을 살 형편이 안 되는 것 같다고요?

아마도 당신은 그저 경쟁 사회에 지쳤고, 삶을 단순하게 만들고 싶은 건지도 모릅니다.

좋은 소식이 있다면 당신이 그럴 수 있다는 거고, 그 방법을 보여주

린다는 CheapRVLiving.com을 발견했는데, 이 사이트는 전에 알래스카에서 대형 슈퍼마켓 체인인 세이프웨이 진열대 담당자로 일했던 밥 웰스라는 사람의 작품이었다. 소비 절제주의자의 교리를 번영 복음의 열정으로 전도한다고 상상해보라. 그것이 밥의 메시지였다. 그는 '더 적은 것을 가지고 행복하게 사는 삶'이라는 복음을 전했다. 그의 모든 글은 한 가지 원칙을 강조하고 있었다. 자유를 찾기 위한 최선의 방법은 주류 사회가 '홈리스'라고 여기는 존재가 되는 것이라고 그는 제안했다.

"관건은 우리 대부분이 지니고 있는 가장 큰 돈이 드는 한 가지, 즉 집을 없애는 것입니다." 밥은 이렇게 썼다. 그는 밴, 자동차, RV처럼 몇몇 노마드들이 '바퀴 달린 부동산'이라고 부르는 것을 가까이하고 전통적인 주택과 아파트를 멀리하라고 방문자들을 설득했다. 그는 1달에 500달러 이하로 그럭저럭 살아가는 밴 생활자들이 있음을 알려주고—린다에게는 곧바로 이해가 되는 액수였다—그 적은 돈을 절약해서 식품, 자동차 보험, 휘발유, 휴대전화 서비스, 그리고 소액의 비상금을 포함해 생활에 필수적인 것들을 해결하는 예산 견본 초안을 작성했다.

밴을 타고 다니며 하는 밥 자신의 방랑 모험은 거의 20년 전에, 열의가 훨씬 덜한 상태로 시작됐다. 1995년, 그는 13년 동안 함께 산 아내이자 두 어린 아들의 엄마와 쓰라린 이혼 절차를 밟으며 분투하고 있었다. 게다가 그 자신이 '채무 중독자'라고 부르는 상태로, 사용한도에 도달한 신용카드로 3만 달러의 빚을 지고 있었다. 그는 파산을 선언할 준비가 되어가고 있었다.

자기 가족이 살던 앵커리지의 혼잡한 트레일러를 빠져나올 때가 되자, 밥은 수년 전 자신이 집을 지을 계획으로 몇천 제곱미터쯤 되는 땅을 사두었던 와실라로 서둘러 떠났다. 그때까지 집은 오직 토대와 바닥만 지어진 상태였다. 그는 단념하지 않고 텐트에 머무르면서, 앵커리지에 있는 일터까지 80킬로미터 걸리는 그 장소를 베이스캠프로 사용했다.

오래지 않아 그는 자기 아이들과, 또 그가 안정된 직업을 갖고 있던 세이프웨이와 더 가까운 곳에서 지낼 수 있기를 간절히 바라게 되었다. (밥의 아버지는 세이프웨이 관리자였고, 밥은 열여섯 번째 생일날 물건을 봉지에 담는 일을 하며 첫 일자리를 거기서 얻었다.) 하지만 앵커리지의 아파트는 비쌌고, 두 집 살림을 따로 유지해나가는 일은 불가능에 가까워 보였다. 그가 매달 벌어오는 2,400달러 중 절반은 그의 전처에게로 갔다. "전처가 1,200달러를 가져가면 내겐 1,200달러가 남는데, 그걸로는 앵커리지에 있는 아파트를 빌릴 수가 없어요." 그가 말했다. "다른 곳에서는 대부분 가능할지 몰라도 거기서는 확실히 불가능했어요." 그러는 동안 그는 매일 앵커리지와 와실라 사이를 통근하며 시간과 휘발윳값을 날리고 있었다. 절박한 느낌이 들기 시작했다.

그래서 밥은 한 가지 실험을 시도했다. 연료를 절약하기 위해 그는 주중에는 도시에 머무르며 캠핑용 덮개가 씌워진 낡은 포드 쿠리어 픽업트럭에서 자고, 주말에만 와실라로 돌아오기 시작했다. 그러자 압박이 약간 덜해졌다. 앵커리지에 있을 때 그는 세이프웨이 바로 바깥에 주차를 했다. 관리자들은 신경 쓰지 않았다. 만약 누군가가 교대 근무 시간에 나타나지 않으면, 사람들은 그 일을 밥에게 주곤 했다. 그는 어쨌든 바로 거기 있었으니까. 그런 식으로 그는 초과근무를 얻어냈다. 이 모든 것은 그를 궁금해지게 했다. 내가 이걸 영원히 할 수 있을까?

자신의 조그만 캠핑용 자동차에서 풀타임으로 지내는 일은 상상할 수 없었지만, 밥은 다른 선택지들을 곰곰이 생각하기 시작했다. 통근 길에 그는 전기상 앞에 주차된, '팝니다' 표지판이 붙은 낡은 셰비 박스 트럭 한 대를 지나치곤 했다. 어느 날 그는 전기상 안으로 들어가 차에 대해 물었다. 그 차는 기계에는 아무 문제가 없다고 했다. 그냥 너무 흉하고 닳아빠져서 상사가 출장 서비스에 내보내기 민망해한다는 것이었다. 제시 가격은 1,500달러였다. 밥이 저축으로 남겨둔 것과 똑같은 액수였다. 밥은 그 차에 올인했다.

박스 트럭 벽은 2미터가 조금 넘는 높이였고 뒷문은 롤업 방식이었다. 트럭 내부 바닥은 가로 2.4미터, 세로 3.6미터였다. 정말 작은 침실 사이즈잖아, 밥은 취침용 패드와 담요들을 펴면서 생각했다. 하지만 그 첫날 밤 거기 누워 있을 때, 밥은 자신이 울고 있음을 깨달았다. 그가 뭐라고 되뇌었든, 이 새로운 생활 속으로 침잠하고 있노라니 영혼이 산산이 파괴되는 듯이 느껴졌다. 살아온 40년 내내 자신이 딱히 쾌활하거나 긍정적인 사람이었던 적이 없다는 점도 별 도움이 되지 않았다. 어린 시절부터 그가 디딘 땅이 흔들릴 때마다, 그는 무엇도 영원히 지속되지 않음을 힘겹게 하나하나 배워왔다. 때로는 문자 그대로 발밑이 흔들린 적도 있었다. 그가 아기일 때, 불행한 결혼을 한 그의 부모는 애리조나주 플래그스태프와 프레스컷, 그리고 오클라호마주 폰카 시티 사이로 이사를 다녔다. 1961년, 그가 여섯 살이 되던 해에 그의 가족은 앵커리지에 정착했다. 그리고 3년 뒤, 세계는 종말을 맞았다. 혹은, 적어도 그런 줄 알았다. 1964년 3월 27일 오후 5시 36분, 태평양판과 북아메리카판 사이에서 단층 파열이 일어났고, 역사상 두 번째로 규모가 크다고 기록된 지진이 알래스카 중남부를 강타했다. '성 금요일 대지진'으로도 알려진 알래스카 대지진은 리히터 규모 9.2를 기록하며 4분 30초 동안 사람들을 공포에 몰아넣었고, 무수한 여진이 뒤따랐다. 지진해일이 알래스카의 해안 마을들을 휩쓰는 동안 앵커리지는 도시 전체를 파괴해버리는 산사태로 폐허가 되었다. 앵커리지 국제공항의 높이 18미터짜리 관제탑이 무너져 내렸다. 5층짜리 J. C. 페니 빌딩의 정면에서 떨어져 나간 두꺼운 콘크리트 조각들이 밑에 있던 사람들과 차들을 깔아뭉갰다. 밥의 학교였던 데날리 초등학교에서는 건물 토대에 금이 가 쪼개지고, 벽돌 굴뚝이 지붕을 뚫고 떨어져 내리면서 다음 한 해 동안 건물이 폐쇄되었다.

밥은 전기도, 난방도 들어오지 않는 집에서 웅크리고 있던 일을 기억한다. 바깥 날씨는 영하로 떨어졌고 땅 위에는 눈이 쌓여 있었다. "주위에서 땅이 갈라지고, 밤새도록 여진이 계속돼요." 그가 말했다. "집들이 폭발하는 소리도 들려와요. 침대에 누워 있는데 집이 폭발할 수도 있는 거예요. 천연가스가 누출되고 어쩌다 거기 불이 붙는 거죠."

그의 집은 그날 밤에는 날아가지 않았다. 하지만 7년 뒤, 어떤 의미에서 날아가버리기는 했다. 밥이 열여섯 살이 되고 밥의 부모가 마침내 헤어졌을 때, 집은 사라졌다. 밥의 누나는 엄마와 함께 살기로 했다. 밥은 아빠를 딱하게 여겼고, 아빠와 살기로 결정했다. 오래지 않아 밥은 자신이 싫어하는 계모와도 한집에서 함께 살게 되었다. 자라서 어른이 되어가는 동안 밥은 공허한 감정들을 막아내며 살았다. 그 후로 그는 빚, 음식, 섹스, 종교 등, 손에 잡히는 거라면 뭐든 동원해 그 빈 곳을 채우려 애썼다.

밥은 자신이 꾸려가는 삶에 대해 특별히 자부심을 느껴본 적이 없었다. 그러나 그가 마흔 살의 나이로 박스 트럭에 이주해 들어갔을 때는 남아 있던 자존감의 파편들마저 모조리 사라져버렸다. 맨 밑바닥으로 떨어질까 봐 두려웠다. 그는 자신을 비판적으로 바라보았다. 두 아이의 일하는 아버지이자 결혼 생활을 곤경에서 구해낼 수 없었던 사람, 그리고 차에서 사는 삶으로 몰락해버린 사람. 나는 홈리스야,

실패자라고, 그는 마음속으로 되뇌었다. "울다 잠드는 게 일상이었어요." 그가 말했다.

그가 밴이라고 자주 부르던 그 박스 트럭이 그다음 6년 동안 그의 집이 될 것이었다. 그러나 거기서 산다고 해서 그가 예상했듯 비참함 속으로 추락하진 않았다. 그 공간을 살 만한 곳으로 만들면서 변화가 시작되었다. 그는 합판과 가로 5센티미터, 세로 15센티미터의 목재들로 이층 침대를 만들었다. 잠은 아래칸에서 자고, 위칸은 물건을 보관하는 다락으로 사용했다. 아늑한 안락의자를 들여왔다. 벽에는 플라스틱 선반들을 나사로 고정해 달았다. 아이스박스와 콜먼 투-버너 스토브를 이용해 임시변통으로 부엌을 만들었다. 물은 편의점 화장실에 가서 3.7리터짜리 물병에 채워 왔다. 그가 일을 쉬는 날에는 아들들이 찾아왔다. 한 아이는 이층 침대에서, 다른 아이는 안락의자에서 잤다.

오래지 않아, 밥은 자신이 예전에 어떻게 살았는지 생각해보고는, 잃어버린 것이 그리 많지 않음을 깨달았다. 반대로 자기 삶에서 이제는 없어진 것들 — 구체적으로는 집세와 전기, 가스, 수도 요금 — 을 떠올리자 아찔할 정도로 행복했다. 저축하고 있던 돈으로 그는 밴을 더욱 쾌적하게 꾸미는 일을 계속했다. 벽과 지붕을 단열 처리했다. 겨울에 온도가 영하로 떨어질 때 따뜻하게 지내기 위해 151리터짜리 프로판가스 탱크가 달린 촉매 히터를 구입했고, 여름에 시원하게 지내기 위해 천장형 환풍기를 설치했다. 발전기, 배터리, 그리고 인버터를 추가하고 나자 밤에 불을 켜기 쉬워졌다. 곧 그는 전자레인지와 27인치 브라운관 TV까지 갖게 되었다.

이 새로운 생활방식에 몰두하게 된 나머지 그는 박스 트럭 엔진이 망가졌을 때도 좌절하지 않았다. 그는 와실라에 있던 땅과 그가 신용카드에 의존해 거기 계속 짓고 있던 집의 뼈대도 팔아버렸다. 그 수입의 일부는 엔진을 고치는 데 들어갔다.

"솔직히 말해서, 억지로 그렇게 살게 되지 않았으면 그만한 용기를 낼 수 있었을지 잘 모르겠습니다." 자신의 웹사이트에 올린 글에서 밥은 이렇게 인정한다. 하지만 돌이켜 생각해보면, 그는 변화가 일어나서 기쁘다. "밴으로 들어갔을 때, 사회가 내게 말한 모든 것이 거짓임을 깨달았습니다. 결혼을 해야 하고, 흰색 말뚝 울타리를 두른 집에서 살아야 하고, 직장에 나가야 하고, 그다음엔 삶이 끝나는 바로 그 순간에 행복해야 한다는, 하지만 그때까지는 비참하게 살아야 한다는 이야기가요." 그가 한 인터뷰에서 내게 말했다. "밴에서 사는 동안 전 태어나서 처음으로 행복했습니다."

2005년, 밥은 CheapRVLiving.com을 시작했다. 이 웹사이트는 아주 적은 예산으로 차에서 살고 싶어하는 방문자들을 위해 노하우를 담은 게시물들을 소박하게 모아놓는 것으로 시작했다. 관건은 '분도킹boondocking'이었다. 이 말은 RV 주차장의 유료 구역에 딸린 수도와 하수도, 전기 설비에 의존하지 않고 자급자족하는 것을 뜻한다. (이 말의 일상적인 용례가 확장되긴 했지만, '분도킹'에는—순수주의자들은 당장 지적할 텐데—아주 멀리 황무지에 차를 세워둔다는 의미 또

한 담겨 있다. 이런 종류의 생활을 도시 안에서 하는 차량 생활자들은 엄밀히 말해 '분도킹'을 하고 있는 것은 아니다. 그들은 '스텔스 주차' 또는 '스텔스 캠핑'을 하고 있다. 어느 경우든, 밥의 웹사이트는 두 가지 생활 모두에 대한 전략을 공유하고 있다.)

2008년 금융 붕괴 이후 CheapRVLiving.com의 트래픽은 폭발적으로 증가했다. "거의 날마다 이메일이 오기 시작했습니다. 일자리를 잃고, 저축은 다 바닥나가고, 집을 압류당하게 된 사람들이었죠." 그는 나중에 이렇게 썼다. 중산층 바깥으로 내몰린 이 방문자들은 살아남는 법을 배우려고 애쓰고 있었다. 구글에서 '생활비 아끼는 법' '자동차나 밴에서 살기' 같은 문구들을 검색하면 밥의 웹사이트가 나왔다. 그리고 경제적 불행이 대체로 피해자 탓이 되는 문화 속에서, 밥은 그들에게 무자비한 오명을 짐 지우는 대신 그들을 격려해주었다. "한때는 정해진 대로 하면(학교에 가면, 직장을 얻으면, 그리고 열심히 일하면) 모든 게 잘될 거라는 사회적 계약이 있었죠." 그가 방문자들에게 말했다. "오늘날 그건 더 이상 사실이 아닙니다. 사회에서 하라는 대로 모든 걸 제대로 해도 결국에는 파산하고, 혼자 남고, 홈리스가 될 수 있습니다." 그는 사람들이 밴이나 다른 차량들로 이주해 들어감으로써 자신들을 낙오시킨 시스템에 대한 양심적인 문제 제기자들이 될 수 있다고 말했다. 그들은 자유와 모험의 삶으로 다시 태어날 수 있었다.

。

이 모든 것에는 선례가 있었다. 1930년대 중반, 미국이 대공황에 빠져 있을 때, 하우스 트레일러들이 처음으로 대량생산에 들어갔다. 취미에 열중하는 사람들과 소규모 건축가들이 수년간 그 희한한 고안물을 제작해오긴 했지만, 이제 그 인기는 하늘을 찔렀다. "처음에…… 트레일러는 그냥 좀 특이한 캠핑용품이었다…… 그러다 사람들은 그 안에 들어가서 살 수 있다는 걸 알게 됐다."〈포춘 매거진〉은 2년 뒤에 이렇게 말했다.

당시 재산을 날린 수백만 명의 미국인은 훗날 밥이 느끼게 될 바로 그 감정들을 공유하고 있었다. 그들은 사회적 계약에서 자기 몫의 의무를 다했으나 시스템은 그들의 기대를 저버렸다. 그런 사람들 중 일부는 일종의 계시를 받았다. 하우스 트레일러로 들어감으로써 목을 졸라오는 집세로부터 탈출할 수 있다는 계시였다. 노마드가 되는 것. 자유로워지는 것. 이런, 이 계시는 후버빌˙을 강타했다. "어디나 가고, 어디서나 멈추고, 세금과 집세에서 탈출한다 — 여기에 저항하기는 힘들다. 죽음 말고는 그 무엇도 한 패키지에 이렇게 많은 것을 제공해준 적이 없었다." 1936년〈오토모티브 인더스트리스〉에 실린 어느 기사

˙ 대공황 시기 미국의 홈리스들이 지은 판자촌. 당시 미국 전역에 수백 개의 후버빌이 있었다.

에는 이렇게 적혀 있다.

"우리는 빠르게 바퀴 달린 국가가 되어가고 있습니다." 1936년 한 저명한 사회학자는 〈뉴욕 타임스〉에 이렇게 썼다. "오늘날 수십만 가구가 살림살이를 꾸려 여행용 주택으로 옮겨 가며 친구들에게 작별 인사를 하고는, 펼쳐진 길 위로 여행을 떠났습니다…… 〔곧〕 더 많은 가구들이 길을 떠나면서 국민 중 상당수가 방랑하는 집시들이 될 것입니다." 1929년의 시장 붕괴를 예측한 금융계의 예언가 로저 워드 밥슨은 1950년대까지 미국인 절반이 하우스 트레일러에서 살게 될 거라고 발언하며 주목을 받았다. 〈하퍼스 매거진〉은 "바퀴 달린 집들"이 "결국에는 우리의 건축, 도덕, 법률, 산업 체제, 그리고 조세 체계를 바꿔놓을 새로운 삶의 방식"을 대변한다고 공언했다.

그다음 25년 동안, 미국인들은 어림잡아 150만 대에서 200만 대가량의 하우스 트레일러를 구입하거나, 차고나 뒤뜰에 설치했다. 이 유행은 1960년을 전후로 이른바 '모빌 홈'이 급증하면서 끝났다. '모빌 홈'이란 공장에서 저렴하게 만들어진 주택 유닛으로, 일단 트레일러 주차장으로 견인되어 온 다음에는 대체로 그 자리에 그대로 머물렀기 때문에, 사촌지간인 떠돌아다니는 하우스 트레일러보다 공간이 넉넉했으나 자유로움은 덜했다.

사회 비평가들은 트레일러의 주민들을 자유를 사랑하는 개척자들로, 혹은 사회 붕괴의 조짐으로 서로 다르게 묘사하면서 의견이 갈렸다. 부모가 15년 동안 하우스 트레일러에서 살았던 작가 데이비드 A.

손버그는 자기결정권을 위한 그들의 분투 속에서 조용한 혁명을 보았다.『질주하는 방갈로들』이라는 시적인 역사서에서 그는 다음과 같이 썼다.

> 그리하여, 대공황의 바로 그 심장부에서 새로운 꿈이 태어났다. 탈출의 꿈이었다. 눈과 얼음으로부터, 높은 세금과 집세로부터, 더 이상 누구도 믿지 않는 그 경제체제로부터 탈출하는 꿈. 탈출하라! 겨울을 위해, 주말을 위해, 당신의 남은 평생을 위해. 필요한 것이라고는 약간의 용기와 600달러짜리 하우스 트레일러가 전부였다.

그는 자세한 설명을 이어갔다.

> 대공황은 모든 연령대와 계급의 미국인 수백만 명을 무력한 청소년기 상태로 돌려놓았다······ 하지만 몇몇 사람들은 이 모든 혼란 한가운데서 기회를 보았다. 좀 더 개인적이고 아마도 덜 취약한 방향으로 자신들의 세계와 가치를 재건할 기회였다. 이런 재건의 주체들 가운데 1930년대의 선구적인 트레일러 주민들이 있었다. 100만 명이 넘는 이들은 강인하고, 이상주의자이자 인습 타파자들이었고, 신중하게, 의도적으로 체제 거부자가 된 사람들이었다. 정부나 대규모 사업이 자신을 구해주기를 기다리지 않기로, 자신의 경제적 운명을 자기 손으로 만들어가기로 선택한 사람들이었다. 그들은 중산층이라는 올가미에서 빠져

나와 완전히 새로운 서브컬처를 만들어가기로 결정했다. 그저 조금 더 자유롭고, 조금 더 자율적이며, 조금 덜 불안하고, 자신의 마음이 욕망하는 바에 조금 더 가까운 삶을 말이다.

。

주식시장이 나아졌을 때조차도 밥은 계속 새로운 경제적 난민들, '고용 증가 없는 경기 회복'이 별로 고통을 덜어주지 못한 사람들의 소식을 들었다. 결국에는 대부분 전통적인 형태의 주거로 돌아간 1930년대의 트레일러 주민들과는 다르게, 이 새로운 노마드의 물결은 더 영구적인 전환에 단단히 대비하고 있었다.

"우리 모두에게 돈은 주요한 문제입니다. 특히 오늘날의 매우 심각한 경제난 속에서는요." 2012년, 예산에 관한 한 게시물에 밥은 이렇게 썼다. "거의 매주, 저는 방문자로부터 얼마 전에 일자리를 잃었고, 이제 집에서 쫓겨나게 되었다는 이메일을 받습니다. 그들이 하는 질문 중에는 자신들이 밴 생활자가 될 형편이 되는지 묻는 질문이 있습니다. 저는 답장을 쓰면서 그들의 다른 질문들에 대답하고는, 이렇게 묻습니다. '밴 생활자가 안 되고 살아갈 형편은 되시나요?' 저는 자동차나 밴, RV에서 사는 것이 지금까지는 장기적인 삶을 위해 택할 수 있는, 가장 비용이 적게 드는 방법이라고 확신합니다."

그 무렵 밥의 웹사이트에는 경차인 포드 페스티바와 토요타 프리우스부터, 가능한 모든 연식의 밴, 심지어는 임무를 끝낸 미 공군 버스까지, 갖가지 크기의 차량에 거주하는 기록들이 올라와 있었다. 몇몇 거주자들의 이야기는 특집으로 다뤄졌는데, '스왱키 휠스Swankie Wheels'라고도 알려진 샬린 스왱키도 그중 한 명이었다. 샬린은 예순네 살에 밴으로 옮겨 왔는데, 그때 샬린은 괜찮은 아파트를 구할 수 없는 빈털터리였던 데다 무릎 통증과 천식에 시달리고 있었다. 새로운 생활방식은 그에게 잘 맞았다. 그는 29킬로그램이나 살을 뺐고, 밴 지붕에 싣고 다니는 노란색 카약을 타고 노를 저어 미국의 50개 주 모두를 여행하겠다는 목표에 착수했다. (스왱키는 결국 일흔 살에 그 임무를 완수했고, 새로운 목표로 1,287킬로미터에 달하는 애리조나 트레일을 하이킹하겠다는 계획을 세웠다.) 또 다른 게시물에서, '트루퍼 댄Trooper Dan'이라고 불리는 한 노마드는 오하이오에서 일자리를 잃고 빨간색 캠퍼 톱을 단 흰색 토요타 픽업트럭에서 사는 이야기를 들려주었다. 그는 그 트럭을 남부 플로리다로 몰고 갔고, 'BOV', 즉 '탈주차량bug-out vehicle'이라고 부르기 시작했다. 열성적인 생존주의자°의 한 사람으로서, 그는 오랫동안 WTSHTF°°, 즉 '일어나서는 안 될 상황이 일어날 때'에 대비해왔다. "저는 지금 진행 중인 경제 침체의 피해자가 된, 그런 평범한 사람 중 하나예요. 기본적으로는 캠핑을 하고

° 재난이 일어날 것에 대비해 응급 치료와 자기방어 기술을 훈련하고, 식품과 식수 등을 비축해 유사시 자급자족할 수 있는 상태로 지내는 사람.
°° 생존주의자들이 쓰는 구호(When The Shit Hits The Fan)의 약어.

있다고 느끼지, 저 자신이 홈리스라고는 생각하지 않습니다." 그는 웹사이트에 이렇게 썼다. "저는 이것이 이제 닥쳐올 일들을 알리는 신호이고, 우리는 텐트와 차량에서 사는 사람들을 어디서나 보게 될 거라고 생각합니다. (대공황기의 후버빌들을 기억하시나요?) '이동하는 홈리스 현상'이 너무 심해져서 경찰은 더 이상 사람들이 그러지 않도록 막지도 않습니다."

CheapRVLiving.com은 차량을 고르고 필요한 장비를 갖추는 것부터 계절성 일자리 찾기와 길 위에서의 건강한 식생활까지 여러 주제들을 다뤘다. 튜토리얼들에는 옥상 태양전지판 설치하는 법도 있었는데, 옥상 태양전지판은 지난 10년간 가격이 급락하면서, 한때는 오직 상대적으로 부유한 사람들만 이용 가능했던 기술을 저예산 밴 생활자들의 손이 닿는 곳으로 옮겨 왔다.

웹사이트에는 눈에 띄고 싶지 않다면―통행인들에게 괴롭힘을 당하거나, 혹은 더 나쁘게도 경찰에 의해 자리에서 쫓겨나거나 딱지를 떼이고 싶지 않다면―태양전지판을 지붕에 얹는 차량용 캐리어나 사다리형 랙의 바 사이에 숨기라는 조언도 있었다.

발행한 게시물 대다수가 순수하게 실용주의적이기는 했지만, 밥은 또한 철학에도 손을 조금 댔다. 그는 영화 〈브레이브 하트〉, 데일 카네기부터 칼릴 지브란, 헬렌 켈러, 헨리 데이비드 소로, J. R. R. 톨킨에 이르기까지 행운의 상자에 든 사상가 한 무더기에서 영감을 주는 인용문들을 뽑아 포스팅했다. 이렇게 빌려온 미사여구들과 그 개인의 실존적인 사색들을 한데 엮어, 밥은 소비를 줄이고 돌아다니면서 사는 생활방식이 기본 욕구를 충족시키는 것을 넘어 자유, 자아실현, 모험 같은 더 고결한 목표로 가는 문이 되어줄 수 있다고 주장했다.

주류 미국인들에게 이런 종류의 단기 체류 생활은 현대판 『분노의 포도』를 떠올리게 할지 모른다. 하지만 주목할 만한 결정적인 차이가 하나 있다. 한때는 '오키'라는 말로 멸시당했던, 유랑 생활을 하던 더스트 볼 시대°의 난민들에게, 자존감이란 한 가지 소중한 희망의 잉걸불을 꺼뜨리지 않고 살려놓는 것을 의미했다. 즉, 언젠가는 다시 '원래의 상태'가 돌아와 그들을 전통적인 주거로 되돌려놓아주고, 최소한 아주 조금이나마 안정성을 회복시켜줄 거라는 희망이었다.

그 자신이 영감을 준 많은 여행자들과 마찬가지로, 밥은 상황을 다르게 보았다. 그는 경제와 환경에 일어난 격변들이 미국의 '뉴 노멀'이 된 미래를 머릿속에 그렸다. 이런 이유로, 그는 유랑하는 삶을 미봉책으로, 사회가 안정되어 사람들이 다시 주류에 통합될 시점까지 그들이 난관을 극복하도록 도와줄 무언가로 포장하지 않았다. 그보다는, 너덜너덜해진 사회질서 바깥에서 작동하거나, 심지어는 그 질서를 초월할 수 있는 사람들로 이루어진 유랑 부족을 형성하기를 염원했다. 다시 말해, 차를 타고 다니는 평행세계를.

⊙ 1930년대에 미국과 캐나다의 프레리를 강타한 거대한 모래폭풍으로 농업과 생태계가 큰 타격을 입은 시기.

2013년 말까지 밥의 웹사이트에 있는 토론 포럼에는 가입 회원 4,500명 이상이 참여했다. 그로부터 3년이 채 지나지 않아 그 숫자는 6,500명 이상으로 불어났다. 노마드들은 느려터진 오프라인 우편물을 놓치지 않고 받아보는 법부터 외로움과 경찰의 횡포에 대처하는 법에 이르기까지 모든 것에 대한 조언을 주고받았다. 서로를 지지해주는 이런 분위기에서는 '샤워는 어떻게 해요?' 같은 기본적인 질문에도 현명한 해결책들이 우르르 쏟아졌다. 예를 들어 어떤 사람들은 쓸데없는 서비스가 없는 피트니스 체인―'플래닛 피트니스'가 인기 있는 선택지였다―에 등록하고, 그 회원권을 전국 어디서나 통하는 샤워실 출입증으로 쓸 것을 추천했다. 어떤 이들은 스펀지 목욕을 하고 유아용 물티슈를 아끼지 말고 쓰는 편이 좋다고 굳게 믿었다. 어떤 이들은 태양열 샤워기를 선호했는데, 거대한 링거 주머니를 닮은, 열을 끌어모으기 위해 한쪽 면이 검은색으로 칠해진 샤워기였다. 어떤 이들은 정원용 가압 분무기를 써서 목욕을 했다. 어떤 이들은 요금을 내고 쓰는 샤워실이 뒤쪽에 딸린 빨래방들을 알고 있었다. 다른 사람들은 플라잉 J, 러브스나 파일럿처럼 기름을 넣으면 운전사들에게 샤워실 이용권으로 교환 가능한 포인트를 주는 트럭 휴게소들을 찾아갔다. 장거리 트럭 운전사들은 필요보다 많이 쌓인 공짜 포인트를 계산대 줄에서 동료 여행자들에게 종종 선물하기도 했다.°

대화는 점점 열띠어갔고, CheapRVLiving.com에만 한정되지도 않았다. 멀리 떨어진 채 저예산으로 생활하는 노마드들이 서로에게서 배우고 서로를 지지해줄 수 있는 인터넷 모임들이 급속하게 확산되고 있는 네트워크에서, 밥의 사이트는 단지 하나의 접속점이었다. 이런 온라인 공동체의 역사는 최소한 2000년 11월까지 거슬러 올라간다. 당시 닉네임이 'lance5g'였던 한 알 수 없는 인물이 '밴에서 살아라Live in Your Van'라는 야후 메시지 게시판을 만들고 다음과 같이 간단한 소개 글을 적었다.

환영한다. 나는 관심 있는 사람들에게 밴에서 살아가는 기술을 알려줄 수 있길 바란다. 아끼며 살아가기 위해서. (뭐겠는가, $이지.)

확실히 이 주제는 혼자 사는 남자들에게 가장 적합하지만, 여자들도 배울 수 있다……

카테고리: 목욕하기, 잠자기, 주차하기, 화장실 가기, 안전, 발각되는 일 피하기, 내부 꾸미기, 겨울 밤 나기.

⊙ (원주)나는 2014년에서 2015년으로 넘어가는 겨울에, 애리조나의 쿼츠사이트에 있는 파일럿에서 트럭 휴게소의 샤워실을 난생처음 공짜로 체험해봤다. 나는 비누와 샴푸, 슬리퍼가 든 비닐봉지를 들고 밴에서 나와 돈을 내려고 안으로 들어갔고, 요금이 12달러라는 말에 아마도 얼굴을 찌푸렸던 모양이다. 내 오른쪽 계산대에 있던 트럭 운전사가 카운터 위로 자신의 포인트 카드를 내밀고 나에게 샤워를 무료 제공해주라고 계산원에게 말했다. "손님, 아시겠지만 지금 카드를 사용하시면 앞으로 24시간 내에는 다시 사용이 불가능합니다." 계산원이 그에게 말했다. 운전사는 팔꿈치를 들어 올려 양쪽 겨드랑이를―먼저 왼쪽, 그다음 오른쪽을―킁킁거리며 냄새 맡고는 어깨를 으쓱하며 말했다. "아우, 벌써 일주일이나 됐는데요."

그 뒤로 lance5g는 다시는 포스팅을 하지 않았다. 계몽시대 신학자들이 고안해낸 '시계공 신'의 열화된 버전처럼, 그는 하나의 세계를 만들고, 작동시킨 뒤, 사라져버렸다. 그의 창조물은 그 없이 자라났고, 훗날 '밴집시vangypsy'나 '폴크스바겐탱크걸vwtankgirl' 같은 닉네임으로 포스팅을 하며 긴밀한 친구 그룹을 형성하는 사람들로 붐비게 되었다. 그런데 그때 문제가 생겼다. 야후가 모든 메시지 게시판을 새 플랫폼으로 이전하기로 결정한 것이었다. 운영진이 부재중인 그룹들은 이전에서 살아남지 못할 것처럼 보였다.

'밴에서 살아라'에서 가장 활발하게 활동하던 회원 중 한 명은 '고스트 댄서Ghost Dancer'라는 사교적인 방랑자였다. 2002년 1월 1일, 고스트 댄서는 인디애나주 빈센의 41번 고속도로에 있는 맥도날드 바깥에, 자신의 집이던 1989년형 갈색 포드 F150 픽업트럭을 주차시켜놓고 그 안에 있었다. 메시지 게시판의 변경 기한이 그날 자정까지라는 소식을 들은 그는 걱정이 되었다. 지금도 충분히 전국에 뿔뿔이 흩어져 있는 그의 새 친구들이 곧 인터넷 클럽 회관을 잃게 되는 것일까? 무슨 일이 일어날지 모른다는 생각이 그의 정신을 사로잡고 있었다. 마치 작은 규모의 Y2K를 향해 가는 것 같았다. 하지만 그는 아무런 준비도 해두지 않았다.

마침내 해결책이 떠올랐고, 아주 명쾌해 보였다. 옛 모임 장소가 닫히기 전에 새로운 모임 장소를 만들면 되잖아? 그러기 위해서는 그저 노트북 컴퓨터를 가지고 맥도날드로 어슬렁어슬렁 걸어 들어가면 됐지만, 그는 그럴 수가 없었다. 일단, 그는 노트북 컴퓨터가 없었고, 공공 와이파이가 어디에나 생기려면 아직 몇 년은 더 있어야 했다. 그래서 그는 공중전화와 자신이 트럭에 실어 가지고 다니던 한정된 장비들을 이어 급한 대로 인터넷 연결을 만들어냈다. "해적 방송 스타일이죠." 그는 그렇게 불렀다. 연결을 설치하는 데는 코넥스사 음향 커플러의 도움을 받았다. 공중전화 송수화기에 부착해 마이크를 전화기의 귀 대는 쪽에, 스피커를 입 대는 쪽에 연결함으로써 아날로그 데이터를 송수신하는 장치였다. 이 커플러의 다른 쪽 끝은 웹TV 박스에 꽂혀 있었는데, 이 박스에는 내장 모뎀이 있어 기본적인 브라우징 서비스를 제공했다. 이런 박스들은 컴퓨터가 지금보다 비싸고 덜 직관적인 도구였던 1990년대 중반 무렵 나타나기 시작했다. 공간을 절약하기 위해 고스트 댄서는 자신의 CB 라디오°에 웹TV를 매달았다. 거기서 웹TV 박스는 조수석 바닥에 놓인 13인치 필립스 텔레비전으로 연결되었다. 몇 시간 동안 장비를 손본 끝에, 그는 공중전화에 35센트를 집어넣고 웹에 연결한 다음, 야후에 로그인을 하고 '밴 생활자들: 밴에서 살아라 2'라는 이름으로 메시지 게시판을 개설했다. 그는 성공에 자랑스러워했고, 사이버 버전의 '맥가이버처럼 하기' 같은 그 일은 돌고 도는 이야기가 되었으며, 한 유명한 블로거가 그를 '밴 생활의 창시자'라고 부르는 계기가 되기도 했다.

⊙ Citizens Band radio. 무전기의 한 형태.

나중이 돼서야 고스트 댄서는 자신이 실수했음을 깨달았다. 여러 표준시간대를 오가며 작업을 하다 보니 정해진 변경 기한을 몇 시간 차이로 넘겨버린 것이었다. 하지만 상관없었다. 회원들은 새 메시지 게시판으로 그를 따라왔다. 그리고 원래의 '밴에서 살아라' 게시판은, 야후가 그곳을 닫진 않았지만 온라인상의 유령 마을이 되었고, '가벼운 만남' '변태적인 사이버 싱글들' 같은 광고를 아무도 없는 곳에 외쳐대는 성인 산업 스팸봇들의 침략을 받았다. 그러는 동안, '밴에서 살아라 2'에는 밥 웰스를 포함해 새 회원 수천 명이 유입되었고, 계속 속도가 붙었다. 2008년의 경제 붕괴 이후 4년 동안, 이곳의 회원 수는 두 배 이상으로 불어나 8,560명이 되었다. 모임 소개에는 다음과 같이 적혀 있었다.

'밴 생활자들'은 널리 퍼져 있는 〔한〕 부족이 모이는 공간입니다. 이곳은 선택에 의해서건 혹은 환경에 의해서건 자신이 이 문화적 세계에 들어섰다고 생각하는 사람들을 위한 장로단이자, 양육 요람이며, 신참들의 통과의례 장소, 정보의 사냥꾼들과 채집가들이 수확물을 부족과 나누는 곳입니다.[*]

⊙ 장로단, 양육 요람, 통과의례, 정보, 사냥꾼, 채집가 등은 모두 트레이딩 카드 게임 '매직: 더 개더링'의 용어들이다.

그들의 대화는 여러 플랫폼들로 퍼졌다. 2010년, 야후 모임의 한 회원이 '밴 생활자들: 밴에서 살아라' 페이스북 그룹을 만들었다. 이 그룹의 '자주 하는 질문' 목록에는 비슷한 강령이 포함되어 있었다.

이곳은 돌봄, 공유, 지식 제공, 우정 쌓기, 그리고 서로를 보살피는 일에 관한 모든 것을 다룹니다.

같은 글에는 또한 자주 현금이 떨어지는 회원들로 이루어진 상호 지원 네트워크에 참여한다는, 더욱 난감한 문제 또한 제기되어 있었다.

모임의 우리 대부분은 가난합니다. 재난이 닥쳐오면 우리는 빈손에 돈도 없는 채로 친지나 친구, 그리고 가끔은 낯선 이들의 친절에 의존하는 방법밖에 없을 때가 많습니다. 우리는 이 모임이 사이버 구걸을 하는 사람들의 은신처가 되어버리는 것을 원치 않지만, 때로는 파산을 했거나 절박한 사람들이 도움을 청해올 것입니다. 우리는 여러분이 이 문제에 대해 스스로 판단을 내리고, 할 수 있고 하고 싶은 일을 하시기를 권합니다.

레딧에서는 2010년에 '밴 생활자들'이라는 제목의 스레드가 만들어졌고, 2만 6,000명 이상의 구독자가 가입할 만큼 불어났다. 유튜브에서는 DIY를 하는 사람들 수십 명이 평범한 승용차를 설비가 완벽하게 갖춰진 바퀴 달린 작은 집으로 변신시키는 비결들을 과시하면서 밴 생활계의 밥 빌라◉가 되기 위해 경쟁했다. 몇몇 웹사이트에서는 미국 전역의 여행자들이 보낸 팁과 업데이트되는 정보 들을 모아놓았고, 노마드 친화적인 장소들을 표시해둔 검색 가능한 지도에 그것들을 반영했다. 그런 사이트 중 하나인 FreeCampsites.net은 도시의 작은 공원부터 방대하게 퍼진 국유림까지, 무료로 머무를 수 있는 자연 속 목가적인 장소들을 기록해놓았다. 또 다른 사이트인 AllStays.com은 트럭 휴게소에서 카지노, 캐벌라스 스포츠용품 아웃렛, 크래커 배럴 레스토랑까지, 밤새 주차를 할 수 있는 사업장들을 찾아냈다. 이 사이트에서는 또 '윌리도킹Wallydocking', 즉 '월마트 분도킹' 정보를 담은 스마트폰 앱도 판매했다.

월마트는 밤새 주차가 가능해 오랫동안 RV 생활자들에게 사랑받아왔다. 어떤 이들은 열렬한 조류 사냥꾼인 월마트 창립자 샘 월턴이 야외 활동을 하는 이들에 대한 연대의 뜻으로 이 전통을 시작했다고 믿는다. 다른 이들은 쇼핑객들을 더 많이 사로잡기 위한 약삭빠른 전략이라고 생각한다. 어느 쪽이든 간에, 손님을 잃고 싶지 않은 캠프장들과 RV 주차장들에겐 탐탁잖은 일이겠지만, 노마드들은 이 응대에 감사하고 있다. 그러나 이 정책은 월마트 모든 지점에서 시행되고 있지

◉ 미국의 주택 리모델링 TV 쇼 사회자.

는 않다. 어떤 지점들은 그런 관행이 금지된 도시에 있다. 다른 지점들에서는 방문객들이 바비큐 그릴과 정원용 가구를 설치하고, 반영구적인 야영지를 짓는 등 환영의 한도를 넘어 너무 오래 머무르기 시작하는 바람에 이 혜택을 폐지했다. 2015년 3월, 애리조나주 코튼우드에 있는 월마트 슈퍼센터의 주차장에서는 셰비 서버번에서 지내던 아이다호 출신의 기독교인 음악가 가족 여덟 명과 경찰 사이에 난투가 벌어졌다. 난투는 경찰의 총을 둘러싸고 몸싸움을 하다 여행자 한 명이 목숨을 잃는 것으로 끝이 났다. 그 뒤로 그 지점은 밤새 머무르는 사람들을 쫓아내기 시작했다. ("모든 사람이 쓸 수 있었던 많은 것을 얼간이 몇 명이 망치고야 만다는 게 너무 슬픕니다." 'RV 데일리 리포트' 웹사이트의 편집자는 이렇게 적었다.) 어떤 월마트 지점들은 회색지대에 머물면서, 불안정한 경제 상황으로 점점 늘어나는 야간 방문객 계층—많은 경우 차에서 산다—을 관리하려고 애쓰고 있다. 텍사스주 오스틴 근방에서는 '찾아가는 오병이어Mobile Loaves and Fishes'라는 봉사 모임의 푸드 뱅크 트럭들이 점포에 딸린 주차장들을 정기적으로 방문한다. "월마트에 오는 고객들은 아마도 월마트 주차장에 있는 차에서 숙박하는 사람들 때문에 좀 불편해하는 것 같습니다." 이 봉사 모임의 설립자 앨런 그레이엄은 지역 라디오 방송 기자에게 이렇게 말했다. "하지만 계속 숙박을 허락하는 〔경영진에게〕 축복이 있기를!"

미국 전역에 있는 월마트 지점 수천 개 중에서 어디가 자신을 환영

할지, 침침한 눈을 한 여행자가 어떻게 파악할 수 있을까? AllStays. com의 '월마트 철야 주차장 지도' 앱은 미국과 캐나다의 모든 월마트 지점을 작은 'W' 아이콘으로 표시한다. 어떤 W는 빨간색이다. 거기 주차했다가는 쫓겨나거나, 더 나쁘게는 견인될 수 있다. 대부분의 W 는 노란색이다. 누르면 사용자 후기가 뜬다. 이를테면 네바다주 패럼 프 지점에 대한 후기는 다음과 같다.

#5101 슈퍼센터

2015년 7월: 잘 지냈어요. 다른 여행용 밴 두 대가 더 있었음.

2015년 5월: 다른 RV가 한 대 더 있었음. 야간 고객 서비스 관리자 가 허가를 내줬어요. 나무들로 둘러싸인 첫 번째 콘크리트 구역 옆 트 럭 상하차 공간 근처에 주차했어요. 아침에는 많은 트럭들이 일찍부터 배달을 시작하니 공간을 넉넉히 두세요.

2010년 9월: 관리자가 RV 생활자를 환대함. 주차장 남쪽 끝에 주차 할 것. 배달 트럭들을 방해하지 않도록 조심할 것.

작은 'W' 아이콘과 메모 들은 호보 기호의 업데이트된 버전처럼 느껴진다. 호보 기호는 19세기 말과 20세기 초에 떠돌이들이 장소에 관련된 지식을 그 시대의 '크라우드소싱' 방식으로 공유하기 위해 사 용한 그림 문자다. 그 기호들은 분필이나 숯으로 벽과 문에 표시되거 나, 때로는 나무에 새겨져, 열성적인 경찰, 사나운 개들, 수질 나쁜 물

같은 위협 요소를 경고하거나, 안전한 캠핑터, 친절한 부인, 구할 수 있는 일자리 같은 유용한 자원들을 알려주었다.

블로그들은 2000년대 중반까지 번성하면서, 그것이 없었다면 혼자서 쓸쓸했을 여행자들에게 자신들의 모험을 폭넓은 독자들 앞에 시간순으로 기록하도록 격려했다. 그 과정에서 마이크로셀럽⊙들이 탄생했는데, 가장 초기에 활발히 활동했던 마이크로셀럽으로는 '티오가 조지'로 알려진 조지 레러가 있다. 2003년, 60대 중반에 포스팅을 시작한 암 생존자인 그는 아파트 주거비와 식생활 어느 쪽도 해결할 수입이 없었기에, 태양전지판과 위성 인터넷을 설치한 8.2미터짜리 플리트우드 티오가 애로 모터홈으로 이주했다. 그의 블로그 '티오가와 조지의 모험'에서, 그와 그의 충직한 차는 "세계 역사상 가장 위대한 방랑자들"이 되어 "집세는 내지 마!"라는 선동적인 구호를 내걸고 대담하게 앞으로 나아갔다. 조지는 "티오가 씨"(그의 RV), 그리고 비슷하게 의인화된 동료 승무원들인 소니 마비카 씨(카메라), 칩스 씨(데스크톱 컴퓨터), 서니 씨(태양열 발전 장치), 데이터스톰 씨(위성 안테나), 도메틱 씨(냉장고), 들로름 씨(GPS 장치), 기타 등등과 함께하는 여행에 관해 기발하게 포스팅을 했다. 그는 종종 하루에 게시물 여러 개를 올리곤 했다. 동료 여행자들과 친해진 이야기부터 작은 개미들이 들끓어 퇴치한 이야기, 그가 특히 좋아하던 여행지인 멕시코에서 부

⊙ 소셜 미디어 플랫폼에서 한정된 수의 사람들에게 인기 있는 유명인.

정한 경찰에게 샅샅이 수색을 당한 이야기까지. 그는 자신의 수입과 지출 액수를 구체적으로 포스팅했는데, 여기에는 구글 광고로 얻는 수입도 포함되어 있었다. (2010년 8월, 그 수입은 1,300달러를 넘어섰다.) 그는 가슴 저미는 필치로 자신의 아들 데이비드의 자살에 관해 썼고, 1990년대 초 경기 침체로 자신이 오토캐드 소프트웨어 판매직으로 일하던 회사가 괴멸된 뒤 데이비드의 작은 집 식당 바닥에서 자던 일을 회상했다. 조지가 글쓰기를 시작한 지 10년이 지나지 않아 그의 블로그 조회 수는 약 700만 회에 달했다.

티오가 조지는 분도킹 블로거 세대에 영향을 끼쳤다. 그중에는 태라 번스라는, 1998년형 셰비 애스트로에서 살며 성매매를 하던 20대 여성도 있었다. 태라는 자신의 유명한 블로그 '떠돌이 스트리퍼'에 "밴에 살면서 나라 곳곳을 돌아다니며 옷을 벗어 돈을 버는 일"이 어땠는지 연대순으로 기록했다. '브로'라는 보더 콜리와 함께 스트립 클럽 사이를 누비는 사이사이 그는 키보드 앞에 앉았고, 랩 댄스로 돈 버는 법이나 엔진 쿨링 시스템의 물 펌프 교체하는 법을 방문자들에게 알려주었다. 또 하나의 인기 있는 블로그는 수전 로저스의 블로그인 'RV수와 그의 반려견 승무원들'이었다. 조지아에서 온 이 60대의 은퇴한 수학 교사는 자신이 길에 나서도록 영감을 준 사람으로 티오가 조지를 꼽았다. 수전은 5.1미터짜리 캐시타 트레일러를 끄는 2005년형 셰비 익스프레스 밴에서 매일 특보를 포스팅하며 활발한 팬층을 얻었다. 2012년에는 애리조나에서 군용 위장을 한 캠핑용 픽업트럭에 나와 살던 퇴역 군인 러스티 리드가 잃어버린 셰퍼드 믹스견 팀버를 찾아주는 데 수전의 블로그가 도움이 되면서 전국적인 뉴스거리가 되기도 했다. 수전은 자신이 "저예산, 고경험 생활" "덜 쓰고 삶을 더 즐기기"라고 부르는 삶을 추구하면서 많은 방문자들에게 롤 모델이 되었다. "전 RV수를 저의 요정 대모라고 생각해요." 캠핑용 트럭에 살며 'ZenOnWheels'라는 닉네임을 쓰는 어느 블로거는 이렇게 적었다. "길 위의 일상을 담은 이야기 한 편 한 편에서 느껴지는 수의 유머와 겸손함을 통해서, 천천히, 여러 달을 거치며 깨닫게 됐지요. 그래, 나도 틀림없이 이걸 할 수 있어, 하고요." RV수의 "솔직함, 친절함, 그리고 끝내주게 훌륭한 글쓰기 실력"에 고마움을 표하며 그가 덧붙였다.

티오가 조지와 마찬가지로 RV수는 2013년부터 재정 기록을 공유했고, 여기에는 자신의 사이트에 걸린 광고들에서 들어오는 수입도 포함되어 있었다. 그 첫해가 끝나갈 무렵, 1달에 1,000달러 이상 버는 것은 더는 이례적인 일이 아니었다. 자신의 게시물들을 돈이 되게 해보려 했으나 별로 성공하지 못한 덜 유명한 블로거들은 동요했다. (방문자들 대부분은 여행 블로거들이 얻는 보상에 별 반감이 없는 듯하다. 하지만 미니멀리즘과 반소비주의를 표방하는 사이트에 달린 광고가 이따금씩 얼마나 부적절해 보이는지 깨닫기는 어렵지 않다. 예를 들어 CheapRVLiving.com에 있는 '물건 버리기'라는 게시물에는 "우리가 자유롭고 고귀하게 살지 못하는 것은 다른 무엇보다 소유에 열중하는 탓이다"라는 버트런드 러셀의 문장이 인용되어 있다. 그런데 이 게시물 옆에는 아마존으로 연결되는, 12볼트짜리 휴대용 난로와 '러거블 루' 변기 시트 같은 제품들을 홍보하는 세로 단 배너 광고가 배치되어 있어 이상한 생각이 들게 한다.)

　필연적으로, 동류의 방랑자들 사이에 오가던 온라인 대화는 현실 세계의 모임으로 흘러 나왔다. 나라 곳곳에 있는 숲과 사막에서 캠프파이어를 둘러싸고 노마드들이 만났을 때, 그들은 소설가 아미스테드 모핀이 '생물학적'이 아니라 '논리적' 가족이라고 불렀던 종류의 즉흥적인 집단을 형성하기 시작했다. 몇몇 사람들은 심지어 그것을 '밴 가족vanily'[⊙]이라고 부르기도 했다. 어떤 사람들에게는 그들끼리 휴일을 함께 보내는 것이 현실의 가족들과 재회하는 것보다 더 좋았다. 전형적인 장면은 이런 것이다. 캘리포니아 10번 주간고속도로 근처에 있는, 달 표면 풍경처럼 황량하게 펼쳐진 사막 위에 차려진 크리스마스 저녁 식사에 차량 여남은 대가 모여든다. 차량 거주자들의 나이는 20대부터 70대까지. 그들은 뼈를 발라내고 이등분한 6.8킬로그램짜리 칠면조를 한 쌍의 휴대용 그릴 위에서 구워낸 다음, 매시트포테이토, 그레이비소스, 그리고 크랜베리 소스를 곁들인 두 가지 파이와 함께 나눠 먹는다. 접시에서 남은 부스러기를 핥아먹는 개들조차 충분히 만족할 때까지.

⊙ 밴(van)과 가족(family)의 합성어.

'GTG(Get-Together)'라고도 하는 이런 모임들은 서부에 많았지만, 동부에서도 오하이오에서 앨라배마, 조지아, 테네시로 내려가며 모임들이 더 크게 합쳐지고 있었다. 사람들은 한 장소에서 다른 장소로, 텐트를 쳤다 걷었다 하면서 길을 따라 지난 시대의 마차 행렬처럼 함께 이동했는데, 그들은 그것을 '방랑하는 GTG'라고 불렀다. 2011년, 밥은 행사 하나를 최초로 조직했고, 그 행사는 그해 가장 기대되는 모임 중 하나가 되었다. '타이어 떠돌이들의 랑데부The Rubber Tramp Rendezvous', 줄여서 'RTR'⊙은 부분적으로 19세기의 거친 산사람들로부터 영향을 받았다. 산사람들은 한 해의 대부분을 고난과 고립 속에, 서로 멀리 떨어진 장소에서 덫을 놓아 동물들을 잡으며 보냈지만, 해마다 한 번씩 털가죽 거래 랑데부에서 재회했다. 애리조나주의 도시 쿼츠사이트 근처에 있는 공유지 사막에서 1월에 2주일간 개최된 겨울 RTR은 노마드들이 요령들과 이야기들을 나누고, 친구를 사귀며, 새로 온 사람들에게 생활방식에 대해 조언을 해주는 기회가 되었다. 가끔씩 밴 생활을 지망하는 사람들이 텐트나 대여한 밴을 가지고 나타나 직접 길에 나서기 전에 배울 수 있는 모든 것을 배워 갔다. 이 행사는 무료였으며, 대체로 입소문을 통해 인지도가 높아졌다.

이 공동체 사람들에게, 직접 모이기 위해 노력하는 것은 작은 일이

⊙ (원주)내가 2013년 처음으로 이 모임에 참석했을 때는 60대쯤 되는 이동 주택들이 있었다. 4년 뒤인 2017년에는 차량들이 어림잡아 500대쯤 됐다.

아니었다. 그들은 한 해의 많은 시간을 미국 곳곳에 흩어져서 보낸다. 때로는 한 번에 장거리를 운전할 휘발윳값이 부족하다. 많은 사람들이 자신을 사교성 없는 외톨이라 여기기도 한다. 은둔 성향의 사람들 가운데서도 RV수는 특히 고독을 즐기는 사람으로 유명하다. 그는 미리 연락하지 않고 자기 캠핑터에 들르지 말아달라고 블로그 방문자들에게 간청하면서 "온갖 종류의 흥미로운 사람들과 소통하면서도 실제로 만나지는 않아도 되기 때문에 블로그는 내게 잘 맞는다"고 설명했다. 그의 팬 중 일부는 돌아다니는 중에 5.1미터짜리 캐시타 트레일러와 우연히 마주쳤는데, 그 낯익은 차의 주인이 누군지 알아차리고는, 황급히 다른 방향으로 도망쳤다고 적기도 했다.

'타이어 떠돌이들의 랑데부'에 참석하는 어떤 사람들은 일부러 캠핑 구역의 가장 바깥쪽에 주차를 한다. 한편, 또 다른 사람들은 사람과의 교류를 아주 조금씩밖에 감당할 수 없어서 2주 내내 머무르기보다는 짧은 시간 동안만 지내다 간다. 스왱키가 "내향형 인간 연합: 우리가 왔다, 우리는 불편하다, 그리고 우리는 집에 가고 싶다"라고 적힌 티셔츠를 입고 RTR의 한 세션에 참석했을 때, 그는 하루 종일 '나도 안다'는 뜻의 미소와 끄덕이는 인사를 받았다.

갈수록, 밥 웰스는 고립된 존재들로 구성된 이 늘어나는 집단에서 자신이 사실상 사회적 조정자임을 알게 되었다. 매년 모임이 뿔뿔이 흩어지고 난 뒤에 그들 중 일부는 밥의 다음번 캠핑터로 그와 함께 이동하기도 했다. (RTR이 열리는 곳을 포함해 많은 무료 공공 캠핑 지역들이 14일 제한제를 시행한다. 그 기한이 끝나면 최소한 40킬로미터 떨어져 있는 새로운 야영지로 이동해야 한다.) 밥은 그들을 환영했고, 그들은 밥에게 그만의 공간을 주기 위해, 존중의 뜻으로 조금 떨어진 곳에 주차했다. 한 블로그 방문자가 사람들이 밥을 내내 따라다녀 버릇한다고 지적하면서 조롱 조로 그들을 밥의 '신봉자들'이라고 부르자, 밥은 "그렇게 최선을 다해서 정신을 지배하고, 세뇌하고, 조종했는데도 저한텐 아직 신봉자가 한 명도 없네요!" 하고 농담으로 맞받아쳤다.

하지만 밥의 어조가 항상 그렇게 명랑하지만은 않았다. 어느 방문자와의 좀 더 진지한 대화에서 그는 이렇게 썼다. "당신 말이 맞다고 생각해요. 아주, 아주 더 많은 사람들이 훨씬 단순한 삶으로 내몰릴 거예요. 제 목표는 그들이 가능한 한 쉽게 변화를 겪어내고, 바라건대 결국에는 그 안에서 기쁨을 찾아내도록 돕는 거예요. 우리 중 아주 많은 사람들이 그랬듯이요."

。

CheapRVLiving.com에 올라온 달라진 삶의 이야기들에 열중하면서, 린다는 자신만의 발견을 했다. "이럴 수가!" 린다는 생각했다. "저 사람들이 할 수 있다면, 틀림없이 나도 할 수 있을 거야." 밥은 극도의 검소한 생활이 마치 자유로 가는 길처럼 느껴지게 글을 썼다. 그것은 박탈이 아니라 해방이었다. 혹은, 린다의 표현으로는 "가진 것들로 풍요로운 삶을 사는 것"이었다. 거기에 더해, 심지어 혼자 여행하게 된다고 해도, 린다가 정말로 외로워지지는 않을 것임은 분명했다. 린다가 만나게 될 수많은 방랑자들이 있었고, 거기에는 린다와 나이대가 비슷하고, 마찬가지로 혼자서 길에 나선 여성 여행자들도 많았다. 자신들만의 일련의 관습을 만들어내고, 생존 전략을 실험해본 다음 가장 좋은 전략들을 퍼트리고, 경제의 이면에서 삶을 공략할 전략서를 쓰면서, 그들은 함께 하나의 서브컬처를 형성했다. 그런 종류의 동료 의식은 린다에게 중요했다. "난 정말 사교적인 인간이거든요." 린다가 설명했다. "나 혼자 길 위에 고립돼서, 우울하게, 그저 근근이 살아가게 될 거라는 생각은 들지 않았어요. 내 인생은 짜릿하고, 충만하고, 창조적이 될 수 있었죠."

린다는 자신에게 꼭 맞는 차를 꿈꾸며 크레이그스리스트를 뒤지기 시작했다. 광고 수십 개를 보고, 강력한 후보 한 대를 발견했지만, 아직 무엇을 사기에도 돈이 충분치 않았다. 결국 자폐가 있는 린다의 큰손자가 집세가 싸다는 약속에 마음이 끌려 자신이 지내기 위해 그 차를 구입했다. 그는 한 달에 500달러 더하기 전기 요금으로 부모님과 세 형제자매들에게서 너무 멀리 떨어져 있지 않은 RV 주차장의 주차 구역 하나를 받았다. 큰손자에게는 독립적으로 살기 위해 택할 수 있는 다른 선택지가 별로 없었으므로, 린다는 손자가 그 차를 구입해서 기뻤다. "버거킹에서 파트타임으로 일해봤자 살기에 충분한 돈은 안 되죠." 린다가 덤덤하게 말했다.

그러던 어느 날 뜻밖의 소득이 생겼다. 린다의 사위 콜린은 한 보관용품 업체에서 영업사원으로 일했는데, 그 회사는 총기류 및 증거물 보관함부터 박물관의 기록물 보관함까지 갖가지 설치를 맡아 했고 종종 정부 계약도 따냈다. 콜린은 한 보훈 병원의 예정된 프로젝트 계획에서 빈틈을 찾아냈다. 병원의 전 시설에 걸쳐 새 표지판들이 부착될 예정이었는데, 준비 작업 계획이 하나도 되어 있지 않았다. 낡은 표지판들을 떼어내고, 떼어낸 자리의 벽들을 보수하고 페인트로 칠하는 일이었다. 그래서 린다의 딸 오드라가 그 일을 맡았고, 작업 일부를 린다에게 넘겨주었다. "보훈 병원을 위해 페인트를 칠하고 준비 작업을 해두면서 1시간에 50달러를 받다니, 너무나 감사했죠." 린다는 이렇게 회상한다. 2달 안에 린다는 1만 달러를 모았다.

2013년 4월, 린다는 크레이그스리스트를 훑어보다가 청록색과 검은색 줄무늬가 있는 1994년형 엘도라도 모터홈을 발견했다. 길이가 8.5미터, 주행거리는 4만 6,600킬로미터에 불과한 그 RV는 가격이 1만 7,000달러쯤은 돼야 했다. 하지만 제시 가격은 겨우 4,000달러밖에 안 됐다.

흥분한 린다는 약속을 잡았고, 정신적으로 의지할 여자 친구 한 명을 데려갔다. 그들은 함께 RV를 확인했다. 망가져가는 타이어들과 조수석 쪽 차체 위 로프트에 난 축구공 크기의 구멍을 빼면 차 바깥쪽은 나쁘지 않은 상태였다. 구멍은 마른 치약처럼 보이는 틈새 때우는 재료로 문질러 땜질되어 있었다. ("그 재료로 거길 막아놓을 필요는 없었는데요." 린다가 회상했다. "차 주인이 무슨 생각이었는지 모르겠어요. 우린 그런 걸 '건축 자재 학대'라고 부르죠.") 차 주인은 가운데가 솟은 도로, 그러니까 양 가장자리 쪽이 낮아서 차량이 바깥쪽으로 기울어지는 도로를 달리다가 도로 안쪽으로 기울어진 전신주와 충돌했다고 설명했다.

차문을 열자 퀴퀴하고 곰팡내 나는 냄새가 린다를 강타했다. 방수천과 합판이 바닥을 덮고 있었다. 벽에는 쓰레기봉지에 더 어울리는 종류의 비닐이 씌워져 있었다. 물이 새는구나, 린다는 생각했고, 맥이 빠져버렸다. 하지만 내부를 더 꼼꼼하게 살펴보는 동안 나쁜 냄새가 샤워실에서 스며나오고 있음을 알아챘는데, 들여다보니 샤워실에 수리하기 별로 어렵지 않은 구멍 하나가 나 있었다. 나머지 내부는 안쪽에 있는 아늑한 침실부터 부엌 옆에 있는 작은 식당까지 티 하나 없이 깨끗했다. 가구 덮개, 창문 가리개, 카펫 모두 훌륭했다. 린다는 차 주인을 'A형 성격', 그러니까 신을 벗지 않고는 RV 안에 절대 들어가지 않는 사람으로 분류했다. 린다가 설명을 읽어본 몇몇 밴들에 비하면 이건 리츠 칼튼 호텔이나 다름없었다. 발전기는 망가져 있었지만, 수세식 화장실을 포함해 다른 것들은 거의 다 작동이 됐고, 그래서 린다는 기뻤다. (비닐봉지를 씌운 19리터짜리 들통들을 차에 싣고 다니며 휴대용 변기로 사용하는 밴 생활자들의 이야기를 읽는 동안, 린다는 다른 건 몰라도 그것만은 절대로 하지 않겠다고 이미 결심한 터였다.)

린다는 자신의 낙천주의가 되돌아오는 것을 느낄 수 있었다. 그런데 그때 친숙한 목소리가 끼어들었다. "아, 안 돼. 못 하겠다. 너 저건 못 고치겠어." 린다의 친구가 말했다. 하지만 너무 늦었다. 린다는 이미 마음을 정한 뒤였다. "아, 그러지 마, 이 '못 해' 부인아!" 린다가 되받 아쳤다. "난 '할 수 있어'로 사는 사람이야."

린다는 그 RV를 샀다. 샤워실을 고쳤고, 고약한 냄새도 없앴다. 틈 새 때우는 재료로 틀어막힌 차체 위쪽 구멍은 건드리지 않기로 했다. 보기에 썩 좋지는 않았지만, 당분간은 버텨줄 것 같았다. 타이어는 시 간을 지체할 수가 없어서, 1,200달러를 들여 교체했다. 가장 큰 지출 이었지만, 린다는 자신의 미래에, 그리고 자유에 투자하고 있었고, 일 단 길에 나선 뒤 돈이 흘러 들어오게 할 방법에 대해 이미 약간 생각 을 해두고 있었다.

밥은 자신이 캘리포니아 랜드 매니지먼트사에 고용되어 시에라 국 유림에서 캠프장 관리자로 일하며 보냈던 세 계절에 대해 블로그에 쓴 적이 있었다. 그를 뒤따라 린다는 같은 회사에 지원했고, 요세미티 국 립공원 근처에 일자리 하나를 얻었다. "RV에서 일자리 구하기가 이 렇게 쉽다니 못 믿겠어요." 나중에, 린다는 곰곰이 생각하며 이렇게 말했다. 언젠가 린다는 샌클레멘테에 있는 홈디포에 빈자리가 나기를 6달 동안 기다린 적이 있었는데, 마침내 그 자리가 난 건 전출로 인해 서였다. 연령차별 때문에 말년에 새로운 일자리를 구하기가 죽도록 어려울 수 있음을 린다는 알았다. 하지만 계절성 일자리에 유랑 노동자들을 고용하는 사람들은 다른 고용주들과 같은 방식으로 일을 처리하지 않는 것 같았다. "RV가 있다면, 인터넷을 뒤져봐요. 6초면 일을 구할 수 있어요." 린다가 놀라워했다.

린다는 또한 블로그 '짐보의 여행'의 팬이 되었다. 60대 후반에 빗자루 같은 하얀 콧수염을 기른 전직 로스 주택용품 판매사원 짐 멜빈의 블로그였다. 고향인 캘리포니아주에서는 결코 은퇴 생활을 감당할 수 없으리라는 것을 깨달은 뒤, 짐은 흰색과 담청색의 1992년형 레이지 데이즈 RV를 타고 길을 떠났다. 짐은 티오가 조지에게서 영감을 받았다고 했다. 처음에는 혼자, 그다음에는 치카와 함께, 그는 계절성 일자리들 사이를 누볐다. 치카는 길 잃은 굶주린 치와와였는데, 길을 헤매다 트레일러 주차장에 있는 짐의 RV까지 온 뒤로 짐의 공인된 '소울메이트'가 되었다. 짐은 많은 종류의 일을 했다. 기온이 섭씨 37도를 넘어 치솟는 7월에 텍사스의 파이니 리지 RV 지구 관리하기, 오리건 중부에 있는 오초코 디바이드 캠프장 관리하기, 애리조나의 템피 디아블로 야구장에서 로스앤젤레스 에인절스가 봄 훈련을 하는 동안 버거 패티 굽기, 그리고 캠퍼포스에 합류해 펀리에 있는 아마존닷컴 창고에서 일하기. 그는 아마존 일이 그가 해본 일 중에 가장 힘들었다고 했다. 그 일을 해나간다는 건 매일 소염제를 두 알씩 먹는 것을 의미했다. 쑤시고 아픈 몸은 몇 달 동안 가라앉지 않았다. 하지만 그 일은 다른 일자리들보다 보수가 높았고, 짐은 거기서 일하는 동료 RV 생활자들과 친밀하게 지내는 게 좋았다. "아주 친절하고 재미있는 사람들을 많이 만났어요." 그는 이렇게 적었다. "제가 내년에 또 거기서 일할까요? 당연하죠!!!"

린다는 자신도 아마존에 지원하기로 마음먹었다. 아마존은 소개 수당 50달러를 지급했고, 린다는 짐의 이름을 적어 넣었다. "블로거들이 있어서 다행이에요, 정말이지." 린다가 말했다. "상상할 수 있어요? 내가 젊을 때는 그런 게 없었어요. 만약 뭔가가 필요하면 이런 식이었죠. '혹시 너희 이웃집 사람이 알아? 이런 정보를 어디에서 얻어?' 그들 중 누군가를 개인적으로 아는 게 아니라면 이런 공동체에 대해 알 수 없었을 거예요."

만약 캠프장 관리자와 캠퍼포스 창고 직원으로 연달아 이어지는 계절성 일자리를 버텨낸다면, 아마도 그 뒤에는 잠깐 동안 쉬면서 실업수당을 받을 수 있을 거라고 린다는 생각했다. 자신의 새로운 부족, 이미 그 일원이지만 아직 만나보지는 못한 가족을 만나기 위해 '타이어 떠돌이들의 랑데부'에 갈 여유도 생길 것이었다.

린다의 진짜 가족들에 관해 말하자면, 린다가 자신의 계획을 발표하자 그들은 지지를 보내주었다. "그거 정말 짜릿하게 들리네요!" 오드라는 그렇게 말했다. 오드라는 연락을 유지하려면 린다에게 스마트폰이 있어야 할 거라고 했고, 가족요금제로 린다의 요금을 내주겠다고 제안했다. "데이터가 충분한지 저희가 늘 확인할게요." 콜린이 덧붙였다.

이 모든 것이 계획대로 될까? 알 수는 없었다. 그러나 한 가지는 확실했다. 린다의 삶은 막 변화하려 하고 있었고, 지금으로선 그것으로 충분했다.

2부

5장

°

아마존 타운

2013년 6월 1일, 린다는 예순세 살이 되었고, 크레이그스리스트에서 구입한 엘도라도 RV를 몰고 요세미티 국립공원 동쪽 입구에서 3.2킬로미터 떨어진 정크션 캠프장으로 향했다. 이곳은 워캠퍼로서 린다의 새로운 삶이 시작된 곳이다. 들꽃이 가득한 초원, 반짝이는 시냇물, 그리고 로지폴 소나무와 화이트바크 소나무 들로 둘러싸이고, 상쾌한 산 공기와 눈으로 얼룩덜룩한 시에라 네바다 산맥 봉우리들이 만들어내는 그림엽서 같은 풍경이 있는 곳. 캘리포니아 랜드 매니지먼트사에 처음으로 고용된 노동자인 린다는 시간당 8달러 50센트를 받으며 일주일에 30시간을 일하게 될 것이었다. (이 급료로는 설령 린다가 고용주를 설득해서 일주일에 풀타임 근무 40시간을 얻어내 1년 내내, 휴가 없이 일한다고 해도 연봉은 수당 없이 1만 7,680달러밖에 되지 않을 것이었다.)

린다는 자신이 전에 계산원으로 일했던 레이크 엘시노어의 홈디포에서 차로 겨우 반나절 거리에 있었지만, 그곳의 자연은 아주 멀리 떨어져 있는 듯 느껴졌다. 캠프장 관리라는 이 새로운 일은 교외 대형 할인점의 누런 조명 밑에서 계산대에 줄지어 선 사람들의 요청을 처리하는 일의 정반대였다. 그 일은 레스토랑에서, 건축 현장에서, 카지노에서, 회사 사무실에서, 시간을 돈으로 바꿨던 다른 모든 장소들에서 린다가 했던 일들과 전혀 닮은 데가 없게 느껴졌다.

무엇보다, 린다는 집세를 내지 않고 살면서 급료를 받게 될 것이었다. 캠핑터에서 공공설비를 연결할 수는 없었지만, 감독관이 린다에게 발전기를 대여해주었고, 화요일마다 급수차를 보내 린다의 RV에 있는 208리터짜리 물탱크를 채워주었다. 린다의 지출은 이제 식료품, 발전기에 들어갈 디젤유, 그리고 난로에 넣을 프로판가스 구입비로 줄어들었다. 린다는 매우 들떴다.

정크션 캠프장의 일은 그렇게 빡빡하지 않았다. 열세 군데 캠핑터는 선착순으로 운영되어 번거로운 예약 과정과 거기 따라붙는 시간을 잡아먹는 서류 작업이 필요 없었고, 청소해야 하는 옥외 화장실은 딱 두 군데밖에 없었다. 그래서 린다는 그곳에 머무르는 시간 중 일부를 할애해 티오가 호수 근처에 있는 또 다른 작은 캠프장을 관리하는 데 동의했다.

린다는 자기 일의 사교적인 면을, 휴가를 보내는 사람들과 담소를 나누는 일을 몹시 좋아했다. 린다가 가장 좋아하는 방문객 중 한 명은 린다가 '브라운 씨'로 알고 있던 예순아홉 살의 고독한 암벽 등반가였다. 그는 요세미티 계곡 곳곳의 인기 있는 등반 루트를 오르면서 고정된 채 수십 년 묵어 부식되기 시작한 앵커들을 찾아 암벽을 뒤졌다. 등반가들은 안전 로프를 그런 앵커에 단단히 고정하기 때문에, 앵커가 손상되면 치명적인 결과를 초래할 수 있다. 어딘가 부서진 앵커를 발견할 때마다 브라운 씨는 그것을 파내고 새것을 설치했다. 그 일을 15년 동안 해왔다고 그는 린다에게 말했다. "그 사람이 메고 다니던 배낭이라니." 린다가 놀라워했다. "세상에! 무슨 괴물 같았다니까요." 그의 마음씨와 체력에 감탄하면서도, 린다는 한편으론 그를 걱정했다. "떨어져 죽을까 봐 걱정되지 않아요?" 린다가 물었다. "어우우우, 아니요오오." 브라운 씨가 우락부락, 산사람답게 으르릉 울리는 목소리로 대답했다. "내가 하는 일은 내가 잘 알지요." 일을 하며 린다가 만난 또 다른 워캠퍼 커플 빌리 아웃로와 헬렌 아웃로는—진짜로 성이 그랬다°—70대에 들어선 RV 생활자들이었다. 캠프장 관리 일을 찾고 있다고 그들이 말해서, 린다는 자기 상사에게 그들을 소개시켜주었다. 오래지 않아 그들은 티오가 호수에서 린다가 맡고 있던 임무들을 넘겨받았다. 그 무렵, 린다는 캠프장 관리가 모두에게 잘 맞는 일은 아니

⊙ 일반명사 아웃로(outlaw)에는 '범법자' '탈주자'라는 뜻이 있다.

라는 사실을 알게 되었다. 린다의 동료 노동자 중 한 명이었던 전직 국경 경비대원은 매일 캠프장을 도는 일을 할 때 총을 소지해야겠다고 주장했다. "그 사람은 옆구리에 총이 없으면 살 수가 없다고 결론 내렸어요." 린다가 설명했다. "하지만 캠프장 관리자는 총을 휴대할 수 없어요. 그랬다간 국유림에서 받아주지 않을 거예요. 결국 그 사람은 일을 그만둬야 했죠."

린다가 요세미티 국립공원 근처에서 보내는 여름은 8월 중순까지는 순조롭게 흘러갔다. 바로 그 무렵, 한 고독한 활사냥꾼이 어린 가지들과 솔잎들로 조그만 캠프파이어를 피워—당시 이것은 불법이었다—수프를 데우고, 배낭에 넣어 온 쓰레기를 태웠으리라고 화재 조사관들은 본다. 그 사냥꾼은 정크션 캠프장에서 서쪽으로 80킬로밖에 떨어지지 않은 스태니슬로스 국유림의 클래비강 외딴 협곡에서 사슴을 찾고 있었다. 바람 때문에 잔불이 마른 덤불에 옮겨붙었고, 캘리포니아 역사상 세 번째로 큰 화재가 시작되었다. '림 파이어'라 불리는 이 산불은 그다음 2달에 걸쳐 맨해튼 크기의 17배가 넘는 지역을 태워버렸다.

9월이 되자, 캠프장 공기가 연기로 뿌예져가는 가운데 린다가 떠날 시간이 찾아왔다. 린다는 작별 인사를 한 다음, 아마존의 캠퍼포스에 합류하기 위해 펀리를 향해 북쪽으로 차를 몰았다. 린다가 워캠퍼로서 지원한 두 번째 일이었다. 창고 근처의 트레일러 주차장들은 이미 떠돌이 노동자들로 북적거렸고, 예약도 꽉 차 있었다. 공간이 너무 비좁은 나머지, 아마존 지도원들은 회사에서 땅을 사서 전용 트레일러 주차장을 짓는 일을 고려 중이라고 오리엔테이션에서 캠퍼포스 구성원들에게 말하고 있었다. 그해 여름 대부분을 휴대전화와 인터넷 서비스에서 단절된 채 보낸 까닭에 린다는 예약을 해두지 못했다. 린다는 창고에서 남동쪽으로 37킬로미터 떨어진 곳에 있는 세이지 밸리 RV 주차장을 찾아냈다. 그곳은 네바다주 팰론의 50번 고속도로를 막 벗어난 곳에 자리 잡은 울타리가 쳐진 자갈밭이었다. 미루나무가 드문드문 서 있었고, 근처에 있는 암소 목장에서 지독한 냄새가 풍겨왔다. 그곳도 캠퍼포스 노동자들로 예약이 꽉 차 있기는 마찬가지였지만, 린다는 인정 많은 관리자에게 부탁해 자리를 얻어냈다.

2013년 배송 피크 시즌이 시작되기 전에 아마존은 캠퍼포스에 들어오고 싶어하는 사람들을 위한 디지털 뉴스레터 마지막 호를 발행했다. 6월호 1면 기사 제목은 "캠퍼포스: 우정의 가치"였다. 캠프장 관리를 설명하는 브로슈어와 똑같이 유쾌한 어조로, 기사는 육체적으로 힘든 업무를 여름 캠프 이야기처럼 들리게 써놓았다. "정말로 가치 있는 한 가지 혜택이 있다면 오래가는 우정을 쌓는 일이죠!" 기사는 열광적으로 말했다. "〔사람들이 일을 하는〕 이유 가운데 금전적 보상이 큰 부분을 차지하기는 하지만, 우정 역시 못지않게 커다란 이유입니다! 이곳에서 생겨나, '미등 행렬'이 아마존을 떠난 뒤에도 지속되는 우정과 관계에 관한 이야기가 해마다 들려오지요."

이것은 3월호의 내용과 대조를 이룬다. "2013년, 역사를 만들 준비!"라는 섹션의 기사는 미리 해둘 만한 체력 훈련법을 추천하고, 나이 드는 일의 몇몇 문제에 관해 다음과 같이 이야기했다.

아마존에서 성수기를 성공적으로 보내기 위해서는 신체적, 정신적 양면으로 대비해두는 일이 관건이 될 것입니다. 신체적으로 준비된 상태로 아마존에 도착하는 것은 거듭 강조해도 지나치지 않을 만큼 중요합니다. 지금까지 규칙적으로 운동을 하지 않았다면, 의사를 찾아가 훈련 프로그램에 관해 상담을 받고, 그런 다음 움직이세요! 여기 비용이 적게 드는 방법 하나를 제안합니다. 밖에 나가서 걸으세요! 걷기는 뛰어난 운동입니다. 아무 비용도 안 들뿐더러, 다른 운동들보다 관절에도 무리가 적게 갑니다. 시작하기 전에 스트레칭을 해서 근육을 풀어주세요. 나이 들수록 우리 몸의 콜라겐 구조가 변화하면서 유연성과 동작 범위가 줄어든다고 전문가들은 말합니다.

이어서 4월호는 일을 하며 생길 수 있는 몇 가지 심리적 어려움을 언급했다. "아마존 캠퍼포스 프로그램 첫 몇 주간 생길 일"이라는 헤드라인 아래 이어지는 기사는 다음과 같았다.

아마존에서 첫 몇 주를 보내는 동안 여러분은 약간 두려워질 수도 있습니다. 시설의 규모, 외국어처럼 보이는 약어들, 마치 자신만의 생각을 가진 것처럼 움직이는 핸드헬드 스캐너들; 이 모두가 그 당황스러운 한편, 창고 노동자들에 대한 아마존의 대우는 2011년부터 뉴스 헤드라인들에 등장해왔다. 〈앨런타운 모닝 콜〉 신문이 그야말로 문자 그대로 노동착취 상태였던 실태를 취재해 폭로한 것이 그즈음이었다. 펜실베이니아주 브라이니그스빌에 있는 아마존 창고에서는 실내 온도가 섭씨 37도를 넘는데도 도난을 당할 수 있다는 이유로 관리자들이 적재 구획 문을 열어주지 않았다. 대신 그들은 앰뷸런스를 밖에 세워두고 노동자들이 열사병으로 쓰러지면 들것과 휠체어로 실어 나를 구급 의료대원들을 대기시켜두었음이 취재 과정에서 밝혀졌다. 노동자들은 또 더 높은 생산 목표를 달성하라는 압박을 받았다고 털어놓았는데, 이는 통상 '쥐어짜기식 경영'으로 알려진 전략이다. 아마존은 제품을 옮기고 분류할 때 사용하는, 네트워크로 연결된 스캐너 건으로부터 데이터를 분석해 실시간으로 생산성을 감시한다. 캔자스주 코피빌 창고에서 피커로 일했던 캠퍼포스 구성원 로라 그레이엄은 자신이 제품 하나를 스캔할 때마다 스캐너 화면에서 카운트다운이 시작됐다고 내게 말했다. 마치 비디오게임에서 다음 레벨로 넘어갈 때처럼, 화면은 다음 제품으로 넘어갈 때까지 몇 초 남았는지를 표시했다. 시간당 목표에 그가 얼마나 가까워졌는지 역시 추적되었다. 실수로 제품을 잘못된 통로로 보내는 바람에 로라가 예정보다 5분 이상 늦어지자, 감독관이 쫓아와서 그에게 잔소리를 했다. (정신적 압박과는 별개로,

로라의 몸 역시 기기가 요구하는 바를 견뎌내지 못했다. 그 기기는 로라가 1시간에 11달러 25센트를 받고 8만 5,000제곱미터에 달하는 복합 건물 안의 콘크리트 위로 하루에 16 내지 32킬로미터를 어떻게 걸어 다녀야 하는지 알려주었다. "그 끔찍함을 설명할 방법이 없어요. 육체적으로 끔찍해요." 로라가 말했다. "양쪽 발바닥 오목한 부분에 정말 날카로운 통증이 오기 시작하더군요…… 결국 족저근막염이 됐어요." 신발에 새 안창을 깔아봐도 도움이 되지 않았다. 통증을 견디기 위해 로라는 저녁 5시 30분부터 새벽 3시 30분까지 이어지는 야간 교대 근무 중간에 이부프로펜 두 알을 먹고, 끝날 때 두 알을 더 먹었다. 쉬는 날에는 발을 쓰지 않으려고 화장실에 가거나 샤워하러 갈 때를 빼고는 침대에 누워 있었다.)

○

하지만 린다는 창고 일에 대해 들은 어떤 이야기에도 겁을 먹지 않았다. 힘든 육체노동을 처음 해보는 것도 아니었다. "난 건축 현장에도 있어봤고, 건축 일보다 힘든 칵테일 웨이트리스도 해봤는데요, 뭐." 린다가 회상했다. "이런 내가 뭘 걱정하겠어요?" 거기에 더해, 린다는 해발 2.7킬로미터가 넘는 곳에서 캠프장 관리 일을 막 마친 참이었다. 몸을 단련한다는 면에서 그 경험이 어떤 식으로든 도움이 되었을 거라고 린다는 생각했다.

첫 주가 시작되자 린다는 오리엔테이션과 안전 워크숍을 끝까지 앉아 들었다. 그는 자신이 들어오는 화물을 선반에 집어넣는 '배치 담당자' 일을 맡게 됐음을 알았다. 업무 세부 사항을 익히기 위해 린다는 회사가 '과정 교육반'이라고 부르는 장소로 갔다.

배치 담당자는 도서관 형태로 된, 아마존이 제품을 보관하는 선반들 사이로 카트를 민다. (이 구역들은 회사 용어로 '피킹 모듈'이라고 불린다.) 카트에는 일명 '토트tote'라고도 불리는 노란 플라스틱 통들이 실려 있는데, 이 통에는 새로 도착한 물품들이 가득 들어 있다. 각각의 선반은 플라스틱 칸막이로 구분되어 '저장소'라는 유닛들로 나뉘는데, 배치 담당자는 빈 공간이 있는 저장소들을 끊임없이 찾아내서 자기가 맡은 제품들을 갖다 놓는다. 물품을 선반에 집어넣을 때, 배치 담당자는 핸드헬드 스캐너 건으로 저장소 앞에 붙은 코드를 스캔하고 거기 놓일 물건 역시 스캔해야 한다. 작업 진행 속도는 느린데, 같이 실려 들어온 같은 물품들을 한데 모으는 게 아니라 각각 다른 저장소에 나눠 넣어야 하기 때문이다. 그렇게 하면 '피커'들의 업무가 좀 더 효율적이 되는데, 그들은 빠른 속도로 통로를 지나가면서 고객의 주문에 맞춰 제품들을 모아 담는 일을 한다. "이상해요!" 하나의 저장소에 들어가게 될지도 모르는 뒤죽박죽 상태의 물품들을 떠올리며 린다가 말했다. "브레이크유, 이유식, 아이섀도, 책, 테이프…… 그런 게 전부 같이 들어 있다니."

배치 담당 업무 교육을 마친 뒤, 린다는 아마존이 '업무 강화'라고 부르는 과정으로 첫 주를 마무리했다. 이 과정은 오리엔테이션 기간이 끝나고 신입 노동자들이 10시간 이상 콘크리트 위를 걸을 수 있도록 반일 근무를 며칠 연달아 붙여 그 일에 적응시키는 기간이다. 린다는 야간 교대 근무를 신청했는데, 시간당 임금이 75센트 높아서 초과근무 수당을 합해 시간당 12달러 25센트까지 벌 수 있기 때문이었다. "벌 수 있는 만큼 최대한 벌고 싶었어요." 린다가 말했다. 정식으로 근무가 시작되자, 린다는 저녁 6시부터 새벽 4시 30분까지 일했다. 휴식 시간은 15분씩 두 번, 식사 시간은 30분이었다. "낮에는 계속 잠을 잤어요." 린다가 덧붙였다. "말하자면 생활방식이 바뀌는 거죠." 이른 오후에 일어난 다음, 린다는 보통 잡다한 일을 하고, 도시락을 싸고, 세이지 밸리 RV 주차장 근처로 개들을 산책시키는 데 3시간을 썼다. 그런 다음 25분 걸려 다시 창고로 출근했다.

교대 근무를 시작할 때마다, 린다는 오렌지색 형광 조끼와 보안 배지가 달린 끈 목걸이를 착용하고, 충전해둔 핸드헬드 스캐너 배터리를 집어 들고는 '대기 구역'으로 갔다. 그곳에서 감독관들이 생산성 목표를 줄줄 읊는 동안 노동자들은 스트레칭을 했다. 그런 다음 린다는 작업장으로 향했고, UPC 바코드를 스캔하면서 제품 수천 개를 선반에 집어넣었다. "중국산 쓰레기 열네 통이 카트에 실려 있죠." 린다가 말했다. "우울한 건, 그 모든 물건이 결국 쓰레기 매립지로 가게 되리란 걸 내가 알고 있었다는 거예요." 그 점이 린다를 의기소침해지게 했다. "물건이 거기 도착할 때까지 들어간 모든 자원에 대해 생각하게 되죠." 린다가 생각에 잠겨 말했다. "그런데 그냥 '쓰고 버리자'인 거예요." 그 일은 사람을 지치게 했다. 끝없이 이어지는 통로들을 왔다 갔다 걸어 다니는 것 말고도, 린다는 어림잡아 축구장 열세 개를 붙여놓은 크기인 창고를 가로지르며 몸을 굽히고, 일으켜 세우고, 쭈그려 앉고, 쭉 뻗고, 계단을 오르내렸다. 창고가 너무 거대해서, 노동자들은 광대한 내부에서 길을 찾기 위해 주 이름을 빌려 서쪽 절반을 '네바다', 동쪽 절반을 '유타'라고 불렀다.

일을 시작하고 첫 2주가 지난 10월 초, 린다는 페이스북에 게시물을 올렸다. "계속 이렇게 살면 살이 엄청나게 빠질 것이다. 나는 계속 〈더 비기스트 루저〉를 떠올리고 있다." 체중 감량 경쟁을 시키는 방송 프로그램을 언급하며 린다는 이렇게 적었다. "만약 그들이 할 수 있다면 나도 할 수 있다." 린다는 알코올의존증 자조 모임에서 배운 주문을 자신에게 되뇌기도 했다. "포기하지 마라. 기적이 일어날 것이다."

린다는 그 시점까지 20년 넘도록 술을 마시지 않고 살고 있었다. 오래전, 린다는 거의 불가피했던 싸움에 직면한 적이 있었다. 술을 좋아하는 성향이 가족 유전자에 새겨져 있었고, 설령 그렇지 않았다 하더라도 알코올의존증이던 린다의 아버지는 그 성향을 전염시키려고 마음먹은 사람처럼 보였다. 린다의 고등학교 생활이 거의 끝나갈 무렵, 아버지는 매일 밤 신선한 레몬과 슈거 파우더를 블렌더에 넣어 만든 칵테일 슬로 진 피즈를 린다에게 건넸다. 그와 린다는 밤늦게까지 술을 마시고 이야기를 나누곤 했다. 주식 투자를 시작한 아버지는 린다에게 금융에 관해 가르쳐주려 했고, 린다는 아버지가 천재라고 생각했다. 그들은 매일 비슷한 아침을 보내기 시작했다. 아버지는 린다의 침실 문을 열고 "학교에 갈 거니?" 하고 물었다. "숙취가 너무 심해요." 린다가 앓는 소리를 냈다. "이런, 딱한 것!" 아버지는 그렇게 대답하고 조용히 침실 문을 닫는 것이었다.

성인이 된 린다는 아주 열심히 마시고, 인상적일 정도로 고기능성이며, 점점 더 심각해지는 알코올의존증 환자가 되었다. 잠깐 메타암페타민에도 손을 댔다. 빨리 기분이 좋아지기 위해서는 아니었다. 이제 취하려면 술을 예전보다 훨씬 많이 마셔야 했는데, 그 약을 하면 술을 끝까지 마실 수 있기 때문이었다.

린다는 술을 끊으려고 시도했고, 몇 번을 실패하고 다시 마셨다. 하지만 밤새 시끄럽게 마시고 돌아온 어느 날 이후로는 더 이상 마실 수 없게 되었다. 그날 린다는 새벽 6시쯤 집에 돌아왔다. 아이들이 집에 들어오는 엄마를 말없이 지켜보고 있었다. "말은 안 했지만 애들 얼굴이 말해줬죠. 그 실망스러움을요." 린다가 회상했다. "누군가가 집에 돌아오기를 기다리는 일은 끔찍해요. 집에 오기를 바라도 그 사람은 오지 않아요. 사랑하는 사람들에게 할 짓이 못 되죠."

그날 이후 린다는 마음가짐을 새롭게 하고 술을 끊는 일에 다시 몰두했다. 이번에는 잘 버텼다. 자조 모임 사이에 느슨해질까 걱정되면 린다는 자신의 조력자에게 전화를 걸었다. 이상하지만, 아마존의 긴 교대 근무를 뚫고 나가는 데 도움이 되는 기술을 린다는 그렇게 해서 배웠다. 린다는 뭐가 됐든 지금 당장 눈앞에 놓인 어려움에 집중하는 데 전문가가 되었고, 해결할 수 있다는 느낌이 들 때까지 거대한 문제를 한 입 크기의 덩어리들로 쪼개 분석했던 것이다.

"설거지는 했나요? 좋아요. 가서 설거지를 하고, 끝나면 다시 전화해요." 조력자는 린다에게 이렇게 말하곤 했다. 린다는 광이 날 때까지 접시와 컵 들을 문질러 닦았고, 그런 다음 다시 전화를 걸었다. "침대는 정돈했나요?" 다음 질문은 그랬다. 린다는 돌아가서 그것도 했다. 그리고 기타 등등, 또 기타 등등. 어물어물 그 난관을 헤쳐 나갈 때까지 그렇게 계속했다.

。

창고에서 힘든 시간을 보내고 있는 사람이 린다 혼자만은 아니었다. 10월 1일, 네바다주 직업안전보건관리국에는 무거운 상자들을 들어 올리다가 허리에 부상을 입은 노동자들의 불만 사항이 접수되었다. 일주일 뒤 두 명의 조사관이 편리 시설에 왔다. 그들은 회사의 부상 일지를 검토하고 아마존 관리자들의 안내를 받으며 공장 이곳저곳을 걸어 다녔다. 그들이 머무른 시간은 4시간도 채 안 됐다. 그 사건은 다음과 같은 결론이 내려진 공식 보고서와 함께 그날 종결되었다. "이 시설에서는 허리 부상을 비롯하여 다수의 염좌 부상이 발생했으나, 이런 종류의 작업 환경에서 일어나는 평균을 벗어나는 사례는 없었다."

몸이 힘든 걸 빼면 지루한 게 가장 힘들었다고 린다는 말했다. 린다는 스스로 심리전을 벌여 시간을 쪼갰다. "나는 여기 딱 5분 동안만 있을 거다. 그러고는 떠날 거다. 그만두는 거야. 그거야!" 린다는 몇 번이고 반복해 자신에게 말했다. 해 뜨기 한두 시간 전, 교대 근무가 끝나는 시간까지 그렇게 버텼다. 그런 다음 린다와 동료들은 퇴근 시간을 기록하고, 도난 방지 정책의 일환으로 금속탐지기와 경비대원들이 배치돼 있는 검문소를 통과해 건물을 빠져나왔다. (리노의 변호사 마크 데어먼은 아마존의 펀리와 라스베이거스 창고에서 일하는 임시 노동자들을 대변했는데, 그들은 회사의 보안 검문소를 통과하느라 하루에 30분까지 줄을 서서 기다린 시간에 대해 임금이 체불되고 있다고 주장했다. 2013년 미연방 제9순회 항소법원이 노동자들의 손을 들어주는 판결을 내린 반면, 그 이듬해 미연방 대법원은 그 판결을 뒤집었다.)

지루함에도 불구하고, 린다는 그곳 일의 한 가지 부분은 고마웠다. "가장 좋은 점은 동료애였어요." 린다가 말했다. "거기서 친구들을 사귀었죠."

아마존은 린다가 나중에 샌버나디노에서 캠프장 관리자로 함께 일하게 되는 점술가 실비앤을 처음 만난 곳이다. 실비앤은 펀리에 도착해 캠퍼포스에 합류하기 전에 자기 블로그에 이렇게 썼다.

장면 1: 뉴멕시코 북부를 떠나 계절성 워캠퍼 일을 하러 네바다 북부로 향하기. 사악한 소비자 제국의 온라인 악의 축을 위해 창고에서 일하는 공범으로, 그들의 심장부에서 잠깐 모험을 하러 떠난다. 여행의 첫발에 자금을 대기 위해 과격하지만 필요한 한 걸음이다……

실비앤은 세이지 밸리 RV 주차장에서 린다의 이웃 중 한 명이었다. 거기서 그는 종종 자기 고양이 레일라에게 가죽 끈 달린 분홍색 하네스를 입혀 함께 산책을 하곤 했다. 그 습관 때문에 그는 그 지역의 유명인 비슷한 존재가 되었다. 심지어 창고의 작업장에서도 사람들이 다가와 이렇게 묻곤 했다. "고양이 산책시키던 분, 맞죠?"

린다와 마찬가지로 실비앤도 배치 담당자로 야간 교대 근무를 했다. 자칭 'A형 성격'인 실비앤은 그 일 때문에 미칠 것 같았다. 종종 어떤 저장소에도 빈자리가 없었다. 물품을 둘 곳도, 업무를 잘해낼 방법도 없었고, 그럴 때면 창고는 완벽주의자들을 고문하기 위해 설계된 카프카 『성』의 어떤 버전처럼 느껴졌다. 실비앤은 드라마 〈오렌지 이즈 더 뉴 블랙〉을 보다가 재소자들의 삶을 자기 삶에 견주어보는 자신을 발견했다. 처음에는, 일주일에 두세 번씩은 울었다. ("난 감정을 많이 드러내는 사람이에요." 실비앤이 설명했다. "너무 민망했죠. 내가 신경을 너무 많이 쓰는 성격이라 그래요.") 늘 허리가 아팠는데, 그런 통증은 처음이었다. 케이터링 일을 하던 시절 한두 번쯤 찌르는 듯한 통증이 있던 걸 빼면 그전에는 허리가 그렇게 아픈 적이 없었다. 게다가 실

173

비앤은 많은 노동자들처럼 정전기 충격 때문에 괴로움을 겪기도 했다. 플라스틱 통이 가득 실린 카트를 끌고 창고를 가로질렀기 때문에 전하가 축적된 것 같다고 실비앤은 나중에 설명했다. 한번은 층층이 쌓인 금속 선반 쪽으로 카트를 밀고 가서 맨 위칸에 책 한 권을 집어넣으려 했다. 실비앤의 손이 금속을 스쳤을 때 팔을 타고 찌릿 하는 느낌이 올라왔다. 실비앤은 반사적으로 팔을 뒤로 뺐고, 그 바람에 책이 얼굴로 날아왔다. 입술이 부어오르고 잇몸에서는 피가 흘렀다. 책은 뒷면이 보이게 바닥에 떨어졌다. 실비앤이 내려다보았을 때, 책 뒤표지 사진 속에서 한 티베트 수도승이 올려다보며 미소 지었다. "그런 게 내 여신님의 유머 감각이죠." 나중에 실비앤은 생각에 잠겨 말했다. (이것이 새로운 문제는 아니었다. 펀리의 노동자들은 실비앤이 캠퍼포스에 합류할 무렵까지 2년 동안 선반이 일으키는 정전기 충격에 대해 공식적인 항의를 해왔다. 주(州) 작업장 안전 검사에서 아마존 임원들은 그 문제를 알고 있으며, 선반들을 접지 막대에 접합하고, 카트에도 반짝이는 구리 장식줄들을 부착해 방전이 되는 데 도움이 되도록 했다고 답했다. 그 뒤에도 정전기 충격이 계속 일어나자, 그들은 '스태티사이드'라는 정전기 방지제를 바닥에 도포했다. 회사의 한 임원은 이 제품이 "직원들에게 정전기 충격이 일어나는 일을 줄어들게 했다"고 밝혔다. 조사관들은 아무런 시정 요구도 하지 않았다.)

린다는 또 젠 더지와 애시 하그라는 사람들과도 친구가 되었다. 10월 초에 세이지 밸리에 도착한 20대 후반의 여성 커플이었다. 그들은 네바다로 오는 길에 4,500달러를 주고 산 '매너티'라는 푸른색과 흰색의 1995년형 GMC 하이톱 캠핑용 밴에 살고 있었다. 판매자는 제시가격에서 1,000달러를 깎아줬다. 그는 자기 땅에 6개월 동안 그 차를 세워뒀었고, 이제는 팔아치우고 싶어했다.

젠은 린다가 어떻게 처음으로 자신들을 밴 바깥으로 불러내 인사를 했는지, 그리고 나눠 먹을 만큼 충분한 아침식사를 만들고 있음을 알리려고 "팬케이크요, 팬케이크!" 하고 외치며 어떻게 경쾌하게 걸어 다녔는지 회상했다. "린다를 아시잖아요." 젠이 말했다. "린다는 완전히 소셜 허브예요!" 애시가 자기 조카로부터 특별한 편지 한 통이 오기를 기다리고 있을 때—편지에는 "고모, 미스 젠 그리고 밴" 앞으로 주소가 적혀 있었다—그 편지가 도착했다는 소식을 RV 주차장 프런트 데스크에서 처음으로 들은 사람은 린다였다. "그때 린다가 화장실에 뛰어 들어와서는 이러는 거예요. '거기 안에 있어요?' 난 이랬죠. '네!' 그랬더니 린다가 '뭐 해요?' 하길래, 제가 '저만의 시간을 갖고 있어요, 린다!' 이랬죠. 그러자 린다가 '편지 왔어요!' 하더라고요. 전 린다가 좋아요." 애시는 당시를 이렇게 회상했다.

노마드가 되기 전에, 젠과 애시는 콜로라도 스프링스에서 함께 집한 채를 빌렸다. 그 집에서 두 사람은 한동안 불황의 마수에 맞서 악전고투했고, 그러면서 자신들의 일자리 전망에 점점 환멸을 느끼게 되었다.

젠은 자기 부모님이 크로거사 소유의 식료품 상점 킹 수퍼스에서 일하는 걸 보며 자라났다. 젠의 아버지는 그 일을 싫어했다. "너희는 더 잘 살아야 돼." 부모님은 언제나 그렇게 말했고, 그 말에 설득되어 젠은 대학에 갔다. 젠에게 독립은 중요했다. 고등학교 때 젠은 식료품 상점에서 상품을 봉지에 넣는 일을 하는 동시에 서비스 직원으로 일하며 시간당 약 6달러씩을 벌기 시작했다. 그 뒤 그는 장학금을 받으며 준학사 학위를 취득했다. 하지만 공부를 더 할 이유를 찾을 수 없었다. "어딜 가나 다 똑같은 이야기예요." 젠이 말했다. "아시다시피, 학사 학위나 그보다 더 높은 학위를 딴 친구들도 다들 취직이 안 되잖아요. 제가 공부를 좋아하긴 하지만, 다시 학교로 돌아갈 이유는 없는 것 같아요. 돈이 들고 빚을 지게 되는 것만 해도…… 그런 생각만으로도 너무 심하게 두려워져요. 전 그러고 싶지 않아요."

젠은 공예품 가게 한 군데와 중고 서점 몇 군데에서 일한 뒤 학교 도서관에서 업무 보조원이 되었다. 그 일을 하면서, 젠은 결국 도서관 소프트웨어 관리자 밑에서 콜로라도 스프링스의 가장 큰 지역을 관장하는 업무를 담당하게 되었다. 젠은 그 일을 사랑했다. "너무 재미있었어요. 사서들 전부랑 소통하면서 그 사람들 컴퓨터에 접속하고, 멋진 것들을 보여주고 그랬죠." 젠이 말했다. 하지만 석사 학위 소지자인 젠의 상사가 퇴직하라는 압력을 받으면서, 젠이 똑같은 수준의 업무를 넘겨받아 훨씬 적은 임금을 받고 하게 되리라는 사실이 분명해지는 데는 오래 걸리지 않았다.

"사람들이 고급 학위가 있는 나이 많은 세대를 쫓아내고 그 자리에 기술전문대학 출신들을 앉히고 있어요. 그런 학위도 있는 데다 그들을 위해 그토록 열심히 일한 사람들한테 너무 안된 일이죠.” 젠이 말했다. “저는 상사를 배신한 것 같은 기분이었어요. 그분이 하던 일을 넘겨받았으니까요. 정말 일을 잘하는 분이셨거든요.”

동시에, 젠은 자신이 대학에 다시 가든 안 가든 절대로 상사가 했던 만큼 자리를 잡을 수는 없으리라고 판단하게 되었다. 그 업무는 더 낮은 등급의 일자리로 재분류되고 있었다. “할 수 있는 일이 단지 말단 수준의 업무밖에 없는데 학교에는 왜 가죠?” 젠이 생각에 잠겨 말했다.

한편, 애시는 10만 단위 연봉을 받는 전기 엔지니어였던 아버지가 2001년 해고당한 뒤 부모님이 중산층에서 탈락하는 것을 지켜본 경험이 있었다. 아버지는 자존심 때문에 저임금 일자리를 맡지 않으려 했다. 최소한 가족 재정이 바닥나기 전까지는 그랬다. 그러나 그는 결국 아침에는 스쿨버스를 운전하고 밤에는 월마트에서 일하게 되었다.

“아무튼, 저는 이제 60대 중반이 된 저희 부모님이 은퇴를 못 하고 일하시는 걸 보고 있어요. 그분들이 평생 동안 쌓아올린 모든 게 그냥 사라져버렸어요. 그리고 아시다시피 대침체 이후로 더 많은 사람들에게 그런 일이 생기고 있죠.” 애시가 말했다. 애시는 자신이 ‘남의 말을 잘 따르는 사람’이라고 항상 생각해왔다. 하지만 설령 자신이 중산층으로서 번듯한 삶을 살기 위해 그 모든 사회 규범을 충실히 지킨다고 해도 안정적으로 살 거라는 보장은 전혀 없으리라는 걱정이 들기 시작했다. 그는 자기 세대가 노인이 되었을 때 사회보장연금이 있어서 도움이 될 거라는 데 회의적이었다. 그리고 그는 어릴 때 부모님이 가입해준 401(k) 퇴직연금 두 계좌와 골드만삭스 개인 퇴직연금 한 계좌가 있음에도, 자신에게 필요해질 때쯤이면 그것들은 가치가 없어질 거라고 우려했다.

거기에 더해 애시는 학자금 대출과도 씨름하고 있었다. 애시가 갚아야 할 대출금 3만 달러는 이자가 붙으면서 3만 7,000달러로 급격히 불어났다. 전부 그가 6년 동안 수업을 들었음에도 아직 따지 못한 학위를 위한 돈이었다. 애시는 고등학교에서 곧바로 대학으로 진학해야 할 것 같은 의무감을 느꼈었다. 그 나이 때는 사람들이 '자신이 뭘 원하는지 모르고, 뭐가 필요한지 모르고, 자신이 누구인지 모른다'고 생각하면서도 그랬다. 결국 애시는 예술사에서 물리학까지 온갖 공부를 다 하게 되었다.

대학을 다니는 동안, 그리고 졸업한 후에 애시는 한 가족이 경영하는 작은 약국에서 일을 했는데, 그곳 사람들이 그에게는 가족처럼 느껴졌다. 하지만 경영진이 바뀌면서 관리자들의 태도가 달라졌다. 애시는 성실하게 오래 일한 직원들이 그만두라는 압력을 받는 것을 보게 되었다. "우리 사회가 그런 방향으로 많이 변해가고 있어요." 애시가 말했다. "사람들은 오래 일하는 직원을 원치 않아요. 왜냐하면 그 사람들한테는 퇴직금도 줘야 하고, 생활비 상승분도 계속 반영해줘야 하니까요. 그리고 한 회사에서 오래 일한 사람들은 성과급도 달라고 할 테니까요.” 애시가 말했다. “새로운 경영자들은 말 그대로 쓰고 버릴 수 있는 인력을 원해요. 쓰고 버릴 수 있는 인력을 만들어내려면, 쓰고 버릴 수 있는 일자리가 있어야 하죠. 그렇게 해서 모든 것이 자동화된 거예요.”

한편 젠은 대안적인 삶의 방식을 찾아 인터넷을 뒤지고 있었다. 그는 ‘미니멀리즘’과 ‘작은 집 운동’⊙을 검색했다. CheapRVLiving.com도 우연히 알게 되었다. 차츰, 젠은 탈출구를 찾아냈다고 생각하게 되었다. 애시에게는, 차량에 들어가 노마드가 되는 것이 처음부터 가장 마음이 끌리는 선택지는 아니었다. 애시는 〈새터데이 나이트 라이브〉에 나오는, 크리스 팔리가 매트 폴리라는 밴 생활자 겸 동기 부여 강연가를 연기해서 고전이 된 코너를 떠올렸다. 매트 폴리는 아이들에게 너희도 밴에서 사는 걸로 끝나고 싶지 않으면 운동을 하라고 경고한다. “제가 처음 한 생각은 우리가 그 남자처럼 되겠네, 하는 거였어요. ‘난 저 밑에 강가에 있는 밴에서 살아!’ 하고 말하는 그 남자처럼요.” 애시가 말했다. 그럼에도 애시는 밴에서 산다는 생각을 받아들이게 되었다.

그들의 계획은 젠의 어머니로부터 물려받은 스바루 임프레자 해치백에 들어가 살면서 일과 모험 사이를 오가는 것이었다. 나중에 알게

⊙ 작은 집에서 단순한 생활을 하자는 건축학적, 사회적 운동. 대침체를 계기로 예전보다 큰 관심을 받게 되었다.

되었지만, 그 차는 집으로 개조하기 쉬운 차가 아니었다. 뒷좌석을 접을 수는 있었지만, 앞좌석 뒤의 발 넣는 공간에 물건을 끼워 넣어서 머리받이를 만들지 않는 한 누울 공간이 충분하지 않았다. 그럼에도 젠과 애시는 최선을 다해 준비를 했다. 젠은 검은색 양모 펠트를 잘라 벨크로로 창문에 붙여서 사생활을 보호할 수 있는 패널을 만들었다. 가진 물건들을 줄이기 위해, 그들은 크레이그스리스트에 '무료 나눔'이라는 글을 올리고, 더 이상 필요 없는 모든 물건을 바깥 잔디밭에 내다 놓았다. 게시물에는 오실 분은 아침 9시까지 와달라고 적었다. 나눔 날 아침 8시 30분이 되자 잔디밭의 모든 물건이 사라졌다. "공짜라고 하면 뭐든 사람들은 거기서 쓸모를 찾아낼 거예요." 애시가 말했다. "어떤 사람은 심지어 쓰레기까지 가져갔어요!" (애시는 그건 실수였을 거라고 생각했다.)

그들의 첫 번째 모험은 덴버에서 듀랑고까지 772킬로미터가 넘는 콜로라도 트레일에서 52일 동안 쉬지 않고 하이킹을 하는 것이었다. 그런 다음 그들은 펄리에 있는 아마존 창고로 향했다. 처음에는 스바루에서 지내면서 캠퍼포스 일을 하려고 계획했었다. ("그랬다면 잘되지 않았을 거예요." 젠이 담담하게 말했다. "우린 포기했을 거예요.") 다행히 밴을 찾아냈다. 하지만 그 밴을 사느라고 돈이 거의 다 떨어졌다.

세이지 밸리 RV 주차장에 정착한 뒤, 젠과 애시는 첫 풀타임 교대 근무를 하기 위해 창고까지 자전거를 타고 가기로 했다. 대체로 평탄

한 길이었고, 재미있을 거라고 생각했다. 게다가 휘발윳값도 절약할 수 있었다. 그런데 젠의 자전거 타이어 하나에서 천천히 바람이 새기 시작했다. 그들은 15분마다 멈춰서 펌프로 바람을 넣어야 했다. 창고까지 가는 데는 3시간이 걸렸지만 그래도 10시간 교대 근무가 시작되는 시간에는 늦지 않게 도착했다. 새벽 5시, 일을 끝내고 나왔을 때, 바깥은 어두웠고 이가 딱딱 맞부딪칠 정도로 추웠다. 그들은 월마트에 들러 몇 겹 더 껴입을 옷들을 샀고, 그런 다음 출근 시간의 차들과 나란히 떠오르는 태양의 눈부신 빛 속으로 페달을 밟았다. "우린 아주 오랫동안 '자전거 타고 출근한 여자들'로 통했죠." 젠이 웃음을 터뜨리며 말했다. 그 뒤로 그들은 주중에는 휘발윳값을 아끼기 위해 창고 근처에 머무르기로 했다. 매너티를 월마트나 주유소에 주차해두고, 쉬는 날에만 세이지 밸리 RV 주차장으로 돌아왔다.

배치 담당자로 일하는 동안 그들은 최근에 했던 하이킹 경험들이 도움이 된다는 걸 깨달았다. 젠은 이렇게 말했다. "그래도 몸을 이렇게저렇게 구부리는 데 익숙해지려면 시간이 좀 걸리거든요. 하지만 몇 주 지나면 근육이 생겨요. 일하다 나이가 많은 분들을 보면 생각하죠. '오, 이런, 저분들도 할 수 있는 일인데, 난 뭘 불평하고 있는 거지?'"

애시는 그 업무가 "단조롭고 사람을 고립시킨다고" 느꼈다. 지루함을 덜기 위해, 애시는 가끔씩 물품들을 창의적으로 짝지어 선반에 집어넣는 데서 즐거움을 찾았다. 예를 들면 콘돔 상자를 임신 테스트기 상자 옆에 놓는 식이었다. 그는 아마존 웹사이트의 위시 리스트를 활용해서 "우리가 선반에 배치하는, 놀랍고도 절로 감탄을 불러일으키는 똥 같은 물건들"의 목록을 만들었다. 여기에는 살아 있는 꿀벌부채명나방 애벌레, 2.2킬로그램짜리 구미 베어, 잠수부용 수중총, 『비너스와 이두박근: 그림으로 보는 근육질 여성들의 역사』라는 제목의 책, 항문에 꽂는, 플러시 천으로 만든 여우 꼬리가 부착된 섹스 토이, 더 이상 통용되지 않는 미국 동전 450그램, 다리를 넣는 구멍이 네 개 있는, "두 사람을 위한 속옷"이라는 면 팬티, 그리고 배트맨을 테마로 만든 딜도가 포함되었다.⊙

10월 말이 되자 펀리의 기온은 영하로 떨어졌다. 핼러윈이 가까워지자 트레일러 주차장들에 가벼운 눈발이 날렸다. 진짜 눈은 추수감사절 한 주 전에 왔다. 가장 혹독한 날씨는 12월에 덮쳐왔다. 기온이 섭씨 영하 12도에서 영하 17도 사이를 오갔고, 가장 심했던 어느 날 밤에는 영하 18도까지 내려갔다. 추위 속에서 잠을 자기 위해 젠과

⊙ (원주)섹스 토이에 대한 미국인들의 욕망은—아마존 창고를 거쳐 가는 딜도와 항문에 끼우는 장난감들의 절대적인 수량과 다양한 가짓수만 봐도 알 수 있다—많은 노동자들을 사로잡는 주제다. 그리고 '성인용품' 대부분은 짐 내리는 곳을 벗어나자마자 까만 비닐로 포장되지만, 몇 개는 용케 발견되지 않고 그냥 지나간다. 캠퍼포스의 어느 배치 담당자 여성은 자신이 빨판 달린 딜도 60개들이 상자를 전달받았을 때를 몹시 신이 나서 회상했다. 그는 각각의 빨판이 저장소 앞면을 빨아들이는 듯한 모양이 되게 그것들을 선반에 똑바로 세워놓았다. "모퉁이를 돌았을 때, 통로 쪽에 보이는 거라곤 온통 그 고추들밖에 없었어요." 그가 웃음을 터뜨렸다. "당연히 우린 모두 한 번씩 거길 다녀와야 했고, 모든 사람들에게 말했죠. 'C23에 한번 가봐요!' 보통 때였으면 경영진이 화낼까 봐 걱정했겠지만, 그때는 2주만 있으면 일이 끝날 시기였거든요. 하면 뭐라고 했겠어요?"

애시는 가지고 있던 모든 옷가지를 껴입은 다음, 그러모은 누비이불과 침낭 들 속에 몸을 묻었고 두꺼운 이불, 군용 오리털 담요도 끌어왔다. 근무가 있는 날 밤 창고 근처에서 스텔스 캠핑을 할 때는 잠자리에 들기 10분 전에 '리틀 버디' 프로판 히터를 켰다. 두 발을 히터 위쪽에 올린 채, 그들은 몇 시간을 걷느라 흘린 땀이 한 줄기 김으로 변하는 것을 지켜보곤 했다. 야간 교대 근무 끝에는 "아마좀비Amazombie"처럼 느껴지곤 했지만, 그들은 자신들이 그 일을 선택해서 다행이라고 여겼다. "24시간 중에서 제일 추운 시간대에 난방이 되는 실내에 있을 수 있었거든요. 그건 중요한 일이죠." 애시가 말했다.

쌀쌀한 날씨가 세이지 밸리 RV 주차장을 강타했을 때, 린다에겐 칼이라는, 텐트에서 사는 캠퍼포스 이웃이 한 명 있었다. 그는 낮교대 근무를 했다. 린다는 자신이 밤새 창고에 있는 동안 따뜻한 모터홈에 들어와 그냥 잠이라도 자라고 칼을 설득했다. 린다는 프로판가스를 절약하기 위해 공원 전기를 끌어와 히터를 켜두고 있었다. 하지만 칼은 항상 이렇게 말했다. "아뇨, 아뇨, 아뇨. 전 지금이 편해요. 괜찮아요." 한편, 노련한 RV 생활자들조차 힘든 시간을 보내고 있었다. 수도 호스를 전기 난방 테이프로 감싸거나, 버블랩 열 반사 단열재를 창문에 붙이거나 하는, 편안하게 겨울을 나기 위한 요령을 터득한 이들도 있었다. (몇 년 뒤 아마존은 캠퍼포스 지원자들을 위해 '차량 방한 장비 갖추기'라는 웹페이지를 만들었다. 그 페이지에는 수축 필름으로 창문을 덮고 열 반사 단열재를 환기구에 붙이라는 조언이 나와 있었다. 방문자들이 그 두 가지 제품을 살 수 있는 링크도 제공되었다. 어디서? 아마존닷컴에서.) 하지만 한계가 있었다. 린다는 급수 라인을 차단했다. 하수관 호스를 떼어내려다가 린다는 호스 안에 있던 오물이 이미 얼어붙어 있는 것을 발견했다. "거대한 아이스 똥이 거기 들어 있는 거예요. '아, 더러워!' 그랬죠."

예전에는 고철 사업을 운영하던 미시건주 출신의 필과 로빈 드필 역시 비슷하게 악전고투 중이었다. 그들은 투광 조명등을 사서 그것을 이용해 얼어붙은 하수관 호스를 녹여보려고 했지만 아무런 효과가 없었다. 한편에서는, 린다가 우러러보는 사람 중 한 명이 ─린다에게 아마존의 계절성 일자리를 알려주었던 블로그 '짐보의 여행' 주인 짐 멜빈이었다 ─자신의 900그램짜리 치와와 치카를 위해 반려동물 침대용 전기 보온기와 실내용 난방 기구를 사려고 서둘러 도시로 들어왔다.

린다는 자신의 다음 목적지를 상상 속에 그리기 시작했는데, 그곳은 더 따뜻하고 덜 피로한 곳일 것 같았다. 많은 이웃들처럼 린다는 애리조나주의 도시 쿼츠사이트를 둘러싸고 있는 공유지에서 캠핑을 할 계획이었다. 소노란 사막에 있는 이주 노동자들의 낙원인 그 지역에는 겨울 방문객이 수만 명에 달했고, 부지 수천 제곱미터에서 산발적으로 열리는 중고품 시장부터, 암석 수집가들과 RV 애호가들을 위한 쇼, 그보다 더 느슨한 사교 모임 수백 개에 이르기까지 다양한 행사들이 겨울 내내 이어졌다. 린다는 그런 회합 중 하나로 1월에 그곳에서 열리는 '타이어 떠돌이들의 랑데부'에 가보고 싶어 손꼽아 기다리고 있었다. 그 행사에 관해 들었지만 아마존 일이 끝난 뒤에 무엇을 할지는 아직 생각 중이던 젠과 애시에게 린다가 그 이야기를 하자, 그들은 린다와 함께 가기로 결정했다. "RTR에 관한 계획은 아직 미정이었는데, 그때 린다가 말을 꺼냈고, 전 '좋아요, 그럼 가야겠네요' 대답했죠." 젠이 회상했다. 실비앤 역시 그곳에 가기로 했다.

하지만 겨울은 그리 쉽게 그들을 놓아주지 않았다. 의무적으로 50시간을 채워 초과근무를 해야 하는 주들이 있었다. 크리스마스가 다가오자 선반에 있는 모든 저장소가 제품으로 꽉 찼는데, 배치 담당자들에겐 악몽이었다. "마지막 1달 반 동안 우리는 수용 가능한 공간의 120퍼센트를 사용 중이어서, 물품 하나를 넣으려고 저장소를 스캔할 때마다 스캐너에서 '이이-뉴! 이이-뉴! 이이-뉴! 이이-뉴!' 하는 소리가 나곤 했어요. 그러면 좀 기다려야 다음 저장소를 스캔할 수 있었죠." 애시가 말했다. "사람들이 꼭 미친 것처럼 왔다 갔다 했어요. 뭘 놓을 데가 어디에도 없어서 벽에다 머리를 찧고 싶었죠." 좌절한 채로, 배치 담당자들은 드물게 공간이 있는 저장소를 발견할 때까지 계속 찾아다녀야 했다. 동시에, 감독관들은 그들에게 "진도"를 빼야 하니 속도를 올리라고, "정해진 숫자를 맞춰야 한다고" 말하고 있었다. 훗날 아마존은 이 기간이 회사 역사상 가장 물량이 많은 휴가 시즌이었다고 밝혔다. 사이버 먼데이, 즉 추수감사절 뒤의 첫 월요일이었던 12월 2일 하루에만 약 3680만 개의 제품 주문이 들어왔고—1초에 약 426개꼴로 주문한 셈이다―이는 회사의 2013년 총 매출이 최고 기록인 740억 4500만 달러를 달성하는 데 기여했다.

그 와중에 린다는 건강 문제로 소동을 겪었다. UPC 스캐너를 쓰느라 오른손 손목을 혹사하고 있기는 했지만, 린다는 잘 버티고 있었다. 하지만 12월 15일, 창고에서의 근무가 끝나기 2주 전에 어지럼 발작이 시작되었다. 원인은 알 수 없었다. 다른 노동자들도 그런 증상이 나타난 적이 있었고, 어떤 이들은 창고의 공기 질이 나빠서라고 여겼다. 린다는 1시간 동안 어지럼증을 애써 견뎠지만, 심호흡을 시도해봐도 도움이 되지 않아서 동료 한 명이 그를 앰케어에 데려다주었다. 그곳 의료진이 혈압을 쟀다. 60에 48. 앰뷸런스를 불러야 할 정도로 낮았다.

서쪽으로 차를 몰아 30분 거리에 있는 리노의 병원에서 린다는 CT 촬영과 엑스레이 촬영을 했지만 어떤 명확한 진단도 받지 못했다. "병원 간호사가 미주신경이 눌렸을 수도 있다고 했어요." 린다가 그때를 떠올렸다. "그러면 의식을 잃게 돼요. 근육을 혹사하면 그렇게 될 수 있대요." 린다는 그 정도로 심하게 자신을 몰아붙이지는 않았다고 생각했으므로 회의적인 어조로 말했다. 아무튼, 린다는 주치의를 찾아가보라는 지시를 받았다. "그러게요, 나한테 주치의라는 게 있으면 그러고 싶네요." 린다가 소리 내 웃으며 말했다. 건강보험개혁법˚ 시행

⊙ 일명 오바마 케어. 민영 보험에만 의존하던 의료보험 시스템을 저소득층을 포함한 전 국민 의무 가입으로 확대한 것이 핵심 내용이다.

직전에 내가 만난 워캠퍼 대부분과 마찬가지로 린다는 보험이 없었다. 그리고 세이지 밸리 RV 주차장으로 돌아갈 차편도 없었으므로, 그는 택시비로 172달러를 썼다. 그다음 며칠 동안 린다는 몸에 힘이 없었고, 무급 휴가를 썼다.

캠퍼포스가 서서히 줄어들고 있었다. 노동자들 대부분은 멀리 떨어진 곳에 있는 가족들과 함께 휴일을 보내기 위해 크리스마스 직전에 떠났다. 린다는 12월 30일까지 머무르겠다고 자원했다. 최대한 많이 벌고 싶었다. 게다가 연말을 즐길 기분도 아니었다. 야간 교대 근무를 4개월 이상 한 끝에 린다는 권태로 인한 둔주 상태°에 빠졌고, 그 상태는 오직 스캐너 건을 쓰는 오른쪽 손목에서 통증이 찌릿하게 올 때만 중단되었다. 린다의 업무는 머리를 쓸 필요가 없는 반복적인 노동이었다. 제품을 선반에 넣고, 스캐너 건을 차례대로 물품에 겨누고, 방아쇠를 당긴 채로 있다가, 붉은 레이저가 기호, 즉 바코드를 인식했음을 뜻하는 삐 소리를 기다리고, 다음으로 넘어간다. 그게 다 뭐란 말인가? 결국 남는 건 급료뿐이었다. 스캔한 물품 하나하나가 린다를 울증에 빠뜨리는 장면을 이루는 픽셀 하나하나였다. 어떤 캠퍼포스 노동자들은 자신들을 '산타의 요정들'이라고 불렀다. 자신들이 선물들을 보내고, 기쁨을 퍼뜨린다는 의미가 담긴 그 이름은 노동자들이 자기 일에 자부심을 느낄 수 있게 해주었다. 하지만 린다는 크리스마스 분

° 멍하니 돌아다니는 상태.

위기에 취하지 않았다. 자신이 요정보다는 세상에서 제일 큰 자동판매기의 톱니바퀴에 가까운 존재로 느껴졌고, 그 경험 때문에 무감각해졌다. "그 모든 쓰레기를 보고 나니 크리스마스로부터 차단되고 싶어졌어요." 린다가 말했다. 린다는 손주들에게 선물만 보내고 그 휴일을 무시했다. 크리스마스에는 창고가 문을 닫았기에 린다도 쉬었다. 자기 RV 안에서 혼자 쉬면서 그날 하루를 보냈다.

하지만 피로함 밑에서 천천히 생겨나기 시작한 자부심도 있었다. 린다는 목표 하나를 달성했다. 캠프장 관리와 캠퍼포스라는 계절성 일두 개를 완료하면서 워캠퍼로서 첫 반년을 마무리했고, 동시에 RV에서 사는 검소하고 노마드적인 삶에도 적응했다. 자신이 자족적이고 자유로운 사람처럼 느껴졌다. 하지만 그건 단지 시작일 뿐이었다. 다음 단계는 어떤 노마드들이 '밴 가족'이라고 부르는 부족을, 그들의 공동체를 찾아내는 것이었다. 그 일을 위한 최고의 장소는 쿼츠사이트에서 겨울 2주 동안 곧 열릴 '타이어 떠돌이들의 랑데부'였다.

'여기서 제발 좀 나가자!' 린다는 생각했다. '전속력으로 달리는 거야. 가자!' 좀 더 따뜻한 날씨 속에서 휴식을 취할 준비가 된 린다는 애리조나로 출발했다.

다른 모든 캠퍼포스 노동자들이 서둘러 펀리를 떠나 새해로 달려가고 있을 때, 노동자 한 명은 가지 않고 남아 있었다. 그 노동자는 전에는 비행기로 세계 곳곳을 누비는 소프트웨어사 임원이었고, 자부심넘치는 워캠핑 찬가를 내게 들려주었으며, 여기서는 가명으로 등장하는 돈 휠러였다. 돈은 내가 처음으로 만나본 캠퍼포스 노동자였는데, 길 위의 삶에 관해 예리하면서도 유쾌한 이야기들을 오랜 시간 나누며 나를 즐겁게 해준 이야기꾼이었다. 그의 원래 일정은 12월 21일에 캠퍼포스에서의 마지막 교대 근무를 하는 것이었다. 아마존 일이 끝난 뒤 그의 계획에는 쿼츠사이트를 거쳐—그는 그것을 "괴짜 영감들의 버닝 맨 페스티벌⊙"이라고 불렀다—콜로라도 로키스에 있는 친구들을 방문하는 것이 포함돼 있었다. 그런데 일이 그렇게 진행되는 대신, 아주 예외적인 일이 일어났다. 그 뒤로 3년간 캠퍼포스 노동자들을 취재하는 동안 나는 그 비슷한 일이 일어나는 것조차 한 번도 보지 못했다. 아마존이 돈에게 1년 내내 일하는 정규직 일자리를 제안한 것이었다. "이봐요, 난 일흔 살이에요. 다른 어떤 회사에서 날 고용하겠어요?" 돈이 이메일로 농담을 했다. 업계 용어로는, 그는 '아마존 관계자'가 되려는 참이었다. 창고 작업장에서, 그는 캠퍼포스 노동자들과 다른 임시직 노동자들이 부러움을, 때로는 조롱을 담아 '파란 배지'라고 부르는 사람이 될 것이었다. '파란 배지'는 정규직 직원들이 착용하는 파란색 신분증을 가리키는 말이었다.

또 다른 이메일에서, 그는 글에서 자신의 이름을 지워달라고 내게 부탁했다. 그는 이렇게 설명했다.

⊙ 해마다 일주일간 미국 네바다주 블랙 록 데저트에서 개최되는 축제로, 참가자들이 능동적으로 참여해 각자 재능을 펼치고 자기표현을 하며 일시적으로 실험적인 공동체를 만든다.

말단 조직원으로서, 저희는 미디어에 죽음의 고통이나 팔다리 절단, 혹은 더 나쁜 일들에 관해 입조차 열어서는 안 돼요. 그게 지금 제가 걱정이 되는 이유예요. 전에는 달랐죠. 한 명의 워캠퍼로서, 저는 미국 경제계의 거대한 책략들에 대해 될 대로 되라는 식의 태평한 태도를 취할 수 있었지만, 이제 저는 그들의 일원이에요. 저는 이 일자리가 필요합니다……

저는 이름이 알려지는 일을 감당할 수 없어요. 제가 만약 전국을 대상으로 하는 미디어에, 짧은 관련 기사에라도 등장하게 되면, 인사팀은 저를 재빨리 치워버릴 거고, 어느 날 제가 창고에 들어가려고 할 때 제 배지는 거부당할 거예요. 그런 걸 ACS(아마존의 냉대Amazon Cold Shoulder)라고 한답니다. 게다가 저는 임의로 고용된 직원이기 때문에 의지할 곳이 아무 데도 없어요.

피해망상처럼 보일 것 같아 죄송하지만, 자기들이 아무리 친구라고 주장해도 인사팀은 제 친구가 '될 수 없으니까요'. 그들이 역할을 인정받는 건 불량 직원들, 말썽을 일으키는 사람들을 없애버릴 때죠. 저는 나데즈다 톨로코니코바처럼 용감하지 않아요. (외모가 그 사람처럼 매력적이지도 않고요.)⊙

⊙ (원주)돈이 이 이메일을 썼을 때, 러시아의 저항적인 펑크 밴드 푸시 라이엇의 멤버인 나데즈다 톨로코니코바가 시베리아 감옥에서 막 석방되었다.

그로부터 몇 달 안에 돈은 빚을 다 갚았고, 오랫동안 미뤄두었던 치과 치료를 받았고, 안경을 새로 맞췄으며, 로스 IRA⊙를 부었고, 할리 데이비슨 오토바이를 사기 위해 저축을 하기 시작했다.

⊙ 개인 퇴직연금(IRA)의 한 형태. 불입하는 동안 세금 공제를 받지 않고 은퇴 후 자금을 사용할 때 세금 혜택을 받는 것이 가장 큰 특징이다.

6장

。

집결 장소

이 캠프는 평화로운 장소였다. 캠프는, 위도를 스스로 고르며, 1년 내내
온화한 날씨를 따라다닐 수 있는 달리는 에덴동산이자, 모든 거주자가
자신의 삶을 최소 공간에 압축함으로써 오롯이 삶에 집중하는 안식처
였고, 잘 정리 정돈된 내부에다 이동성까지 갖춘 기적이었다.

—E. B. 화이트

10번 주간고속도로를 타고 서쪽으로, 1월의 일몰 속으로 차를 몰
다 보면 이상한 풍경 하나가 사막에 모습을 드러낸다. 마치 돔 록 산맥
의 봉우리들이 빛을 반사하는 거대한 연못에 둘러싸여 있는 것처럼,
금빛 점 수천 개가 산맥의 기슭에서 반짝이며 빛을 내는 것이다. 가까
이 가보면, 반짝이는 점들은 불규칙하게 흩어져 있는 RV들로 쪼개지
고, 그 앞유리창에는 낮 시간의 마지막 빛살들이 부딪치고 있다. 여기
가 애리조나주의 도시 쿼츠사이트다. 트럭 휴게소 두 군데, 환각이 일
어날 정도로 높은 기온, 로스앤젤레스와 피닉스 사이의 이 외로운 전
초지는 1년 중 대부분의 시간에 잠들어 있다. 여름의 지옥 같은 더위
속에서는 거주민이 채 4,000명도 되지 않는다. 방문객보다 굴러다니

는 회전초가 더 많을 정도다. 하지만 해마다 겨울이 되어 날씨가 온화하고 쾌적해지면, 노마드 수십만 명이 미국 전역과 캐나다로부터 흘러들어와 이 도시를 갑작스레 솟아난, '집결 장소'라는 별명이 붙은 대도시로 바꿔놓는다. 도착하는 사람들 일부는 휴양을 즐기는 피한객들, 다시 말해 넉넉한 연금이 있거나 2008년의 금융 붕괴에도 저축이 사라지지 않은 운 좋은 은퇴자들인 반면, 다른 사람들은 사회적 계약의 너덜너덜한 끄트머리에 매달려 있는 생존자들이다. 그들의 상황은 메인 스트리트를 따라 행진하는 주택들의 다양한 종류에 드러나 있다.

자동차와 트럭 들이 빛나는 알루미늄 에어스트림부터 문과 창문을 달아 개량한 적재함, 소형 텐트만 한 눈물방울 모양 트레일러까지 온갖 종류의 주거지를 끌고 도착한다. 여기서는 박공 지붕창과 19세기 후반 스타일로 외관을 꾸민 작은 집이 탠덤 액슬° 플랫폼에 올라가 있는 광경이나, 정박한 채로 건조되어 임시 아파트로 변할 거주용 요트를 끄는 트럭을 볼 수 있다. 임무 해제된 스쿨버스 수십 대도 보인다. 몇몇은 여전히 2번 연필°°처럼 노란색인 반면, 다른 스쿨버스들에는 황야의 풍경이나 사이키델릭한 소용돌이무늬가 에어브러시로 그려져 있다. 어떤 버스들은 소파와 장작 난로를 갖춘 정교한 집들로 개조되었다. 몇몇 버스들은 집 겸 가게로 사용되는데, 이를테면 마약 대신 에

⊙ 대형 트럭에서 하중의 분산을 위해 앞이나 뒤 차축에 더해 나란히 설치하는 차축.
⊙⊙ 다른 나라의 HB 연필에 해당하는 미국의 연필.

스프레소에 중독된 현대판 켄 키지°의 소유처럼 보이는 무지갯빛 유물인 '버스 정류장 아이스크림 & 커피숍'과, 모루 로고와 함께 '해머 앤드 핸드로 사회 폐기물 재활용하기'라는 선전 문구가 적힌 철공의 작업실이 있다. 짐칸에 작은 집이 지어진 덜거덕거리는 픽업트럭들, 위성방송 수신 안테나가 달린 멋들어진 피프스휠 RV들, 그리고 살림살이를 너무 많이 실은 나머지 섀시가 아스팔트에 질질 끌리는 고물 차들도 있다. 햇빛에 반짝이는 크롬 외장을 한 어떤 차들은 티 한 점 없이 완벽해 보인다. 다른 차들은 녹 자국이 있고, 검은 배기가스 줄기를 내뿜으며 씨근거린다. 몇몇 차들은 모금 청원을 하고 있다. 지붕에 빈 가스통을 매단 어느 스테이션왜건에는 온라인 기부 플랫폼인 '고 펀드 미' 캠페인으로 연결되는 웹 주소와 함께 "우리 가족이 장사를 시작하게 도와주세요"라는 문장이 페인트로 적혀 있다. 어느 낡은 캠핑용 픽업트럭 뒤쪽에는 "홈리스 대피소" "신의 가호가 있기를"이라고 단정하게 또박또박 쓰여 있다. 그 밑에는 위시 리스트가 적혀 있다. "구합니다: 휘발유, 현금, 더 큰 RV."

사람들의 RV를 일별하는 것만으로는 그들의 경제 상황을 평가할 수 없음을 기억해둘 필요가 있다. 예를 들어, 워캠핑 야영지 근처에 주차된 주택 일부는 휴가를 온 부유한 사람들을 연상시키는 그런 종류의 유람선을 닮았다. 아마존 캠퍼포스 노동자들이 머무르는 RV 주차

° 『뻐꾸기 둥지 위로 날아간 새』의 작가.

장을 방문하던 초기에 나는 생각했다. 위성방송 수신 안테나가 달린 저 빛나는 육상 요트들이 여기서 뭐 하는 거지? 결국 나는 두 가지를 배웠다. 첫째, 몇몇 RV 주차장들은 높은 임금을 받는 유전 직원들의 임시 보금자리이기도 하다. 멋진 장난감에 쓸 현금이 있는 사람들. 둘째, RV가 있지만 저당 잡혀 있는 사람들도 많다. 주택시장과 마찬가지로 RV에 감당할 수 있는 돈 이상을 써서 빚의 굴레에 갇히고, 갚느라 고군분투하는 사람들도 있다. 그리고 불행하게도, 전통적인 주택과 똑같이, RV 역시 집값보다 대출금이 더 많아질 수도 있다.

교통 체증이 발생한다. 하지만 누구도 급해 보이지는 않는다. 이동 주택들뿐 아니라 사막을 힘차게 돌아다니다 돌아온 먼지투성이 전지형 차량들도 있다. 스카프를 하고 고글을 쓴 운전자들은 슈거 파우더를 온몸에 뿌린 것처럼 보인다. 회전 차선을 꽉 메운 견인 트레일러들이 혼잡한 트럭 휴게소들 쪽으로 기어간다. 교차로에서는 노약자용 스쿠터를 탄 노인들과 소형견들을 유아차에 태운 베이비부머들이 횡단보도 신호가 바뀌기를 기다린다. 드레드락 머리를 한 10대들과 햇볕에 바랜 배낭을 멘 20대들이 연석에 앉는다. 크러스트 펑크crust punk, 더티 키드dirty kid, 여행자, 많은 이들이 참석하는 '레인보 패밀리' 모임◉에서 이름을 딴 레인보Rainbow까지, 이 부족은 자신들을 여러 가지 이름으로 지칭한다. 아이들 일부는 히치하이킹을 해서 도시 밖으로 나

◉ 1970년대 히피들이 시작한, 평화와 자유, 존중의 정신을 나누는 느슨한 공동체. 해마다 국유림 등에서 모임을 연다.

가는 중이다. 유마로, 피닉스로, 혹은 어디로든. 다른 아이들은 판지로 만든, 돈을 달라고 적은 플래카드를 들고 있다. 하지만 그들은 그 행동을 구걸이라고 부르지 않는다. '표지판 들기' '쌔비기' 혹은 '잔얻'— '잔돈 얻기'의 줄임말 — 이라고 불리는 그것은 그들이 휘발윳값이 떨어졌을 때 하는 행동이다. 나이 든 사람들은 그들을 불쾌한 표정으로 쳐다보는 경우가 많지만, 어떤 이들은 잘 받아준다. 달러 제너럴°에 있는 백발의 계산원이 갈색 후드 티를 입은 금발 드레드락 남자가 가져온 밀러 제뉴인 드래프트 6개들이 두 팩을 금전등록기에 입력한다. 남자가 돈 대신 천연 보석을 가득 쥔 손바닥을 장난스레 펴 보이자 계산원이 웃음을 터뜨린다. 우체국 줄에서는 피한객 한 명과 양끝이 위로 올라간 코밑수염이 난 젊은 떠돌이 한 명 사이에 활발한 논쟁이 벌어진다. 인류는 이 행성을 초월하는 영적인 존재들일까요? 아니면 그냥 지구를 파괴하는 얼간이들에 불과할까요? 저녁이 찾아오면 아이들은 사막 야영지로 물러난다. 그들은 모닥불을 둘러싸고 위스키병을 돌리고, 기타를 퉁기고, 핫도그를 굽고, 대마초를 말아 피우고, 시간을 죽인다.

늦은 오후부터 시작되는 저녁식사 시간대가 되면 시내의 레스토랑 대부분이 꽉 찬다. 인기 있는 피자 가게인 '실리 앨스'에서는 어르신들이 일렉트릭 슬라이드 춤을 추고, 하우스 밴드의 음악을 듣는데, 그

° 주로 저가 상품을 판매하는 소매점 체인.

밴드의 선곡에는 "내게 백만 달러가 있다면 당신에게 집 한 채를 사 줄 거야"라는 가사로 시작하는 베어네이키드 레이디스의 노래가 포함 돼 있다. 그들은 어떨 때는 가라오케 반주에 맞춰 노래를 부르기도 한 다. 붉은 밀짚모자를 쓴 주름진 얼굴의 여자가 노약자용 스쿠터를 타 고 댄스플로어로 올라와 크리던스 클리어워터 리바이벌의 〈루킹 아웃 마이 백 도어〉를 심하게 떨리는 목소리로 부른다. 둥둥 울리는 기타 솔로가 나오는 동안 여자는 스쿠터로 8자를 그리며 가게 한복판을 돌고, 관객들의 환호가 터진다.

식당 '메인 스트리트 이터리'와 함께 있는 빨래방 '론드로매트'는 식 사를 하고, 옷을 세탁하고, 목욕까지 하려는 손님들로 붐빈다. 뒤편에 서는 7달러에 샤워를 할 수 있는데, 길고 지루한 규칙들이 게시판에 붙어 있다. "시간 제한 20분" "금연" "머리에 염색이나 색조 넣기 금 지" "샤워실에서는 신발을 벗어주세요". 경찰들이 옆문 근처를 서성이 는 레인보들과 말다툼을 한다. 빨래방 손님 한 명은 우주를 파괴할 혜 성에 대해 (그리고 오바마가 그 문제에 대해 얼마나 속수무책인지에 대해) 큰 소리로 설교를 한다. 머리가 희끗희끗한 노인 하나가 주차 장 철조망에 등을 기대고 앉아 잭 러셀 테리어 한 마리더러 주워 오라 고 돌멩이를 던지고, 개는 충직하게 그것을 가져오기를 반복한다. "저 놈이 암석 사냥개예요!" 내가 쳐다보는 것을 본 노인이 껄껄 웃는다. (사막에서 준보석 돌들을 찾는 일은 '암석 사냥'으로 더 잘 알려져 있 는데, 이 지역에서 인기 있는 취미다.)

돈을 벌어보려고 분주하게 움직이는 사람들이 레스토랑 주인들만은 아니다. 해마다 쿼츠사이트에 몰려온 상인들은 임시 판매 부스를 설치하거나 비수기 동안 닫혀 있던 가게 앞 매대를 다시 열고 도시 곳곳에 홍보지를 붙인다. "미스터 모터홈에는 쿼츠사이트에서 최고로 깨끗한 RV들이 있습니다." 줄줄이 붙은 포스터의 사진 속에서 물건 판매자가 불안할 정도로 하얀 이를 드러내고 미소 지으며 주장한다. "신기루가 아닙니다. 진짜로 이렇게 판매합니다." 경쟁 업체인 'RVs 포 레스' 광고가 떠들어댄다. 또 다른 판매점 '라 메사 RV' 바깥에 걸린 현수막에는 "팬케이크 아침식사 무료 제공"이라고 적혀 있다. 일주일에 6일 동안 아침이 되면 노인들이 그곳에 줄을 서고, '실버 버클 연회장'이라는 공간에서 그들 대부분이 구입할 여력이 없는 모터홈 방송 광고에 둘러싸인 채 따뜻한 아침식사를 한다. (그들은 그 광고를 무료 급식소에서 하는 설교처럼, 어쩔 수 없이 들리지만 무시하면 되는 배경 소음처럼 여긴다.) 쓰레기를 버리는 구역부터 태양전지판 판매점과 이동식 앞유리창 수리점까지, RV 관련 부품 판매소와 서비스점도 수십 군데나 있다. 어떤 곳들은 튀어 보이려고 '더 뀌어 가스' '발가락 트럭'[●] 'RV 항문과 의사' 같은 우스꽝스러운 이름을 쓴다. 다른 곳들은 좀 더 기품 있는 방식으로 호소한다. 자동차에 가는 선으로 그림을 그려주는 '샤텔 핀스트라이핑 서비스'에는 꼭대기에 거대한 십자

[●] A Toe Truck. 동음이의어인 '견인 트럭tow truck'의 철자를 바꾼 말장난.

가가 서 있고 "미국을 위한 희망. 예수님을 위한 미국"이라는 표지판이 달린 텐트가 있다.

모두들 최저 가격을 약속하면서 빠르게 한몫 챙기려고 한다. "더 많은 물건, 더 싸게 팝니다." 한 광고판이 약속한다. "매장 정리 세일!" 다른 광고판이 말한다. '긁히고 패인 가게'로 알려진 어느 하자 식료품 아웃렛에서는 유통기한이 지나고, 찌그러진 박스와 우그러진 캔에 든, 가격이 엄청나게 할인된 식료품들이 손님들의 눈에 띈다. 정면이 요란한 분홍색인 '어딕티드 투 딜스'라는 아웃렛 건물 안에서는 사람들이 3장에 10달러 하는 DVD와 유통기한이 지난 비타민을 산다. "여긴 완전히 미쳤어요." 한 구매자는 온라인에 이렇게 적었다. "마치 대학 기숙사 방이랑 버려진 K마트 사이에서 태어난 금지된 사생아를 펩토-비스몰®병 같은 분홍색으로 칠하고는 아무렇게나 이름 붙여놓은 곳 같아요."

쿼츠사이트에 도시 사람들이 문화라고 여길 만한 것이 많지는 않지만, 메인 스트리트 동쪽 끝에 있는 '리더스 오아시스'는 거의 모두가 한 번씩은 가보는 곳이다. 이 서점의 주인은 폴 와이너라는 70대 나체주의자인데, 반질반질한 가죽 같은 피부를 지닌 그는 알몸에 니트로 된 사타구니 가리개 하나만 달랑 걸친 채 통로를 어슬렁거린다. 추운 날에는 스웨터를 걸치기도 한다. 폴이 자신의 서점을 계속 운영할 수

◉ 소화제 상표명.

있는 것은 기술적으로 말해 그곳이 영구 구조물이 아니라서 세금이 적게 부과되기 때문이다. 이 서점에 진짜 벽은 없다. 콘크리트 슬래브 위에 정자 지붕이 얹혀 있을 뿐이다. 그 사이의 공간은 방수포가 메우고 있다. 서점에는 선적 컨테이너 몇 개와 트레일러 한 대가 부속 건물로 딸려 있다. 〈트레일러 라이프〉 잡지는 이곳을 "쿼츠사이트 궁극의 건축"이라고 했다. 서점을 하기 전에 폴은 '스위트 파이'라는 나체의 부기우기 피아노 연주자로 순회공연을 했는데, 그가 연주하며 부르던 노래 〈농담을 못 받아들이겠으면 엿이나 먹으라고 해〉로 알려졌다. 그는 지금도 마음이 내키면 서점 입구 근처에 있는 소형 그랜드피아노 앞에 앉아 연주를 하는데, 거기서 그리 떨어지지 않은 곳에는 조심스럽게 가려진 성인용 서적 코너가 있다. 기독교 서적 코너도 있지만, 그곳은 서점 안쪽에 있어서 보통은 폴이 사람들에게 안내를 해주어야 한다. "손님들은 성경을 향해 내 맨엉덩이를 따르지요." 그가 선언하듯 말한다.

좀 더 옛날 방식의 종교를 찾는 사람들은 리더스 오아시스의 서쪽, 메인 스트리트의 다른 쪽 끝으로 간다. 그곳에는 보라색과 흰색의 대형 천막이 '라스트 콜 텐트 목사관'으로 꾸며져 있다. 저녁 7시에 열리는 그곳의 신앙부흥 전도 집회에서는 순회 전도사가 금빛 스트라토캐스터 일렉 기타를 퉁기며 예수님의 빛을 전파한다. "이 빛은 세상 곳곳에서 목격될 것입니다!" 그가 함성을 지른다. "그것은 이 텐트 안에만 있는 것이 아닙니다. 쿼츠사이트에만 있는 것도 아닙니다. 애리조나주에만 있는 것도 아닙니다. 그보다 훠어어어어얼씬 큽니다! 더욱 거대하고 더욱 위대합니다!" 예배가 끝날 때마다 교구민들이 설교단으로 다가가 성수를 바르는 의식을 치른다. 전도사는 방언 기도를 하며 그들의 어깨를 붙잡고, 독실한 신자들을 재촉해—목발을 짚은 한 여성도 있다—그들을 기다리는 참석자들의 품으로 흐느적흐느적 걸어가게 한다.

해마다 노마드 수만 명이 이런 겨울의 장관에, 쿼츠사이트에 참여한다. 이 도시의 모텔은 작은 곳 세 군데뿐이지만 70군데가 넘는 RV 주차장들이 있고, 이 주차장들은 '애리조나의 태양' '사막의 오아시스' '휴일의 야자나무' '신기루' '낙원' '겨울 안식처' '경치 좋은 길'처럼 휴식을 약속하는 이름들을 달고 있다. ('경치 좋은 길' 주차장에는 "서행 차선에서 즐기는 인생"이라는 표어가 있는데, 이 표어는 그들의 대체적인 권유 방식을 압축해 보여준다.) 이 주차장들은 평균적으로 하룻밤에 30달러를 받고, 아스팔트나 자갈이 깔린 주차 장소, 거기 딸려 있는 수도와 전기, 하수 시설 연결부, 샤워실과 세탁실, 그리고 때로는 와이파이와 케이블 TV까지 제공한다. 많은 주차장들이 미성년자 손님—여기서는 "아이젠하워 정부 이후에 태어난 사람"이라고 한다—을 받지 않으며, "55세 이상"이라고 적힌 경고 표지를 붙여놓는다. 〈더 스코츠먼〉 신문의 기자는 이 풍경을 기사에 쓰면서 이곳을 "쥬라기 트레일러 공원"이라고 불렀다.

하지만 쿼츠사이트에 머무르는 사람들 대부분은 RV 주차장을 찾지 않는다. 대신 그들은 마치 새로 발견된 현대판 금광지대에 모여드는 개척자들처럼, 집으로 치면 월세가 싼 지역에 해당하는 곳에, 즉 도시를 벗어나면 바로 있는 공유지에 모여든다. (위에서 언급한 〈더 스코츠먼〉 기자는 이 현상을 '골드 러시'에 빗대 "올드 러시"라고 했다.) 그곳에서 그들은 '사막 콘크리트'로 알려진, 흙과 자갈이 섞인 단단한 미개간 토지 위에서 캠핑을 한다. 설비를 사용하고 돈을 내는 대신 그들은 태양전지판과 휘발유로 작동하는 발전기에서 전기를 얻고, 자기가 쓸 물을 물통과 탱크에 담아 가지고 다니면서 분도킹을 한다. 삶을 안락하게 해주는 것들을 포기하지만, 풍경이 보상해준다. 그들은 전신주만큼 키가 크고 굵게 자라난, 두 팔을 벌리고 선 거대한 사와로 선인장들 옆에 차를 댄다. 멀리서 보면 선인장들은 모터홈을 매어두는 거대한 말뚝들처럼 보인다. 그들은 사막의 마른강 가장자리를 따라 무리를 짓고, 크레오소트 관목과 메스키트, 경질 수목들, 팔로베르데 나무들 사이에서 드물게 그늘진 구역을 찾아낸다. 이웃으로는 캥거루쥐, 갬벨메추라기, 도마뱀, 전갈, 그리고 윙윙거리는 발전기 소리와 경쟁하듯 밤에 캥캥 짖어대는, 떠돌아다니는 코요테 무리들이 있다. (방울뱀도 있지만 대부분은 겨울잠을 자고 있어서, 아지랑이가 아른거리며 사막에 스며들어 인간 방문객 대부분을 깨끗이 닦아 없애는 봄까지는 활동하지 않는다.) 캠퍼들은 자리를 잡으면 "웰컴"이라고 적힌 도어 매트와 바비큐 그릴과 접이식 의자를 꺼내 놓고, 천막 차양과 인조 잔디와 방수 카펫을 펴고, 색색깔의 깃발들을 올리고, 반려견이 뛰어놀 곳에 울타리를 친다. 언젠가 〈내셔널 지오그래픽〉이 "미국 최대의 주차장"이라고 불렀던 이 멋진 광경은 제멋대로 펼쳐진 테일 게이트 파티˚처럼 보인다. 이곳에는 '어르신들의 봄방학' '가난한 사람들의 팜 스프링스' 같은 또 다른 별명들도 붙어 있다.

이 개방된 사막은 연방구(區)에 속한다. 토지관리국이 운영하는 이곳에는 노마드들이 한 번에 2주까지 무료로 캠핑할 수 있는 구역들이 있다. 2주가 지나면 최소한 40킬로미터 떨어진 연방구 내의 또 다른 사막 부지나, 쿼츠사이트 바로 남쪽 44.5제곱킬로미터 이상에 걸쳐 펼쳐진 '라포사 장기 방문객 지역'으로 이동해야 한다. 그곳에 머무르는 비용은 2주에 40달러, 또는 7개월까지 180달러다. 캠핑 허가증은 밝은 색깔의 스티커인데, 로드러너 새와 거대한 눈송이가 그려져 있다. 앞유리창에 붙이면 영영 떨어지지 않을 것처럼 보이는 그 허가증은 마치 비밀 조직의 배지처럼, 비수기 동안 멀리 떨어져 있는 쿼츠사이트의 노마드들이 서로를 알아볼 수 있게 해준다.

12월부터 2월까지, 어림잡아 4만 명이 넘는 RV 생활자가 쿼츠사이트 근처 사막에 머무른다. 빌 알렉산더는 그들이 영원히 멈추지 않을 것처럼 오고 가는 것을 지켜봐왔다. 야외 레크리에이션 플래너이자 토지관리국 유마 지부 사무소의 수석 공원 관리인인 그는 이 지역에서 17년간 근무해왔다. 그만큼의 시간이 지난 지금도 이웃을 친절하

˚ 스테이션왜건 등의 뒤판을 펼쳐 음식을 차리는 간단한 야외 파티.

게 대하는 캠퍼들의 마음씨에 여전히 깊은 인상을 받는다고 그는 말한다. "가죽 목줄을 한 개랑 같이 자전거를 타고 와서는, 주문 제작한 50만 달러짜리 모터홈에 사는 사람 옆에 텐트를 치는 사람도 있는데요, 그런 사람들끼리도 그냥 잘 지냅니다." 빌이 말했다. "그렇게 공존하는 능력은 전적으로 공유지를 누리고자 하는 소망에 바탕을 두고 있지요. 그리고 그 땅이 모터홈에 사는 사람의 것인 만큼 똑같이 자전거 타는 사람의 것이기도 하다는 사실에도 기반해 있고요."

그의 의견과 똑같은 생각을, 내가 펀리에서 만났던 아마존 캠퍼포스 노동자 아이리스 골든버그도 하고 있었다. 예순두 살 여성인 아이리스는 3.2미터짜리 카슨 칼리스펠 스포츠 트레일러에서 시추 '매디슨', 모란앵무 '판초', 그리고 16세기 신학자의 이름을 딴 수다스러운 회색앵무 '카스파르'와 함께 살고 있었다. 아이리스가 쿼츠사이트 얘기를 꺼냈을 때, 우리는 그 차에 한데 모여 수다를 떨고 있었다. 나는 그 전에는 쿼츠사이트에 대해 들어본 적이 없었다. 빌과 마찬가지로, 아이리스는 그곳에서 계급의 경계가 희미해진다는 사실에 매료되어 있었다. 그것은 결코 사소한 일이 아니다. 소득에 따라 분리된 지역 사회들이 점점 증가하면서 부자들을 가난한 사람들로부터 분리해 보호하고 있는 현대 미국이라는 배경에서는. 쿼츠사이트는 그러지 않는다. "거긴 모든 사람의 땅이에요." 아이리스가 말했다. "얼마나 가졌든, 모두가 환영받죠."

나에게 처음으로 쿼츠사이트에 대해 얘기하면서, 아이리스는 자신이 그곳의 건조한 기후 속에서 얼마나 건강하다고 느꼈는지, 그리고 그곳에서 얼마나 그럭저럭 여유롭게 삶을 꾸려나갈 수 있었는지 열광적으로 읊어댔다. 캠핑 비용이 저렴하다는 점 말고도, 그곳은 1년 중 미국 대부분의 지역에서 워캠핑 일자리가 드물어지는 시기에 단기 일자리를 구하기 쉽다는 이점도 있다. 임시로 돌아가는 도시에는 결국 임시 일자리가 필요하니까. 아이리스가 했던 일 중 하나는 스위트 달린스 레스토랑 앤드 베이커리(모토: "뛰어난 음식, 합리적인 가격")에서 시간당 8달러에 설거지를 하는 일이었다. 일찍 오는 식사 손님들이 금요일마다 생선 튀김을 먹으려고 오후 4시부터 줄을 서기 시작하고, 주방에는 더러운 접시들이 천장을 향해 흔들흔들 쌓여 있는 곳이었다. 아이리스는 또 로킹 웍이라는 중국음식 포장 판매 트레일러에서도 일한 적이 있는데, 내가 그곳으로 찾아가자 그는 포춘 쿠키를 한 움큼 가지고 달려 나왔다.

사막이 시민정신을 이끌어내기는 하지만, 사람들은 여전히 사람들이다. 그들은 부족들 속에 자신의 세력권과 분파를 새겨 넣는다. 돌들을 사용해 가짜 토지 경계선을 긋는 것은 잘 정착된 한 가지 전통이다. 사람들은 돌들을 여러 가지 모양이나 이니셜 형태로 늘어놓기도 하는데, 지표면에 하는 일종의 문신이라고 할 수 있다. 캠퍼들은 "코요테 아파트" "로저의 2,023제곱미터 레이지 데이즈 홈리스 캠프" 같은 이름으로 지역 사회를 형성하고, 손수 만든 표지판을 붙여놓는다. 표지판은 고등학교 기술 시간에 만든 것처럼 보이는 말끔한 나무 팻

말에서부터 종이 접시에 급하게 글자를 휘갈기고 강력 접착테이프로 나무 말뚝에 붙인 것까지 다양하다.

부족들이 있는 한, 수십 개에 이르는 사막의 '집회'들도 있다. 집회란 구성원들이 같은 특징들을 공유하는 RV 클럽의 회합을 말한다. 이런 조직들 일부는 나이를 기반으로 한다. 그중 하나인 '부머스'라는 집회는 전후 세대에 속하는 구성원들을 위한 모임이다. 너무 많은 RV 생활자가 전후 세대에 속해서 굳이 클럽을 만드는 일이 큰 의미가 있어 보이지는 않지만. '익스케이퍼스Xscapers'와 '뉴알브이어스NuRVers' 같은 다른 모임들은 좀 더 젊은 사람들을 타깃으로 한다. 별스러운 철자와 대문자 글자들에서 드러나듯, 그런 이름들은 닷컴 시대 사람들을 불러 모으는 신호다. 어부(방랑하는 낚싯대들), 재해 구호 자원봉사자(도브스the DOVES), 게이와 레즈비언(무지개 RV, '레인보'라고 불리는 여행 청소년들과는 관계없다) 들을 위한 부가적인 분파들도 있다. '방랑하는 개인들의 네트워크' '솔로스SOLOS' '차를 탄 외톨이들' 같은 싱글들의 클럽도 있는데, '차를 탄 외톨이들' 같은 경우, 규칙이 매우 엄격하다. 그 클럽의 한 회원은 "조금이라도 문란한 행위가 발각되면 탈퇴해야 한다"고 텍사스주 신문 〈더 빅토리아 애드버킷〉에 밝혔다. 그 클럽의 신조는 모든 회원에게 "다른 사람들과 어울릴 수 있는 싱글로서 잘 처신할 것"을 요구하면서, "혈연관계가 아닌 이성 회원과 캠핑 유닛을 공유해서는 안 된다"고 말한다. 사막에는 심지어 나체주의자 전용 모임도 있다. 장기 방문객 지역의 남쪽 끝에 있는, '매직 서클'이라고 불리는 0.3제곱킬로미터의 지역은 다음과 같은 문장이 적힌 포스터들에 에워싸여 있다. "주의: 이 지점부터 나체로 일광욕을 하는 사람들과 마주칠 수 있음." (쿼츠사이트 사람들은 온라인상에서 이곳을 장난삼아 "주름 도시" "처지고 늘어진 도시"라고 언급한 적이 있다.)

또 어떤 모임들은 같은 종류의 차량들로 구성된다. 레이지 데이즈 RV, 캐시타 트레일러, 혹은 몬태나 피프스휠 수십 대가 같은 곳에 주차되어, 그러지 않았으면 사막을 가로지르며 무질서하게 아무렇게나 널려 있었을 차량들 사이에 동종 집단들을 만들어낸다. 그런 그룹들을 맞닥뜨리는 일은 멀리 외진 곳에서 생김새가 똑같은 이웃집들로 구성된 교외 주택 단지를 우연히 발견하는 것과 같다.

○

〈런던 파이낸셜 타임스〉는 쿼츠사이트를 "미국에서 상당히 기괴하고 심하게 미쳐 있는 곳들 중 하나"라고 했다. 하지만 쿼츠사이트는 미국의 이상 현상이 아니다. 이토록 철저히, 캐리커처에 가까울 만큼 지극히 미국적인 도시는 찾기 힘들 것이다. 이곳에서 원래 살던 주민들은 거의 다 떠났고, 이제 그 자리에서는 방문객들이 파키스탄에서 온 드림캐처 기념품과 중국산 비즈 장식 모카신을 덥석덥석 산다. 겨울은 존재하지 않는다. 점쟁이들과 영적인 것을 추구하는 사람들, 할인 판매를 찾아다니는 쇼핑객들이 한데 모여 '인생의 갖가지 문제에서 탈출하는 가장 좋은 방법은 휘발유통을 채우고 길에 나서는 것'이라는 믿음을 공유한다. 쿼츠사이트는 언제나 여행자들, 아웃사이더들, 자신을 처음부터 다시 만들어가려고 애쓰는 사람들을 위한 피난처가 되어왔다. 또한 '호황과 불황의 주기적인 반복'이라는 예술을 완성시키기도 했다.

이 도시의 뿌리는 1856년, 백인 정착민들이 모하비족 인디언들을 격퇴하기 위해 사적으로 타이슨 요새를 지었던 때로 거슬러 올라간다. 그 요새는 훗날 역마차가 들르는 지점인 '타이슨 웰스'가 되었고, 현재 그 유적은 실리 앨스 피자 가게 옆에 있는 작은 박물관 부지가 되었다. (쿼츠사이트에는 다른 박물관이 두 군데 더 있다. 한 곳에서는 전 세계의 껌을 모아 전시하고, 다른 곳에서는 군사 관련 수집품을 전시한다. 그러나 두 곳 모두 별로 인기가 없어 보인다.) 1875년, 회고록 저술가 마사 서머헤이스는 타이슨 웰스에서 하룻밤을 묵은 뒤 그곳을 "너무도 침울하고 기분 나쁜 곳. 도덕적으로, 그리고 신체적으로 더러운 모든 것의 악취가 난다"라고 묘사했다. 역마차가 다니지 않게 되자 이 식민지는 유령 도시가 되었다. 1897년, 광산업의 호황 한가운데서 도시가 되살아나면서, 우체국이 다시 문을 열고 이 지방 자치체에 '쿼츠사이트Quartzsite'라는 새로운 이름이 생겼다. (원래는 광물 이름을 따서 '쿼차이트Quartzite, 규암'가 될 예정이었다. 중간에 들어간 s는 오타였는데 그대로 들러붙은 글자다.)

쿼츠사이트에서 가장 유명했던 역사적 인물은 시리아 태생의 하지 알리라는 낙타 모는 사람이었다. 1902년 사망해 이 도시에 묻힌 뒤로 그의 본명을 미국식으로 조악하게 바꿔 만들어낸 '하이 졸리'라는 별명으로 더 잘 알려져 있다. 알리는 1856년 미군의 낙타 부대에 입대했는데, 이 부대는 성미가 고약한 것으로 악명 높은 이 짐승들을 이용해 미국 남서부 전역에 화물을 수송하려는 단기간의 실험을 위해 만들어졌다. (어느 시기에는 낙타들이 무려 투손에서 로스앤젤레스까지 우편물을 배달하기도 했다. 이 프로그램은 1861년 남북전쟁의 발발과 함께 폐지되었다.) 하지 알리의 묘석은 석영과 규화목으로 만들어진 피라미드 모양인데, 꼭대기에는 강철로 만든 단봉낙타가 올려져 있다. 모두 합해 높이가 3미터쯤 된다. 정면에 있는 명판에는 다음과 같이 적혀 있다. "하이 졸리의 마지막 주둔지, 1828년 무렵 시리아 모처에서 탄생, 30년 넘게 미국 정부에 충실하게 조력하다." 그의 낙타 중 한 마리였던 톱시의 유골이 그와 함께 묻혀 있다는 소문도 전해진다.

아마도 앞에서 언급한 나체주의자 서점 주인을 빼면, 하지 알리는 쿼츠사이트의 가장 유명한 주민일 것이다. 그를 기리는 의미로, 도시는 그의 낙타를 비공식 마스코트로 쓰고 있다. 쿼츠사이트를 찾아온 방문객들은 알리의 묘지에 있는 것과 똑같은 금속제 단봉낙타들을 자랑하는 기념비 크기의 환영 표지판들을 지나게 된다. 이 지역의 한 트레일러 주차장은 이름이 '배부른 낙타'다. 메인 스트리트의 서쪽 끝 근처에는 자동차용 휠 림과 다른 폐기물들을 한데 모아 만든 거대한 낙타 조각이 있다. 또한 퀴츠사이트는 해마다 '하이 졸리의 날' 퍼레이드를 연다. 이 행사는 좀 더 형편이 좋던 시절에는 각각 다른 해에 열린 데몰리션 더비◉와 낙타 경주를 포함해 갖출 것은 다 갖춘 축제였다. 퀴츠사이트 요트 클럽—장외 도박 시설이 있는 바 겸 레스토랑으로 "오랜만에 보는 바다Long Time No Sea"라는 모토를 내걸고 있다—에서는 클럽 주인의 아들이 머리부터 발끝까지 걸치는 낙타 의상을 입고 댄스 플로어에서 흐느적거리며 춤을 추곤 했다. 그러는 동안 밴드는 뉴 크리스티 민스트럴스의 〈하이 졸리〉를 연주했다. 이 노래는 지칠 줄 모르는 노동자이자, 인생을 즐기며 열심히 여자들을 따라다니는 사람이었던 알리의 양면을 담은 인기 있는 포크송이다.

하지만 퀴츠사이트의 곡절 많은 역사도 이곳이 이름 없는 도시로 잊혀지는 것을 막지는 못했다. 1950년대 중반이 되자 이곳의 인구는 단지 열한 가구로 줄어들었다. 그때 도시를 되살려낸 것은 쓰레기 더미와 예쁜 광물들이었다고 전해진다. 1960년대에 스테이션왜건 한 대가 10번 주간고속도로에서 고장난 뒤로, 이곳에서는 광범위하게 펼쳐지는 벼룩시장이 열리기 시작했다. 그 차의 운전자는 어린 딸 네 명을 데리고 서쪽으로 향하던 한 어머니였는데, 수리 비용을 감당할 수 없어서 딸들의 장난감을 팔아 현금을 마련했다. 다른 사람들도 그의 선례를 따라 자신들의 픽업트럭 뒷문을 열고 물건들을 팔았다. 이것이

◉ 서로 충돌하며 끝까지 달리는 차가 우승하는 경기.

이리저리 뻗어나가는 상점가로 발전했다. 1967년, 도시 개선을 도모하는 한 모임이 방문하는 쇼핑객들을 노려 '파우 와우'라는 보석 및 광물 쇼를 시작했다. 쇼가 엄청난 인기를 끌면서 많은 사람들은 이 쇼가 소멸해가던 쿼츠사이트를 되살려놓을 거라고 믿었다. 시간이 지나면서 쇼는 수많은 벼룩시장 및 중고품 시장 들과 합쳐졌다. 겨울 내내, 그들은 한 해의 나머지 시기에는 텅 빈 채 남아 있던 수천 제곱미터의 아스팔트와 경토층 사막을 가득 메운다. 이곳에는 그리즈우드 주차장 겸 자동차 판매장이 있고, 프로스펙터스 파노라마 쇼가 있다. 메인이벤트도 있다. 타이슨 웰스에서 열리는 판매전은 마치 호더가 여는 중고품 시장 같다. 소 두개골, 주철로 만든 조리기구, 총기 휴대용 여성 핸드백 등이 그곳 테이블들을 채우고 있다.

그런 판매 구역 중 한 곳인 메인 스트리트의 '하이 알리 중고품 시장'에서 나는 일흔 살 여성 섀런 피터슨을 만났다. 모두가 그를 ('셰리주'와 발음이 같은) '셰리'라고 불렀다. 그는 낡은 나무 문짝들을 테이블 삼아 자기가 팔 수 있는 잡동사니들을 진열해놓고 있었다. 여기에는 일본도 한 자루, 와피티 사슴 가죽, 하와이언 셔츠들, 그리고 그가 포드 E350 밴에서 살게 되어 더 이상 필요 없게 된 살림살이들이 포함돼 있었다. 물건들 사이에는 셰리가 종잇조각에 적어놓은 "탄약값이 올랐으니 경고 사격은 기대하지 마라" "우리는 피한객snowbird이 아니다. 우리는 눈송이snowflake다" 같은, 범퍼 스티커에 쓰일 법한 짤막한 명언들이 흩어져 있었다. 물건을 만지작거리기만 하고 사지는 않는 사람들이 빠져나갔다. 한 사람이 셔츠 네 장을 17달러에 샀다. "모두가 하와이언 셔츠를 입으면 세상은 더 나은 곳이 될 거예요!" 셰리가 소리쳤다. 또 다른 사람은 셰리가 샌타바버라에서 20달러에 샀던 갈색과 청록색 접시 세트를 25달러에 사 갔다. "돈을 돌려받을 수 있는 유일한 중독이죠!" 셰리는 중고품 할인 상점 쇼핑에 관해 이렇게 말했다.

셰리는 해마와 다른 바다 생물들 모양으로 만든 금색과 은색 핀 여러 개가 달린 야구모자를 썼고, 그 밑으로는 땋아 내린 금발 머리가 빠져나와 있었다. 눈꼬리에는 주름이 져 있었고, 피부는 영구 태닝을 받은 듯한 빛깔이었는데, 아마도 1960년대에 로스앤젤레스 바로 남쪽의 맨해튼 비치에서 했던 서핑이 남긴 흔적인 듯했다. (셰리는 기짓° 스타일로 자른 머리를 하고 비키니 차림으로 긴 노란색 서핑 보드 쪽으로 다가가는 자신을 찍은 지갑 크기와 포스터 크기의 사진들을 아직도 지니고 있다.) 그때는 그럭저럭 살아나가기가 더 쉬웠다고 셰리는 회상했다. 그는 스물다섯 살 젊은이들이 하는 것들을 하며 살았다. "햄버거, 담배, 휘발유가 각각 1파운드에 25센트, 한 갑에 25센트, 1갤런에 25센트였어요."

미네소타에 있던 집을 어쩔 수 없이 팔아버린 뒤로 셰리는 밴에서

⊙ 1957년 미국 작가 프레더릭 코너가 쓴 소설 『기짓』의 주인공인 10대 소녀. 소설이 영화와 TV 시리즈로 제작되면서 크게 인기를 끌었다.

지내고 있었다. 그는 그 집을 1989년에 샀고, 23년간 거기 살면서 남는 방들을 세주는 것으로 비용을 부담했다. 그러다가 허가증이 없다는 사실이 발각되어 임대를 그만둬야 했는데, 그건 곧 집을 잃게 된다는 뜻이었다. "관료들은 정말 어처구니없는 사람들이에요." 셰리가 한탄하듯 말했다. 그는 원래 그 집을 팔아 그 순지분으로 먹고살 계획이었다. 하지만 2002년에 30만 달러였던 집값은 주택시장 붕괴의 결과로 14만 달러까지 떨어졌다. 주택 융자금과 중개 수수료를 내고 나니 돈이 별로 남지 않았지만, 셰리는 그 돈을 최대한 이용하기로 했다. 그의 밴은 원래 15인승이었다. 경치가 계속 변한다는 점만 빼면, 밴에서 사는 일은 사방에 전망창이 달린 이동식 저택에 사는 것과 같다고 셰리는 말했다. 그의 사회보장연금은 메디케어 100달러를 공제하고 나면 1달에 600달러였다. "휘발윳값은 충분한 것 같아요." 셰리가 웃으며 말했다. "돈이 떨어지면, 난 그냥 한자리에 머물러요." 셰리는 자신의 옷가지 전부를 밴에 있는 플라스틱 용기 세 개에 쑤셔 넣었고, 1년에 600달러를 내고 보관 창고도 따로 빌렸다. 그는 중고품 시장의 자릿세로 1달에 300달러를, 도시가 정한 판매 허가료로 50달러를 내고 있었다. 쿼츠사이트의 중고품 시장에 있지 않을 때는 샌타바버라 해변에서 보석을 팔았다. 그곳의 시즌 입장권은 100달러밖에 하지 않았지만, 해변이 닫히는 매일 새벽 2시에서 6시까지는 입장이 금지돼 있었다. 그 시간 동안 셰리는 어디로 가 있을까? "그냥 숨어 있어요." 셰리가 건조하게 말했다. 그곳에는 관심을 끌지 않으면서 주차할 만한 곳이 많았고, 옛날에 타던, 스티커가 덕지덕지 붙어 있던 낡은 히피 밴과는 달리 지금의 밴은 단순한 흰색이어서 아무도 눈여겨보지 않는다고 그는 설명했다.

우리가 처음 만나고 며칠이 지났을 때, 셰리와 나는 쿼츠사이트 요트 클럽에서 만나 저녁을 먹었다. 셰리는 더블 햄버거를 주문했는데, 패티는 한 개만 먹었다. 나머지 패티 하나는 스키틀스에게 가져다주려고 조심스레 냅킨에 쌌다. 스키틀스는 피닉스로 급히 여행을 떠나야 했던 다른 판매자가 셰리에게 맡겨놓고 간 개였다. 셰리는 버거에 들어 있던 양상추, 토마토, 양파로 샐러드를 만들고, 토마토케첩과 마요네즈를 위에 뿌린 다음 섞어서 사우전드 아일랜드 드레싱처럼 보이게 했다. 그는 오둘스 논알콜 맥주를 두 병 마시고는 유리잔에 든 레몬 띄운 얼음물을 홀짝거렸다. 식사가 끝나자 셰리는 내가 자기 몫까지 계산하지 못하게 하고는, 남은 물을 조심스럽게 포장용 스티로폼 컵에 부었다. 얼음물은 차갑고 상쾌했고, 얼음은 작은 사치품이었는데, 밴에서는 절대 만들 수 없기 때문이었다.

우리는 하이 알리 중고품 시장으로 함께 걸어 돌아갔다. 밤에는 어디서 잤느냐고 내가 묻자, 셰리는 자신의 판매 테이블 바로 건너편에 주차해둔 밴 안에서 잤고, 별문제 없었다고 대답했다. 거기서는 아무도 셰리를 귀찮게 하지 않았다. 그는 내게 뉴욕에 살다니 미쳤다고, 자신은 어딘가의 "콘크리트 정글"에 갇혀 있지 않다는 사실에 감사한다고 했다.

"새들이 공원에서 살 수 있다면, 혹은 도시에서도 살 수 있다면, 나라고 왜 못 하겠어요?" 셰리가 말했다. "사람이 살아야 한다고 정해져 있는 곳에서만 살아갈 필요는 없어요. 그게 이 모든 것의 핵심이라고요!"

。

미국의 많은 소도시들과 마찬가지로, 쿼츠사이트 역시 힘든 시간을 겪어왔다. 메인 스트리트의 상업적 활기 속에서는 성공하지 못한 사업들 역시 눈에 띈다. 레스토랑 한 곳은 판자로 막아두었다. 어떤 주유소는 페인트가 벗겨지고 흐린 색으로 바래 있다. 급유기는 수십 년간 버려져 있었던 것으로 보인다.

이곳에 오래 산 사람들은 성수기의 쿼츠사이트에 RV들이 너무도 많이 몰려든 나머지 차들의 지붕에서 지붕으로 건너뛰면서 사막을 건널 수 있을 정도였다고 이야기한다. 하지만 최근 몇 년간은 방문객 수가 뚜렷이 줄었다. 정확한 이유는 아무도 모르는 듯하지만, 지역의 정치적 분쟁 때문이라는 의견부터 재산세 급등, 벼룩시장 판매자들에게 늘어난 비용 부담 때문이라는 의견, 미국과 캐나다 간 환율, 아니면 오르락내리락하는 휘발윳값을 이유로 드는 의견에 이르기까지 모두가 자신만의 지론이 있다. 어떤 사람들은 쿼츠사이트의 보석 및 광물 쇼를 찾던 암석 수집가 수천 명이 투손에서 열리는 비슷한 행사들로 빠져나가고 있다고 생각한다. 하지만 다른 사람들은 이 현상이 더 큰 경제 불안의 징후라고 생각한다. 자유 시간이라는 사치스러운 여유는 말할 것도 없고, 연료를 많이 잡아먹는 모터홈을 장시간 운전해 오는 일을 감당할 수 있는 사람들이 점점 줄어들고 있다는 뜻이다.

"쿼츠사이트 토박이로서, 저는 방문객이 100만 명은 족히 넘었던 1980년대 초반의 최성수기를 기억합니다. 이제는 30만 명쯤에 가깝죠." 이 지역의 상공회의소 소장 필립 쿠시먼은 내게 보낸 이메일에서 이렇게 말했다.

"아이러니한 게, 에어컨이 보급되기 전에는 사람들이 6개월 동안 사막에 나가 캠핑을 하면서도 만족했거든요. 그런데 지금은 기온이 섭씨 38도를 넘자마자 다들 다른 데로 미친 듯이 몰려갑니다." 그는 이렇게 덧붙였다. "겨울에 방문하는 인구층이 달라지고 있어요. 2차대전 세대는 빙고 게임을 하고, 춤추러 가고, 암석 사냥을 하러 다니는 걸로 만족했고, 우리의 여러 지역 봉사 공동체 조직에서 자원봉사도 했거든요. 우리가 관찰해본 바로는, 그 사람들을 대체한 베이비부머 세대는 더 많은 활동을 원하고, 그런 게 없으면 지루해합니다." 그는 쿼츠사이트의 전성기가 끝났다고는 믿고 싶어하지 않았다. 최근 몇 년간 이곳의 지역 사회는 '그랜드 개더링' 같은 새로운 행사들을 실험해왔다. 그랜드 개더링은 조부모인 사람들이 4일 동안 모이는 기념행사였는데, 631명이 서서 (그리고 자리에 앉아서) 거대한 Q 자를 만들어 '인간으로 만든 가장 커다란 글자' 부문 기네스 세계 기록을 세웠다.

　이런 노력들에도 불구하고, 도시가 부흥하는 데 필요한 돈 많은 여행자 부류와는 달리, 쿼츠사이트를 방문하는 많은 사람들은 생활고와 싸우고 있다. 사우스 문 마운틴 애비뉴에 있는 '이사야 58 프로젝트' 교회에서는 바이커였다가 목사가 된 마이크 하비와 그의 아내 린다가 그런 사람들을 돕기 위해 계절 한정 수프 나눔을 시작했다. 직접 홈리스의 삶을 겪어본 뒤에—건강에 문제가 생겼지만 보험이 없었던 이 부부는 지불할 수 없는 청구서 무더기에 깔리고 말았다—하비 부부는 2003년, 의지할 곳 없는 사람들을 돕는 구호소를 교회와 함께 설립했다. 프로그램은 점점 커졌고, 이제는 매년 11월부터 3월까지 노인들과 홈리스들에게 수천 끼의 식사를 제공하고 있다. 손님들이 앉아서 설교를 끝까지 듣지 않으면 음식을 받을 수 없는 많은 교회 구호소들과 달리—그들 무리 안에선 그런 설교를 '떠버리 짓'이라고 부른다—이 구호소에는 그런 요구 사항이 전혀 없다.

　마이크는 쿼츠사이트가 "저소득층을 위한 은퇴자 도시"이자 "저렴하게 숨어 있을 수 있는 곳"이기 때문에 떠돌이 노인들이 이곳에 모여든다고 내게 말했다. 무엇으로부터 숨어 있는데요? 내가 물었다. 수치스러움으로부터, 가난으로부터, 추운 날씨로부터. 그의 대답이었다. "여기서는 얼어 죽을 걱정은 하지 않아도 되죠. 그 사람들은 자기 아이들한테 잘 지내고 있다고 얘기해요." 그가 설명했다.

　어느 날 밤 내가 방문했을 때 식사 손님들은 치킨 카차토레를 얹은 스파게티, 샐러드, 햄버거 빵으로 만든 마늘 빵, 그리고 사과 크리스프를 받기 위해 플라스틱 식판을 들고 줄을 서 있었다. 그들은 교회 뒤쪽, 주차장으로 통하는 열린 창고 공간의 긴 테이블에 앉았다. 명랑한 분위기가 흘렀다. 은퇴자들은 화물 열차 무임승차자들과 자전거 여행자들에 관한 이야기를 주고받았다. 그들의 머리 위에는 손으로 그린 배너가 한 장 걸려 있었는데, 거기에는 막대 인간 한 사람이 출입구로 다가가는 모습이 있고, 그 왼쪽에는 붉은 화염이, 오른쪽에는 황금빛 구름이 그려져 있었다. "시간이 다 됐습니다!" 배너가 선언했다. "어느 쪽을 택하시겠습니까? 예수님을 택하지 않는다면 지옥을 택하는 것입니다."

저녁식사를 하는 동안 나는 레너드 스콧을 만났다. 전직 주유소 주인이자 '스코티'로 통하는 그는 "나의 주님 예수"라고 적힌 트럭 운전사 모자를 쓰고, 그 아래 지저분한 회색 머리를 한 갈래로 묶고 있었다. 예순세 살인 그는 1995년형 위네바고에서 살고 있었다. "경제가 무너졌을 때, 저는 제 왕국을 잃었어요." 그의 왕국은 투자 부동산으로 사두었던 집 두 채와 두 세대용 주택 하나였다. 스코티는 달마다 590달러씩 나오는 사회보장연금만으로는 모자라서 애리조나주 토너파에 있는 어느 온천에서 일한 적이 있었고, 이제는 태평양 연안 북서부에 있는 친구들에게 합류해 1온스당 10달러를 준다는 곰보버섯 채집 일을 할 계획을 세우고 있었다. 언젠가는 카우아이섬 해변으로 가서 나무에서 떨어지는 과일을 먹으며 살고 싶다고 그는 덧붙였다.°

교회는 도시의 푸드 뱅크 근처에 있다. 그곳에서 나는 남편과 사별한 여든 살의 여성 캐럴 켈리와 함께 잠시 시간을 보냈다. 캐럴은 영양소에 관한 포스터들로 뒤덮인 벽 아래 어질러진 책상 앞에 앉아 지칠 줄 모르고 그곳의 운영 업무를 보고 있었다. "난 이 의자에 앉은 채로 죽을 거예요." 그가 농담을 했다. 세미트레일러 한 대가 전복되는 바람에 기대하지 않았던 행운이 도착했고 ─ 꼬투리째 먹는 완두콩과 오이, 그린 빈스, 망고가 든 나무 상자들이었다 ─ 캐럴은 화재로 타고 남은 물건들을 할인 판매하는 농장 판매대 운영자처럼 열띤 태도로 방문객들에게 전리품들을 떠맡기고 있었다. 그때 오리건에서 온 한 커플이 잠깐 들렀다. 밴에서 생활하는 사람들이었다. 여자는 자신이 하던 커피숍 사업이 도산해 빈손으로 새롭게 삶을 시작한 참이라고 내게 말했다. 여자가 개를 그리는 데 소질이 있어서, 그들은 작품 몇 점을 팔아보겠다는 희망을 품고 근처의 벼룩시장으로 가는 길이었다.

캐럴은 그들에게 채소 한 상자를 들려 보냈다. 그들이 떠나자 캐럴은 스트레스를 받은 듯 보였다. 방문객들은 말할 것도 없고 쿼츠사이

⊙ (원주)그가 상황이 안 좋아진 뒤 그런 소망을 품게 된 첫 번째 사람은 아니다. 하와이 최대의 홈리스 쉼터를 운영하는 사회복지협회의 대표자는 "하와이에서 홈리스로 살기를 진심으로 바라는 사람들"로부터 1년에 100통에서 150통가량의 전화와 이메일을 받고 있다고 지역 방송 기자에게 밝혔다. 최근 몇 년간 하와이의 홈리스 인구는 3분의 1 이상 늘어났고, 지금은 1인당 홈리스 비율이 미국의 다른 어느 곳보다도 높다. 이런 상황 때문에 주지사는 긴급 상황을 선포했고, 호놀룰루 시장은 "홈리스 상태와의 전쟁"을 요청했다. 한편 하와이 관광 산업계는 홈리스들을 비행기에 태워 미국 본토로 돌려보내기 위한 기획에 자금을 제공하고 있다.

트에 상주하는 주민들의 요구를 따라잡는 것만으로도 충분히 힘들다고 그는 설명했다. "조그만 우리 도시가 겨울 동안 여기 돌아다니는 이 모든 사람들을 먹여 살려야 한답니다." 그가 말했다. "불공평하죠." 정규 자원봉사자 한 명이 그를 달래려는 듯 맞장구를 쳤다.

"저희는 모두에게 음식을 제공해요." 자원봉사자가 조용히 말했다. "모든 사람을 동등하게 대하죠."

。

나는 3년 연속으로 겨울에 쿼츠사이트 근처 사막에서 캠핑을 했다. 처음에는 텐트에서, 그다음에는 밴에서 지냈다. 거기서 몇 달 동안 살아가는 노마드들과 교류하기 위해서였다. 나는 세 번의 겨울 캠핑 동안 계속 마주치는 사람들을 용케 따라잡는 데 성공했는데, 그중에는 내가 전에 네바다주에서 인터뷰를 했던 음악 교사 바버라와 전 맥도날드 부사장 척 스타우트 부부도 있었다.

처음 쿼츠사이트에 왔을 때, 바버라와 척은 3개월 동안 했던 캠퍼포스 일에서 미처 다 회복되지 못한 상태였다. 동료 노동자들처럼 그들 역시 세 단계로 된 시험에 직면했다. 제일 먼저 찾아온 것은 신체적인 피로였다. ("10시간 동안 몸을 들어 올렸다, 비틀었다, 쪼그려 앉았다, 쭉 뻗었다 하고 나면 내 몸에 있는 줄도 몰랐던 근육들이 소리를 질러댔어요." 바버라는 이렇게 회상했다.) 그다음으로는 카프카적인 광기가 왔다. (제품을 집어넣을 공간이 있는 저장소를 찾아 45분 동안 헤맨 끝에, 바버라는 자신이 "아마동물원Amazoo"이라고 별명을 붙인 창고에서 제정신을 유지하기 위해 "숨 쉬어, 숨 쉬어" 하고 반복해 중얼거려야 했다.) 마지막 시험은 전력을 다한 생존이었다. 더 따뜻한 기후에 맞게 설계된 RV에서 영하의 날씨를 견뎌내야 하는 스트레스가 있었다. (그 차에 공급되던 수돗물은 필터가 얼어붙어 터진 뒤에 끊겨버렸다. 그다음에는 펌프가 고장 났다. 척은 이것저것 수리하느라 하루 동안 일을 하지 못했다.)

그 모든 것이 지나가고, 그들은 애리조나의 햇볕을 쬘 준비가 되어 있었다. 하지만 'Q'에 처음 온 사람들이 그렇듯, 그들 역시 그 광대하고 황량한 사막 어디쯤에서 분도킹을 해야 할지 알지 못했다. 또 다른 커플이 해마다 열리는 블루버드 원더로지 버스 보유자들의 회합인 '같은 깃털을 가진 새들의 쿼츠사이트 대회'에 그들을 초대했다. 그들은 그 회합에 한번 가보기로 했다. 그들이 찾아낸 것은 다음과 같았다. 85대가 넘는 블루버드 원더로지 럭셔리 대형 버스들이 어린아이가 그린 태양의 햇살처럼 거대한 원을 그리며 어깨를 나란히 하고 주차되어 있었다. 차량 주인들은 이 구역을 '둥지'라고 불렀다. 차들의 앞 범퍼는 정확히 7.6미터 간격으로 땅 위에 새겨진 X 자 표시들에 맞춰 안쪽을 향하게 조정되어 있었다. 회합이 시작되자, "Q에 오신 것을 환영합니다"라고 적힌 화이트보드에 매일 행사 일정이 업데이트되었다. "숙녀들의 산책"("걸어, 이년아, 걸어, 이년아……"라는 캡션이 달려 있었다[*])부터 "남자들의 기술 산책", "사격 전술"이라는 소형 화기 수업, "레이의 저녁식사—최상급 갈비 요리"까지 일정은 다양했다. (한 메모에는, 스테이크를 예약한 뒤 입금하는 걸 깜빡하고 저녁식사를 하러 갔다가는 "손님 몫의 천국 한 조각은 식당 주인인 레이가 도시의 홈리스에게 기부해서 없습니다!"라는 말을 듣게 될 거라는 경고가 농담조로 적혀 있었다.)

스타우트 부부는 오래지 않아 자신들의 1996년형 내셔널 시브리즈 대형 버스가 'S. O. B.', 즉 '어떤 다른 브랜드Some Other Brand'에 속한다는 것을 깨달았다. 그 차는 회원들의 무리에 합류하는 것이 허락되지 않았다. 그들은 옆쪽으로 떨어진 곳에 주차해야 했다. 어떤 밤들에는, 그들은 두 사람만의 모닥불을 피웠다.

그 대회에서는 있을 자리가 없다고 느꼈지만, 스타우트 부부는 재빨리 좀 더 우호적인 부족과 다시 연결되었다. 힘겨운 노동이라는 공통분모로 유대감을 형성해온 부족이었다. 사막 한쪽에 있는 스캐던워시라는 지역에 캠퍼포스 노동자들의 비공식 모임이 생겨나고 있었다. 아마존 노동자 아홉 명과 재미 삼아 따라온 은퇴한 경관 한 명이 캠핑용 의자에 앉아 돼지 껍데기 스낵과 토르티야 칩, 미니 당근, 그리고 바버라가 손수 만든 비건 달걀 샐러드 샌드위치를 우적우적 베어 먹으며 창고에서의 일을 회상했다. 그들은 유명한 크리스마스 노

⊙ 브리트니 스피어스의 노래 〈Work Bitch〉를 패러디한 문구로 보인다.

래 〈크리스마스부터 12일〉을 노동자식으로 패러디한 〈아마존에서의 12일〉을 불렀다. 원곡의 "귀족들이 뛰어오르고 있어"를 창고 소음을 가리키는 "경적들이 삑삑거리고 있어"로 바꾸고, "ID 보안 배지 한 장" "장갑 두 켤레" "오렌지색 조끼 세 벌" 그리고 결국에는 "아픈 근육 열 군데" 같은 또 다른 선물 목록을 가사에 추가한 노래였다. 그 런 다음 그들은 모자에서 이름이 적힌 제비를 뽑아 경품을 주었다. 열 쇠고리, 병따개, 신분증을 목에 거는 줄, 메모리 스틱을 포함해 몰래 빼 내온 아마존 상표가 붙은 물건들이었다. (그들은 내게 커터칼 하나를 주려 했지만 나는 조금 있다가 비행기를 타고 돌아가야 한다고 설명 하면서 정중하게 사양했다.) 누군가가 파란색 플라스틱 원반을 날리 자, 오스트레일리언 셰퍼드와 목양견 사이에서 태어난 스타우트 부부 네 개 시드니가 그것을 쫓아 달려갔다. 사람들은 생각에 잠긴 채, 아 마존에서는 시즌이 끝날 때까지 남은 날짜를 세고 있었던 반면 쿼츠 사이트에서는 시간의 흐름을 완전히 잊어버리는 일이 얼마나 쉬운지 이야기를 나눴다.

바버라와 척은 쿼츠사이트를 즐기게 되었고, 해마다 순례하듯 그곳 을 찾았다. 아이리스와 마찬가지로 그들도 거기서 단기 일자리들을 찾 아냈다. 거기에는 RV 쇼에서의 일들도 포함되어 있었다. 쓰레기를 줍 고, 판매자 전용 출입구를 경호하고, 낚시 도구와 스포츠 음료 홀더, 기타 아이디어 상품들을 파는 부스를 지키는 것 같은 일들이었다. 바 버라는 그 부스에서 했던 일을 가장 좋아했다. 거기서 그는 축제의 호객꾼과 홈쇼핑 네트워크 호스트를 섞어놓은 역할을 해야 했다. 시음용 블러디 메리 믹스를 나눠주었고, 낚싯줄에 쉽게 매듭을 짓게 도와주는 도구 사용법을 재빨리 시연해 보이기도 했다. 상사는 바버라가 시선을 끌도록 격려해주었다. 한번은 노약자용 스쿠터를 탄 나이 지긋한 여성이 구경을 하려고 판매대로 미끄러져 다가왔다. 바버라의 상사는 리퀴드 캐디사의 음료수컵 홀더인 '얼티미트 머그'를 집어 들고는, 벨크로를 써서 그것을 나이 든 여성의 의족에 붙였다. 바버라가 맞장구를 쳤다. "이건 어디에든, 언제든, 무엇에든 딱 맞아요!" 바버라는 그렇게 외치고는 자신의 상사를 가리켰다. "이분은 농담하는 게 아니에요! 손님 다리를 잡아당기지 않잖아요![⊙]"

쿼츠사이트에서 마지막으로 스타우트 부부를 봤을 때, 그들은 그곳에서 세 번째로 겨울을 보내고 있었다. 그들은 이제 베테랑 노마드가 되어 있었다. 모닥불가에 앉아 그들은 즐거운 정화 의식을 치렀다. 자신들의 낡은 파산 서류들을 태우는 것이었다.

⊙ '다리를 잡아당기다'와 '놀리다, 농담하다'라는 중의적인 뜻을 가진 표현 'pull one's leg'를 이용한 농담.

7장

○

타이어 떠돌이들의 랑데부

캘리포니아주의 도시 니들스Needles는 들쭉날쭉한 이빨들처럼 솟아오른 다양하고 날카로운 화강암 기둥들에서 그 이름을 따왔다. 존 스타인벡은 『분노의 포도』에서 이곳에 관해 쓰면서 이 장소를 그 지형이 암시하듯 적대적으로 보이게 만들었다. 조드 가족은 잠시 쉬려고 니들스의 콜로라도강 가에 있는 텐트촌에 들르지만, 보안관보 때문에 급히 떠나야 하게 된다. 보안관보는 그들을 '오키'라고 부르면서 이렇게 으르렁거린다. "당신들, 여기 있을 수 없어." 조드 부인은 무쇠 프라이팬으로 그를 위협하며 되받아친다. "선생, 당신이 양철 배지랑 총을 차고 있지만, 우리 고향에서는 당신 같은 인간들이 그렇게 소리를 지르지 못해."

린다는 타이어 떠돌이들의 랑데부에 가는 길에 니들스에 들렀다. 8시간 거리에 있는 펀리의 아마존 창고에서 곧바로 온 참이었다. 조드 가족처럼 린다도 지친 까닭에 그곳에서 잠을 잘 수 있기를 바라고 있었다. 하지만 그들과는 달리, 린다는 경찰에게 끌려 나가는 일을 피할 계획이었다. 주의를 끌지 않으면서 8.5미터짜리 모터홈을 밤새 공짜로 주차해둘 곳을 찾아야 한다는 의미였다. 니들스에는 월마트가 없었다. 차선의 선택지가 될 만한 곳으로는 사용 가능한 주차장이 딸린, 밤새 영업하는 가게가 있었다. 유서 깊은 66번 국도를 벗어나면서, 린다는 상점가 니들스 타운 센터에 있는 배샤스 슈퍼마켓의 영업시간을 확인했다. 그곳은 일찍 닫았지만, 거기서 90미터가량 떨어진 곳에 24시간 피트니스가 있었다. 그곳은 특별히 붐비는 것 같지는 않았지만, 붐비게 될지도 몰랐다. 린다는 그곳의 입구 건너편에 차를 대고 침대로 기어 들어갔다.

린다는 밤 내내 깨지 않고 잤다. 아침에 그는 할 일을 퍼뜩 떠올리며 잠에서 깼다. 아마존에서 일하는 동안 린다는 깜박하고 자신의 모터홈 등록 증명서가 만기되게 내버려두고 말았고—"이런 멍청한 짓을 하다니!"—여행을 더 하기 전에 갱신을 해야 했다. 그래서 그는 지역 차량관리국으로 가는 길을 찾도록 내비게이션을 설정했다. 전화기에 있는 GPS가 길을 따라 린다를 이끌었다. 잠시 뒤 GPS는 유턴을 하라고 했다. 그런 다음 조금 더 운전하라고 했다. 길 안내가 멈췄을 때, 린다는 자신이 출발했던 바로 그 자리에 돌아와 있었다. 린다는 다시 한번 시도했고, 결과는 마찬가지였다. 도움을 청하러 주유소로 들어갔다. 안내원은 상점가 모퉁이 근처에 있는 한 사무실을 가리켰다. "저 앞에 밤새 차를 대고 있었는데." 린다가 웃음을 터뜨렸다. "그냥 못 본 모양이에요." 등록은 이내 갱신되었고, 린다의 모터홈은 95번 고속도로를 따라 남쪽으로 달리기 시작했다. 채 2시간이 안 되는 거리에 쿼츠사이트가 있었다.

"타이어 떠돌이들의 랑데부에 오셔서 수업을 듣고, 배우고, 멋진 친구들도 많이 사귀세요." 밥 웰스의 웹사이트에 올라온 초대장에는 그렇게 적혀 있었다. "현대의 밴 생활자들은 많은 면에서 옛 시대의 산 사람들과 똑같습니다. 우리는 혼자 지내야 하고 계속 이동해야 하지만, 그 못지않게 이따금씩 한데 모여 생각이 비슷한, 서로를 이해하는 사람들과 연결될 필요도 있습니다."

동료애를 갈망하는 린다에게 이 말은 근사하게 들렸다. 7개월 전 RV에 타고 출발할 때, 린다의 목표는 단지 재정적으로 살아남는 것만이 아니었다. 린다는 더 커다란 공동체에, 성취와 자유를 찾아 자기 삶을 기꺼이 급진적으로 바꾸고 싶어하는 사람들의 무리에 합류하고 싶었다. 그러나 아마존의 야간 교대 근무는 무던히도 고생스럽고 외로웠다. 쉬는 날은 사람들을 만나기보다는 기운을 되찾는 날이었고, 다른 노마드들과 이어질 시간은 별로 없었다. 매서운 겨울이 네바다를 장악해 기온이 섭씨 영하 18도까지 떨어지자, 데저트 로즈에 있던 린다의 이웃들은 대부분 RV 주차장의 야외 공유지에서 어울리기보다

227

는 자신들의 차 안에 숨어 있었다. 하지만 이제 그 모든 것이 끝났다. 린다는 오후가 되면 섭씨 21도까지 올라가는 쿼츠사이트의 따뜻한 날씨를 맞을 준비가 되어 있었다.

　물론 잘 지낼 수 있으리라는 보장은 없었다. 린다는 'Q'에 가본 적이 없었다. 그 도시를 에워싼 광활한 사막의 어느 곳으로 가야 할지도 알 수 없었다. 심지어 야영지로 가는 길조차 몰랐다. 밥의 웹사이트에서 대화에 참여해 RTR 사람들과 온라인 친구가 된 많은 신참들과는 달리, 린다는 그런 대화에 낀 적이 없었다. RTR에서 그가 아는 사람은 실비앤뿐이었다. (젠과 애시는 다른 모험들을 하러 떠나서 2주간의 행사가 절반 이상 지나기 전에는 나타나지 않을 예정이었다.) 결국 린다는 새로운 학교의 첫날 교실로 걸어 들어가는 아이 같은 상황이 되었다. 사람들을 만나고 싶었다. 많은 것들을 배우고 싶었다. 하지만 그곳에서 잘 어울리지 못한다면? 결국, 모임 대부분은 밴 생활자이면서 미니멀리스트인 사람들로 구성돼 있을 것이었다. 그들이 커다랗고 기름도 엄청나게 많이 잡아먹는 린다의 차를 좋게 생각할까?

　하지만 린다는 걱정으로 시간을 다 보내지는 않았다. 대신 자문을 구하러 웹에 접속했다. "안녕하세요, 이번에 처음 RTR에 참가하는데요, 캠프장으로 가는 지도나 행사 일정표 같은 게 있나요? 어떤 조언이라도 감사히 받을게요." 린다는 모임을 위해 생긴 페이스북 페이지에 이렇게 포스팅을 했다. 스왱키 휠스가 클립아트로 된 보물 지도처럼 보이는 것을 링크해주었다. 거기에는 RTR로 가는 길이 노란색으로 눈에 띄게 표시돼 있었다. 길 끝에는 붉은색 X 자 표시와 함께 "여기예요"라는 문장이 적혀 있었다.

그렇게 해서 린다는 자신의 부족이 되어주기를 바라며 사람들을 찾아가기 시작했다. 모터홈은 돔 록 로드 이스트 도로를 따라, 도시에서 멀어질수록 점점 더 종말 이후의 풍경처럼 되어가는 포장도로 위를 덜컹거리며 달려갔다. 어떤 곳들은 길이 너무 엉망이고 갈라져서 운전자들이 포기하고 대신 갓길을 이용했다. 린다의 오른쪽으로 14일 동안 무료로 캠핑을 할 수 있는 공유지인 스캐던 워시가 보였다. 엄청나게 큰 RV들이 일렬로 캠프장 가장자리에 몰려 있어서 그곳은 황무지보다는 테일게이트 파티가 열리는 장소에 가까워 보였다. 더 멀리 가자, 오렌지색과 흰색 줄무늬 방벽이 있는 곳에서 아스팔트의 잔해가 끝났다. 린다는 거기서 미첼 마인 로드 도로로 힘껏 우회전해, 덤불을 헤치며 오르막과 내리막으로 된 자갈길을 달렸고, 남쪽으로 달린 다음, 군중들을 지나쳐 시골길로 들어섰다. 2.4킬로미터쯤 더 달리자 길가에 노란색 표지판이 나타났다. 타이어 떠돌이들의 랑데부. 오른쪽을 가리키는 화살표와 함께 그렇게 적혀 있었다. (그 표지판은 대낮에는 캠프장을 찾는 데 도움이 되었지만 날이 어두워진 뒤에 초심자가 찾기에는 힘들었다. 쿼츠사이트에서 보낸 첫 번째 겨울, 나는 어느 날 저녁 그곳에 갔다가 금세 길을 잃고 말았다. 멀리 캠프파이어가 보여서 RTR이었으면 하고 그쪽으로 차를 몰았지만, 레인보와 크러스트 펑크 들이 위스키를 마시고 대마초를 하며 떠들어대고 있었다. 나는 거기 앉아 한 기타 연주자가 포크 가수 킴야 도슨의 쾌활한 노래를 큰 소리로 부르는 것을 들었다. "아침으로 마신 맥주는 매드 도그 한 병이었고! 내 정상 시력은 50퍼센트 떨어졌지!")

린다는 캠핑 구역으로 천천히 차를 몰았다. 펼쳐진 사막 여기저기에 60여 대의 차량이 마치 엄청나게 큰 뒤뜰을 나눠 쓰는 작은 집들처럼 서 있었다. 온갖 종류의 밴들이 보였다. 미니밴, 화물용 밴과 승객을 태우기 위한 밴, 하이톱으로 개조한 밴, 휠체어 리프트가 달린 밴, 박스 밴. 이동 및 보관 장비 대여 업체 유홀의 로고와 그림이 옆면에 크게 그려진 밴 한 대는 렌트한 것이었다. (린다는 나중에 알게 되지만, 이 차는 밴 생활자가 되려고 연습 중인 어떤 사람의 임시 거주지였다. 그는 시카고에서 피닉스로 비행기를 타고 온 다음 RTR 기간 동안 이동 수단 겸 집으로 삼으려고 이 차를 구했다.) 밴들 사이사이에는 여행용 트레일러와 캠핑용 픽업트럭, RV, 그리고 몇 대의 SUV와 장기 이동 생활에 알맞게 개조한 세단 들이—심지어 프리우스도—있었다. 어느 자전거 여행자는 훨씬 더 적은 것들을, 즉 바퀴 두 개와 텐트 하나를 임시 집으로 삼았다. 좀 더 이국적인 차량들도 일부 있었는데, 그중 하나는 나무로 손수 만들고 시폼 그린색을 칠한, '바도'라고도 하는 집시 캐러밴이었다. 19세기에 전통적으로 집시들이 타던 말이 끄는 왜건을 본떠 만든 이 캐러밴은 픽업트럭이 끌고 있었고, 원래는 오리건 출신인 예순다섯 살 건축가의 집이었다. 그 건축가는 신장암에서 회복된 후 매달 나오는 사회보장연금 471달러로 겨우겨우 빚은 지지 않고 살고 있었다.

　무질서하게 자리 잡은 차들 한가운데 커다란 캠프파이어 터가 있었다. 그곳이 모임의 중심이었다. 거기서 그리 멀지 않은 곳, 듬성듬성 서 있는 나무들 근처에서 린다는 자신의 RV를 주차할 자리를 찾아냈다. 린다는 캠프를 설치하기 시작했다.

　이동식 주택들의 선단은 눈에 띄는 볼거리를 만들어냈고, 밥은 나중에 그 사진들을 자기 웹사이트에 올렸다. 한 방문자는 감탄하며 이렇게 적었다. "설명 없이 이 사진들만 봤다면…… 누구든 이건 〈매드 맥스 2〉스러운 미래를 담은 거라고 생각할 거예요…… 경제 붕괴 이후 모두가 차 안에서 살게 된 미래를요."

　밥이 타이어 떠돌이들의 랑데부를 주최하는 것은 이번이 네 번째였다. 지도자가 되는 일은 쉽지 않았다. 계획과 홍보에 수개월이 걸렸다. 행사가 시작되자 그의 일은 좀 더 손에 잡히는 것이 되었다. 그는 길을 따라 튼튼한 말뚝들을 사막의 바람에 견딜 수 있도록 커다란 해머로 땅에 단단히 박고, 거기 RTR 표지판을 붙였다. 사교 행사들과 그가 강연을 할 세미나들의 일정을 표시한 달력을 복사했다. 인디언 천막 스타일의 텐트를 설치하고, 그 안에 19리터들이 양동이, 쓰레기 봉지, 물티슈, 그리고 화장실 휴지를 비치했다. 새로 온 사람들을 위한 배려였다. 그는 캠프파이어 터 근처에 나무를 쌓고, 그 바로 옆 땅에 푸른색 방수포 한 장을 피크닉 담요처럼 깐 다음 네 귀퉁이를 돌로 눌러놓았다. 이 자리는 '나눔 무더기'가 될 예정이었다. 밴 생활자들은 한정된 공간을 최대로 활용하기 위해 수시로 물건들을 버려댔다. 날마다 새로운 물건들이 무더기에 나타날 것이었다. 담요, 책, 커다란 밀짚 솜 브레로, 차량 부품, 슬리퍼, 디지털 카메라, 텐트 말뚝, 플라스틱 컵, 요세미티 국립공원이 실린 〈백패커〉 잡지, 티셔츠, 바지, 그리고 최근에 주인이었던 사람이 안에 불쏘시개를 채우고, 그 위에 철제 그물 선반을 올려 수프 냄비를 데우는 데 썼던 커다란 테라코타 화분 하나. 나중에 린다는 이곳에서 책들을 만지작거리고, 관심을 끄는 책이라면 뭐든 집어 들게 되었다. 자신이 찾아낸 책을 내게 보여주기도 했는데, 『달러 지폐의 비밀스러운 상징들: 당신이 매일 사용하는 돈에 숨겨진 마법과 의미 들여다보기』라는 제목의 책이었다.

밥은 RTR에서 이득을 얻지 않았다. 그의 환대는 너그러운 분위기를 만들었고, 기술과 자원, 경험을 나누는 데 그만큼이나 열정적인 사람들을 불러들였다. 면허가 있는 한 미용사는 남편과 개 두 마리와 함께 사는 자신의 셰비 애스트로 밴 근처에서 기부를 선택 사항으로 달고 사람들의 머리를 잘라주었다. 어느 RV 생활자는 네온사인과 정원용 플라밍고 장식, 야자나무 모양 전등으로 티키 바°를 꾸리고는 파티를 열었다. 스왱키는 모두에게 브라우니, 바나나 너트 브레드, 블루베리 머핀을 구워주면서 자신의 태양열 오븐―쉽게 말해 음식을 구울 수 있게 거울들을 단 상자였다―사용법을 시연했다. 기계공들은

⊙ 열대 지방의 이국적인 분위기로 꾸며진 칵테일 바.

기본적인 자동차 수리 기술을 가르쳤다. 목수들은 새로 비운 차량 내부에 맞춰 침대 프레임과 선반들을 설치할 수 있게 함께 망치질을 해주었다. 커다란 태양전지판이 있는 사람들은 남는 전력을 나눠주려고 연결 코드를 차량 밖으로 빼 지나가는 사람들이 전자 기기를 충전할 수 있게 해주었다. 어느 농인 여성은 미국 수어를 사용해서 즉석 수업을 열었다. 한 남자는 타이어 수리법을 시연했다. 그는 참가자들이 연습해볼 수 있게 낡은 스틸 벨티드타이어 한 개를 가져왔는데, 타이어에 구멍을 낸 다음 틀어막는 연습을 여러 번 반복해서 시키고는, 12볼트짜리 휴대용 공기 압축기에 관한 조언을 나눠주었다. 린다는 특히 이 기술들을 소중히 익혀두었다가, 나중에 캠프장 관리자로 또다시 일하게 되었을 때 그 기술들을 써서 소방차 타이어에 펑크가 난 산림 감시원들을 구해주게 된다.

레사 네스미스라는 밴 생활자는 매일 아침 해가 뜰 때 일어나 첫 번째로 캠프파이어에 불을 붙이고, 카우보이 커피° 한 냄비를 끓여서는 컵을 들고 지나가는 누구에게나 나눠주었다. 그 나눔은 레사에게는 오랜 전통이었다. 오래전 레사가 버지니아주 리치먼드의 고층 아파트에 살았을 때, 일요일 아침은 일찍 일어나 전기 포트에 커피를 끓이고, 이웃들에게 나눠 마실 준비가 되었음을 알리기 위해 아파트 문을 고

⊙ 냄비에 입자를 굵게 분쇄한 원두를 넣고 물을 부어 끓인 후 찌꺼기를 가라앉히거나 걸러내 만드는 커피.

정시켜 열어두는 시간이었다.

　모여서 함께 식사하는 자리들도 있었다. 각자 얹어 먹을 토핑을 가져오는 '구운 감자의 밤'과, 커다란 요리 냄비에 모두가 각자 재료를 넣어 저녁식사를 만드는, 1930년대 대공황기의 '부랑자 수프'를 연상시키는 칠리와 수프 모임들이 있었다. 매일 저녁 해가 지면 누군가가 큼지막한 모닥불을 피웠다. 졸음이 눈꺼풀을 잡아당기기 시작하고 밤의 한기가 밀려오는 9시나 10시쯤이 되면 모두들 자리를 떠났지만.

　이곳에는 자부심 또한 널리 퍼져 있었다. 내가 만난 거의 모든 이들이 예순두 살의 전직 광고 아트디렉터 앨 크리스텐슨의 태도를 공유했는데, 그는 자신을 '홈리스'보다는 '하우스리스'라고 부르는 것을 선호한다고 내게 말한 적이 있었다. 예전에 그런 직업을 가졌던 사람답게, 앨은 언어에 능숙한 사람이다. 그는 지난 몇 년 동안 광고업계 일자리가 말라버리고, 몇 안 되는 남은 기회들은 모두 더 젊은 사람들에게 가는 것을 지켜보았던 경험을 들려주었다. 자신이 "가상의virtual 광고 에이전시"에서 일하다가 "사실상virtually 실업자"가 되었다고 그는 설명했다. 외톨이라 자칭하는 앨은 사람들과 함께 있는 일도 딱 그만큼만 감당할 수 있었다. 한동안 갖지 못했던 혼자만의 시간을 확보하기 위해 그는 세미나 중간에 RTR을 떠나야 했다. 하지만 며칠 뒤에 돌아왔다. 앨은 RTR에 모인 사람들을 좋아했고, 이 행사가 노마드적인 생활방식에 좋은 인상을 더해주었다고, "그런 삶의 방식을 아주 가능하고 존중할 만한 것으로 만들어주었다고" 느꼈다. "난 강가에 있는 밴에서 살아, 이렇게 말하는 것과는 다르지요."

린다 역시 그 유쾌한 분위기에 기쁨을 느꼈다. 최대한 많은 것을 배우고 싶었던 린다는 보통 매일 아침 10시에 시작하는 여러 세미나에 참석했다. RTR에 여러 번 와본 많은 사람들은 밥이 가르쳐주는 내용들을 이미 유창하게 읊어댈 수 있었다. 자신의 삶에서 교훈을 조금씩 모아왔거나, 지난해에 열렸던 거의 똑같은 세미나에 참석했거나, 아니면 밥의 책『자동차, 밴, 혹은 RV에서 사는 법…… 그리고 빚더미에서 빠져나와 여행하면서 진정한 자유를 찾는 법』을 읽은 모양이었다. 밥의 책은 상당히 실용적이었지만, 밴 생활자 지망생들을 위한, 행위예술에 가까운 실습도 몇 개 실려 있었다. "아파트에서 연습해보세요." 책은 이렇게 권유했다. "첫 번째 단계는 침실로 들어간 다음, 집의 나머지 부분을 사용 중단하는 것입니다." 다음 단계는 자신이 미래에 살게 될 밴 주택의 내부 면적을 측정하는 것이었다. 예를 들어 5.5제곱미터쯤 될 것 같다면, 그 수치에 기반해 실행 모형을 만들어볼 수 있다. "큼직한 판지 상자들을 준비해서 그걸로 침실 한쪽에 가로 1.8미터, 세로 3미터의 공간을 만드세요." 책은 이렇게 설명했다. "자, 이제 판지로 만든 당신의 밴 안으로 들어가봅시다. 침실에서 사는 대신 당신은 판지로 된 이 작은 밴 안에서 사는 겁니다." (밴으로 들어가 살게 될 가능성 때문에 스트레스를 받은 사람이라면, 냉장고 상자 안에서 예행연습을 하는 일이 사기를 북돋아줄 거라고 상상하기는 힘들 것이다.)

그래도 오랜 참가자들을 포함해 거의 모든 사람이 접는 의자를 가지고 나타나서 자리를 잡고 강의를 들었다. 어떤 사람들은 필기를 했다. 또 어떤 사람들은 차가운 아침 공기를 피해 후드티 주머니에 양손을 집어넣거나 머그잔을 들고 김이 올라오는 커피를 홀짝이느라 바빴다. 몇 사람은 노마드들의 반려견들로 이루어진 움직이는 군단 사이에서 질서를 잡아보려고 시도했다. 온갖 생김새를 한 그 개들은―치와와부터 쿤하운드, 늑대와 피가 섞인 온순한 개까지―세미나 동안 이리저리 돌아다니고, 서로에게 인사를 하고, 간식을 달라고 졸라대고, 불구덩이 속의 재 냄새를 맡고, 크레오소트 관목에 (그리고 한 번은 내 녹음기에) 오줌을 갈기고, 가끔씩 난투극을 벌였다.

　　가장 활기찬 세미나 중 하나는 스텔스 주차 기술을 가르치는 수업이었다. 이 수업은 종종 캠핑을 금지하는 법망을 빠져나가야만 하는 도시의 밴 생활자들을 위해 기획된 것이었다. 수업은 주위 환경에 자연스레 섞여 들어가는 방법을 다뤘다. 차문을 두드리는 경관의 두려운 '노크 소리', 차 벽을 쿵쿵 쳐대는 취객, 실눈을 뜨고 차창 안을 엿보며 "거기 누구 살고 있어요?" 하고 묻는 행인들을 피하기 위해서였다. 모두가 그 '노크 소리'를 알고 있었다. 그 소리는 공동의 적이었다. 스왱키는 심지어 그 소리가 등장하는 악몽을 꾼 적도 있었다. "어떤 사람이 밴을 두드리는 이상하고 초현실적인 꿈을 꿨어요." 그는 언젠가 게시글에 이렇게 적었다. "보통 내가 100퍼센트 편안하지 않은 곳에서 주차를 하거나 분도킹을 할 때 꾸는 꿈인데요, 죽도록 짜증 나요. 밖에는 절대로 아무도 없어요. 아니, 가끔은 누가 있을 때도 있지만, 그게 경찰이거나 경비원이라면, 그럼 보통 '말을' 하죠."

밥이 처음으로 한 조언은 안전지대를 찾으라는 것이었다. 식료품 판매업계에서 쌓은 경력과 오래전 자신의 일터 주차장에서 캠핑을 했던 초기 경험들 때문에 그는 24시간 슈퍼마켓을 열렬히 선호하게 되었다. 월마트에서 철야 주차가 금지된 일부 도시들에서는 노마드들이 K 마트, 샘스 클럽, 코스트코, 홈디포, 로스 같은 대형 할인점 체인에서 대피처를 찾을 수 있을 거라고 그는 덧붙였다. 야외 활동을 즐기는 사람들을 대상으로 케이터링을 하는 업체인 배스 프로, 카벨라스 같은 소매상도 좋은 선택지일 수 있다. 크래커 배럴은 RV 생활자들에게 관대하기로 유명한 곳이다. 번화가에 늘어선 상점과 데니스처럼 밤새 영업하는 식당들도 괜찮을 것이다. 때로는 두 가게 사이에 차를 대는 것이 가장 좋은 선택이다. 양쪽 모두 당신이 상대편 가게를 방문하고 있다고 생각할 것이다. 어디에 주차하든, 후진 주차를 하는 것이 현명하다. 그렇게 하면 차량 앞이 길 쪽을 향하기 때문에 문제가 생겼을 때 빨리 떠날 수 있다. 그리고 한 장소에 한동안 머무를 때는, 특히 주택가 근처라면, 낮과 밤에 머무를 곳을 각각 따로 마련해두는 게 좋다. 낮의 주차 장소는 모든 일상적인 활동을, 잠자리를 준비하기 위해 저녁에 해야 하는 일들까지 포함해, 할 수 있는 곳이다. 밤의 주차 장소는 어두워진 뒤에 딱 잠만 자러 가는 곳이다. 그런 다음 아침 일찍 떠나면 된다. 만약 밤의 주차 장소에 이미 들어와 있는데 불빛을 사용해야 한다면, 눈부심이 덜한 붉은빛 헤드램프 사용을 고려해보라.

밥은 또 그럴싸한 변명을 늘 준비해두는 일의 중요성도 강조했다. 만약 병원 근처에 주차했다면, 당신은 환자를 면회 온 것이다. 자동차 정비소에 주차했다면, 엔진을 수리하러 온 것이다. 하지만 알리바이에 관해서는, 밥은 자신의 한계를 알라고, 지나치게 허황된 알리바이는 대지 말라고 강의를 듣는 사람들에게 강조했다. "이야기를 잘 못 한다면, 이야기 꾸며내는 일을 아예 하지 마세요."

또 다른 기본은 위장이다. 위장이란 차량을 깨끗이 유지하고, 조수석에서 빨래와 다른 잡동사니들을 치우고, 안테나 끝에 끼우는 장식, 차창에 하는 판박이, 범퍼 스티커 등 이목을 끌 가능성이 있는 장식품들을 피하는 일을 뜻한다. ('범퍼 스티커' 부분에서는 사람들이 농담조로 이의를 제기했다. '예수님에 대해 물어보세요'라는 스티커는요? 사람들의 접근을 막아주지 않을까? 신앙이 없는 한 노마드는 그런 스티커를 하나의 실험이자, 아는 사람만 아는 농담으로서 자기 캠핑용 픽업트럭에 붙였다.) 화물용 밴에 사는 사람들은 육체노동자의 차량처럼 위장할 수 있다. 안전조끼를 차 안에 두어 앞유리창을 통해 보이게 하고, 지붕에는 사다리형 랙을 설치하는 것이다. 흰색 밴에 살고 있다면, 수도 설비나 케이터링 서비스처럼 비슷한 차량을 많이 보유한 지역 사업체를 찾아내서 그 무리에 섞여 드는 일을 시도해볼 수 있다. 위장이란 또한 너무 심하게 방어 자세를 취하지 않는 것을 의미한다. 밴 차창이 언제나 커튼으로 가려져 있다면, 사람들은 안에서 무슨 일이 일어나고 있는지 궁금해할 것이다. 그리고 위장이란 머리를 써서 주목을 피하는 것을 의미하기도 한다. 예를 들어 공중화장실에 몸을 씻으러 갈 때는, 사냥 조끼나 야외 활동용 조끼처럼 작은 주머니가 많이 달린 옷을 입고 그 주머니마다 세면도구들을 채워 넣으면 된다.

밥은 또한 경찰이 항상 적이기만 한 건 아니라고 강조했다. 어떤 밴 생활자들과 RV 생활자들은 '노크 소리'를 들었지만, 그건 단지 차 안의 사람들이 괜찮은지 알고 싶었던 경관들이었다고 이야기했다. 오하이오에 사는 한 여성 밴 생활자는 이따금씩 커피를 가져다주는 친절한 경찰이 있다고도 했다. 도시를 사전에 조사하거나 다른 밴 생활자들로부터 이야기를 들어보면 그 지역 분위기에 대해 많은 것을 알아낼 수 있다. 우호적인 지역이라면, 곧바로 경찰서로 가서 힘든 사정을 이야기하고 그 도시에서 밤새 주차를 해도 안전한 곳이 어디인지 묻는 것이 최선의 방법일 수 있다. 그리고 기억하라. 아무리 잘 숨어 있어도 지역 경찰은 당신의 존재를 알고 있을 가능성이 높다. "경찰들은 제법 똑똑해요. 당신이 '그냥 지나가는 중'이라고 하는데 그게 6개월째 지속됐다면 경찰은 뭔가 있구나 생각하겠죠."

하지만 경찰들과 아예 마주치지 않는 편이 더 나을 때가 많다고 모두들 인정했다. 어떤 사람들은 경찰을 피하는 영리한 방법들을 알았다. 온라인에서 한 밴 생활자는 자기 스마트폰에 경찰용 무전기 앱을 설치했다고 이야기했다. 그는 지역의 치안 유지 채널에서 오가는 잡담에 귀를 기울였는데, 그러다가 누군가가 자신을 불법 캠핑으로 고발했다는 사실을 알고는 경찰들이 나타나기 전에 도망칠 수 있었다. 그리고 또 다른 목적도 있었다. 불량배들이 접근했을 때 경찰 라디오를 시끄럽게 틀어놓으면 겁을 줘서 쫓아버릴 수 있었다. 라디오의 온갖 잡음과 지익 하는 소리 때문에 그의 차는 잠복근무 중인 치안 유지 차량처럼 보였다고 했다.

또 다른 인기 있는 세미나는 예산 짜기에 관한 밥의 강연이었는데, 미니멀리즘에 찬성하고 소비문화에 대항하자는 강렬한 메시지를 담고 있었다. 우리가 비록 시장경제의 노예이긴 하지만, 물질적 욕구를 줄이고 소비를 덜 함으로써 자유를 극대화할 수 있다고 밥은 사람들에게 말했다. "저는 사회의 기준으로는 극빈자지만, 밴 생활자의 기준으로는 꽤 잘사는 사람이지요." 그가 설명했다. 그는 도시로 갈 때는 카풀을 최대한 이용하고, 불필요한 운전을 줄이고, '가스 버디' 같은 스마트폰 앱으로 가장 저렴한 주유소를 찾으면서 휘발유를 절약하라고 권유했다. 또 비상 자금을 갖고 있으라고 힘주어 말했는데, 모으는 데 오래 걸리더라도 봉투를 하나 따로 마련하고, 매일 3달러씩이라도 저금을 해서 2,000달러 정도는 모아두라고 했다. 밥은 1달에 250달러로 살아가는 사람을 안다고 했다. "여기 계신 분들 중에 1달에 500달러 이하로 생활하시는 분이 얼마나 계신가요?" 그가 물었다. 몇 명이 손을 들었다. "빚이 전혀 없으신 분은요?" 찔끔찔끔 올라왔던 몇몇 손이 손들의 홍수로 변했고, 그 광경에 웃음과 환호가 터져 나왔다. 한 남자가 일어서서 사진을 찍었다. "이런 광경은 미국에선 다른 어디서도 못 볼 거예요!" 그가 놀라워했다.

누군가가 '여행하면서 돈 버는 방법'이라는 주제를 꺼내자, 한 밴 생활자가 자신은 떠돌이 포커 딜러였다고 밝혔다. 미국 전역의 카지노들은 토너먼트에서 일할 단기 딜러들을 고용하는데, 그 일을 하면 근무하는 날의 공짜 음식에 더해 시간당 30달러쯤은 거뜬히 번다. 그 밴 생활자는 첫 번째 일자리였던 라스베이거스의 포커 월드 시리즈에서 7주간 1만 1,000달러를 벌었다. 채용 과정에 나이는 별로 상관없는 것 같았다. 그는 70대와 80대 딜러들도 본 적이 있었다. 그는 그 일의 단점으로는 딱 두 가지만을 떠올릴 수 있었다. 첫 번째는 예비 딜러들이 수습 교육에 참가해야 한다는 점이었는데, 일부 카지노는 공짜로 듣게 해주기도 했지만, 다른 곳들은 몇백 달러쯤 수강료를 내야 했다. 두 번째는 매일 샤워를 해야 한다는 점이었다.

예산 짜기 강연이 끝난 뒤 린다는 자신이 아마존에 돌아가게 될지는 잘 모르겠지만 딜러 일 이야기는 환상적으로 들렸다고 내게 말했다. 그 이야기는 린다에게 리버사이드 카지노에서 담배 판매원으로, 그리고 칵테일 웨이트리스로 일했던 시절을 떠오르게 했다. "당장 그 일을 해야겠어요!" 린다가 말했다. "포커 딜러가 되어야겠어요."

다른 세미나들은 태양전지판 설치법, 워캠핑, 제한된 부엌 공간에서 요리하기, 그리고 공유지에서 분도킹하기에 관한 조언을 제공했다. 익명으로 진행된 질의 응답 시간에, 참가자들은 대답하기 까다로운 질문들을 쪽지에 써서 양철 깡통 속에 넣었다. 사회자가 그 질문들을 큰 소리로 읽었다. 가족이 내 생활방식을 받아들이지 않으면 어떻게 해야 하죠? 데이트 상대를 어떻게 찾을 수 있을까요? 가끔 농담들도 있었다. 밴에서 어떻게 섹스를 하죠?

밥은 또 멕시코의 바하칼리포르니아주에 있는, 350명이나 되는 치과 의사들이 몇몇 블록에 모여 있어 '어금니 도시'라는 별명이 붙은 도시 로스알고도네스에서 할인된 가격에 치과 치료를 받는 법도 설명해주었다. 린다는 언젠가 그곳에 가서 위쪽 틀니를 손보고 싶어했다. 전에 코코를 쓰다듬으려고 몸을 굽혔을 때 셔츠 주머니에 넣어두었던 틀니가 떨어졌고, 실수로 그것들을 밟고 말았던 것이다. 밥은 네바다주에 있는 치과에서 2,500달러라는, 그가 감당할 수 있는 것보다 훨씬 높은 치료비를 듣고 나서 처음으로 로스알고도네스를 찾아갔었다. 그는 결국 똑같은 치료를 600달러에 받았다. 항상 그렇게 극적으로 비용 차이가 나는 것은 아니지만, 그곳의 치과 시술 비용은 대체로 미국의 절반도 안 된다.

밥은 해마다 로스알고도네스로 가서 25달러에 치아 세정을 받기 시작했다. 그 도시에는 싼 안경점과 약국 들도 가득했기에, 그는 고혈압 약들을 쟁이고—처방전이 필요 없었다—100달러에 시력검사를 받고 새 안경도 맞췄다. 한번은 그가 그렇게 해마다 떠나는 여정에 내가 동참한 적이 있다. 몇몇이 모여 우리는 카풀을 해서 퀘츠사이트 근처 스캐던 워시에서 유마까지 129킬로미터를 내려간 다음, 서쪽으로 조금 더 멀리, 국경 지역의 작은 공동체인 안드라데까지 차를 타고 갔다. 우리는 그 지역에 있는 케찬족 소유의 카지노 근처에 차를 댄 다음 국경을 걸어서 가로질렀고, 커다랗게 스페인어로 "환영합니다"라고 적힌 표지판을 지났다. 그 문구 아래쪽에는 작은 글자로 미국인 방문객들에게 보내는 경고가 적혀 있었다. "멕시코에서 총기 소지는 불법입니다."

밥은 정면이 유리와 대리석으로 된, 새로 지은 듯한 건물로 우리를 이끌었다. 건물 오른쪽을 따라 미소 짓는 환자들의 사진이—대부분 백인이었다—치아 임플란트 일러스트 위에 이중 인화되어 배너로 걸려 있었다. 우리는 거울이 달린 정문을 통과했다. 안에 들어가자, 빳빳한 청회색 수술복을 입은 직원들이 우리를 벽에 학위 증서가 잔뜩 걸린 대기실로 안내해 자리에 앉게 했다. 밥은 흔쾌히 티 한 점 없는 진료실로 내가 함께 들어가도록 해주었다. 예전에 찍었던 밥의 엑스레이 사진들이 모니터에 떠 있었다. 그가 밝은 조명 아래 환자용 의자에 기대앉아 입을 크게 벌리고, 치과 의사는 그의 입 안쪽을 자세히 들여다보고 있을 때쯤, 나는 도시를 둘러보려고 자리를 떴다.

다시 거리로 나온 나는 신기한 물건들을 파는 매대들과 주류 상점들, 보청기 반값 할인을 알리는 광고판들, 비아그라와 다이어트 알약 할인이라고 적힌 화이트보드를 내놓은 약국을 지나 이리저리 걸어 다녔다. 한 가게 앞에서는 치기공사 두 명이 작업대 앞에 앉아 있었다. 그중 한 명은 마스크를 쓰고 작은 쇠톱으로 석고 치아 모형을 만들고 있었다. 백발의 관광객들이 야외 테라스에 앉아 새우 타코를 먹고 마가

리타를 홀짝이면서 가끔씩 라이브 음악에 맞춰 춤을 추었다. 기타 연주자가 부드러운 목소리로 〈데스페라도〉를 부르고 있었다. 길모퉁이의 어느 바에서는 〈호텔 캘리포니아〉의 선율이 흘러나왔다. 나중에 나는, RTR이 끝나고 로스알고도네스를 방문한 어느 노마드의 블로그 게시물을 읽게 되었다. 그는 치아 세정을 받고 엑스레이를 찍는 동안 〈테이크 잇 투 더 리밋〉과 〈라잉 아이스〉가 스테레오로 흘러나왔다고 했다. 그곳에서는 어디를 걸어도 이글스의 노래가 흐르는 듯했다.

우리는 정오부터 오후 3시까지의 사람 많은 점심시간대가 끝나기를 기다렸다. 그 시간대에 국경 검문소에 줄을 서면 1시간 이상 기다릴 수도 있었다. 그런 다음 우리는 다시 국경을 넘어 애리조나로 돌아왔다.

。

예산 짜기 세미나가 끝나고 우리가 처음으로 만났을 때, 린다는 자신이 참가한 첫 번째 타이어 떠돌이들의 랑데부를 즐기고 있었다. 나는 그곳이 어떠냐고 린다에게 물었다. "오, 맙소사." 린다가 말했다. "며칠 전에, 몇 년 만에 처음으로, 즐겁다고 느꼈어요. 즐겁다니! 그건 행복보다도 더 좋은 거예요." 실비앤과 함께 시내로 여행 갔던 이야기를 하는 린다의 눈꼬리에 주름이 잡혔다. "우린 그냥 실비앤의 작은 버스를 타고 쓰레기 버릴 곳을 찾아 내려가고 있었거든요. 그런데 이런 생각이 드는 거예요. '이게 사는 거지. 이렇게 사는 건 정말 멋진 일이야.'"

며칠 뒤에도 린다는 여전히 넘실대는 좋은 기분의 파도를 타고 있었다. 린다는 자신이 밥의 웹사이트를 발견한 뒤로 얼마나 '생존 모드'로 지내왔는지 이야기했다. "이제는 생존만 하는 게 아니에요. 나는 삶을 즐기고 있어요!" 린다가 놀라워했다. "그 말은, 그러니까 이런 거죠, 누구나 노년을 풍요롭게 보내고 싶어하잖아요. 그냥 하루하루 살아남는 게 아니라요."

몇 달 동안 창고에서 쫓기듯 종종거리며 보낸 끝에 린다는 마침내 긴장을 풀기 시작하고 있었다. 보통은 짜증스러웠던 일들이 웃음 나는 일들로 변했다. 린다를 그 전에 같은 전화번호를 썼던 여성으로 착각하고 끊임없이 전화를 걸고 또 걸어오던 수금원 일도 그랬다. 전에는, 수금원에게 혼동하셨다고 성심성의껏 설명했었다. 이제 린다는 "기다리세요. 바꿔드릴게요!" 하고 말하고는 20분쯤 수화기를 그대로 놔두었다. 린다는 혼자 배를 잡고 웃었다.

젠과 애시는 1월 중순에 RTR에 와서 린다에게 합류했다. 아마존 일을 끝낸 다음, 그들은 콜로라도에 사는 가족들을 방문하고, 그랜드 캐니언의 남쪽 둘레를 하이킹하고, 뉴멕시코에 있는 어스십들을 보러 다녀왔다. 린다를 발견한 그들은 린다의 차 바로 뒤에 자신들의 매너티를 주차했다. 두 사람이 멀리 있던 동안 린다가 이미 소개시켜줄 새 친구들 한 무리를 사귀어두었다는 건 놀랄 일도 아니었다.

로이스 미들턴이라는 예순한 살의 여성도 그 친구들 한 명이었다. 로이스는 그들 근처에 주차해둔 3미터짜리 1965년형 알로하 트레일러에서 머물렀는데, 그 차를 '홈 스위트 홈', 혹은 그냥 짧게 '작은 집'이라고 불렀다. 로이스는 린다처럼 건축물 사용 승인 검사원으로 일했었다. 그러나 워싱턴주 밴쿠버에서 20년 넘게 그 일을 하던 그는 2010년 인원 삭감 바람이 불어오면서 일자리에서 밀려났다. 이어 다른 것들도 도미노처럼 하나하나 무너지기 시작했다. 아버지가 돌아가셨다. 차가 압류되었다. 집에 대한 권리를 상실했다. 로이스는 파산 선언을 했다. 마지막으로 아들네 집에 들어가 살 수 있기를 바랐지만, 아들 역시자기 집에 대한 권리를 잃었다. 로이스가 '작은 집'에서 살기 시작했을때는 앞으로 무슨 일이 생길지 알지 못하는 상태였다. 혹은 그가 내게말한 대로, "계획이 없다는 게 계획"이었다.

아직은 몰랐지만, 린다는 자신의 가장 친한 친구가 될 사람 또한 이미 만난 상태였다. (나중에 그들은 서로를 'BFF Best Friend Forever, 영원한 절친'이라고 부르게 된다. 그 말은 처음에는 밀레니얼들이 쓰는 장난스러운 말로 들렸지만, 시간이 지나면서 말 표면의 장난기는 닳아 없어지고 오직 진심만 남게 되었다.) 라본 엘리스는 10월부터 길 위에서 살기 시작한 예순일곱 살의 작가였다. ABC 라디오 통신원으로 일하는 등 방송 저널리즘 경력을 쌓은 끝에, 그는 미니애폴리스의 한 방송국에서 일하게 되었다. 그런데 새 상사가 들어와서 뉴스 담당 부서를 없애버렸다. 라본은 관리직으로 승진했지만, 일은 잘 풀려나가지 않았다. 그는 회사로부터 나가달라는 말을 들었다. 라본은 금방 새 일을 찾을 수 있을 거라 생각했지만, 50대가 되니 구직 시장에서 살아남기가 얼마나 더 힘든지만 깨달았을 뿐이다. "말하자면 저는 나이 때문에 밀려난 거죠." 라본이 생각에 잠겨 말했다. 구직 활동을 하기 위해 동생네 집에 들어가 살게 된 뒤, 그는 마침내 일자리 제안 하나를 받았다. 시간당 10달러에 30초짜리 교통 정보를 전하는 일이었다. 그는 제안을 수락했고, 처음에는 로스앤젤레스에서, 그다음에는 샌디에이고에서 일했다. 싱글 맘인 데다 작은아들이 아직 독립하지 않았기에 그 돈으로 살아가기는 유난히 더 빠듯했다. 하지만 그는 그럭저럭 잘 해나가고 있었다. 편두통이 찾아올 때까지는. 시간이 지나며 그는 자신이 화학 제품과 방향 제품에 점점 예민해지는 것을 발견했다. 집에서 쓰는 청소용품들은 무향으로 바꿀 수 있었지만, 사무실에 있을 때는 머리가 지끈거리며 아팠다. 마침내 라본은 일을 그만두고 장애인 복지수당을 받게 되었다. 온라인으로 자잘한 일거리들을 조금씩 할 수는 있었지만 수입은 얼마 되지 않았다. 라본은 결국 아들, 며느리와 함께 방 하나짜리 아파트의 거실에 간이침대를 놓고 거기서 지내게 되었다. 아들네에 짐이 되는 느낌이 싫었지만 달리 어디로 가야 할지 알수 없었다. 여전히, 일은 잘 풀려나가지 않았다. 그러다 그는 밴 생활에 관한 책 한 권을 읽게 되었다. 그 책이 그에게 다른 아이디어가 떠오르게 해주었다.

2013년 여름, 라본은 차 한 대를 렌트하고 텐트 하나를 빌려서 애리조나주 플래그스태프 근처에서 열리는, 타이어 떠돌이들의 랑데부의 소규모 버전이라고 할 만한 행사에 참석했다. 그는 자신의 블로그 '완전한 괴짜'에 그 행사가 자신을 바꿔놓은 경험이었다고 묘사했다.

나는 내 사람들을 찾아냈다. 나를 사랑과 환대로 감싸준 부적응자들, 어중이떠중이 한 무리가 그들이다. '부적응자'란 패배자나 낙오자라는 뜻이 아니다. 그들은 영리하고 인정 많고 열심히 일하는, 새로운 세계에 눈을 뜬 미국인들이었다. 평생 동안 아메리칸드림을 좇은 끝에 그들은 그것이 단지 커다란 하나의 사기극에 불과했다는 결론에 도달한 것이었다.

라본은 자신이 밴을 샀다는 사실이 너무도 즐거웠다. 적갈색 2003년 형 GMC 사파리, 주행거리 20만 7,605킬로미터인 밴이었다. 라본은 그 차를 샌디에이고 엘카혼의 어느 중고차 매장에서 4,995달러에 구입했고, '라밴'이라고 이름 붙였다. 차 뒷좌석들은 소파 겸 침대가 되었다. 부엌은 차 뒷문에 만들었다. 라본의 목표는 빚을 다 갚고, 밴 할부금도 다 낸 다음, 사회보장연금으로 생활을 하면서 비상금도 마련하고 회고록도 쓰려고 노력해나가는 것이었다. 린다를 만나기 두 달 전, 라본은 라밴에서 살기 시작했고, 밥을 만나러 갔다. 변화를 만드는 일은 처음에는 어려웠고, 추운 밤들이 숱하게 찾아왔다. 밥은 라본에게 따뜻한 침낭 하나를 빌려주고 "저는 이거 안 좋아해요"라면서 그냥 가지라고 했다. 이제 라본은 완전히 익숙해진 한 명의 밴 생활자로서 처음 참가하는 RTR을 즐기고 있었다. 새로 사귄 친구 두 명이 라밴 지붕에 태양전지판 설치하는 것을 도와주었다. 라본은 매일 아침 8시 30분에 캠프파이어 터에서 출발하는 그룹 산책을 이끌겠다고 자원했다. 한번은 자신의 캠핑터에 아침식사로 스크램블드에그와 감자를 먹으러 오라고 누구나 참석할 수 있게 초대하기도 했다. 나는 오렌지 주스와 달걀을 가지고 그 자리에 나타났다. 그때 라본은 내게 회의적인 시선을 보냈다. 저널리스트가 주위를 맴도는 것에 대해 사람들이 미심쩍어하는 면이 있다고 그는 내게 말했다. 그들은 내가 자신들을 '떠돌아다니는 홈리스 한 무리'로 보이게 할까 봐 걱정했다. 나는 그러려는 건 아니라고 라본에게 이야기했고, 물러나서 식사하러 온 다른 사람들과 이야기를 나누었다.

그 무렵 라본과 캠프에 있던 다른 많은 사람들은 한 행사를 기다리고 있었다. RTR과 겹치면서 해마다 노마드 수천 명을 끌어들이는, '쿼츠사이트 스포츠, 휴양 및 RV 쇼'였다. 그 이름이 너무 길어서 모두들 그냥 '빅 텐트'라고 불렀다. 200팀이 넘게 참가하는 그 행사는 하나의 거대한 정보성 광고처럼 느껴졌다. 헤드셋을 낀 호객꾼들이 바이타믹스사의 블렌더와 물기 제거용 스퀴지 사용법을 시연해 보였다. 부스들에서는 불안anxiety과 관절염arthritis부터 허리 통증backache과 무지외반증bunion, 통풍gout과 종골극heel spur, 궤양sore과 좌골 신경통sciatica까지 알파벳순으로 정리된 질병들의 치료제를 팔았다. 판매자

한 명은 "RV 할부금의 늪에서 빠져나오게 해드립니다"라고 적힌 표지판을 세워놓고 주객이 전도된 상황에 놓인 모터홈 주인들을 돕겠다고 약속했다. 미국 누드 레크리에이션 협회, 트윈 피크스 RV 보험, 그리고 사우스다코타주에 주소를 빨리 얻어야 하는 이동 노동자들에게 "우편물 전달과 주소지 서비스"를 제공하는 업체인 아메리카스 메일박스의 안내 테이블도 있었다. 다른 매대들은 보풀 제거기, 초강력 접착제, 반려동물 인식표, 소형 화기 훈련 프로그램, 마사지 베개 같은 것들을 내놓고 있었다.

워캠퍼들을 위한 채용 테이블들도 있었다. 아마존에서 나온 영업사원들이 워캠퍼들의 이름을 받아 적고, 캠퍼포스의 미소 짓는 RV 로고가 박힌 포스트잇을 기념품으로 나눠주었다. 산림청 운영권 소유자들도 거기 자리를 잡고 캠프장 관리 일자리에 지원하라고 행인들을 설득했다. 몇몇 업체에서는 지원자를 인터뷰하고 즉석에서 근무지를 배정하고 있었다. 한 영업사원은 신입 노동자들에게 줄 유니폼을 가지고 있었다. '익스프레스 임플로이먼트 프로페셔널스'라는 임시 노동자 고용 업체는 그해의 사탕무 수확에 참가할 노동자들을 찾고 있었다. "지원서를 쓸 마음만 먹으시면 다가오는 시즌에 고용됩니다." 채용 담당자가 내게 말했다. "오늘 당장 채용 가능해요."

더욱 시선을 잡아끄는 테이블 하나가 있었는데, 조명이 뒤쪽에서 비추는 표지판에 "어드벤처랜드"라고 적힌 곳이었다. 그 아래 세 개의 패널에는 푸른색 폴로셔츠를 입고 플라스틱 이름표를 단, 반백의 놀이동산 직원들이 담긴 사진들이 전시되어 있었다. 얼굴에 미소를 띤 노동자들이 토네이도라는 롤러코스터의 맨 앞자리에 앉아 있고, 옛날식 기관차를 타고, '치킨 색' 패스트푸드점에 앉아 시간을 보내고, 플러시 천으로 만든 거대한 축제 상품들을 안고 있었다. 이 스냅사진들 사이에는 노란 스마일리와 혀를 축 늘어뜨린 개 마스코트의 만화가 여기저기 그려져 있었고, 다음과 같은 구호들이 인쇄되어 있었다.

어린 시절로 돌아간 것 같아요!
워캠퍼 여러분, 즐길 시간이에요!
캠핑＋일＋미소 ＝ 즐거움!!!

아이오와주 앨투나에 자리 잡은 어드벤처랜드는 채용 담당자들을 보내 놀이기구와 게임장, 영업장을 맡을 워캠퍼 약 300명을 시간당 7달러 25센트에서 7달러 50센트까지의 조건으로 고용하게 했다. 이 공원은 이웃해 있는 자사 소유의 이동 주택 주차장에 머무르라고 노동자들에게 권했는데, 물론 요금을 내야 했다. 6월부터 9월까지는 요금이 1달에 160달러였고, 시즌이 끝날 때까지 머무르는 직원들은 8월과 9월 요금을 면제받았다.

어드벤처랜드 관리자들은 거의 20년 동안 고령의 임시 노동자들을 고용해왔고, 그들의 낙천적인 태도에 감사를 표했다. "어떤 워캠퍼분들은 수다에 재능이 있어서 전신주하고도 대화를 이어나가실 수 있는 것 같아요.” 2012년 〈워캠퍼 뉴스〉 영상 인터뷰에서 이 공원의 인사팀 팀장 개리 파드쿠퍼는 이렇게 칭찬을 쏟아냈다. “그래서 저희도 좋아하고, 손님들도 좋아하죠.”

어드벤처랜드에서 예전에 일했던 워캠퍼로 내가 만나본 사람은 딱 한 명밖에 없었다. 나는 그 여성이 펀리에서 아마존 일을 하고 있을 때 그와 얘기를 나눴다. 그는 어드벤처랜드를 좋아하지 않았다. “경영진도 진절머리 나고, 거기 오는 사람들도 정말정말 싫었고, 날씨도 혹독했어. 아이오와에 있어서 더웠고요.” 예순두 살의 그 여성은 이렇게 툭 내뱉고는, 동료들 중에 부당 대우를 받는다고 느껴 그만둔 사람이 많다고 덧붙였다. “너무 화가 난 나머지 곧장 자기 모터홈에 뛰어들어 떠나버린 사람도 있었어요. 그 사람 차양이 차 바깥에 말뚝으로 설치돼 있었는데, 그대로 그냥 달려가버렸어요.” 그는 이렇게 덧붙이고는 그 차양이 바람에 어떻게 휘날렸는지 묘사하면서 깔깔 웃었다.

당시에는 알지 못했지만, 나는 이듬해 7월 중순에 국토 횡단 여행을 하다가 어드벤처랜드에 잠시 들를 기회가 생기게 된다. 그날 오후는 습했고, 기온은 섭씨 32도가 넘었으며, 공기는 열기로 어른거리고 있었다. 푸른 옥수수밭과 프레리 메도스(그 가까이에 있는, 경마장이 딸린 카지노 단지의 이름이다) 사이에서 그 테마파크는 사탕 빛깔 신기루처럼 보였다. 직원 캠프장에는 물푸레나무들이 심어져 있었다. 거기 있는 많은 RV들은 과시하듯 성조기를 걸고, 미국의 심장부라 할 수 있는 아이오와주, 네브래스카주, 미네소타주, 사우스다코타주에서 받은 각기 다른 차량 번호판들을 전시하고 있었다. 텐트 두어 개가 뒤쪽에 설치돼 있었다. 노마드들 중에 장기 거주자도 몇 명 있는 듯했다. 그런 사람들은 타이어를 에워싸고 자라 있는 잡초들과 19리터짜리 양동이에서 자라나 붉게 익은 토마토들을 보면 알 수 있다.

공원에서 일하는 직원들은 그 지역 고등학생들과 노인들로 정확하게 반으로 나뉘어 있었다. 기념품 가게가 수없이 많았다. 한 가게에서는 "예수님에 관해 타코하고 싶어요? 기도를 상추합시다Wanna Taco 'Bout Jesus? Lettuce Pray"⊙ "주님은 당신의 길을 가로막는 어떤 실패한 계획보다도, 빚보다도, 질병보다도, 군대보다도, 산보다도 강하시다"라고 적힌 티셔츠들을 팔고 있었다. 다른 가게에서는 60대쯤 돼 보이는 여성 점원 한 명이 최근에 있었던, 모두를 놀라게 한 임금 인상에 대해 열띤 어조로 이야기하고 있었다. 그들은 이제 시간당 8달러 50센트를 받게 되었다. 당시 월마트가 임금을 시간당 9달러로 막 올린 참이었으므로, 그와 동료 노동자들은 그것이 업계 내의 암묵적 압력 때문일 거라고 생각했다. 자신은 파트타임으로 일하러 거기 왔는데, 회사 인원이 부족해서 풀타임 근무 일정을 받게 됐다고 그 점원은 덧붙였다. (그 말을 들으니 시즌이 한창인 공원 곳곳에 여전히 "지금 채용 중! 즐거움이 넘치는 여름 일자리. 친구들과 함께 일하세요!"라고 적힌 광

⊙ '예수님에 관해 얘기하고 싶어요? 기도합시다'를 비슷한 발음의 다른 단어들로 바꿔놓은 말장난.

고들이 붙어 있는 이유를 알 것 같았다.) 나는 화제를 바꿔 좋아하는 놀이기구가 있느냐고 그에게 물었다. "제가 제일 좋아하는 건, 누군가 저를 태워 집에 데려다줄 때, 그럴 때의 골프 카트예요." 그가 농담을 했다.

일흔일곱 살인 또 다른 여성 점원은 자신이 전에 어드벤처랜드 채용 담당자였다고 했다. 그는 동료 직원들이 나이나 나이 때문에 생긴 장애를 이유로 주저하지 않는 것 같아 자랑스럽다면서, 자신이 최근에 친해진 동료는 여든 살이라고 덧붙였다. "한번은 저희 부서에 여든여섯 살 되신 분도 계셨어요." 그가 말했다. "휠체어를 탄 직원도 한 명 있었는데, 그 사람은 클리커를 사용해서 숫자를 셀 수 있었고, 그래서 워터파크에 배치됐어요. 팔이 하나인 감독관도 있었는데 그 사람은 모든 놀이기구를 감독했죠." 저쪽에서 토네이도 롤러코스터를 운행하는 직원은 금속 테 이중 초점 안경과 챙이 넓은 밀짚모자를 쓰고 있었다. 그는 자신이 여든한 살이라고 했다.

그러나 가장 낙천적인 태도도 비극을 막아내지는 못했다. 내가 어드벤처랜드를 방문하고 채 1년이 되지 않았을 때, 워캠퍼 한 명이 현장에서 일어난 사고로 사망했다. 은퇴한 우편집배원이자 목사였던 예순여덟 살의 스티브 부어는 승객들이 '레이징 리버' 놀이기구에서 내리는 것을 도와주고 있었는데, 놀이기구의 뗏목을 운반하는 컨베이어 벨트가 너무 일찍 작동하고 말았다. 한쪽 발로 여전히 딛고 있던 뗏목이 갑자기 앞으로 휘청하는 바람에, 그는 콘크리트로 된 탑승 플랫폼에서 벨트로 추락하면서 두개골이 골절되고 말았다.

어드벤처랜드는 다음 날 레이징 리버의 운행을 재개했다. 주 작업 환경 감독관들은 조사를 시행하고 2달이 지나 규정 위반 통지서를 공원에 보냈다. 안전 조치 강화와 벌금 4,500달러를 요구하는 통지서였다.

°

빅 텐트가 열린 뒤로 타이어 떠돌이들의 랑데부 전반의 분위기가 달라졌다. 그때까지는 하루하루가 느른하게 지나갔다. 이제는 시간이 휙휙 지나갔다. 점점 많은 사람들이 당일치기로 시내를 다녀오느라 자리를 비우기 시작했다. 사람들이 캠프에 있을 때는 질문들이 허공에 떠다녔다. 다음에는 어디로 가세요? 우리 언제 다시 만나죠? 일자리 찾았어요? 14일 동안의 무료 캠핑 기간은 곧 끝날 것이었고, 올해는 그 기한을 넘겨서까진 머무를 수 없었다. 랑데부 첫날, 토지관리국 감시원 한 명이 나타나서 허가를 내주고 모두의 자동차 등록번호를 받아 적었다. 캠퍼들은 곧 최소한 40킬로미터 떨어진 곳으로 이동해야 할 것이었다.

디아스포라가 막 시작되려 하고 있었다. 몇몇 사람들은 혼자서 떠날 예정이었다. 다른 사람들은 작은 그룹으로 뭉쳤다. 몇 년 동안 바하칼리포르니아의 해변들은 운 좋게 여권과 휘발윳값이 있는 사람들 사이에서 인기 있는 곳이었다. 노마드 대표단은 종종 슬래브 시티를 방문하기도 했다. 슬래브 시티는 솔턴 호수 근처, 예전에는 군기지였던 지역에 있는데, 불법 거주자들, 아웃사이더 예술가들, 그리고 피한객들의 야영지이자 자칭 '마지막 자유 지역'이었다. (그곳의 RTR 전초 기지에는 '밥의 친구들'이라는 별명이 붙었다.) 다른 사람들은 유마 지역 쪽으로 가곤 했다. 그곳의 인기 있는 캠핑 구역 중 한 곳은 포추나 호수였는데, 낮에는 고요하지만, 어두워진 다음에는 밤새도록 농약을 살포하며 윙윙 날아다니는 비행기들의 밝은 불빛 아래 형광 초록색으로 빛나는 들판들 때문에 드라마 〈환상특급〉에서 튀어나온 장소처럼 느껴지는 곳이었다.

RTR이 끝나자 밥은 공식 표지판을 철거했다. 실비앤은 아무도 가져가지 않은 커다란 밀짚 솜브레로를 비롯해 나눔 무더기에 남아 있던 물건들을 지역의 중고품 할인 매장에 내다팔려고 상자에 포장했다. 린다는 커피를 끓여서 나와 함께 한 잔씩 마셨다. 그러고는 친구한 명이 설치를 도와준 새 원통 코일을 내게 보여주었다. 운전하는 동안 차 배터리에 남는 전기로 RV의 주거 전력을 충전할 수 있게 해줄 장치였다. 오래지 않아 밥이 에렌버그에 있는 다음 야영지로 떠났다는 소식이 전해졌다. 그는 누구든 그리로 같이 가고 싶은 사람들은 오라고 초대했었다. 린다는 서둘러 캠프를 정리했다. 그러고는 젠과 애시에게 포옹으로 작별 인사를 했다. 젠과 애시는 다음에 할 일이 시작되기 전까지 남서부를 돌아다닐 계획이었다. 그들의 다음 일은 샐

리나스 밸리 바로 동쪽의 산맥, 혹은 애시의 말을 빌리면 '존 스타인 벡의 고장'에 있는 로킹 세븐 목장에서 일하는 것이었다. 그 목장은 WWOOF World Wide Opportunities on Organic Farms, 유기농 농장에서 일할 세계적인 기회라는 국제 네트워크의 일부였는데, 그 네트워크의 회원들은 '우퍼스WWOOFers'라고 하는 자원자들로부터 노동력을 제공받고 대신 음식과 숙박, 교육을 제공했다. 그곳에서 무급 노동을 한 다음, 젠과 애시는 내륙으로 더 멀리 들어가 그다음 유급 일자리인 세쿼이아 국유림의 캠프장 관리 일을 맡을 예정이었다.

린다는 10번 주간고속도로를 따라 서쪽으로 콜로라도강을 향해 달리다가 캘리포니아 경계가 나오기 직전 플라잉 J 트럭 휴게소 근처에서 빠졌다. 측면 도로로 차를 돌렸고, '막다른 길' 표지판을 지나 계속 달렸다. 그곳의 풍경은 황량했고, 소리가 울릴 정도로 텅 비어 있었다. 땅은 자갈로 덮여 있었다. 식물들이 거의 없었다. 쿼츠사이트 근처의 사막들은 이곳에 비하면 에덴동산이었다. 포장되지 않은 진입로에서 조금 떨어진 눈에 띄지 않는 곳에, 풍상에 시달린 몹시 낡은 RV들이 있었다. 바람 빠진 타이어들과 전반적으로 손보지 않은 차량 상태로 보아 그 차들은 수년 전에 이곳에 들어와 떠난 적이 없는 듯했고, 거주자들은 거기 정착해 1년 내내 머무르고 있는 것 같았다. 법적으로, 토지관리국은 그곳에서 캠핑하는 데 14일의 제한을 두고 있었다. 하지만 방문객들도, 경찰들도 그 규정을—그리고 그 지역 전반을— 대체로 모른 척하고 있었는데, 아마도 그곳이 매력이라곤 찾아볼 수 없는 장소여서인 듯했다. 그 지역을 좋아하는 캠퍼들은 별로 없었는데, 그건 그곳을 좋아하면서 혼자 있고 싶어하는 몇 안 되는 캠퍼들에게는 잘된 일이었다. 그곳을 수십 번 방문하는 동안, 나는 감시원을 본 적도, 누군가가 그곳을 떠나라는 말을 듣는 것을 본 적도 없었다.

이곳에서 차량들은 RTR에서보다 훨씬 넓게 간격을 두고 주차되어 있었다. 내향형 인간들이 2주간 겪은 강렬한 사회화에서 회복 중이었다. 그들 중 일부는 여전히 아침에 한데 모여 함께 커피를 마셨다. 그런 커피 모임 중 하나가 끝난 뒤에 나는 실비앤을 발견했다. 실비앤은 자기 차에서 고양이 레일라와 함께 시간을 보내며 『햄릿의 맷돌: 인간 지식의 근원과 신화를 통한 전승에 대한 연구』라는 책을 읽고 있었다.

"여기 사람들이 몇 명이나 있는 것 같아요?" 내가 물었다.

"아무도 모르죠!" 실비앤이 쾌활하게 대답했다. "그 점이 중요해요. 여긴 누구도 관심을 두지 않는 미국이라고요." 캠퍼들은 넓게 흩어져 있고, 주기적으로 왔다 갔다 했지만, 그들의 수는 대략 열다섯 명 선으로 보였다. 나는 라본과도 우연히 마주쳤다. 라본은 RTR에서보다 나를 더 따뜻하게 대해주었고, 좀 더 편안해하는 태도였다. 그는 자신이 전에 했던, 외부자의 눈에는 모임이 '떠돌아다니는 홈리스 한 무리'로 보일지 모른다는 말에 웃으면서 어깨를 으쓱했다.

"홈리스로 지낸다는 생각의 어떤 부분이 그렇게 사람들의 감정을 건드리는 걸까요?" 라본이 생각에 잠겨 물었다. "어떤 사람들은 나를 홈리스라고 생각할 거예요. 하지만 난 그렇게 생각 안 해요. 난 보금자리가 있어요." 그는 동시에 자신을 다른 카테고리에 넣는 것에 죄책감도 느껴진다고 했다. 마치 그럼으로써 사회적 낙인이 더 강화되기라도 하는 것처럼.

이제 라본과 린다는 죽이 너무도 잘 맞은 나머지 함께 일을 한번 해보기로 결심한 상태였다. 린다의 다음 일인 캠프장 관리는 봄에, 매머드 레이크스에 있는 셔윈 크리크 캠프장에서 시작될 예정이었다. 한편 빅 텐트는 아직 계속되는 중이었고, 거기에는 캘리포니아 랜드 매니지먼트사 채용 담당자들이 운영하는 테이블이 있었다. 라본과 구직 중인 또 다른 노마드 한 명—니산 센트라에서 사는 쉰아홉 살의 트리시 헤이—은 린다의 조언을 듣고 그리로 가서 일자리에 지원하기로 계획을 세웠다.

그날 오후 린다가 설거지할 물을 찻주전자에 데우는 동안 나는 그와 함께 앉아 있었다. 린다는 필요할 때 쓸 수 있는 온수를 확보해두었어야 했지만, 네바다에 있던 누군가가 자신에게 잘못된 종류의 배터리를 팔았다고 했다. RV에 주거 전력을 공급하기 위해 필요한 딥 사이클 배터리 대신에 엔진 시동 배터리를 사는 바람에, 소파 밑 저장 탱크에서 물을 퍼 올려 싱크대로 보내기에 충분한 동력이 없다는 말이었다. 린다는 에렌버그에 있는 것이 기뻤지만, RTR에서 남은 사람들과 함께 밥을 따라가기로 한 라본만큼 오래 머무르고 싶지는 않았다. 한편 밥은 자신이 늘 하던 방식을 고수하는 중이었다. 열기가 밀려오고 방울뱀들이 깨어날 때까지 에렌버그에 머무르다가 코튼우드와 플래그스태프처럼 더 높은 고지대로 옮겨 가는 것이었다. 린다는 괜찮은 땅을 찾아보고 오래된 보관 창고를 비우는 것을 비롯해 다음번 일을 시작하기 전에 완수해야 할 몇 가지 중요한 임무가 있었다. 그래서 너무 늦기 전에 그는 작별을 고했다.

린다가 떠난 뒤, 라본은 린다의 사진 한 장을 자기 블로그에 올리고 이렇게 썼다.

또 다른 새 친구 한 명이 떠났고, 나는 또다시 처음부터 슬프다. 한 명 또 한 명, 그들은 다른 곳으로 떠나간다. 분명 몇몇과는 다시 만날 거라 확신하지만, 이런 슬픔은 노마드 생활에서 오는 어쩔 수 없는 결과다. 사람들은 당신의 삶에 찾아왔다 떠난다. 영원히 함께하게 되지는 않는다.

이 사람은 린다 메이다. 모두의 엄마가 되어주었고, 우리에게 프렌치토스트를 대접해주고 웃게 해준 사람. 린다를 사랑하지 않는 사람은 없다. 그는 지속 가능하면서 자급자족 생활을 할 수 있는 어스십 주택을 짓기 위해 땅 한 덩어리를 찾으러 떠난다. 나는 그 집을 짓는 일을 돕겠다고 약속했는데, (예를 들어 숱하게 많은 타이어에 흙을 다져 넣는 일을 한다거나) 그건 다시금 그와 함께 시간을 보내기 위해서다.

°

친구들을 떠난 뒤, 린다는 남동쪽으로 612킬로미터를 달려 애리조나주 코치스 카운티의 사막으로 갔다. 건축 법규가 엄격하지 않고 땅값이 싼 곳이었다. 린다는 자신의 어스십을 지을 몇 제곱미터의 땅을 찾을 수 있기를 바랐으나, 몇 시간 그곳을 둘러본 끝에 실망을 느꼈다. 그 지역은 너무 고립되어 있었다. 타이어 떠돌이들의 랑데부에서 느낀 황홀감으로부터, 공동체가, 연결된 상태가 주었던 그 모든 따뜻한 감정들로부터 떨어져 나온 참이라, 린다는 은둔자의 삶을 살고 싶지는 않았다. '아무도 여기로 나를 찾아오지 않을 거야.' 린다는 생각했다. '가족들이 찾아올 수 있는 곳에서 땅을 찾아보는 게 낫겠어. 왜냐하면 그게 이 모든 일의 핵심이니까. 닿을 수 있고 한데 모일 수 있는 곳이어야 해.' 그는 멕시코 국경 근처 주차장에 차를 대고 하룻밤을 보냈다. 그런 다음 다시 길에 나섰다.

다음으로 린다는 4년간 대여해온 보관 창고 하나를 정리하러 피닉스 교외로 향했다. ("그냥 성냥불을 붙여서 그 안에 던져버릴까 생각 중이에요." 린다는 전에 곰곰이 생각하며 그렇게 말한 적이 있었다.) 그는 이삿짐 트럭 한 대에 창고 내용물을 싣고 애리조나주 뉴리버에 있는, 한 친구의 소유인 2만 제곱미터짜리 땅으로 갔다. 기념품들은 따로 빼두었다. 손자 줄리언이 유치원에서 그려 온, 고양이 비슷한 생명체를 표현한 수채화, 작은딸 밸러리가 보내준, 선인장 비키니를 입은 핀업 걸이 들어간 생일카드. "당신, 여전히 멋져 보여요!" 카드가 익살을 떨었다. 하지만 나머지 모든 것—낡은 레코드플레이어, 유리 램프와 술이 달린 전등갓 세트, 요리 도구 무더기―은 정리해야 했다. 린다는 마당 세일을 시작했다. 그 모든 것을 트럭으로 뉴리버까지 운반해 온 비용을 제하고 난 첫 주 수입은 99달러 75센트였다. "보관 창고는 다시는 안 빌릴 거야." 린다는 맹세했다. 오래지 않아 그는 자신이 온라인에서 보고 시적이라고 생각한 인용문을 넣어 내게 편지를 썼다. "우리가 우리를 자유롭지 못하게 묶어놓는 모든 밧줄을 잘라낼 때, 장애물과의 그 싸움은 필연적으로 방해받게 마련이다."

그러는 동안 타이어 떠돌이들의 랑데부 부족은 불쾌할 정도로 더워지기 시작한 에렌버그를 떠나, 914미터 더 높고 기온도 6도쯤 더 낮은 코튼우드 근처의 프레스콧 국유림으로 옮겨 갔다. 그곳에서 밴 생활자들은 흩어졌다. 어떤 이들은 태양이 어룽거리는 메사°가 내다보이는 언덕 위의 탁 트인 곳에 주차했다. 다른 이들은 바람을 피해 아래쪽 숲이 있는 땅에 좀 더 은밀하게 둥지를 틀었다. 밥, 라본, 실비앤, 그리고 린다의 다른 새 친구들 몇 명이 거기 있었다. 그 친구들 중에는 전에는 시내버스 운전사였고, 1960년대 가수 도노번의 이름을 딴 '도노밴' 셰비 아스트로에서 사는 서른네 살의 애틀리 포머가 있었다. 서부의 가뭄으로 상승한 건초 가격 때문에 할랄 염소 농장을 잃고, 지금은 치와와 '피코 씨'와 함께 밴에서 사는 예순다섯 살의 사미르 알리도 있었다. (종교의 가르침을 실천하는 무슬림으로서, 사미르는

° 꼭대기가 평평하고 주위가 벼랑으로 된 지형.

하루에 다섯 번 예배 시간을 알려주는 아이폰 앱을 이용해 자신의 신념을 휴대 가능한 것으로 만들었다. 그 앱에는 메카를 가리키는 나침반도 표시됐는데, 그는 주차할 때 그것을 써서 자신의 밴을 항상 경배 드리는 방향으로 향하게 했다. "모든 게 다 되는 앱이에요." 그가 감탄했다.)

마당 세일이 끝났을 때는 벌써 3월 말이었다. 린다는 코튼우드로 향했고, 시간을 딱 맞춰 피자 파티에 모습을 드러냈다. 밥이 리틀 시저스에서 28달러를 주고 산 피자로 그럭저럭 열한 명이 나눠 먹었다. 그런 다음 그들은 배가 꺼지도록 분홍빛 노을이 물든 하늘 아래를 하이킹했다. 이 노마드 그룹의 대다수는 여성이었는데—여자 여섯 명, 남자 세 명과 10대 소년 한 명이었다—밥은 나중에 말하기를, 여성의 독립이 오랫동안 좌절되어온 문화에서 이것은 좋은 현상으로 보인다고 했다.

이튿날 산림 감시원 한 명이 캠프에 나타났다. 그는 혼란스러운 표정으로 이 모임이 무슨 클럽 같은 거냐고 묻고는—"그런 것 같네요!" 사미르가 대답했다—언제까지 머무를지 물었다. 밥은 자신들이 거기 머무른 지 나흘밖에 안 됐다고 악의 없는 거짓말을 했다. (사실은 2주를 막 넘긴 참이었다.) 감시원은 그들의 자동차 등록번호를 받아 쓴 다음 자리를 떴다. 이제 14일 무료 캠핑 제한에서 시간이 줄어들기 시작했으므로, RTR 부족은 그다음에 어디로 갈지 결정해야 했다. 그들은 생각 끝에 플래그스태프 근처 카이바브 국유림으로 정했다. 높이 2.1킬로미터의 고지대인 그곳은 훨씬 더 시원할 것이었다. 한편 린다의 차는 지붕 상태가 좋지 않았다. 액상 고무는 따뜻한 기온에서 더 빨리 굳기 때문에, 린다는 이동하기 전에 지붕을 수리하고 새로 덮고 싶었다. RTR 부족의 또 다른 구성원인 웨인이라는 직업 화가가 차 지붕에 기어 올라가 손잡이가 긴 롤러로 실런트를 발랐다. 작업은 시간에 딱 맞게 끝났다.

플래그스태프에 도착한 그들은 키 큰 소나무 숲에 차를 댔다. 린다는 친구들과 가족들이 볼 수 있도록 페이스북에 사진을 올렸다. "개들도 나도 여기가 마음에 들어요." 린다는 이렇게 적었다. "여러분은 이런 땅에 얼마를 내겠어요? 여긴 공짜예요." 린다는 도움에 대한 답례로 웨인에게 손수 저녁식사를 만들어 대접했다. 햄버그스테이크, 매시트포테이토와 그레이비를 누군가 중고품 처분할 때 구입한 1930년대의 캔자스 시티 철도 도자기 접시에 담아냈다. 그 접시들은 75년을 이가 빠지지 않은 채 버텨냈으니 자기 차에 실려 이리저리 덜거덕거려도 될 정도로 튼튼하겠다고 린다는 생각했다. 린다는 심장 질환이 있는 싱글 맘인 로리 힉스와도 친해졌다. 로리는 열세 살 된 아들 러셀, 반려견 케일리와 함께 폴 버니언◉의 황소 이름을 따서 '베이브'라고 별명을 붙인 푸른색 1995년형 셰비 타호에서 살았다. 그들은 함께 새로운 환경을 탐사했다. 린다의 캠핑터에 놀러 온 러셀과 케일리는 커다란

◉ 미국의 전설 속 거인 나무꾼.

264

와피티 사슴 머리뼈를 찾아냈다. 그러는 동안 린다는 로리가 푹 빠져 있던『찰리와 함께한 여행』을 로리에게 선물했다. 존 스타인벡이 자신의 프렌치 푸들과 함께 캠핑용 픽업트럭을 타고 여행한 이야기를 담은 그 책은 노마드들 사이에서 인기 있어서, 군데군데 귀퉁이가 접힌 책들이 손에서 손으로 전해졌다.[*]

　며칠이 지나 린다는 다시 떠나야 했다. 그의 다음번 일인 이스턴 시에라의 매머드 레이크스에 있는 캠프장 관리 업무가 곧 시작될 참이었다. 첫날 린다는 10시간 동안 차를 달린 다음, 밤을 보내기 위해 네바다주 토너파에 있는 텍사코 주유소에 멈춰 섰다. 그런 다음 밖으로 나가 개들을 산책시켰다. RV로 돌아왔을 때, 코코가 갑작스레 발작을 일으켰다. 개는 몸이 뻣뻣해지면서 새된 소리를 내더니, 축 늘어지면서 호흡이 멈췄다. 린다는 미친 사람처럼 자기 입을 개의 입에 맞대고 숨을 깊이 불어 넣었다. 곧 코코의 의식이 돌아왔다. 몸은 여전히 굳어 있었지만 숨은 쉬었다. 린다는 냉동 채소가 든 비닐봉지로 개의 등을 누르고—그렇게 얼음주머니로 누르면 개의 발작을 완화시킬 수 있다는 이야기를 들은 적이 있었다—딸에게 전화를 걸었다. 방향유 공

⊙ (원주)타이어 떠돌이들의 랑데부 캠프파이어에서 만난 한 남자는 내가 아직『찰리와 함께한 여행』을 읽지 않았다는 사실에 경악했다. 다음 날 그는 내게 그 책의 페이퍼백 판본을 빌려주었다. 이 서브컬처에서 문학적 정전의 반열에 오른 다른 작품들로는 윌리엄 리스트 히트-문의『블루 하이웨이』, 에드워드 애비의『태양이 머무는 곳, 아치스』, 존 크라카우어의『야생 속으로』, 헨리 데이비드 소로의『월든』, 셰릴 스트레이드의『와일드』가 있다.

부를 했던 오드라는 유향[*]을 추천했다. 린다는 유향을 코코의 발에 조금 발랐다. 개의 근육이 이완되었다. 곧 코코는 코를 골기 시작했다. 코코의 가슴이 부드럽게 오르내리는 것을 린다는 몇 시간 동안 계속 확인하며 지켜보았다. 다음 날 아침 코코는 멀쩡해 보였다. 이 일로 크게 놀란 린다는 매머드 레이크스까지 남은 241킬로미터를 마저 달려가기 시작했다.

린다가 도착한 4월 중순, 셔윈 크리크 캠프장은 고요했다. 그를 찾아오는 방문객이라고는 사슴들, 그리고 영화 촬영장으로 썰매 개들을 실어 나르는 트럭 한 대뿐이었다. 일주일이 채 안 되어 겨울 같은 날씨가 들이닥쳤다. 30센티미터가 넘는 고드름들이 린다의 모터홈 차체에 매달렸고, 린다가 지금껏 RV에서 본 중 최고로 많은 눈이 지붕에 두텁게 쌓였다. 하지만 차 안에서 린다는 따뜻하게, 젖지 않은 상태로 있었다. 새로 고친 지붕은 새지 않았다. 코코도 건강해 보였다. 모든 것을 곱씹어본 끝에 삶은 멋진 것이라고 린다는 생각했다. 4월 28일, 린다는 알코올의존증 자조 모임 가입 기념일을 축하했다. 24년 동안 술을 마시지 않고 맑은 정신으로 지낸 것이었다. "이 글을 쓰는 동안 고마움의 눈물이 내 두 눈에 차오른다." 그는 페이스북에 이렇게 적었다. "내 큰손주가 스물한 살인데, 그애에겐 맨정신이면서 사랑도 많은 할머니라는 기적이 태어날 때부터 지금까지 있었다. 내가 한 기도들은

[*] 감람과의 나무에서 채취하는 향료.

응답을 받았다…… 나는 행복하고, 기쁘고, 자유롭다."

린다는 언젠가, 알코올의존증 환자에게 술을 안 마셨다고 축하하는 것은 치질 걸린 카우보이에게 말을 타지 않았다고 칭찬하는 것과 같다고 재치 있게 농담하기도 했다. 그래도 그의 페이스북은 가족들과 친구들이 그 기념비적인 사건을 축하하며 달아놓은 애정 어린 댓글들로 넘쳤다. "중독에 맞서 싸워주셔서, 여러 세대 동안 우리 가족을 괴롭혀온 질병을 수면 위로 드러내고, 그것을 인식하게 해주셔서 고마워요." 오드라는 이렇게 적었다. "너무너무 사랑해요."

현금은 빠듯했지만, 아무것도 린다의 긍정적인 기분을 꺾지 못했다. 그는 줄어들고 있던 식료품들을 십분 이용해, 눅눅해진 토르티야로 칠라킬레스˚를 만들고, 오래된 빵으로 프렌치토스트 캐서롤을 만들었다. 보존 식품은 거의 떨어진 상태였다. 냉장고 안에는 달걀 4개, 우유 1.9리터, 그리고 케첩, 마요네즈, 머스터드, 젤리처럼 린다가 말장난 삼아 "음식에 없는 음식"이라 부르는 소스류 약간만 남아 있었다. 그때 급료가 들어왔고, 린다는 냉장고를 다시 채웠다.

5월 말에 나는 린다와 전화로 이야기를 나눴다. "사랑스러운 날이에요! 여기 캠프장은 꽉 차 있고요." 린다는 쾌활하게 말했다. 나는 집 지을 땅 찾는 일은 어떻게 되어가느냐고 물었다. 린다는 마지막으로 갔던 답사 여행은 실패였다고 설명했다. 그는 샌디에이고에서 동쪽

⦿ 계란 프라이, 소스, 치즈, 토르티야 등으로 만드는 멕시코식 아침식사.

으로 한 시간 거리인 캘리포니아주 줄리언 근처 지역으로 관심의 초점을 옮겼다고 했다. "산속에 있고, 오래된 금광이 있는 도시예요. 경치도 아름답고요." 린다가 말했다. "그리고 생존주의자들이 온통 상상하는 것처럼 '일어나선 안 되는 일'이 일어나더라도, 거긴 물가에서 가까워요. 극심한 가뭄이 온다 해도 물을 구해 올 수 있어요. 날씨가 어떻게 될지는 아무도 모르죠." 린다는 또, 그 프로젝트를 위해 곧 좀더 많은 돈이 생기기를 바라고 있었다. 그는 이른 가을까지 캠프장 관리 일을 하고, 그다음엔 캠퍼포스에 다시 들어갈 예정이었다. 지난번에 아마존에서 일하다 생긴 손목 부상이 아직 낫지 않았지만, 일을 시작하려면 몇 달 남아 있었으므로 린다는 낙천적으로 생각하고 있었다. 몇 주 전, 그는 캠퍼포스에 들어가고 싶어하지만 자신이 그 격한 노동을 감당해낼 수 있을지 몰라 안절부절못하는 한 밴 생활자 친구에게 용기를 북돋아주었다. "걱정 말아요." 린다는 그렇게 대답했다. "우린 쓰러지지 않게 서로를 붙잡아줄 거예요."

한편 린다는 자신이 놀랄 만큼 잘 지내고 있다고 내게 말했다. "나는 평생 동안 오르막길도, 내리막길도 다 겪어봤는데요, 가장 행복했던 시간은 가진 게 조금밖에 없을 때였어요." 우리는 린다의 반려견들에 대해, 린다가 자기 RV를 어떻게 새롭게 꾸미고 싶은지에 대해 이야기를 나눴다. 금세 린다는 양해를 구하고 ("어떤 캠퍼가 이쪽으로 오고 있는 것 같아요!") 일하러 돌아가야 했지만.

8장

○

헤일런

린다가 셔윈 크리크 캠프장에서 일을 시작했을 때, 나는 대략 6개월째 워캠퍼들을 인터뷰하고 있던 참이었다. 그 기간 동안 나는 그들의 서브컬처에 관한 어떤 정보라도 얻기 위해 온라인 매체, 인쇄 매체, 그리고 방송 매체 역시 샅샅이 뒤졌다. 내가 찾아낸 대부분의 자료들은 워캠핑을, 미국인들이 집값 때문에 전통적인 주거지 밖으로 밀려나 최저임금을 벌려고 분투하는 시대의 생존 전략이라기보다는, 쾌활한 생활방식처럼, 혹은 심지어 기발한 취미처럼 느껴지게 했다.

NPR의 뉴스 프로그램 〈모든 것을 고려할 때〉의 한 꼭지는 통신원의 내레이션으로 시작됐다. "물론 산타에겐 제시간에 선물을 배달할 수 있다고 보장해줄 작은 요정들이 필요합니다. 다시 말해, 아마존닷컴은 워캠퍼가 필요합니다!" 기자는 캔자스주 코피빌의 빅 치프 RV 주차장에서 살고 있는 한 캠퍼포스 노동자를 소개했다. 두 사람은 국토를 횡단하며 여행하고, 새 친구를 사귀는 즐거움에 관해 잡담하는 데 3분짜리 꼭지 대부분을 썼다. 그들의 대화에는 네 번이나 커다란 웃음소리가 섞여 들었다.

다른 이야기들은 그만큼 쾌활하지는 않았지만 여전히 열린 길 위에서의 스릴과 동료애를 강조했다. 그러면서 그토록 많은 사람들이 자기 삶을 급진적으로 다시 상상하도록 몰아간 문제들은 회피했다. 어떤 면에서, 나는 그 기자들을 비난할 수 없었다. 나 역시 초기 인터뷰에서 그렇게 봤기 때문이다. 기사 하나를 때우려고 낙하산을 타고 내려와 오후 반나절 정도 있다 가는 기자는 어떤 종류가 됐든 진실을 들을 수 있을 만큼 충분히 다가가는 일이 거의 없다. 처음으로 워캠퍼들에게 접근했을 때, 내가 마주친 건 유쾌하고 진부한 이야기들이었다. 나는 경고를 받기도 했다. 캠퍼포스에서 일하던 한 RV 생활자는 나를 만나는 데에는 동의했지만, 자기 동지들과 자신을 위기에 처한 미국인들로 그려내지는 말아달라고 덧붙였다. "거의 매사에 불평을 늘어놓는 나태한 징징이들, 태만한 사람들, 게으름뱅이들이 많습니다. 그런 사람들은 찾기도 쉽죠." 그는 당당하게 적었다. "저는 그런 사람이 아닙니다."

나는 그와 비슷한 '징징거리지 마' 정서를 노마드 대상 격월간 잡지 〈워캠퍼 뉴스〉에서도 본 적이 있었다. "마음가짐을 바꾸고 싶으신가요?" 헤드라인이 묻고 있었다. 그 아래 딸린 칼럼은 일하면서 생긴 문제들 때문에 힘들어하는 워캠퍼들에게 자기 내면을 돌아봄으로써 해결책을 찾으라고 권유했다. "다음과 같은 생각들로 자신의 고통을 달램으로써 마음가짐을 바꾸고, 낙담에서 벗어날 수 있는지 한번 봅시다." 글쓴이는 이렇게 제안했다. "'우리는 여기 영원히 있는 게 아니다. 이 일은 목적을 달성하기 위한 수단이다. 우리는 여행을 할 것이고, 이 지역을 탐험하며 (또는 가족들을 만나며) 시간을 보낼 것이고, 우리가 꿈꾸던 삶을 살아갈 것이다.'"

그 격려 연설은 초현실적이었지만, 그렇게 놀랍지는 않았다. 결국, 긍정적인 사고방식이란 전형적으로 미국적인 대응 기제이며, 사실상 하나의 국가적인 오락이다. 작가인 제임스 로티는 대공황 시기 동안 미국을 여행하며 길 위로 내몰린 채 일자리를 찾게 된 사람들과 대화하는 과정에서 이 사실을 깨달았다. 그는 1936년『더 나은 삶이 있는 곳』에서, 자신의 인터뷰 대상자 중 그렇게 많은 사람이 그토록 확고부동하게 밝은 태도를 보여준 것에 몹시 충격을 받았다고 썼다. "나는 2만 4,000킬로미터를 여행하는 동안, 환상에 중독된 이 미국적인 태도만큼 나를 경악시키고 혐오감을 일으키는 어떤 것도 마주치지 못했다."

나는 그 정도로 냉소적이지는 않다. 불안한 시기에 좋은 표정을 지으려는 것이, 그리고 그 표정을 남들에게 보여주려는 것이 인간의 본성이다. 하지만 노마드들 사이에서는 다른 무언가도 일어나고 있었다.

내가 보는 대로의 진실은, 사람들은 심지어 가장 혹독하게 영혼을 시험하는 종류의 고난을 통과하면서도, 힘겹게 싸우는 동시에 낙천적인 태도를 유지할 수 있다는 것이다. 이것은 그들이 현실을 부정한다는 뜻이 아니다. 그보다는, 역경에 직면했을 때 적응하고, 의미를 추구하고, 연대감을 찾으려는 인류의 놀라운 능력을 증명해준다. 리베카 솔닛이 책 『이 폐허를 응시하라』에서 지적하듯, 사람들은 위기의 시기에 기운을 내려고 노력할 뿐 아니라, "놀랍고도 강렬한 기쁨"을 느끼면서 그렇게 한다. 견뎌내려는 우리의 의지를 뒤흔드는 고난을 겪으면서도, 별이 빛나는 광활한 하늘 아래 동료 워캠퍼들과 모닥불 주위에 둘러앉아 있을 때와 같은 공유의 순간들 속에서 행복을 발견하는 일은 가능하다.

다시 말해, 내가 몇 달째 인터뷰하고 있던 노마드들은 무력한 희생자들도, 걱정 없는 모험가들도 아니었다. 진실은 훨씬 더 미묘했다. 하지만 내가 어떻게 그 진실에 더 다가갈 수 있을까? 그즈음에, 나는 더이상 당일치기 여행자가 아니었다. 나는 숱한 날들을 워캠퍼들 바로 곁에서 보내며 다섯 개 주에 걸쳐진 그들의 이야기를 기록했고, 겨울 회합 동안 밤 온도가 영하로 내려가면서부터는 쿼츠사이트의 텐트 속에서 지내고 있었다. 그러나 그때까지도 내가 바라는 정도만큼 그 현실을 이해하지는 못하고 있었다. 정말로 그들의 삶을 파악할 만큼 가까이 가지 못했던 것이다. 그렇게 하기 위해서는 더 온전한 몰입이, 날이면 날마다 그들 사이에서 몇 달을 보내는 일이, 몇몇 야영지에 단골이 되는 일이 필요했다.

내 텐트로 사막에서 공공설비를 사용하지 않고 살 수는 있었지만, 내가 이야기로 기록하고 있는 사람들 대부분이 분도킹을 하고 있던 시골에서는 지낼 수 없었다. 텐트를 치고 캠핑하는 일은 옥외 화장실 근방에서만 허용되었다. 그 말은 내가 결국 타이어 떠돌이들의 랑데부가 열리는 장소로부터 6킬로미터 남짓 떨어진 곳에서 잠을 잔 다음, 차를 타고 그곳으로 가야 했다는 뜻이다. 정말로 노마드들에게 합류하기 위해서는 좀 더 튼튼한 휴대용 보금자리가 필요할 것 같았다. 내가 안에서 자고, 요리하고, 글을 쓸 수 있고, 최소한 가장 기본적인 화장실 설비는 갖춰진 것으로. RV 생활자들의 언어로는, 내 차량은 '자족적인' 차여야 했다.

나는 중고 밴을 찾아 몇 달 동안 크레이그스리스트 광고를 뒤졌다. 많은 밴들이 첫눈에는 멋져 보였지만 알고 보면 녹이 슬었거나 망가져 가거나 했는데, 판매자가 자신이 그 안에서 몇 년이나 즐겁게 보냈다고 말했던, '포타 파티'◉라는 별명이 붙은 아주 오래된 로드트렉 한 대도 그런 차였다. 마침내 무언가가 내 눈길을 잡아끌었다. 말쑥한 청록색 줄무늬가 들어간 흰색 1995년형 GMC 밴두라였다. (한 친구가 나중에 그 밴이 드라마 〈A 특공대〉에 나오는 미스터 T의 밴과 똑같은 모델이라고 알려준 것으로 보아, 노스탤지어가 약간의 영향을 끼쳤는지

◉ 이동식 화장실(porta-potty)을 연상시키는 말장난.

273

도 모른다.) 수십 년 된 차량치고는 상태가 좋았고, 주행거리도 10만 3,000킬로미터밖에 되지 않았다. 주로 캘리포니아 해변에 주차되어 있었던 그 밴은 추운 겨울 날씨에 시달려본 적이 없었고, 내부는 캠핑용으로 개조되어 있었다.

처음 그 밴 안으로 들어섰을 때, 내부는 밖에서 보기보다 넓게 느껴졌다. 마치 〈닥터 후〉에 나오는 타디스처럼 어째선지 물리 법칙에서 벗어난 공간 같았다. 벽은 아주 연한 푸른색 벨루어 천으로 덮여 있었다. 안쪽에는 접으면 침대가 되는 조그만 식당이 있었다. 그 작은 집에는 12볼트짜리 미니 냉장고, 작은 프로판가스 난로, 이동식 화학 변기, 그리고 분도킹을 하기에 유용한 설비들이 갖춰져 있었다. 머리 위로는 한쪽을 밀어 올리면 차 지붕 위로 텐트가 펴지는 방식의 지붕이 있었다. 걸쇠를 벗기고 뚜껑을 밀어 올리자 나는 똑바로 설 수 있었지만, 은밀한 위장의 분위기는 모두 사라져버렸다. 바깥에서 보면 캔버스 천으로 만든 사파리 텐트가 목말을 타고 있는 것처럼 보였던 것이다.

그 밴에는 이름이 필요했다. 밴 생활자들과 만나는 동안 나는 이미 밴션, 밴 고, 도노밴, 밴터킷˚, 배나 화이트˚˚ 같은 이름의 밴들을 만나본 적이 있었다. 정말이지 말장난을 좋아하는 서브컬처였다. 한 친

˚ 메사추세츠주 휴양지인 '낸터킷'의 철자를 바꾼 것으로 보임.
˚˚ 방송 프로그램 〈힐 오브 포춘〉 진행자.

구가 '캠퍼 밴 베토벤'이라는 밴드에서 딴 '베토벤'을 제안했다. 하지만 그 이름은 내게 〈롤 오버 베토벤Roll Over Beethoven〉을 떠오르게 했는데, 그건 차 이름이 되기에는 불길한 뜻이 담긴 말이었다.[*] 나는 대신 그 밴에 '헤일런'이라는 이름을 붙였다. 1970년대 후반 록그룹 밴 헤일런의 첫 앨범이 히트하던 시절에 태어난 나는, 쿼츠사이트 중고품 시장에서 찾아낸 검은 벨벳에 그려진 어니스트 헤밍웨이의 초상화, 그리고 린다가 캠프장을 관리하던 중에 발견한 다람쥐 머리뼈 같은 적절한 부적들로 밴을 장식하려고 노력했다. 선물 받은, 푸른 유리로 된 '이블 아이'[**] 구슬 한 줄은 백미러에 매달았는데, 나로서는 그것이 도난 방지용 경보기에 가장 가까운 물건이었다.

헤일런은 캘리포니아에 있던 판매자에게서 내게로 왔다. 가장 친한 친구이자 저널리스트인 데일 머해리지가 그 차를 함께 가져오기 위해 나와 만났다. 우리는 함께 샌디에이고 카운티 북부의 협곡에 있는 데일의 삼촌네 농장으로 향했다. 나는 헤일런을 운전하면서 길이 약 6미터, 무게 2톤의 그 거대한 녀석에게 적응하려고 애썼다. 차는 보트를 몰 때처럼 자꾸만 옆길로 미끄러져서, 끊임없이 방향을 바로잡아줘야 했다. (방향을 벗어나지 않고 운전하느라 너무 긴장한 나머지 처음 몇 번은 운전하고 난 뒤에 어깨가 몇 시간씩 욱신거렸다.)

[*] 척 베리의 노래로, 베토벤의 음악은 내다버리고 자신의 음악을 들으라는 내용. 명사 '롤오버(rollover)'에는 '차량 전복'이라는 의미도 있다.
[**] 액운을 막기 위해 눈동자 모양을 그려 넣은, 부적 역할을 하는 장식품.

농장에 도착한 우리는 어느 감귤원 옆에 헤일런을 주차한 다음 작업에 착수했다. 가장 쉬운 부분은 세차로, 캐비닛 안으로 흘러 들어가 딱딱하게 굳은 메이플 시럽을 문질러 닦아내고, 회전식 철사 브러시로 차 표면의 자잘한 녹을 제거하는 일이었다. 가장 어려운 작업은 100와트짜리 태양전지판을 설치하는 일이었다. 많은 노마드들이 측면 브래킷으로 받친 루프 랙을 이용해서 차량 위에 태양전지판을 설치한다. 헤일런은 지붕을 밀어 올려 여는 방식이어서 그 방법을 쓸 수 없었기에, 우리는 다른 조치를 취해야만 했는데, 그 방법은 나를 겁먹게 했다. 손대지 않고 놔둔 말짱한 뒤쪽 지붕에 구멍 두 개를 뚫는 것이었다. 태양전지판을 고정시키고, 헤일런이 주차되어 있을 때 햇빛을 더 많이 받는 각도로 기울여둘 수 있는 알루미늄 틀을 설치하려면 어쩔 수 없었다. 볼트들을 단단히 조인 다음, 물이 새지 않기만을 기도하며 나는 구멍을 뚫었던 곳에 끈적끈적한 방수 콤파운드를 두껍게 발랐다. 다음으로, 데일과 나는 밴 안에 충전 제어기를 설치했다. 충전 제어기로 작동되도록 태양전지판을 전선으로 연결한 다음, 거기서 우리가 식당 아래쪽에 설치한 6볼트짜리 골프 카트 배터리 두 개까지 이었다. 이 장치가 내가 분도킹을 할 때 전력을 공급해줄 것이었다. 마지막으로, 우리는 내 노트북 컴퓨터와 카메라를 충전하는 데 필요한 110볼트 전력을 공급해줄 인버터 역시 식당 밑에 설치했다.

나는 이 모든 준비가 과한 것일까 봐 잠시 마음이 쓰였지만, 그 뒤 2년의 취재 기간 동안 한 번에 2달까지도 지속되는 여행들을 다니면서 그때그때 헤일런에서 생활하는 자신을 발견하고 나니 과도한 준비였다는 생각은 사라졌다. 여정은 국경에서 국경까지 — 헤일런은 멕시코와 캐나다 국경 둘 다를 찍었다 — 해안에서 해안까지 2만 4,000킬로미터 이상에 걸쳐 이어졌다.

길에 나선 뒤 내가 깨닫게 된 첫 번째 사실은, 노마드 수십 명을 인터뷰했음에도 불구하고, 밴에서 사는 일에 대해 내가 쥐뿔도 모른다는 것이었다. 학습 곡선은 가팔랐고, 환경이 계속 변화했으므로 사실상 완만해질 일이 없었다. 사막에서 운전하는 동안 나는 헤일런을 두 번 꼼짝 못 하게 처박았고, 두 번 다 지프를 타고 지나가던 선한 사마리아인이 윈치로 감아올려 빼줄 때까지 부드러운 사막의 실트 속에서 타이어들만 돌리고 있었다. 높은 산속에서는 밴이 눈보라에 갇혔고, 화장실과 물탱크들이 꽝꽝 얼어붙었다. 늦은 밤 캔자스의 텅 빈 고속도로 위에서 교류 발전기가 꺼져버린 일도 있었다. 헤일런이 전력을 잃으면서 계기판 불빛들이 희미해졌고, 차는 관성으로 움직이다가 휴게소 앞에서 멎었다.

한번은 텍사스주 포트 워스 근처에서 주차를 해놓고 커피를 사고 있는데, 하늘이 녹색으로 변하면서 토네이도 경보음이 울리기 시작했다. 바리스타는 내게 토네이도를 보면 지하실에 숨으라고 조언해주었다. 나는 창문 너머로 지하실 같은 건 없는 헤일런을 가리켰고, 우리는 웃음을 터뜨렸다. 그날 늦게, 나는 헤일런 안에서 폭우를 피하면서, 빗물이 뒷문 위 막아놓은 곳을 뚫고 들어와 폭포처럼 쏟아지고,

내 침대를 침수시키고, 내가 설치한 전기 시스템 일부에 합선을 일으키는 것을 공포에 질린 채 지켜보았다. 또 한번은 집으로 돌아가 잠시 쉬다가 장기 주차장으로 돌아왔더니 누군가가 헤일런을 샅샅이 뒤지고 간 뒤였던 적도 있었다. 커다란 감자만 한 돌멩이에 운전석 차창이 깨져 있었고, 운전석은 조각난 유리로 어지러웠다. 다행히 검은 벨벳에 그려진 어니스트 헤밍웨이의 초상화와 정말 좋은 핫소스 한 병을 빼면 내겐 훔쳐갈 것이라곤 없었다. 그리고 그 두 가지 다 제자리에 있었다.

나는 헤일런에게 많은 모욕을 안겨주었다. 후진하다가 커다란 바위에 들이박고, 지붕을 올려 열어둔 채 캠프장을 빠져나가고, 섀시 밑에 커다란 원뿔형 도로 표지가 끼어 포장도로에 질질 끌리는 줄도 모르고 몇 블록이나 달리기도 했다. 한번은 와이파이를 찾아 스타벅스 근처에 주차한 뒤에 화재 및 일산화탄소 경보기를 설치하려고 했던 적이 있었다. (노마드 기본 안전 수칙: 모든 입주형 차량에는 소화기와 일산화탄소 경보기가 둘 다 있어야 한다.) 그런데 내가 그것을 벽에 설치하려고 할 때마다 여자 목소리 기계음이 "화재 경보! 화재 경보! 대피하십시오! 대피하십시오!" 하고 요란하게 외쳐대는 것이었다. 내 위장술은 망해버렸다. 낯선 사람들이 멈춰 서서 라테를 홀짝이며 빤히 쳐다보고 있었다.

한번은 장기 취재 여행 중에 처방전대로 약을 다시 조제받아야 할 일이 있었다. 내 담당 의사가 약국에 전화를 걸어주었다. 나중에 그는,

약사가 내 집 주소를 물어보자 뭐라고 대답해야 할지 몰라서 "그분은 밴에서 사세요!" 하고 불쑥 내뱉어버렸다고 했다. 약사는 별말 없이 넘겼지만, 그 에피소드는 나를 생각에 잠기게 했다. 미국에서는, 주소가 없으면 당신은 실존하는 사람이 아니게 된다.

헤일런에서 사는 동안은 모든 곳이 다 내 주소지였다. 나는 플라잉 J 트럭 휴게소에서, 월마트 슈퍼센터에서, '위스키 피트스'라는 카지노에서, 버려진 주유소에서 잠을 잤다. 황량한 사막에서, 산악 삼림지대에서, 교외의 거리에서 잤다. 호기심 많은 이웃 사람들이 문제를 일으킬 수 있었으므로 주택가는 가장 나쁜 선택지였다. 미션 비에호에서 스텔스 캠핑을 하며 하룻밤을 보낸 뒤, 나는 산울타리를 다듬는 전동 기구가 윙윙거리는 소리에 잠에서 깼다. 조경사 한 명이 1미터 남짓한 거리에서 작업하고 있었다. 나는 그 작업이 끝날 때까지 헤일런 안에서 침낭 속에 누운 채 꼼짝도 못 하고 쥐 죽은 듯 조용히 있었다. 그날 늦게, 린다와 라본은 피해망상이라고 나를 놀려댔다.

이런 경험들이 내가 이 책을 쓰는 데 배경 음악이 되어주었다. 헤일런에서 살아보지 않았다면, 나는 사람들의 이야기를 정말로 이해할 만큼 그들의 삶에 충분히 가까워질 수 없었을 것이다. 하지만 처음부터 이런 것을 기대한 건 아니라고 하는 편이 맞겠다. 약간 겁을 집어먹을 만큼의 분별력이 있었을 뿐, 처음에 나는 내가 어디로 향하고 있는지 전혀 몰랐다.

밴에 설치한 태양열 발전 시스템을 붙잡고 며칠 동안 씨름한 끝에 데일과 나는 마침내 그것을 작동시키는 데 성공했다. 모든 것이 제대로 작동하게 되자, 남은 것은 출발하는 일뿐이었다. 데일이 나를 껴안아 작별 인사를 했을 때는 이미 날이 어두워져 있었다. 나는 운전석에 올라탔고, 감귤 나무들의 흐릿한 윤곽선을 지나 헤일런을 몰며 데일의 삼촌네 목장으로부터 조금씩 멀어졌다. 도로는 가팔랐다. 갑자기, 2톤짜리 밴이 엄청나게 육중하게 느껴졌다. 나는 운전대를 꽉 움켜잡고 브레이크에 발을 얹은 채로 비탈길을 끝까지 내려갔다. 다 내려왔을 때, 내 두 눈은 예기치 못한 눈물로 흐려져 있었고, 나는 소매로 눈물을 닦아내면서 내가 헤일런 안에서 사는 건 고사하고, 이 차를 몰면서 마음이 편할 날이 과연 오기는 할까 생각했다.

네가 지금 해야 하는 건 길에 집중하는 것뿐이야. 나는 스스로에게 말했다. 커피도 머그잔 한 잔 가득 있고, 스마트폰에는 GPS도 있고, 몇 달 동안이나 들떠서 그려본 목적지도 있잖아. 밴은 천천히 협곡을 빠져나왔고, 린다를 방문하러 가는 길로 되돌아갔다.

。

2014년 크리스마스 직전, 린다는 딸과 사위가 샌클레멘테에 임대한 작은 아파트에서 10대인 손주들과 함께 잠시 머무르고 있었다. 그 집의 뒤쪽 창문은 해병대 기지인 캠프 펜들턴 쪽으로 나 있었다. 해 질 녘이면 군대 소등 나팔 소리가 들려왔고, 가끔씩은 실탄을 사용하는 포병대 훈련이 밤새도록 계속되었다. (린다의 가족은 다음에 살게 될 임대 주택으로 아직 떠나지 않은 때였다. 미션 비에호의 그 임대 주택은 린다가 틈새 호텔을 구입하고, 그 안으로 이주해 들어가기 전까지 머물렀던 집이다.)

길에 주차된 린다의 RV에는 딱지가 여러 장 붙어 있었다. 너구리들이 연료관을 씹어 구멍을 뚫어놓았다. 린다는 기름을 넣다가 그것을 발견했다. 깜짝 놀라 아래를 내려다보니 발치에서 액체 웅덩이가 하나가 점점 커져가고 있었다. 린다는 이번 시즌에 펀리에 있는 아마존 창고로 돌아가 일할 계획이었지만, 그 전해부터 아프던 손목이 여전히 말썽이라 계획을 취소해야 했다. 다시, 현금이 빠듯했다.

내가 도착한 저녁, 린다는 내가 사양하는데도 불구하고 멕시코 레스토랑으로 나를 불러 그의 가족들과 함께 저녁을 대접해주었다. 우리가 그곳을 나왔을 때, 바깥에서는 한 버스커가 팝 히트곡인 로드의 〈로열스〉를 부르고 있었다. 그의 바이올린 케이스는 연석 위에 열려 있었는데, 린다는 자신의 두 손녀에게 거기 넣으라고 각각 1달러씩을 주었다. 아파트로 돌아오자 린다네 가족은 내게 자고 가도 된다고 했다. 하지만 소파는 이미 린다의 자리였다. 작은 옷방은 린다의 손녀 중 한 명이 차지하고 있었다. 나는 마치 천 번쯤 그렇게 해본 사람처럼 밴에서 자겠다고 말했고, 그 밴은 아파트 건물 옆 주차장에 주차되어 있었다. 린다는 그날 밤 마지막으로 산책을 시키려고 자기 반려견 두 마리와 가족이 기르는 치와 '기즈모'에게 목줄을 맸다. 우리는 함께 주차장을 가로질러 성큼성큼 걸어갔다. 우리가 헤일런에 가까워질수록 나는 점점 불안해졌다. 그때 나는 밴에서 딱 하룻밤밖에―샌디에이고 카운티에 있는 농장에서였다―자보지 않았고, 그것도 낯선 사람이나 차 들이 없는 곳에서였다. 그날 밤은 내가 처음으로 트인 공간에 주차하고 보내는 밤이었다. 이웃들이 경찰을 부르면 어쩌지? 내가 자는 동안 누군가가 들어오려고 하면?

격렬한 통증이 나를 그 생각들에서 흔들어 떼어놓았다. 기즈모가 내 오른쪽 허벅지 뒤쪽에 이빨을 박아 넣은 것이었다. 나는 웃어넘기려고 했다. 전에 오드라가 그 개를 '발목 물기 선수'라고 부르긴 했지만, 나는 그 말을 애칭으로만 받아들였지, 경고로 듣지는 않았다. 상처 난 곳이 심하게 따가웠다. 나는 가볍게 생각하려 했지만, 속으로는 걱정들이 공포로 변해 굳어갔다. 저 개, 지금까지 예방접종은 제대로 했을까? 나는 질문을 해서 누군가의 기분을 상하게 하고 싶지 않았다.

나는 잘 자라고 인사를 하고는, 밴으로 살금살금 걸어 들어가 블라인드를 내린 다음, 로스앤젤레스에 사는 친구가 보내준 생필품 꾸러미를 뒤지기 시작했다. 작은 성조기와 아이리시 스프링 비누 아래 반창고와 반쯤 남은 항생제 한 갑이 있었다. 나는 움푹 패고 피가 흐르는 상처를 예상하며 바지를 벗었다. 하지만 피부가 찢기지는 않았고, 심하게 멍만 들어 있었다. 그로써 나는 편안해졌어야 했는데, 그러지 못했다. 이를 닦고 침낭 안에 들어가 몸을 웅크린 채 밥 웰스가 책에 썼던 문장들을 떠올렸다. "사람들 대부분에게 밴에서 보내는 첫날 밤은 익숙하고 편안한 곳에서 몹시 멀리 벗어나는 경험이라 매우 어려울 수 있습니다." 그는 설명했다. "두려움 때문에 소리 하나하나가 커다랗게 들릴 테고 (게다가 들려오는 소리도 많고) 잠도 별로 자지 못할 수 있습니다. 아침에 일어나면, 당신은 혼돈에 빠진 채 여기가 어딜까 생각하게 될 겁니다."

나는 그 말들이 내게 적용될 거라고는 생각해보지 못했다. 나는 결국 디지털 카메라와 녹음기, 노트북 컴퓨터를 가진 한 명의 작가일 뿐, 생활방식을 급진적으로 변화시키고 있던 사람은 아니었다. 나는 밴에서 몇 달쯤 살 계획이었지, 몇 년은 아니었다.

차들이 주차장 안을 돌며 헤드라이트로 헤일런을 맹공격했다. 차가 다가올 때마다 블라인드가 빛으로 하얗게 밝아졌다가, 차가 지나가면 붉은색으로 어두워졌다. 그림자들이 밴 안을 빙글빙글 돌았다. 저 운전사, 감속하고 있나? 이 차는 너무 가까이 주차한 것 아닌가? 내가 안에 있다는 걸 저 사람들이 알까? 나는 눈을 감고 긴장을 풀려고 노력했지만 몇 시간이 지난 뒤에야 잠들 수 있었다.

。

창문을 두드리는 소리에 나는 깜짝 놀라 잠에서 깼다. 아침이었다. 친숙한 목소리가 나를 불렀다. "여보-세-요!" 린다가 다시 개들을 산책시키러 나와 있었다. 집에 커피를 끓여두었다고 했다. 나는 정신이 혼미한 상태로 옷가지를 걸치고 린다를 따라 아파트로 들어갔다. 린다는 샤워실을 가리켜 보이며 분홍색 패턴이 들어간 수건 한 장을 건넸다. "자요, 건조기에서 막 꺼낸 거예요." 린다가 말했다. "물방울무늬예요. 물방울무늬는 사람을 행복하게 하죠."

우리는 헤일런을 타고 드라이브를 나갔다. 린다는 자기가 좋아하는 포장 전문 음식점에서 내가 아침으로 부리토를 사는 걸 승낙했다. 우리는 부리토를 해변으로 가져가 서핑하는 사람들이 파도를 타고 위아래로 출렁이는 걸 보며 함께 먹고 수다를 떨었다. 밴으로 돌아오자 린다는 내게 짧은 주차 강의를 해주었다. 6개월 동안 전문 트럭 운전사로 지낸 경험 덕에 5.8미터짜리 화물 밴을 모는 일은 린다에게 아무것도 아니었지만, 내가 여전히 겁먹은 상태라는 걸 린다는 알았다. 그런 다음, 린다는 내 밴에 요리 도구를 마련하기 위해 나를 할인 매장으로 데려갔다. 내가 짝이 맞지 않는 접시들이 가득한 상자를 샅샅이 뒤지는 동안, 린다는 할인 판매 중인 철제 압력솥 하나와 여과식 커피 메이커 하나를 찾아 내게 알려주었다. 그날 오후 늦게 우리는 작별 인사를 했다.

내 다음 목적지는 쿼츠사이트였다. 나는 그곳의 사막에서 타이어 떠돌이들의 랑데부 기간을 포함해 몇 달간 분도킹을 할 계획이었다. 하지만 랑데부가 시작되려면 아직 몇 주가 남아 있었다. 그때까지는 어디에 주차해야 할지 알 수가 없었다.

그때 페이스북으로 각자 음식을 가져오는 저녁식사 모임 초대장이 도착했다. 보낸 사람은 '스왱키 힐스'로 더 잘 알려진 일흔 살의 밴 생활 전문가 샬린 스왱키였다. 우리는 그 전해에 잠깐 만난 적이 있었고, 나는 밥 웰스의 웹사이트에서 스왱키의 모험 이야기를 읽었다. 가슴이 설렜다. 스왱키의 야영지는 머무르기 편안한 곳이 될 것 같았다. 게다가 그는 분도킹 전문가였고, 배울 것이 많은 사람이었다.

　　"린다를 납치해서 데려와요." 스왱키가 농담을 했다. 나는 그럴 수 없는 이유를 설명했다. 린다는 빈털터리에 멀쩡한 차도 없는 데다, 운전해서 데려가주겠다는 내 제안도 정중히 사양했다고. 그러자 스왱키는 내게 그럼 그 대신 핫도그를 좀 가져다달라고 했다.

　　캠프에 도착해서 본 스왱키는 처음 온 밴 생활자들에게 조언하는 일에 익숙해 보였다. 이번 시즌에 그는 이미 제자 한 명을 들였는데, 스물일곱 살의 빈센트 모즈먼이라는 사람이었다. 오래지 않아 빈센트는 자신의 이야기를 들려주었다.

　　빈센트는 2달 전까지 몬태나주 빌링스에서 어머니와 함께 살고 있었다. 그는 독립을 갈망했지만, 아파트 임대는 현실적으로 가능성이 없어 보였다. 학위를 끝내지 못한 데다 학자금 대출도 2만 5,000달러나 남아 있었다. 파산만은 피해보려고 대학을 다니면서 실험실 모니터 요원과 바리스타로 투잡을 뛰었고, 현금이 빠듯할 때는 서브웨이의 30센티미터짜리 샌드위치를 이틀 동안 아껴 먹었는데도 그랬다. 그가 대학에 들어간 지 3년째 되던 해에 부모님이 이혼했다. 학비 지원 재

신청을 하러 간 빈센트는 아버지의 서명을 받아오라는 말을 들었지만, 아버지의 행방을 알 수가 없었다. 그래서 그는 학교를 중퇴했다. 집으로 돌아온 그는 성인 자폐인들을 위한 그룹 홈 시설에 일자리를 얻었지만 급료는 많지 않았다. 빈센트는 독립해서 살려면 딱 한 가지 방법밖에 없다고 판단했다. 그래서 자기 어머니의 1995년형 플리머스 그랜드 보이저 LE 미니밴을 샀다. 내부 장식을 들어내고, 리놀륨 바닥을 깔고, 커튼과 선반, 침대를 설치했다. 그는 동화 『넌 할 수 있어, 꼬마 기관차』에 나오는, "난 할 수 있을 거야, 할 수 있을 거야"가 말버릇인 기차 이름을 따서 밴을 '틸리'라고 이름 붙였다. 그런 다음 빈센트는 여행을 시작했다.

"제 두 발로 서서 살아가는 법을 배우려고 길에 나섰어요." 그가 말했다.

빈센트는 쿼츠사이트로 향했다. 그곳에서 페이스북의 노마드 그룹에서 친해진 스왱키를 만날 계획을 세웠다. 스왱키는 자기와 '함께' 캠핑할 수는 없지만 자기 '가까이에서' 캠핑을 하라며 쿼츠사이트의 남쪽 사막에 있는 라포사 장기 방문객 지역으로 그를 초대했다. 그곳이 내가 나중에 그들에게 합류한 곳이었다.

빈센트에게 그런 제안을 하고 나서 스왱키는 걱정과 후회에 사로잡혔다. 스왱키는 자신의 고독을 너무도 소중히 여긴 나머지, 방문객을 원하지 않을 때 달아두려고 해골과 엑스 자로 교차하는 뼈가 그려진 깃발까지 산 사람이었다. 빈센트는 반대로 극도로 사교적인 사람이었다. 그는 자신을 LPS, 즉 길 잃은 강아지 증후군Lost Puppy Syndrome[⊙]이 있는 사람이라고 설명했다.

빈센트는 핼러윈 전날 도착해 마른강 근처에 주차했다. 방수 러그, 의자들, 화물 트레일러, 그리고 차양까지 갖춰져 야외 거실처럼 보이는 스왱키의 캠핑터 바로 건너편이었다. 그 캠핑터 옆에는 스왱키의 밴이 있었고, 거기에는 침대, 컴퓨터 책상, 냉장고, 전자레인지가 갖춰져 있었다. 밴 엔진이 돌아가고 있는 동안 인버터로 전력을 끌어와 작동시키는 것들이었다. 밴 지붕에는 카약 한 척과 태양전지판 하나가 놓여 있었다. 뒷문에는 스왱키가 샤워실을 쓰기 위해 등록한 피트니스 체인 '플래닛 피트니스'의 스티커가 붙어 있었다.

스왱키는 음식물과 생필품들을 보관하라고 빈센트에게 여분의 텐트 하나를 주었다. 빈센트는 스왱키의 화물 트레일러에 식품 저장고로 쓸 캐비닛을 설치하는 일을 도와주었다. 스왱키는 그가 태양전지판을 설치하는 내내 옆에서 알려주었다. 빈센트는 전지판을 지붕에 볼트로 고정시킬 때 드릴로 구멍을 뚫은 1페니 동전을 사용했다. 그것이 와셔[⊙⊙]보다 쌌다. 스왱키는 또 자신이 임대한 사서함을 빈센트가 사용하게 해주었다. 그 행동은 큰 의미가 있었다. 스왱키는 자신의 가족은 더 이상 자기 편지를 받아주지 않을 거라고 했다. 한편 트랜스 남성

⊙ 심한 애정 결핍 상태로 아무하고나 사랑에 빠지는 성향.
⊙⊙ 볼트와 너트로 물건을 죌 때 너트의 밑에 끼우는 둥글고 얇은 쇠붙이.

인 빈센트에게는 우편물을 받을 수 있는 주소가 꼭 필요했다. 호르몬 요법 때문에 2주일마다 허벅지에 테스토스테론 주사를 맞아야 했던 것이다. 주사약들이 우편으로 도착했다. 어머니로부터 온 크리스마스 꾸러미를 비롯해 다른 좋은 물건들도 사서함에 모습을 드러냈다. 꾸러미에는 집에서 만든 스니커두들 쿠키 한 판과, 솔틴스 크래커 상자로 만든 자그만 붉은색 벽돌 벽난로 모형이 들어 있었고, 맨 위에는 인형의 집 크기의 전나무가 들어 있었다.

스왱키와 빈센트는 잘 어울리는 한 쌍이었다. 원기 왕성한 백발의 밴 생활자 스왱키는 자신의 수염 난 젊은 제자보다 최소한 머리 하나는 더 컸다. 테스토스테론 분자 구조를 손목에 문신으로 새긴 빈센트는 짓궂은 미소를 지을 때면 오른쪽 윗니에 구멍 하나가 보였는데, 크라운을 씌우면 1,000달러나 드는 반면 그 이를 뽑아버리는 데는 250달러밖에 들지 않았다고 했다. 내가 만나본 많은 노마드들에게 있어, 빠진 이는 그들이 가장 부끄러워하는 가난의 상징이었다. 내가 카메라를 꺼내 들면 어떤 이들은 미소를 짓지 않으려 하거나, 이 빠진 자리가 보이는 사진은 공유하지 말아달라고 부탁했다. (일반적인 의료보험에 포함되지 않는 치과보험 혜택을 받지 못하는 시민이 전체의 3분의 1이 넘는 나라에서, 치아가 사회적 지위의 상징이 되어버렸다는 것은 슬프긴 하지만 놀라운 일은 아니다.) 하지만 빈센트는 자기 이가 빠진 빈틈을 '빨대 꽂이'라고 부르면서 자랑스럽게 드러냈다. "이걸 불편해하는 사람은 어쨌거나 내가 어울리고 싶지 않은 사람이에요." 그가 설명했다.

빈센트와 스왱키에게는 그들을 규정하는 특징이 있었다. 두 사람 모두 속물들을 참지 못했다. 스왱키는 호화로운 모터홈에 사는 사람들과 사막에서 즐겁게 대화를 나누고 있었던 어느 날 저녁을 떠올렸다. 그들이 스왱키의 RV 종류를 물었다. 스왱키는 밴이라고 대답했다. 사교적인 인사치레가 갑작스럽게 멎었다. "그 사람들은 자기들 캠프파이어를 버리고 그냥 일어나서 가버렸어요." 스왱키가 고개를 저으며 말했다. 또 한번은 스왱키가 '방랑하는 개인들의 네트워크'에 가입했는데, 그 모임에서 회원들의 웹사이트를 링크한 온라인 명단에 스왱키의 블로그를 추가해주지 않았다. 이유? 스왱키의 블로그에 19리터짜리 양동이를 화장실로 쓰는 법에 관한 자세한 지침이 올라와 있어서였다. 그래서 스왱키는 모임을 탈퇴했다.

빈센트와 마찬가지로 스왱키도 그런 친구들은 필요 없었다. 스왱키의 야영지는 규모가 점점 커지고 있었다. 그곳에 도착한 첫날 저녁을 먹고 나서, 나는 결국 그곳에 내 밴을 세우고 머무르기로 했다. 마흔일곱 살 동갑인 캣과 마이크 밸런티노 부부도 같은 결정을 했다. 그들은 '카트밴두'라고 이름 붙인 푸른색 1991년형 포드 이코노라인에서 아홉 살 난 아들 알렉스와 로니라는 페럿 한 마리와 함께 살았다. 몇 달 전까지 그들은 워싱턴에 살고 있었는데, 참전 군인이자 앨버트슨스사에서 관리자로 일하고 있던 캣이 앰뷸런스에 실려 가서는 다발성 경화증 진단을 받고 갑작스레 해고 통보를 받는 일이 일어났다. 캣은 3년이 걸린다는 치료를 받고 있었고, 장애를 다스리면서 살려고 여전히 노력하고 있었다. 한편 마이크는 냉동 채소 가공 공장에서 시간당 9달러 40센트를 받으며 일하고 있었지만, 계약 기간이 거의 끝나가고 있었다. 그들은 미래가 두려워졌다.

캣은 오랫동안 온라인으로 RV와 밴 생활에 관한 정보를 찾아보고 있었다. 그는 페이스북에 이렇게 썼었다. "다양한 RV 그룹에서 내가 이야기를 나누는 사람들 중 재정적 어려움 때문에 풀타임 여행자로 전환하게 된 사람들이 '너무도 많다'는 것을 슬퍼해야 할지, 희망적으로 봐야 할지 모르겠다. 즐겁고도 괴로운 일인 것 같다. 자신을 재창조하면서 살아갈 수 있는…… 새로운 자유. 이토록 많은 가르침과 조언, 자원, 그리고 기꺼이 들어줄 귀를 가진 깊이 있고 다양한 부족들이 밖에 있다는 건 감사한 일이다. 이것은 예전 중산층 계층의 진화일까? 우리는 현대판 수렵-채집자 계층의 등장을 보고 있는 것일까?"

밸런티노 부부는 결국 몇 군데의 불결한 단기 숙박용 모텔에 머무르게 되었다. 이웃 투숙객 중 어떤 사람들은 마약을 팔고 성매매를 했다. 가족이 있을 곳이 못 됐다. 그래서 그들은 밴을 구입했고, 빈센트가 그 나름의 긴 여정을 떠나기 몇 주 전에 출발했다. 그때까지는 모든 것이 괜찮아 보였다. 캣은 알렉스가 노마드어로 홈스쿨링을 뜻하는 '로드스쿨링'을 하고 있다고 내게 설명했다. 알렉스는 조숙한 유머 감각을 지닌, 호기심 많고 반짝반짝 빛나는 아이였지만 아스퍼거 증후군으로 인해 사회에서 부딪히는 문제들과 씨름하고 있었고 학교에서도 괴롭힘을 당한 적이 있었다. 그는 이제 자신만의 민주주의 국가를 만들고 싶다고 사람들에게 말하고 다니는 중이었다. 그 국가의 수도는 '밴 생활자 도시'라고 불릴 것이었다.

가장 힘든 시기 중 하나, 기온이 밤새 영하로 떨어지는 시기가 쿼츠사이트에 찾아왔다. 캣과 마이크는 따뜻하게 지내려고 밴을 계속 돌리느라 휘발유가 떨어졌다. 연료계가 고장 나버려서 얼마나 빠른 속도로 탱크가 비는지도 알 수 없었다. 이 시기에 그들은 자신들과 똑같은 방식으로 대처하고 있던 스웽키와 빈센트 근처에서 캠핑을 하고 있었다. 나는 그들의 전략을 모방해 헤일런의 엔진을 공회전시키면서 열기가 나오도록 한 다음, 침낭 속으로 기어 들어갔다. 그러고는 몇 시간 동안 자다가 추위에 떨며 깨어나서는 그 동작들을 반복했다. 밤새도록 밴들의 합창 소리가 들려왔다. 밴들은 단속적으로 털털거리며 생명을 되찾았다가 다시 조용해지곤 했다.

시간이 좀 지나, 나는 결국 밴 생활자들 사이에서 인기 있는 제품인 '버디' 프로판가스 히터를 구입했다. 하지만 분리형 프로판가스 히터를 켜놓고 자는 것은 안전하지 않았으므로 밤에는 별로 도움이 되지 않았다. 좁은 생활 공간에서는 환기가 잘 안 되는 상황에서 난방이나 요리로 불완전 연소가 일어나면 냄새도 나지 않는 일산화탄소가 치사량까지 축적될 수 있다. 또한 밴 내부에서는 이 과정이 불안할 정도로 빠르게 진행될 수 있다. 한번은 내가 버디를 끄고 막 잠들려는데 삑 하는 날카로운 고음이 밤을 찢어놓았다. 일산화탄소 경보였다. 내가 히터의 통기구를 충분히 마련해놓지 않았던 것이다. 나는 문과 창문을 벌컥 열고 밖으로 나갔고, 충분히 환기가 되어 다시 들어가도 안전하다고 생각될 때까지 사막에 서서 파자마 차림으로 떨고 있었다.

밸런티노 부부가 따뜻하게 지내려다 휘발유가 바닥난 다음 날 아침, 빈센트가 연료통을 채워 올 수 있도록 그들을 시내까지 태워다주었다. 그들은 계획한 것보다 더 많이 손에 들고 돌아왔다. 사과, 소시지, 그리고 베개 크기만 한 스프링 믹스 샐러드 봉지를 비롯해 쿼츠사이트 무료 급식소에서 얻은 식료품들이었다.

크리스마스 이틀 뒤는 알렉스의 열 번째 생일날이었다. 스왱키는 아이에게 아이스크림 파티를 열어주었다. 비슷한 시기에 빈센트는 달러 제너럴에서 시간당 9달러에 파트타임 일자리를 얻었다. 그는 전기 대신 발판으로 작동하게 손수 개조한 재봉틀로 앞치마와 재사용 가능한 장바구니를 만들어서 부업 삼아 판매해오고 있었는데, 그런 앞치마 중 하나를 『반지의 제왕』 책과 함께 알렉스에게 생일 선물로 주었다. 알렉스는 기뻐서 어쩔 줄 몰라 했다. 문득 빈센트가 좀 더 어른스러워 보였다.

나중에 캣은 모두의 "사려 깊은 선물들과 웃음이 넘치게 해준 데"에 감사한다고 썼다. "몇 달 전까지만 해도 만나보지 못했던 사람들로부터 받은 것이다. 나는 감동했고, 겸허한 마음이 되었고, 압도되었다. 이런 게 가족 같다는 것이겠지……"

그 말은 스왱키가 전에 했던 말과 같았다. "스왱키의 캠프에 열두 시간 이상 머무르면, 당신은 가족이에요." 그는 내게 말했었다. 정말로, 스왱키에게는 새로 온 사람들에게 소속감을 느끼게 해주는 방식이 있었다. 하루는 그가 각자 밴에 탄 우리들을 한 무리 이끌고 바위 표면에 새겨진 암각화를 보러 근처를 방문한 적이 있었다. 밴들이 스왱키 뒤에서 흩어진 채 달려갔던 그 여행에는 무언가 우리를 기운 나게 해주는 면이 있었다. 내 앞 차 타이어에서 이는 먼지를 지켜보며 헤일런을 몰고 있으려니, 카우보이를 따르는 옛 자경단의 일원이 되어 말을 타고 탁 트인 사막으로 들어가는 기분이었다. 그날 늦게, 우리 중 한 명의 차가 도랑에 빠지자 스왱키는 나일론 띠로 만든 줄과 자신의 밴을 이용해 그의 차를 끌어올려주었다.

타이어 떠돌이들의 랑데부가 열릴 때가 되자 우리는 모두 차를 몰고 스캐던 워시 뒤쪽에 있는 그 오지로 향했다. 나로서는 두 번째 참가였다. 1년 전에는 시선을 끌지 않았던 것들이 내 눈에 들어왔다. 특히 내가 농담조로 '밴 생활의 참을 수 없는 새하얌'이라고 언급했던 것들.

전에 스왱키는 RTR이 '흰색 밴 집회'처럼 느껴진다고 농담을 한 적이 있었는데, 이것은 문자 그대로의 의미에서 사실이었다. 밴들 대부분이 흰색으로 칠해져 사막의 밝고 눈부신 빛 속에서 번득이고 있었다. 흰색 밴들은 종종 상업용 차량으로 사용되기 때문에 어디서든 보인다. 중고로 구입하기 편하고 거의 어디에나 잘 섞여 들기 때문에 밴 생활자들 사이에서는 인기 있는 선택지다. 하지만 흰색 밴에서 사는 일에는 나름대로 일련의 어려움이 뒤따른다. RTR에서 한 남자가 "소름 끼치는 부분"이라고 일컬은, 흰색 밴을 소아성애자들 및 다른 유해한 범죄자들과 연결 짓는 문화적 고정관념이 그중 하나다. 오리건주 세일럼에서 온 쉰세 살의 한 도급업자는 사업이 망하고 자신이 흰색 포드 E150으로 들어가 살게 되자 친구들이 자신을 '밴 강간범'이라는 별명으로 부르면서 사탕을 달라고 놀려댔다고 했다. 친구들은 악의가 없었지만, 그 농담은 괴로웠다.

차량 색상과 관계없이 밴 생활자들이 그들을 쓸모없는 사람들로 간주하는 행인들에게 괴롭힘을 당하는 것 역시 보편적인 일이다. 내가 이 문장들을 쓰는 동안, 한 온라인 포럼에서 어떤 남자가 자정이 넘어 자신을 괴롭힐 이유가 전혀 없는 낯선 사람들의 괴롭힘 때문에 깬 경험을 자세히 적어놓았다. 그들은 그의 밴을 흔들며 "밖으로 나와, 더러운 변태 새끼야!" "개 잡듯 발로 까버릴 거야!" 하고 소리쳤다.

하지만 나는 밴들의 흰색에 대해서만 생각한 건 아니었다. 다른 무언가가 눈에 들어왔고, RTR이 끝나고 오랜 시간이 지나서도 계속 뇌리에 남아 있었다. 그것은 한참 뒤, 내가 RTR 행사에서 찍은 사진들을 인종과 식민주의 문제를 다루는 흑인 사진작가 친구에게 보여줬을 때에야 표면으로 올라오게 되었다. 친구는 사진을 보고 말했다. "이 사진들 속 사람들 거의 다 백인이네." 그는 이유를 알고 싶어했다.

나도 마찬가지였다. 그 무렵 나는 그런 식으로 생활하는 사람들을,

워캠퍼들과 타이어 떠돌이들과 RV 생활자들을 이 해안에서 저 해안까지 수백 명이나 만나본 참이었다. 그중 유색인종은 한 줌이었고, 그들은 분명히 이 서브컬처 내에서 유색인종이 지극히 소수임을 알려주고 있었다.

그렇다면 그들 무리에는 왜 그렇게 백인이 많을까? 노마드 공동체의 구성원들 역시 같은 질문을 던진 적이 있었다. 아마존 캠퍼포스의 페이스북 공식 페이지에 올라온 노동자들의 사진은 대체로 백인들의 얼굴을 보여주는데, 이를 보고 한 흑인 RV 생활자가 댓글을 달았다. "아프리카계 미국인들도 이 일자리에 지원했을 거라고 저는 확신합니다. 그런데 아마존에 고용된 직원들의 사진 속에는 보이지가 않는군요."

나는 인종 다양성이 떨어진다는 사실이, 미국 산림청에서 실시한 동향 조사가 보여주듯 캠핑에 이끌리는 사람 가운데 백인이 불균형하게 많다는 사실과 관계있을까 생각했다. 야외에서 '불편한 생활을 하는 것'을 휴양으로 여길 수 있다는 것은 아마도 일종의 특권일 것이다. 풍자적인 웹사이트 '백인들이 좋아하는 것들'은 그 점을 다음과 같이 요약해 보여준다.

숲 한가운데 전기도, 수돗물도, 차도 없이 갇혀 있게 된다면 당신은 아마도 그 상황을 '악몽'이라거나 '비행기 사고나 그 비슷한 무언가가 일어난 뒤에 벌어진 최악의 시나리오'라고 묘사할 것이다. 하지만 백인들은 그걸 '캠핑'이라고 부른다.

혹은, 어쩌면 인종차별주의가 문제였던 것일까? 나는 몇몇 노마드들에게 공동체 내에서 인종차별이 드러나는 사례를 본 적이 있느냐고 물어보았다. 대부분이 겉으로 드러나는 차별은 본 적 없다고 답했다. 하지만 한 밴 생활자는 오랫동안 RTR에 참가해온 어떤 사람이 자신의 흑인 친구를 "깜시"라고 부르면서 모욕했던 때를 떠올렸다. 다른 노마드들이 나서서 편견에 사로잡힌 그자를 비난했지만, 이미 피해는 일어났고 그 여성은 캠프를 떠났다. 그 일화가 머릿속에 오래 맴돌면서 우려의 씨를 뿌렸다. 밥 웰스의 웹사이트에 있는 포럼의 기본 수칙은 "절대 다른 사람을 공격거나, 비하하거나, 모욕하지 말 것"이었다. 만약 노마드들이 현실에서, 오프라인에서 함께 만들어낸 일시적인 공동체에서 그 수칙을 지켜내지 못한 거라면?

린다의 아마존 창고 친구인 애시는 페이스북에 다음과 같이 생각을 적었다. "우리 밴 생활자들의 절대 다수가 백인이다. 이유라면 명백한 것부터 어처구니없는 것까지 다양하지만, 여기 한 가지 이유가 있다." 게시물 밑에는 "흑인으로서 여행하는" 경험에 관한 기사 하나가 링크되어 있었다. 그 기사는 나를 생각하게 만들었다. 미국에서 노마드적으로 사는 일은 인종에 관계없이 충분히 힘들다. 특히 주택가에서 스텔스 캠핑을 하는 것은 상당히 주류에서 벗어난 행동이다. 종종 차에서 자는 것을 금하는 지역 법령을 위반하는 일에 해당되기도 한다. 경찰들, 그리고 의심 많은 행인들과의 다툼을 피하는 것과 같은 문제에서 벗어나기란, 아무리 감옥에서 쉽게 석방되는 백인 특권 카드가 있다고 해도 힘든 일이다. 그리고 무기를 소지하지 않은 아프리카계 미국인들이 차량 검문 도중에 경찰에게 총을 맞는 시대에, 차량에서 사는 일은 인종 프로파일링⊙의 희생자가 될 수 있는 누구에게든 유난히 위험한 한 수처럼 보인다.

이 모든 것은 내가 곤경에 처할 수도 있었지만 그러지 않았던 순간들에 관해 생각하게 했다. 한번은 노스다코타에서 취재를 하고 있을 때 밤중에 길가에 차를 대라는 지시를 받았던 적이 있다. 경찰들은 내게 어디서 왔느냐고 물었고, 경고를 하고 보내주기 전에 지역 관광지 몇 곳을 내게 추천해주었다. 일반적으로, 내가 헤일런을 운전하고 있을 때 사람들은 내게 듣기 싫은 소리를 하지 않았다. 나는 그것이 좋은 업보, 혹은 우주의 어떤 자비로움 덕분이라고 생각하고 싶지만, 한 가지 사실은 여전히 그대로다. 내가 백인이라는 것. 분명, 특권이 작용한 면이 있었다.

타이어 떠돌이들의 랑데부가 끝난 뒤, 나는 에렌버그로 부족을 따라갔다. 어느 날 밤 이웃의 밴에서 함께 저녁을 먹고 있을 때, 나는 그

⊙ 인종 프로파일링은 인종을 기준으로 개인을 분류하여 차별 대우를 하는 것을 가리키며, 부정적 의미로 쓰인다. 인종뿐 아니라, 계급, 종교, 젠더 등도 부정적 의미의 프로파일링 기준이 될 수 있는데, 이를테면 경찰이 특정 인종, 계급, 젠더에 속한 사람을 집중적으로 단속, 검문한다면 프로파일링이 개입된 것으로 볼 수 있다.

이웃이 화장실로 쓰는 양동이 —뚜껑이 덮이고 잘 닫혀 있었다—를 우리가 음식 쟁반을 받치는 데 썼다는 사실을 깨달았다. 집에서였다 면, 그 급조된 테이블에 심기가 불편해졌을지도 모른다. 여기서, 그것 은 배경에 녹아든 하나의 세부일 뿐이었다. 우리는 비좁은 공간에 있 었고, 가진 것을 최대한 활용했다.

몇 주가 지나 헤일런을 장기 주차장에 보관하기로 계약하고 나서 나는 뉴욕의 집으로 날아갔다. 브루클린의 내 아파트에 다시 들어가 는 기분은 이상했다. 밴처럼 작은 공간에 살다 보면, 폐소공포증은 결 국 자리를 내주고 비밀 아지트 같은 아늑함이 그 자리를 차지하게 된 다. 벽들은 가까이 있고, 창문들은 가려져 있으며, 필요한 거의 모든 것이 팔이 닿는 위치에 있다. 마치 자궁처럼. 아침에 일어날 때면, 설령 지난밤에 주차한 곳이 어디였는지 곧바로 기억해내지 못한다 해도, 안 전하다는 감각이 전해져온다.

이 모든 것은 집에 돌아온 나를 예상보다 더 불편하게 만들었다. 며 칠 동안 나는 완전히 방향 감각을 잃은 상태로 침대에서 깨어났다. 일 반 크기의 매트리스가 너무 넓어 보였다. 벽들은 너무 멀리 있었고, 천 장도 너무 높았다. 그 모든 텅 빈 공간 때문에 나는 불안해졌고, 노출 된 기분이 들었다. 침실에 스며드는 햇빛이 너무 밝게 느껴졌다. 한번 은 잠에서 덜 깬 내가 내 방 창문을 밴 뒤쪽 창유리로 순간 착각한 적 도 있었다.

집에서 보내는 첫 주가 지나자 혼란은 사라져갔다. 그러자 다른 무언가가 그 자리를 차지했다. 헤일런과 노마드들에 대한 그리움이었다.

나는 다시 길 위로 돌아가고 싶었다.

9장

○

더 이상 사탕무할 수 없는 경험들

오지에서 캠핑하는 일은 단지 시작에 불과했다. 곧, 밴은 탐험할 다른 영토들을 열어주었다. 지난번 사막 여행 중에 나는 '빅 텐트', 그러니까 채용 담당자들이 미국 전역의 일자리를 채울 워캠퍼들을 찾는 RV 쇼를 다시 찾아갔었다. 거기서 한 여자가 미소를 지으며 내게 전단지 한 장을 건넸다. 거기에는 "'더 이상 사탕무할 수 없는unbeetable'◉ 경험의 일부가 되세요!"라고 쓰여 있었다.

해마다 하는 사탕무 수확은 오랫동안 나를 어리둥절하게 했다. 그것은 나이 들어가는 육체에는 힘든 일, 그 RV 쇼에 찾아온 반백의, 혹

◉ '더 이상 좋을 수 없는unbeatable'의 철자를 바꿔, 발음이 같은 '사탕무[sugar] beet'를 넣은 것.

은 백발의 방랑자들에게는 어울리지 않는 일 같았다. 나는 전단지를 좀 더 자세히 들여다봤고, 거기엔 그 일이 "조금 고생스럽지만, 정말로 힘들지는 않았다"는 한 익명 노동자의 말이 인용되어 있었다. 그 인용문이 말해주는 것은 별로 많지 않았다. 그 일에 관해 내가 아는 것 대부분은 쿼츠사이트 곳곳에 있던 사람들과의 대화에서 왔다.

"추웠어요. 눈이 왔고요. 습했죠." 1999년형 플리트우드 바운더 RV 안에 함께 앉아 있을 때, 차 주인인 그레천 어브가 말했다. 미네소타에서 야간 교대 근무를 할 때, 그는 영하의 기온에 바깥에 서서 트럭 운전사들로부터 서류를 받고 "견본을 수집하는" 일을 했다. 튼튼한 비닐봉지들을 사탕무 약 14킬로그램으로 채운 다음, 그 봉지들을 작업장으로 끌고 가는 일이었다. 나중에 그 작업장에서는 사탕무들을 한데 모아 당도 평가를 위해 연구소로 수송했다. 예순두 살의 또 다른 일꾼 브라이언 고어는 몬태나에서 했던 수확 일에 대해 말해주었는데, 거기서 그는 문이 부서진 '밥캣' 적하 차량을 운전했다고 했다. 고장난 컨베이어 벨트에서 날아온 사탕무들이 문에 난 구멍으로 쏟아져 들어와 그를 후려쳤다. 그중에는 자몽만 한 것도 있었다. "저는 그 사탕무들한테 구타를 당하고 있었어요!" 그가 소리쳤다. 그는 그 상황을 "자동 감자총"⊙에 난사당하는 것에 비유했다. 하지만 돈이 필요하니까 아마도 또 그 일을 할 것 같다고 그는 말을 이었다. "단기간만 한

⊙ 작은 감자 조각을 발사하는 어린이용 장난감.

다고 생각하니까 참을 수 있죠." 그가 덧붙였다. "아주 먼 미래를 떠올리는데, 여전히 사탕무를 달아 올리고 있으면 아마 골치가 아플걸요."

나는 채용 담당자로부터 지원서 한 장을 받았다. 안 될 게 뭐람? 나는 생각했다. 계절성 일자리에 관해 노마드들과 수없이 많은 시간 대화를 나눴지만, 나는 아직 작업 현장에 직접 가본 적은 없었다. 환상은 없었다. 이런 종류의 노동을 시험 삼아 해본다고 해서 내가 마법처럼 워캠퍼가 되지는 않을 것이었다. 하지만 최소한, 그 일에 몸을 담가보는 일은 내가 그토록 많이 들어온 삶을 더 깊이 이해할 수 있게 도와줄지도 몰랐다.

몇 달이 지나, 내 지원서가 아메리칸 크리스털 슈거사를 위해 일할 노동자들을 고용하는 임시 고용자 에이전시인 익스프레스 임플로이먼트 프로페셔널사에 받아들여졌다. 그래서 나는 그 산업에 대해 있는 대로 자료들을 읽기 시작했다. 미국은 세계에서 설탕을 가장 많이 생산하는 국가 중 하나인데, 사탕무는 그 원료의 55퍼센트를 차지한다. (나머지는 사탕수수가 차지한다.) 미국의 사탕무 농장 가운데 절반 이상이, 그러니까 약 2,752제곱킬로미터에 달하는 사탕무가 심어진 땅이 미네소타주 서쪽에서 노스다코타 동쪽에 걸친 레드 리버 밸리에 자리 잡고 있다. 그 지역은 미국 최대의 사탕무 설탕 제조사인 아메리칸 크리스털 슈거사의 본거지다. 그 지역은 전국적으로 보아 이례적이게도 거의 완전고용에 가까운 고용률을 자랑하는데, 그래서 일꾼을 새로 고용하기가 매우 어렵다. (배컨 유전이 활황을 이뤘을 때는 그 어려움이 더욱 컸었다.) 이런 이유로, 아메리칸 크리스털사는 멀리서 와서—그리고 자기 집을 몰고 와서—가을 수확을 해줄 떠돌이 노동자들을 찾는다.

그런 배경지식과 튼튼한 작업용 장갑 두 켤레로 무장하고, 나는 9월 마지막 주에 드레이턴 야드에 도착했다. 그곳은 캐나다 국경 근처 노스다코타주에 있는 거대한 사탕무 저장 및 가공 시설이었다. 레드 리버 밸리 전역의 사탕무 생산자들에게 10월의 첫 2주는 날씨와의 경쟁이다. 그들은 군대 용어를 빌려 그것을 '작전'이라고 부른다. 전투는 10월 1일 자정에 시작된다. 기온이 시원하게 유지되어 사탕무가 썩지 않기를 바라면서, 농부들은 땅이 얼어붙기 전에 서둘러 밭에서 사탕무를 뽑아낸다. 하루 24시간 내내, 제각기 화물 수 톤씩을 실은 세미 트럭들이 지역 고속도로를 따라 저장 시설로 질주한다. 운송 트럭들에는 사탕무가 넘칠 정도로 쌓여 있다. 길에는 흘러넘친 사탕무들이 사방으로 수 킬로미터씩 어질러져 있다. 수척한 얼굴을 한 운전사들이 잠을 깨기 위해 줄담배를 피운다. 차들이 막힌다. 사고들이 발생한다. 어떤 지역 주민들은 경험 없는 농장 노동자들이 트럭 운전사 대부분에게 요구되는 상업용 운전면허 없이도 수 톤의 수확물을 수송할 수 있게 허락하는 주(州) 규제의 모순을 탓한다. 36개가 넘는 아메리칸 크리스털사의 집하장들은 성수기가 되면 하루에 트럭 약 5만 대분의 수확물을 접수한다.

나는 '1번 적재기'에서 지상 근무원으로 12시간 교대 근무를 하게 되었다. 우리 집하장은 '창고' 안쪽에 있었는데, 창고는 바닥에 콘크리트가 깔린, 개방형 비행기 격납고를 닮은 거대한 냉장 시설이었다. 사탕무 한 무더기가 벌써 천장을 향해 솟아올라 있었다. 우리의 오리엔테이션 지도관은 본격적인 수확 전에 양이 적은 '적재 전' 수확물로 들어온 이 무더기가 약 2만 톤쯤 될 거라고 어림잡았다. 그는 이번 시즌에 들어오는 사탕무는 지난해보다 크기가 크다고 덧붙였다. 농구공만 한 것들도 있다고 했다.

다른 많은 집하장들은 야외에 있었다. 우리는 눈이나 비로부터 보호받을 수 있어 운이 좋다는 이야기를 들었지만, 반대급부도 있었다. 소음과 연기가 더 심했다. 안에서는 진흙투성이 사탕무의 신물 나는 냄새가 먼지와 디젤유에 섞여 있었다.

드레이턴 야드에 도착하자, 트럭들은 측정소라고 불리는 작은 창고에서 중량 측정을 한 다음 우리 집하장에 줄을 섰다. 우리는 손짓을 해서 트럭들을 한 대씩 들어오게 한 다음, 적재기 옆에 멈춰 서게 했다. 적재기는 탱크 발판 위에 올려진 작은 공장처럼 보이는 거대한 기계 장치였는데, 계속 철컹거리는 소리를 냈다. 사탕무를 받아내기 위해 커다란 호퍼가 각 트럭 뒤에 고정되었다. 거기서부터 사탕무는 컨베이어 벨트를 타고 회전 통으로 들어가 심하게 묻은 흙을 털어냈고, 그 흙은 다시 트럭에 실렸다. 그런 다음 사탕무들은 또 다른 컨베이어 벨트를 따라 계속 이동해 적재기로부터 멀리 위쪽으로, 건축용 크레인의 팔을 닮은 붐이라는 기다란 기계를 타고 실려 가다가, 그 기계의 열린 끝부분을 통해 날아가 3층짜리 건물만 한 사탕무 산의 꼭대기에 떨어졌다. 수확 기간을 거치는 동안 그 산자락의 길이는 훨씬 더 늘어날 것이었다. 사탕무 산이 자라날 공간을 주기 위해 적재기는 이따금씩 발판 위에서 조금씩 뒤로 물러났다. 수확이 끝날 무렵이면 사탕무 더미의 폭은 두 대의 보잉 747 비행기를 일렬로 세워놓은 만큼이 될 것이고, 넓이는 대략 그 비행기들의 날개 끝에서 끝까지의 공간쯤을 차지할 것이었다. 그리고 사탕무들이 정제소로 실려 가기를 기다리는 동안, 강제 환기 시스템이 사탕무 무더기를 빙점에 가까운 온도로 유지하는 일을 도와줄 것이었다.

작업 과정은 천둥이 치는 것처럼 시끄러웠고, 정신이 없었으며, 몹시 엉망진창이었다. 우리의 업무에는 끊임없이 청소를 하는 것도 포함돼 있었다. 쇠스랑과 농업용 삽으로 바닥에 떨어진 사탕무를—냉동 칠면조만 한 것도 있었다—다시 호퍼에 퍼 넣는 것이었다. (가만히 서 있다가는 지적이 날아왔다. "벽에 기댈 수 있으면, 청소도 할 수 있습니다!" 어느 관리자가 좋아하는 구호였다.) 들어 올리는 작업을 반복하기가 너무 힘들어지면, 우리는 삽을 내려놓고 더 작은 덩이들을 손으로 들어 옮기곤 했다. 우리가 빨리 움직이지 않으면, 분홍색 카우보이 부츠를 신고 풀 메이크업을 하고 출근한 십장이 높은 조정실에서 마치 어뢰 발사 준비를 하듯 2차대전 때 잠수함을 방불케 하는 소리로 경적을 울려댔고, 그런 다음에는 우리 쪽으로 난 창문을 통해 미친 듯 삽질을 하는 몸짓을 해 보이곤 했다. 그러는 동안 우리 머리 위로 돌아가는 컨베이어 벨트는 사탕무 조각과 흙덩어리를 사정거리 내에 있는 모든 것을 향해 발사했고, 우리의 노란색 안전 조끼와 녹색 안전모에도 튀겨댔다. 내가 동료에게 트럭이 다가온다는 신호를 하려고 왼손을 들어 올렸을 때—기계 소음 속에서는 심지어 소리를 내질러도 잘 들리지가 않았다—사과만 한 사탕무 하나가 내 손목을 힘껏 때려 자국을 남겼다. 우리의 또 다른 업무는 눈삽을 이용해 마룻바닥에서 걸쭉하고 미끄러운 진흙을 치우는 것이었는데, 눈삽이 계속 진흙 속에 박혀버려서 빼내려면 몸 전체를 이용해 삽질을 해야 했다. 우리는 견본 수집도 해야 했는데, 그레천이 내게 말해준 업무였다. 그가 말해주지 않은 것이 있다면, 적재기에서 뻗어 나온 수직형 투하 장치 밑에 각각의 비닐봉지를 벌린 채로 대고 있는 일도 포함된다는 것이었다. 사탕무들은 봉지 속으로 로켓처럼 발사되었고, 꾸준히 그 작업을 한다는 건 충격에 맞서 자기 몸을 버텨야 한다는 뜻이었다. 마치 베갯잇 속에 볼링공들을 받아내는 듯한 느낌이었다.

가장 힘든 것은 적재기를 청소하는 일이었다. 우리 모두가 올라가 적재기 안으로 들어가서 주 투하장치에 달라붙은 것들을 삽으로 긁어낼 수 있도록, 한 감독관이 그 거대한 기계의 전원을 내렸다. 진흙은 몹시 다루기 힘들었고, 간신히 조금 건드려지면 타이어 접지면만큼 두꺼우며 질기고 길쭉한 덩어리로 벗겨졌다. 십장이 우리에게 "근육을 좀 쓰라"고, 15분밖에 안 남았다고 소리쳤다. 가동 휴지 시간에는 비용이 많이 들었다.

　이틀에 걸친 오리엔테이션이 끝나자 12시간의 교대 근무가 시작되었다. 근무가 끝났을 때, 나는 어둠 속으로 차를 몰아 내 캠핑터로 돌아가면서 "더 이상 사탕무할 수 없는 경험"이라고 적힌 수확 채용 안내 표지판을 지나갔다. 온몸이 쑤셨고, 특히 허리와 어깨가 아팠다. 내가 오랫동안 잊고 있던, 옛날에 다친 곳들과 접질린 부분들이 고통으로 새롭게 되살아났다. 이 점은 나를 놀라게 했는데, 나는 서른일곱 살에 몸 상태도 제법 좋은 편이었지만, 몇몇 집하장에서는 은퇴할 나이가 된 사람들도 일하고 있었기 때문이었다. 나는 뜨거운 물에 샤워를 하고 싶었지만─우리는 욕실 설비를 쓸 수 있다는 약속을 받았다─야영지의 욕실 설비는 여전히 공사 중이었다. 나는 밴에서 저녁 식사를 만든 다음, 쪼개지는 듯한 두통을 느끼며 옷을 입은 채 잠들었다. 다음 날 새벽 눈을 뜬 나는 더욱 파란만장한 교대 근무를 시작하게 되었다. 망가진 수확기에서 떨어져 나온 2미터가량의 금속 막대가 실수로 사탕무 더미 속에 들어간 채 수송되어 왔다. 막대는 적재기 속으로 빨려 들어갔다. 우리 팀 십장이 긴급 기계 중단을 외쳤을 때, 막대는 첫 번째 컨베이어 벨트를 타고 어느 정도 위로 운반된 상태였고, 사탕무를 흔들어 흙을 털어내는 거대한 회전 통에 가까이 가 있었다. 만약 회전 통 속으로 들어갔다면 그 막대는 기계에 심각한 손상을 입혔을 테고, 우리 중 근처의 땅 위에 서 있던 사람들에게도 그랬을 가능성이 높았다. 그날 늦게, 동료 한 명이 미끄러운 콘크리트 바닥에 넘겨졌고, 무릎이 부어오르는 바람에 그는 사고 보고서를 작성해야 했다.

내 캠핑터 근처에 머무르는 노동자 이웃 가운데 예순아홉 살의 댄이라는 사람이 있었는데, 그는 건강 문제로 2006년에 월마트 트럭 운전사 일을 그만둔 사람이었다. 오른쪽 눈이 시력을 잃어가고 있었고, 돌아다니려면 햇빛이 필요하니 야간 교대 근무에서 빠지게 해달라고 현장 주임에게 간청해야 했었다고 댄은 내게 말했다. 댄의 아내 앨리스도 모터홈에서 함께 살았지만, 1월에 루게릭병 진단을 받은 앨리스는 일을 할 수 없었다. 야영지에는 다른 노인들도 있었지만, 50대로 보이는 사람들도 있었고, 내 나이대의 노동자들도, 더 젊은 사람들도 있었다. 내 밴 바로 오른쪽에는 20대로 보이는 크러스트 펑크 커플이 뉴저지주 번호판을 단 무광 검정색 픽업트럭에서 컵라면을 먹고, 운전석에서 잠을 자면서 살고 있었다. 나는 자전거를 타고 RV 캠프 안을 돌아다니던, 자신을 '과부하 상태'라고 부르던 턱수염을 기른 한 노동자도 만나봤다. 그는 자신의 철학을 약간 들려주었다. "아침에 비가 오면, 일어나서 짜증 나는 날이라고 할 수도, 멋진 날이라고 할 수도 있죠. 난 '멋진 날이네' 하고 말하는 편이에요."

스트레스를 받고, 통증에 시달리며, 먼지에 뒤덮인 나의 일부는 내가 만난 사람들에게 의무감을 느꼈고, 작전이 끝날 때까지 어려움을 참고 견디길 바랐다. 하지만 내가 얼마나 오랫동안 머무르든, 그 경험이 나를 진정한 워캠퍼 계층에 들어가게 해주지는 않을 것이었다. 나는 결국에는 글을 쓰러 집으로 돌아갈 터였다. 이제 나는 내가 만나본 노동자들이 자신의 경험을 과장한 게 아니었음을 알 만큼 충분히 많은 것을 보았고, 무엇보다 온몸으로 느끼고 있었다. 그래서 어느 날 밤, 교대 근무가 끝나고 나서, 나는 십장에게 내일부터 출근하지 않겠다고 했다. 십장은 놀란 것 같지 않았다. 그만두는 사람들은 흔했다. 며칠이 지나면 나는 내 적재 집하장에 있던 동료 노동자 대부분이 나와 마찬가지로 그만두었다는 사실을 알게 될 것이었다. 또 다른 집하장에 있던 한 여성 노동자의 손목이 부러졌다는 소식도 들을 것이었다. 양심의 가책을 느끼면서도, 그 일을 겪은 게 내가 아니어서 다행이라는 생각도 하게 될 것이었다.

나는 어둠 속에서 드레이턴 야드 저 멀리로 차를 몰았고, 다른 방향으로 향하는 세미트럭 한 무리를 지나쳤다. 백미러 속으로, "아메리칸 크리스털 슈거"라고 적힌 정제소의 붉은 네온사인이 보였다. 그 글자들은 시설이 뿜어내는 증기 속에서 빛나고 있었다. 그날 밤 나는 그랜드 포크스에 있는 한 호텔에 숙박비를 지불했다. 그곳에서 뜨거운 물에 샤워를 하고, 대마초를 한 대 피우고, 영화를 보다가 스르르 잠에 빠져버렸다. 그 행동들 중 한 가지는 실수였음이 드러났다.

○

나는 사탕무 수확 일자리에 지원서를 제출한 것과 거의 같은 시기에 캠퍼포스에도 지원서를 제출했었다. 아마존 일자리를 얻으려면 고용되기 전에 약물 검사를 받아야만 했는데, 그 절차는 내게 언제나 침해에 가까운 모욕으로 다가왔다. 미국 전역의 나이 든 RV 생활자들이 불안정한 저임금 임시 일자리를 얻기 위해 체액이나 신체 조직을 제출해 검사받는 광경을 상상할 때면 그 모든 것은 훨씬 더 부조리하게 느껴졌다.

나는 이미 온라인으로 아마존의 검사 정책에 관해 조사를 했고, "볼 안쪽을 긁어내서 하는" 검사에 관한 직원들의 이야기를 찾아냈다. 이런 종류의 선별법으로는, 대마초를 포함해 대부분의 약물을 찾아낼 수 있는 시간은 이후 며칠 동안에 불과했다. 11월부터 일하기로 했고 그 일정에 맞춰 등록할 거라고 아마존에 말해둔 상태였으므로, 나는 내가 괜찮을 거라고 생각했다.

집에 돌아오자 캠퍼포스에서 내 첫 출근 날짜를 알리는 이메일 한 통이 와 있었다. 11월 4일, 텍사스주 포트워스 근처의 헤이즐럿에 있는 아마존 창고에서였다. 며칠이 지나 범죄자 신원 조회를 통과하고 나자, 72시간 내에 집에서 가까운 애틀랜틱 애비뉴의 연구실로 가서 약물 검사를 끝내라는 또 다른 메시지가 도착했다. 문제없어, 나는 생각했다. 하지만 이메일에는 놀랍고 불쾌한 소식도 들어 있었다. 소변 검사가 실시될 거라는 내용이었다.

대마초는 대사산물이 지방 조직 속에 남기 때문에 피운 뒤 한 달 이상이 지나도 소변 검사에서 검출될 수 있다. 내 검사 날짜는 내가 노스다코타에서 대마초를 피운 지 일주일 반 뒤로 잡혀 있었다. 볼 안쪽을 긁어내는 검사라면 괜찮았을 것이다. 하지만 소변 검사는 좀 불안했다. 나는 아마존에서 THC 검사지 열 팩 세트를 사서 그중 하나를 시험해보았다. 약물 검출 결과 음성을 표시하는 선이 나타났지만, 그 선은 실망스러울 정도로 희미했다. 설명서에는 어떤 선이라도 나타나기만 하면, 아주 희미하더라도 상관없이 통과 사유가 된다고 했다. 하지만 내 선은 간신히 눈에 보이는 정도였다. 나는 위험을 무릅쓰고 싶지 않았다.

확실하게 통과하는 방법은 딱 하나밖에 없었다. 깨끗한 소변을 몰래 가지고 들어가는 것이었다. 운 좋게도 내겐 아직 사용하지 않은 THC 검사지 아홉 장이 남아 있었다. 나는 그것들을 친구들과 좋아하는 사람들에게 나눠줬다. 곧 소변을 기부할 사람을 찾아냈고, 그는 깨끗한 견본을 제공해주었다. 나는 그것을 조그만 여행용 샴푸병에 담았다. 검사 당일, 나는 샴푸병을 속옷 속에 숨기고, 그것이 제자리에 잘 있게 하기 위해 스키니진을 입었다. 검사가 끝나자 검사자가 48시간 후에 결과를 받게 될 거라고 내게 말했다.

그 실험실에서 다시 연락은 오지 않았지만, 며칠이 지나 캠퍼포스에서 이메일이 왔다. 내가 검사를 통과했으며, 일할 수 있다는 내용이었다. 나는 곧 밴으로 돌아가 텍사스주 헤이즐럿으로 출발했다.

。

오리엔테이션은 수요일 아침, 서른한 명으로 구성된 우리 그룹이 모인 아마존 창고의 한 강의실에서 시작됐다. "여러분은 여기서 정말 육체적인 일을 하시게 될 겁니다." 강사가 경고했다. "아마 하루에 스쿼트를 천 번은 하시게 될 거고, 이건 과장이 아닙니다. 강철 엉덩이, 여기 간다! 아시겠어요?"

몇몇 훈련생이 키득거렸다. 우리는 긴 테이블에 초등학생들처럼 알파벳 순서대로 앉아 있었다. 모인 사람들 대부분은 60대 이상이었다. 나는 50대가 채 안 된 유일한 사람이었고, 흰머리가 없는 노동자 세명 중 한 명이었다. 우리가 듣기로, 헤이즐럿 창고의 관리자들은 캠퍼포스 노동자 800명을 원했지만, 지원자는 900명이 넘었다고 했다. 하지만 근처에 있는 트레일러 주차장에는 그 노마드의 군대가 묵을 만한 충분한 공간이 없었다. 지역의 암소 목장을 빌리자는 또 다른 의견이 나왔지만 그 자리에서 거절당했다. (텍사스의 유명한 겨울 기상 현상인 얼음폭풍 속에 얼어붙은 그 농장을, 그리고 전기도, 물도, 하수시설도 없이 그곳을 채우고 있는 수백 명의 노인 노동자들을 상상할수 있겠는가? 그런 게 알려지면 끝장 아닌가!)

결국 관리자들은 반경 64킬로미터 내에 있는 열 군데가 조금 넘는 트레일러 주차장들에 한정된 수의 RV 주차 자리를 얻어냈다. 그들은 캠퍼포스 노동자 251명을 고용했는데, 그것이 수용 가능한 최대 인원이었다. 새로 고용된 사람 중 일부는 10시간 동안의 교대 근무 외에도 하루에 1시간 30분에 이르는 통근 시간을 꼼짝 못 하고 길에 갇혀서 보냈다. 흰색 포드 밴에서 사는 한 여성은 휘발유와 시간을 절약하기 위해 일주일에 두 번씩 아마존 주차장에서 "스텔스 캠핑"을 할 계획이라고 내게 말했다.

우리의 여성 훈련관—그 자신이 RV 생활자이면서 캠퍼포스 베테랑이었다—이 그런 소란에 대해 사과했다. 우리를 맞아들이게 되어 아마존은 설레는 마음이라고 그는 말했다. "캠퍼분들은 진실하고, 출근률이 높고, 업무적 재능이 뛰어나신 것으로 잘 알려져 있습니다." 그가 설명했다. "우리는 힘든 하루 일을 해낸다는 것이 어떤 것인지 압니다. 그게 아마존이 의지하는 것입니다. 아마존은 경험이 풍부한 여러분이 들어와 본때를 보여주시기를 바랍니다!" 우리 집단은 "캠퍼포스 효과"로 잘 알려져 있다고 훈련관은 덧붙였다. 캠퍼포스 효과란 '할 수 있다' 정신의 아이젠하워 시대 노동 윤리가 더 젊고 더 미숙한 노동자들에게 옮아가는 것을 뜻했다. (하지만 그 뒤로 며칠 동안, 우리 팀은 우리의 불만 가득한 밀레니얼 동료들에게 별 영향을 끼치지 못하는 것처럼 보였다. 20대들처럼, 우리는 대체로 '지치고' '권태로운' 분위기를 발산했다.)

최소한 우리는 광범위한 경험을 지니고 그곳에 와 있긴 했다. 내 왼쪽에 앉은 키스라는 남자는 아이를 열 명 둔 (그중 다섯은 성인이었고, 나머지 다섯은 그의 RV에서 같이 살았다) 60대의 성직자였다. 일흔일곱 살의 찰리는 구리 채굴 업체에서 기계공으로 오래 일한 끝에

양 무릎이 나갔다고 했다. 결혼한 지 40년이 넘은 에드와 퍼트리샤 부부는 각각 오토바이 경찰과 우편배달부로 일하다가 1990년대 후반에 은퇴한 사람들이었다.

우리는 함께 모여, 재고 관리 및 품질 보증, 혹은 ICQA라 불리는 부서에서 일하기 위한 훈련을 했다. 제품을 스캔해서 디지털 재고 기록과 맞춰보는, 어렵게 들리지는 않는 업무였다. 하지만 우리는—훈련관에 따르면 아마존을 통틀어 가장 크고, 크기로는 축구장 열아홉 개에 필적하는—우리가 맡은 창고가 위험으로 가득 찬 미궁임을 곧 깨닫게 되었다. 길이 35킬로미터가 넘는 컨베이어 벨트 위로, 상자들이 창고 안을 이리저리 움직여 다녔다. 화물 열차 소리를 내는 그 상자들은 걸핏하면 교통 체증을 일으켰다. 우리는 롤러에 끼여 들어가지 않도록 머리카락을 올려 핀으로 고정하고, 허리에도 스웨트셔츠를 묶지 말라는 말을 들었다. 우리의 목에 걸린 ID 배지는 목 졸림을 방지하기 위해 분리된 끈에 부착돼 있었다. 소음 위로 경적이 계속 울렸다. 그 소리가 무슨 뜻이냐고 묻자, 한 동료가 "막혀 있던 컨베이어 벨트가 막 고쳐져서 다시 돌아가기 시작했다는 뜻"이라고 대답했다.

쿼츠사이트에서 마지막으로 봤을 때 자신들의 파산 서류를 태우고 있던 바버라와 척 스타우트 부부도 헤이즐럿에서 일하고 있었다. 척은 어느 컨베이어 벨트 근처에 배치되어 일하고 있었는데, 갑자기 판지 상자 하나가 날아오더니 그를 때려눕혔다. 그의 머리가 콘크리트 바닥에 부딪쳤다. 곧 내부 의료 서비스인 앰케어의 의사들이 와서 그를 둘러쌌다. 그들은 그가 뇌진탕을 일으킨 것은 아니니, 접수 부서로 돌아가도 된다고, 가서 하루에 24킬로미터씩 걷는 그 일을 해도 된다고 했다. (척과 바버라, 그리고 나는 나중에, 교대 근무 사이의 시간에 버펄로 와일드 윙스에서 다시 만났다. 그들이 말하기를, 내가 텍사스에 도착하기 전에 노조 조직위원들이 창고 주차장에서 선전전을 했었다고 했다. 약 2주 동안 하루에 2번씩, 관리자들은 노동자들에게 노조를 멀리하라는 강의를 했고, 무엇보다 어떤 문서에도 서명하지 말라고 했다. 조직위원들과 관계를 맺은 직원들은 결국 노조 데이터베이스에 이름이 남게 되고, "추적"당해 연락이 오게 된다고 관리자들이 말하던 것을 척은 기억했다.)

오리엔테이션 동안, 우리는 우리 시설이 로봇 '셰르파'들을 이용하는 열 군데의 아마존 유통 센터 중 한 곳이라는 사실도 배웠다. 무게 159킬로그램의 그 주황색 기계 장치들은 '룸바'사의 거대한 진공청소기처럼 보였다. 그것들은 정확하게는 '드라이브 유닛'이었지만, 사람들 대부분은 측면에 인쇄된 제조사의 이름을 따서 '키바Kiva'라고 불렀다. '키바장'이라고 별명이 붙은 작업장에서 그것들은 어두운 케이지 안을 분주히 돌아다녔다. 아무튼 로봇들은 불빛이 없어도 볼 수 있으니까. 그들의 임무는 전면이 열려 있는, 제품들이 가득 담긴 세로 단 선반들을 인간들이 운영하는 작업장들로 둘레를 따라 돌며 수송하는 것이었다. '특사팀'이라 불리는 부서의 구성원들을 제외하고는 누구에게도 키바장 출입이 허용되지 않았다. 심지어 그곳의 선반들에서 제품이 굴러 떨어졌을 때도 그랬다. 정규직 직원들은 '특사용 회수 기구'를 사용해 케이지 바깥에서 그런 물품들을 주워 올리는 것이 허용되었다. (거창한 이름과는 달리 그 기구는 그저 1.5미터의 막대기에 페인트 롤러를 부착한 물건에 불과했다. 모든 작업장에 이 기구가 하나씩 있었다.) 내가 그 기구에 손을 대면서 관심을 표현하자, 아직은 안 된다는 말이 돌아왔다. 특사용 회수 기구를 사용하려면 특별 훈련이 필요했다.

나는 키바에 관한 과장된 이야기들을 수없이 들었다. 그것들이 경영 능률 전문가의 몽정에 가까운 꿈이라거나, 머리를 쓰지 않는 고된 노동에서 인류를 해방시켜줄 기술 혁신이라거나, 아니면 부자와 가난한 사람들 사이의 분열이 장벽으로 발전하면서 인간의 노동이 쓸모없어진, 일자리가 없는 디스토피아가 올 조짐이라는 이야기들이었다.

현실은 별로 논쟁적이지 않았고, 오히려 찰리 채플린의 영화 〈모던 타임즈〉의 업데이트된 버전처럼 슬랩스틱에 더 가까웠다. 훈련관들은 통제를 벗어난 로봇들에 관한 이야기로 우리를 즐겁게 해주었다. 키바들이 펜스에 난 틈으로 빠져나가 무단이탈을 했다. 그것들은 발판 사다리 하나를 작업장에서 멀리로 끌어가려고 했는데, 그 사다리에는 노동자 한 명이 여전히 올라가 있었다. 각각 340킬로그램에 이르는 제품들을 운반 중이던 두 대의 키바가 술 취해 가슴을 맞부딪치는 유럽 축구 팬들처럼 충돌하는 일도 드물지만 있었다. 가끔씩 키바들은 물품들을 떨어뜨렸다. 가끔씩은 떨어뜨린 물건들을 치기도 했다. 4월에는 '베어 메이스'(쉽게 말해, 산업용 최루 스프레이다) 한 캔이 어떤 키바의 적재물에서 떨어졌는데, 다른 키바가 그것을 찌그러뜨려버렸다. 창고를 비워야 했다. 구급 의료대원들이 바깥에서 노동자 일곱 명에게 응급 처치를 했다. 또 한 명은 호흡기에 문제가 생겨 급히 병원으로 옮겨졌다.

우리는 습격을 일삼는 로봇들 말고도 과로 역시 조심해야 한다는 말을 들었다. "쑤시는 통증에 대비하세요!" 어느 포스터가 경고했다. 어떤 훈련관은 "전날 밤에 타이레놀을 두 알보다 많이 복용하지 않아도 됐다면" 그날은 좋은 날이라 할 수 있다고 농담을 했다. "꼬마 의사"라고 표시된, 벽에 설치된 자동판매기들은 따로 상표 같은 건 없는 진통제들을 제공했다. 상표가 있는 약을, 혹은 '파이브 아워 에너지' 같은 이름 있는 에너지 드링크를 원하면 휴게실에서 살 수 있었다.

우리는 건물을 견학했다. 벽에는 아마존의 창고 마스코트인 작은 얼룩 모양의 주황색 만화 캐릭터 '펙시: 특이한 친구'가 그려져 있었고, "문제들은 보물이다" "변동은 적이고, 택트 타임이 핵심이다"를 비롯해 조지 오웰의 소설에 나올 것 같은 구호들이 적혀 있었다. ('택트Takt'는 비즈니스 용어다. '생산물 한 단위를 만들기 위해 소요되는 최적 시간'이라는 뜻으로, 작업 속도를 통제하는 데 사용된다.) 커다란 달력은 11월 들어 그날까지 최소한 하루에 한 번씩은 안전에 관련된 '사고'들이 있었음을 드러내고 있었다. 가이드가 불명예를 얻은 노동자들의 익명 프로필이 적힌 "수치의 전당"을 가리켰다. 각각의 노동자들은 클립 아트로 시각화되어 있었다. 사람 머리 모양의 검은 실루엣 위에 "체포됨", 혹은 "해고됨"이라는 문구가 붉은색 정자체로 얹혀 있었다. 어떤 노동자는 아이폰을 훔쳐서는, 발가락 부분이 철로 보강된 장화 속에 몰래 숨겨 나가려고 했다. 또 다른 노동자는 물품을 선반에 얹는 대신 뜯어서 먹다가 적발되었다. (정확히 17달러 46센트 어치의 식품이었다고 프로필은 친절히 알려주었다.) 규격화가 룰이었다. 우리는 바닥에 녹색 테이프로 표시된 통로를 따라 걸어 다니라는 지시를 받았다. 누군가가 지름길로 가면 가이드가 잔소리를 했다. 화장실에 들어가니, 들어간 칸 안쪽에 엷은 노란색에서 겁이 덜컥 나는 암갈색까지 차례대로 나열된 색상표가 그려진 차트 한 장이 있었다. 그 차트는 내게 내 소변 색깔과 같은 색조를 찾으라고 지시했고, 내가 물을 더 많이 마셔야 한다고 조언했다.

나는 창고에서 일주일을 보냈다. 인지 부조화가 심하게 일어났다. 교대 근무가 시작될 때마다 긴 금발 머리를 뒤로 묶은 20대 관리자가, 대체로 노인들로 구성된 우리 노동자 집단을 향해 "안녕하세요오오오, 캠퍼 여러분!" 하고 새된 목소리로 인사를 했다. 그러는 동안 그의 조수는 우리에게 스트레칭 지도를 했다. 그런 다음, 나는 딜도(제조사 '클라우드 9', 모델명 '기쁨 주는 똘똘이')에서부터 스미스 앤드 웨슨사의 총기 장식 포장재(우툴두툴한 재질과 고무 재질이 있다), AMC사의 25달러짜리 상품권(모두 146장이 있었는데, 한 장 한 장 따로 스캔해야 했다)에 이르기까지 갖가지 물건에 붙은 바코드를 스캔했다.

한번은 세로 단 선반을 실은 키바 한 대가 내 작업장 쪽으로 미끄러져 다가왔다. 메스꺼운 향수 냄새가 훅 끼치더니 자욱해졌고, 로봇이 가까이 올수록 점점 더 짙어졌다. 어떤 이유에선지 모르지만 그 냄새가 내게 떠오르게 한 건…… 대학 시절? 선반들이 내 앞에 멈춰 섰을 때, 나는 내가 스캔해주기를 기다리고 있는 파촐리 향 열여덟 상자를 발견했다. 냄새가 양손에 들러붙었다. 나는 토할 것 같았지만 참고 작업을 끝낸 뒤, 버튼을 눌러 로봇을 멀리로 보냈다. 그 오른쪽에는 다른 로봇 세 대가 참을성 있는 래브라도 리트리버들처럼 줄을 서서 기다리고 있었다. 악취를 풍기는 선반이 사라지자, 새로운, 훨씬 상쾌한 느낌을 주는 선반이 그 자리에 미끄러져 들어왔다. 하지만 5분 뒤, 파촐리 향을 실은 키바가 돌아왔다. 나는 모든 바코드를 빠르게 다시 스캔했고, 그러자 키바는 돌아갔다. 그러고는 5분 뒤, 다시 돌아왔다. 나는 알 수가 없었다. 이것은 인간이 로봇보다 똑똑하다는 증거일까? 아니면 그 로봇은 몇 번이고 돌아와 불필요하게 물건 수를 세게 하면서 내게 가르치려 들었던 것일까? 어쩌면, 세 번 일을 시킨 다음에 그중에서 더 나은 결과 두 개를 취하려는 것일까? 내가 그 선반을 세 번째로 돌려보내고 나자 교대 근무가 끝났다. 나는 자리를 뜨려고 동료들에게 합류했다. 향냄새가 그들에게도 전해졌다. "토요일 밤의 열기!" 성직자인 키스가 말했다.

이튿날의 야간 교대 근무는 내 마지막 근무가 될 예정이었다. 몇 시간 동안 나는 다시 키바들과 함께 작업을 했다. 나는 스스로를 달랬고, 명상하는 듯한 상태에 접어들었다. 70대에 접어든 백발의 또 다른 캠퍼포스 노동자 한 명은 로봇들 때문에 미칠 것 같아서 일을 그만두기 직전이라고 예전에 내게 말한 적이 있었다. 키바들이 그에게 계속 똑같은 선반을 스캔하라고 가져왔다고 했다. 내게 일어난 파촐리 사건과 비슷한 상황이었다. 그 노동자에게 그런 일이 세 번 일어난 뒤에, 키바들은 7.6미터 떨어진 작업장에서 일하고 있던 그의 남편에게 선반을 가져가기 시작했다. 그의 남편은 그 일을 총 여섯 번 겪었다. 그 노동자는 내게 이 이야기를 휴게실 바깥에서, 쾌활한 표정으로 사물함 먼지를 털고 있는 청소부들을 지나쳐 걸어가는 동안 들려주었다. 하던 이야기의 말꼬리를 흐리면서, 그는 그중 한 명을 빤히 보더니 내게 물었다. "저 사람은 어떻게 저 일을 따냈지? 나도 저걸 하는 게 낫겠어요! 화장실 청소를 하는 게 낫겠다고요!"

밤이 끝나갈 무렵, 관리자 한 명이 내게 "손상 구역"에 있는 물품들을 스캔해달라고 부탁했다. 그곳은 모든 부서진 제품들이 추방되는 곳이었다. 하지만 내 핸드헬드 스캐너 화면에 뜨는 정보는 내가 지게차를 운전하게 되어 있다고 주장했다. (나는 지게차를 운전할 줄 모른다.) 관리자는 어쩔 줄 몰라 했다. 우리는 계속 스캐너를 리부팅했다. 마침내 나는 손상 구역에 도착하는 데 성공했다. 몇 시간 동안 찌그러진 캔, 부서진 상자, 그리고 '엉덩이/얼굴 수건'이라고 불리는 아이디어 상품 들을 살펴본 끝에 나의 근무는 끝났다.

나는 스캐너가 내리는 비정상적인 명령들에 완전히 손을 들어버린 다른 캠퍼포스 노동자 세 명을 지나 걸어갔다. 그들은 늘어선 선반들 바깥쪽에, 등을 벽에 기댄 채 생기 없이 앉아 있었다. 그만둬야 할 때였지만, 나는 아직 어떻게 그만둘지 결정하지 못하고 있었다. 그때 비뚤어진 충동이 솟구쳤다. 하기만 하면 곧바로 해고된다고 우리 모두가 들은 적이 있는 한 가지 행동이 있었다. 내가 앞뒤를 가리지 않고, 아무것도 생각하지 않고 마음대로, 키바장에 달려 들어간다면? 나는 그 며칠 전에 그런 공상에 잠겼었다. 그 어둑한 통로들을 마구 달려, 분주히 움직이는 키바들을 따돌리면서, 일종의 프롤레타리아식 파쿠르라도 하는 듯이 내달리면 기분이 어떨까? 특사팀이 나를 붙잡는 데는 얼마나 걸릴까? 붙잡히면 무슨 일이 생길까? (더 이상한 일들도 있었다. 나중에 나는 연인 사이였던 노동자 두 명이 키바장에서 밀회를 시도했다가 해고당했다는 이야기를 듣게 된다.)

하지만 나는 이야기를 모으기 위해 여기 와 있었지, 영화 〈브레이브 하트〉의 한 장면을 재현하기 위해서는 아니었다. 그리고 내 메모들을 잃고 싶지도 않았다. 메모들은 내 뒷주머니 속 수첩에 조심스럽게 정리되어 있었다. 나는 내 의견들 역시 펜에 숨겨진 녹음기에, 조용하게 낮은 목소리로 녹음해두었고, 자동차 열쇠고리 장식처럼 생긴 카메라로 영상들도 찍어두었다. 두 장치 모두 내 작업 ID 배지와 함께 끈 목걸이에 달려 있었다.

나는 창고의 출구에 있는 검문소로 걸어갔다. 끈 목걸이를 ─그리고 거기 부착된 장치들을—열쇠와 동전을 담는 교통안전청 스타일의 바구니에 넣은 다음, 경사면으로 바구니를 미끄러뜨려 경비원 앞으로 보내고, 금속탐지기를 통과했다. 나는 멈춰 선 채 초조해하면서 경비원과 바구니 사이에서 시선이 왔다 갔다 했지만, 경비원은 내용물을 거의 눈여겨보지 않았다. 대신 그는 나를 쳐다봤다. 두 눈썹을 치켜올리고, '뭘 기다리는 거야?' 하고 묻는 것처럼. 그래서 나는 그에게 밤 인사를 하고 그곳을 떠났다.

3부

10장

○

H로 시작하는 단어

린다가 틈새 호텔로 들어가고 몇 주가 지난 뒤, 라본은 샌디에이고에 혼자 주차해 있었다. 그곳에서 그는 스텔스 캠핑 중이었다. 몇 달을 힘들게 보낸 끝에 라본은 사기가 꺾여 있었다. 지난번 보금자리였던 '라밴'이라는 이름의 적갈색 2003년형 GMC 사파리는 지난 타이어 떠돌이들의 랑데부가 끝난 뒤 망가져버렸고, 그는 수리비도 없이 에렌버그에서 오도 가도 못하는 신세가 되었다. 설상가상으로, 라본은 전에도 여러 번 고장 났고 이제는 쓸모없게 되어버린 그 밴의 할부금으로 내야 할 몇천 달러가 여전히 남아 있었다. 그는 그 자리에서 움직이지 않은 채 사회보장연금 수표를 기다리기로 했다. 아들과 함께 셰비타호에서 사는 로리가 라본을 식료품점에 몇 번 데리고 갔다. 라본은 새로 사귄 여행 친구를 꼭 끌어안으면서 위안을 얻기도 했다. 스카우트라는 이름의 난리법석을 떨어대는 강아지였는데, 로리의 개가 최근에 낳은 새끼 중 한 마리였다.

기온이 올라가고 부족들이 주위에 차츰 없어지는 사이, 라본은 결국 망가진 밴에서 거의 1달 반 동안 살게 되었다. 마침내 그는 견인차를 구해 정비소로 밴을 끌고 갈 수 있게 되었다. 정비소에서는 엔진을 수리하는 비용으로 3,000달러를 제시했다. 라본이 낼 수 있는 한도를 넘는 액수였다. 근처에서 스카우트를 산책시키던 라본은 어느 중고차 매장에서 거의 새것에 가까운 12인승 셰비 익스프레스 한 대를 발견했다. 사무실에서 영업사원이 나타났다. 그는 라본에게 신용등급이 좋지 않더라도 대출을 받게 도와줄 수 있다고 했다. 이것은 놀라운 일이 아니다. 비우량 자동차 담보대출은 최근 몇 년간 급증해왔다.

용어들의 뜻은 확실히 몰랐지만, 라본에게 달리 무슨 선택지가 있었겠는가? "그 차를 사지 않았으면 홈리스가 되었을 거예요." 라본은 나중에 내게 말했다. 그는 그 차를 '라밴 2호'라고 이름 붙였다.

그 경험은 라본에게 그토록 두려워하던 H로 시작하는 단어, '홈리스homeless'와 스친 달갑지 않은 기억으로 남았다. 노마드 대부분은 그 꼬리표를 마치 전염병인 것처럼 피한다. 그들은 어쨌거나 '하우스리스'다. '홈리스'는 다른 사람들이다.

하지만 심지어 에렌버그를 빠져나와 친숙한 샌디에이고로 돌아온 다음에도 라본은 그 단어가 유령처럼 자기를 괴롭힌다고 느꼈다. 그는 자신의 블로그 '완전한 괴짜'에 이렇게 썼다.

　 – 도시에서 밴에 들어가 살면, 사람들은 당신이 홈리스라고 생각한다.
　 – 사람들이 당신을 홈리스라고 생각하기 시작하면, 당신은 자신이 홈리스라고 느끼기 시작한다.
　 – 그래서 당신은 뻔한 위장을 시작한다…… '정상'으로 보이기 위해 할 수 있는 모든 것을 하면서……
　 – 그래서 매일 아침 소지품을 담은 쓰레기 봉지를 당신 밴 옆의 덤불에 숨기던, 누가 봐도 홈리스인 나이 든 남자가 미소를 지으며 마치 당신을 아는 것처럼 인사를 건넨다면, 그건 아무리 좋게 말해도 힘 빠지는 일이다.
　 – 왜냐하면 당신은 길에 사는 사람들로 구성된, 점점 커지고 있는 클럽에 자신이 속하게 되었다는 걸, 그리고 결국 당신과 그 남자 사이에 그렇게 큰 차이점은 없다는 걸 깨닫게 되기 때문이다.

　 며칠 뒤, 라본은 죄책감 가득한 고백 하나를 뒤이어 올렸다. 새로 올린 글에서 그는 자신이 그 달을 살아내기 위해 그동안 한 번에 255달러씩 빌리는 소액 단기 대출에 의지해왔는데, 그 각각의 대출금은 일주일 뒤에 이자 45달러를 더해서 갚아야 했다고 설명했다. 라본은 속상했고 수치스러웠다. 그의 RTR 친구인, 치와 피코 씨와 함께 여행하고 있던 사미르가 서둘러 답글을 썼다.

내 자매, 내가 가까이 있었더라면 꼭 안아줬을 텐데. 그런 상황을 겪고 있는 게 당신 혼자만은 아니라는 걸 알리고 싶어요. 기억나요. 나와 피코 씨도 콜로라도주 돌로레스에 있는 숲속에 그렇게 앉아 있었죠. 봉급날까지는 8일이나 남았는데 휘발유 탱크의 바늘은 거의 텅 빈 상태를 가리키고 있었어요. 식량은 닷새분, 물은 이틀분이 남아 있었죠……

……가난을, 그리고 당신이 아마도 가난한 사람으로 여겨지고 있다는 사실을 받아들이기는 쉽지 않아요. 우리는 이런 생활방식이 짜릿하고 혁신적인 것이라고 보고 들었고, 그건 정말 그렇죠. 하지만 있는 그대로의 사실은, 우리 대부분이 재정적 문제 때문에 이렇게 살고 있다는 거예요…… 여기, 당신의 형제 사미르의 관점에서 충고 몇 마디를 건넵니다…… 당신이 홈리스 취급을 받는 캘리포니아를, 샌디에이고의 거리를 떠나세요. 사막에서, 혹은 숲속에서라면, 당신은 캠핑을 하고 있는 거예요…… 사막으로, 혹은 숲속으로 가서 당신의 사람들과 함께 살아가세요. 당신을 사랑하고 아끼는 사람들과 함께요.

당신의 형제, 사미르로부터

사미르와 라본은 세상 물정을 모르는 사람들이 아니었다. 그들은 법률적 관점에서 보면 자신들이 홈리스임을 알고 있다. 하지만 누군들 그 단어의 무게를 감당하며 살 수 있을까? '홈리스'라는 용어는 문자 그대로의 정의를 넘어 전이되면서 끔찍한 위협으로 변해버렸다. 그 말은 이렇게 속삭인다. 추방된 사람들. 낙오자들. 타자들. 빈털터리가 된 사람들. "우리 사회의 불가촉천민들." 라본은 자신의 블로그에서 그렇게 지적했다.

"처음에는, 제가 밴에서 사는 걸 사람들이 어떻게 볼지 걱정이 됐어요." 사미르는 언젠가 인터뷰에서 내게 말한 적이 있었다. "저는 '홈리스'로 정의되고 싶지 않았어요." 그 단어는 그를 곤란하게 했다. 한번은 그가 라마단 기간에 밴을 몰고 동생을 찾아갔다. 그가 '게으름뱅이 홈리스'이고 조카들에게 좋은 본보기가 못 된다고 판단한 동생은 결국 그를 내쫓았다. "제 가족은 좀 더 친절할 줄 알았어요." 그는 말꼬리를 흐리더니, 다시 말을 이었다. "우리가 우리 자신을 어떻게 정의 내리는가 하는 것은 정말 중요해요. 길을 나서 운전을 하면서 당신 자신을 홈리스라고, 혹은 다른 어떤 부정적인 꼬리표를 붙여 부르고 있다면, 그건 큰일이에요. 폴 볼스는 『셸터링 스카이』라는 책을 썼는데, 그 책에서 '관광객'과 '여행자'의 차이를 설명했죠." 사미르는 잠시 말을 멈췄다. "저는 여행자예요." 밥 웰스는 자신의 책에서 밴 생활자와 홈리스 사이에 선명하게 선을 긋는다. 그는 밴 생활자들은 망가지고 타락해가는 사회질서에서 빠져나온 양심 있는 이의 제기자들이라고 주장했다. 자의로 선택했건 그러지 않았건, 그들은 자신들의 생활방식을 받아들인 사람들이었다. "반면에, 홈리스인 사람은 밴에 살 수는 있지만, 사회의 규칙들이 싫어서 밴에 사는 건 아니에요. 아뇨, 그 사람에게는 하나의 목표가 있는데, 그건 그 폭압적인 규칙들 밑으로 다시 들어가는 거예요. 거기서는 쾌적하고 안전하다고 느껴지니까요."
그는 이렇게 설명했다.

지나고 보니, 자신의 운명을 선택한다는 것은 대단한 일이었다. 나는 이 말을 몇 번이고 계속해서 들었다. 고를 수 있는 선택지가 아무리 적더라도, 중요한 것은 선택 자체라는 말이었다. 야후에서 밴 생활자 그룹을 운영했던 '고스트 댄서'는 나와의 인터뷰에서 그 점을 이렇게 표현했다. "경제 상황이 좋아지지 않고 있네요. 우린 선택할 수 있어요. 자유인이 될지, 홈리스가 될지를요."

사회적 낙인은 문제의 일부일 뿐이다. 노마드적으로 사는 사람들에게는 나쁜 일들이, 전통적인 집에 사는 사람들에게 일어나는 것보다 더 나쁜 일들이 일어날 수 있다. 최근 몇 년간 미국은 전통적인 형태의 주거지에 살지 않는 사람들에게 유례없이 압력을 가해왔다. 2016년, 〈뉴욕 타임스〉에는 다음과 같은 기사가 실렸다.

홈리스 상태를 사실상 범죄화하는 일련의 법률들이 플로리다주 올랜도, 캘리포니아주 샌타크루즈, 뉴햄프셔주 맨체스터 같은 지역들에서 받아들여지면서 미국을 휩쓸고 있다. 홈리스와 빈곤에 관한 국가 법률 센터가 미국의 187개 주요 도시를 조사한 바에 따르면, 2014년 말까지 100개의 도시가 인도에 앉아 있는 행위를 범죄로 규정했는데, 이는 2011년에 비해 43퍼센트 증가한 수치다. 차량에서의 숙박을 금지하는 도시들의 수는 같은 기간에 37개에서 81개로 크게 증가했다. 단속은 뉴욕, 샌프란시스코, 로스앤젤레스, 워싱턴, 호놀룰루 같은 도시를 변화시키면서 주택 가격을 상승시키고 홈리스 상태를 증가시키는 데 기여하는 젠트리피케이션 현상이 벌어지는 가운데 행해지고 있다.

이런 법률들은 사람보다 소유물에 우선순위를 둔다. 그러면서 노마드들에게 '네 차는 여기 있어도 되지만, 너는 안 돼'라고 말한다. 미국 전역의 공동체들에서, 이것이 시민적 가치에 생긴 암울한 변화를 드러내는 것이 아니냐는 질문은 대체로 논쟁에서 제외되어왔다.

그리고 이는 단지 도시에서만 일어나고 있는 일은 아니다. '경제적 프로파일링'은 공유지에서도 발생해왔다. 애리조나의 코코니노 국유림에서는 산림 감시원들이 밴과 RV에 탄 캠퍼들에게 주소지를 물으며 심문을 계속해왔다. 영구적인 노마드로 보이는 사람은 누구든―차량이 쿼츠사이트에서 분도킹했음을 나타내는 스티커는 은연중에 정체를 드러내는 표지로 간주된다―숲을 '주거 용도'로 사용했다는 이유로 딱지를 떼이고 쫓겨날 수 있다. 한편, 〈더 스테이츠먼 저널〉지는 산림청이 시민들이 장기 캠핑터로 의심되는 장소들을 신고할 수 있도록 스마트폰 앱을 개발하고 있다는 소식을 최근에 전했다.

타이어 떠돌이들에 대한 부정적인 태도는 새롭지 않다. 1930년대 중반에서 후반까지 하우스 트레일러들이 인기를 얻으며 쏟아져 나오자, 미디어는 그 차에 사는 사람들에 달려들어 그들을 점점 늘어나는, 중산층의 도덕관을 위협하는 사람들로 다뤘다. 그들은 움직이는 위협이었다. 무임승차자들이었다. 등쳐먹는 사람들이었다. 질병을 퍼뜨리는 사람들이었다. 근본 없는 자들이었다. 뜨내기들이었다. 게으름뱅이들이었다. 기생충들이었다. 기피자들이었다.

"이토록 세금 부담이 큰 미국에서, '가솔린 집시'는 사회 서비스를 이용하면서 다른 어떤 시민보다도 적은 돈을 낸다." 1937년 〈뉴욕 타임스〉 편집국은 이렇게 불만을 표했다.

"공유지의 무단 거주자로서 여기저기 잠깐씩 옮겨 다니면서 살고, 기생(氣生)식물처럼 뿌리가 없으며, 세금도 전혀 내지 않으면서 새로운 종류의 자동차 빈민가를 만들어내고 있는 이 떠돌이 무리에 대한 책임은 누가 져야 합니까?" 같은 해 〈포춘〉지는 이런 질문을 던졌다.

캐러밴 트레일러라는 한 트레일러 제조사는 3.4미터에 가격은 425달러인 자신들의 저가형 트레일러에 농담조로 '탈세자 Tax Dodger'라는 모델명을 붙이면서 그런 정서를 웃음거리로 만들었다.

하지만 1930년대의 트레일러 열기는 지나갔다. 추종자 대부분은 되살아난 경제 속에 다시 자리를 잡았다. 하지만 내가 인터뷰한 현대의 노마드 대다수는 돌아가지 않을 생각이라고 이야기한다. 그들은 주류 주거 형태 속으로 다시 편입될 생각이 전혀 없다. 그 말은, 그들이 죽는 순간까지 숨어 살기를 반복해야 한다는 뜻이다.

라본은 그 '노크 소리'를 들은 적이 한 번 있다. 그해 봄, 샌디에이고에서 스텔스 캠핑을 하던 도중이었다. 그 일은 더 나쁘게 끝날 수도 있었다. 누네즈라는 경관은 친절했다. 라본이 살아 있는지 확인하려던 거라고 그는 말했다. 라본이 불법 마약 제조를 하고 있는 게 아닌지, 그는 알아야만 했다. 라본은 자신이 운이 좋다는 걸 알았다. 라본의 밴은 새것이었고 깨끗했다. 라본이 데리고 있는 개는 귀여웠다. 라본은 백인이었다. 누네즈 경관은 그에게 소환장을 쓰지는 않았다. 하지만 라본의 이름과 자동차 등록번호, 그리고 라밴 2호의 제작사와 모델명을 받아썼다. 다시 말해 라본이 하고 있던 위장이 날아갔고, 라본이 곧 다시 이동해야 한다는 뜻이었다.

◦

11장

홈커밍

텍사스에서 캠퍼포스 일을 끝내고 2주가 지나자 추수감사절이었다. 나는 안부도 물을 겸 휴일을 잘 지내라는 인사도 할 겸 린다에게 전화했다.

나쁜 소식이 있었다. 린다의 가족이 임대하고 있던 미션 비에호의 집에서 쫓겨나고 있었다. 린다의 사위는 그 전해에 현기증과 편두통 때문에 어쩔 수 없이 직장을 잃게 되면서 받기 시작한 단기 장애인 복지수당을 더 이상 받을 수 없게 되었다. 그들이 집세를 낼 수 없었기에, 린다는 창고에 보관되어 있던 낡은 모터홈을 그들에게 주었다. (린다는 여름에 그 모터홈을 거의 팔기 직전까지 갔지만, 거래가 불발되었다.) 린다는 그들이 8.5미터짜리 엘도라도를 쓸 수 있게 되어 기뻤지만, 그 차에서 어른 둘, 10대 셋, 개 네 마리가 모두 잘 수 있을지는 걱정이었다. 계획은 린다의 딸 오드라와 사위 콜린이 침실에서 자고, 손자 줄리언은 운전석 위 로프트에서, 손녀 개비와 조던은 접이식 식당에서, 그리고 개들은 아무 데서나 자는 것이었다.

가족은 면적이 186제곱미터인 집과 거기 딸린 차고를 비우면서 소유물들을 팔아치울 준비를 했다. "있죠, 꼭 TV에 나오는 호더 같더라니까요." 린다가 말했다. 오드라는 10대인 두 딸에게 '러버메이드' 플라스틱 통을 하나씩 주면서, 뭐든 버리고 싶지 않은 것은 딱 그만큼만 챙겨 집어넣으라고 했다. 린다는 대규모 마당 세일 준비를 도왔다. 옷과 책이 담긴 상자들, 부기 보드°와 침대 프레임 들이 있었다. 옷들은 잔디밭 가장자리 벽을 따라 단정하게 걸렸다. 음악에 재능이 있는 줄리언은 아끼던 아코디언을 비롯해 음악 장비 대부분과 작별했다. 메이크업 아티스트가 되고 싶어하는 조던은 작은 옷방에 들어 있던 물건 대부분을 포기했다. ("그애는 여전히 이 계획을 좋아하지 않아요." 린다가 건조하게 말했다.) 마당 세일을 하며 두 번의 주말을 보낸 뒤 그들은 1,000달러를 벌었다. 몇몇 쇼핑객이 차고에 주차된 틈새 호텔을 보고 가격을 물어왔다. 그들이 흥미를 보이자 린다는 우쭐해졌지만, 파는 물건이 아니라고 대답했다.

린다가 밝은 표정을 지어 보이기는 했지만, 이 위기는 그를 소진시

° 일반 서프보드의 반쯤 되는 크기로, 누워서 파도를 탈 수 있는 보드.

켜버렸다. "내가 지쳤나 봐요." 린다가 내게 말했다. "여전히 돕고는 있지만, 뒤로 좀 물러났어요." 한편, 이제는 집이 텅 비었지만 그래도 추수감사절 저녁식사 준비는 해야 했다. 코스트코와 랠프스에 칠면조가 바닥나긴 했지만, 가족들은 그냥 햄으로도 괜찮을 거라고 린다는 말했다.

12월 말에 나는 다시 린다와 이야기를 나눴다. 린다는 라본이 미션 비에호에 왔었다고, 그리고 린다를 도와 가족들이 RV 안에 자리를 잡게 해주었다고 했다. 그 일이 끝나자 린다는 다시 길 위로 돌아갈 준비가 되었다. 크리스마스 때 린다가 곁에 없을 거라는 사실에 모두가 슬퍼했다. 오드라는 울음을 터뜨렸다.

린다와 라본은 미션 비에호에서 차를 몰고 슬래브 시티로 갔다. 그곳은 솔턴 호수 옆에 불규칙적으로 퍼져 있는 무단 거주자들의 야영지였다. 그곳에 대해 수년간 이야기를 들어온지라 그들은 그곳을 한번 찾아가보고 싶었다. 도착했을 때는 주위를 둘러보기에는 너무 어두워져 있어서, 그들은 길 한쪽에 차를 대고 잠을 잤다. 아침이 되자 사방에 흩뿌려진 쓰레기가 보였다. 그들은 라본의 밴을 타고 더 괜찮은 캠핑터를 찾기 위해 떠났다. 라본은 슬래브 시티에 머무르는 페이스북 친구가 한 명 있었다. 그들이 그 친구를 찾아냈을 때, 친구는 사무적인 말투로 그들이 지난밤 잠을 잔 곳이 마약 중독자 소굴이라고 했다. 린다는 가슴이 철렁 내려앉았다. 틈새 호텔과 그의 지프가 여전히 거기 있었다. 누군가가 침입했다면? 그들은 확인하려고 되돌아갔다. 린다의 집은 무사했지만, 불안한 느낌은 사라지지 않았다. 린다와 라본은 에렌버그에 있는 타이어 떠돌이 부족과 다시 교류하기 위해 곧바로 그 자리를 떠났다.

몇 주간 스트레스를 받은 끝에 친구들을 다시 만나니 기분이 좋았다. 린다와 라본은 그 지역에 머무를 계획을 세우고 우편함 하나를 대여했다. (비용은 두 사람의 신용카드로 나눠서 냈다고 린다는 설명했다. 그러면서, 라본이 무엇이든 나누는 걸 좋아하지만 그에게 돈을 '빌릴' 수는 없을 거라고, 라본은 절대 그 돈을 갚게 놔두지 않을 것이기 때문이라고 덧붙였다. "1달에 한 번 수표가 들어오자마자 누가 50달러를 빌려달라고 해도, 라본은 그냥 줘버릴 거예요.") 저소득 생활이라는 낙인에 대해 마음을 털어놓고 대화를 나눈 다음, 그들은 둘 다 페이스북에 커트 보니것의 소설 『제5도살장』의 한 단락을 포스팅했다.

미국은 지구상에서 가장 부유한 국가지만, 국민들은 대체로 가난하며, 가난한 미국인들은 자기 자신을 싫어하도록 강요받는다…… 가난했으나 지극히 현명하고 고결했던 까닭에 권력과 부를 가진 누구보다도 존중받아 마땅했던 사람들에 관한 민간 전승이 다른 모든 국가에는 있다. 가난한 미국인들은 그런 이야기를 하지 않는다. 그들은 자기 자신을 조롱하고, 자신보다 잘사는 사람들을 예찬할 뿐이다.

어느 날 밤 라본은 밴 어딘가에 놔둔 지갑을 찾지 못하게 되었다. 좁은 공간에서 물건들이 놀랄 만큼 쉽게 없어졌으므로—그의 어떤 친구들은 그 현상에 '밴 생활자의 블랙홀'이라는 별명을 붙였다—라본은 대수롭지 않게 생각하고 린다를 만나러 틈새 호텔로 건너갔다. 린다는 라본에게 초콜릿을 주었다. ("린다를 사랑한다. 그는 내가 평생 동안 바라던 친구다. 남을 판단하지도 않고, 무언가를 강요하지도 않고, 다만 순수한 우정과 사랑을 주고 지지해주는 친구. 게다가 그는 나를 먹여준다." 라본은 나중에 블로그에 이렇게 썼다.) 그러다 퍼뜩 걱정이 든 라본은 자기 밴으로 돌아갔다. 우려했던 대로, 그는 밴에 들어갈 수가 없었다. 열쇠가 엔진에 꽂혀 있었고, 반려견 스카우트가 여전히 안에 있었다. 그는 린다와 함께 문을 비집어 열려고 해보았으나 소용이 없었다. 그들은 밥을 만나러 갔지만, 밥도 딱히 뾰족한 수를 말해주지는 못했다. 미국 자동차 서비스 협회에도 전화를 걸어봤지만, 비상 차량 배치 담당자는 도로가 포장되지 않은 시골로 사람을 보내고 싶어하지 않았다. 스카우트 곁에 사료와 물은 있었으므로, 그들은 기다렸다가 밝을 때 문제를 해결하기로 했다. 라본은 틈새 호텔에 있는 자그만 매트리스 위, 린다 옆에 누워 잠들었다. 린다는 라본의 코고는 소리를 녹음했다가 아침에, 소방대원들이 스카우트를 밴에서 구해낸 뒤에 그에게 들려주었다. "고양이가 골골송 부르는 것 같네!" 가엾은 개가 사방에 배변을 해놓아서, 라본은 그날 대부분의 시간을 빨래방에서 보냈다.

크리스마스이브 날, 각자 음식을 들고 수십 명이 파티에 나타났다. 린다는 처음으로 스왱키 휠스를 만났다. 랑데부에서 사람들의 머리를 잘라주던 킨달은 돌무더기에 당근 코를 단 '눈사람 로키'라는 설치미술 작품으로 친구들에게 웃음을 주었다. 라본과 몇몇 친구들은 로스 알고도네스를 방문할 계획을 의논했다. (린다도 가고 싶었지만 그러려면 여권을 받아야 했는데, 그건 에렌버그에 있는 사서함을 새 주소지로 해서 6월에 만료된 운전면허를 먼저 갱신해야 한다는 뜻이었다.)

크리스마스 날 아침, 킨달과 그의 남편은 선물을 나눠주었고—크리스마스 리본으로 장식한 물티슈 꾸러미와 사탕이었다—린다는 라본을 위해 특별한 아침식사를 만들어주었는데, 스왱키가 추천한 조합대로 크랜베리 소스를 곁들인 호박 팬케이크였다.

린다는 그 12월에 한 전화 통화에서 내게 밀린 이야기들을 많이 들려주었다. 그는 30달러 주고 일산화탄소 탐지기를 샀으나 화장실로 쓰는 양동이에 빠뜨렸다고 했다. 최근에는 신디 로퍼의 회고록 『신디 로퍼』 읽기를 끝냈다고 했다. 쿼츠사이트에 있을 때는 장기 방문객 구역에서 어느 RV에 전기 화재가 발생했는데, 그 집과 가진 물건들은 다 타버렸고 거기 살던 사람은 자기 고양이 두 마리를 데리고 간신히 도망쳐 나온 일이 있었다고 했다.

린다는 내가 2016년 타이어 떠돌이들의 랑데부에 갈 예정인지 알고 싶어했다. 랑데부까지는 몇 주가 남아 있었다. 린다는 참석할 거라고 했는데, 그렇게 되면 우리가 처음 만났던 2014년의 첫 참석 이후 린다로서는 두 번째로 그곳에 가는 것이었다. 나는 그에게 꼭 참석하겠다고 했다.

∘

어둠 속에서 미첼 마인 로드를 달리다가, 나는 멀리 보이는 한 쌍의 붉은 섬광등을 알아보았다. 내가 밤에 RTR 캠프장을 찾을 수 있도록 린다가 설치해놓은 비상등이었다. 내가 헤일런을 세웠을 때는 이미 밤 10시였지만, 린다는 밖으로 나와 비상등을 치우며 내게 인사를 건넸다. 우리는 틈새 호텔로 들어갔고, 린다는 내게 물 한 잔을 따라주었다. 눈부시게 밝은 비상등 하나는 아무리 해도 꺼지지가 않았다. "냉장고에 넣어버리세요!" 내가 농담을 했다. 린다는 그 말대로 했다.

1월 중순 내가 도착했을 때, RTR은 거의 반쯤 끝나 있었다. 비 때문에 사람들이 어울리기도 어려웠고, 노마드들이 어쩔 수 없이 각자의 차에서 비를 피해야 해서 시작이 늦어졌다고 했다. 하지만 날씨는 이내 나아졌다. 오래지 않아 그곳의 사람 수는 2년 전 린다가 처음으로 방문했을 때의 약 4배에 이르렀다. 250명 정도가 왔다고 밥은 나중에 어림잡았다. 랑데부 규모가 너무 커진 것처럼 느껴져서 몇몇 오랜 참가자들과 극도로 내향적인 사람들은 멀리 떨어진 곳으로 피해 있었다. 한 노마드는 늘어난 참가자들을 지렛대 삼아 이익을 노려보고자, 다가오는 파워볼 추첨에 공동으로 참여할 사람들을 모으기 시작했다. 복권 역사상 최고 액수인 15억 달러가 잭팟 상금으로 걸려 있었다.

예전에 열렸던 세미나 다수가 반복됐지만, 새로운 행사들도 있었는데, 그중 하나는 밴 생활보다 저렴하고 눈에도 덜 띄는 대안으로서의 '소형 차량 생활'에 관한 세션이었다. 발표자 중에는 예순여섯 살의 데이비드 스완슨이 있었는데, 예전에 전문 도예가였던 그는 양손에 관절염이 심해져 일을 그만두고 지금은 장애인 복지수당으로 살아가는 사람이었다. 그는 1년 6개월 전에 2006년형 프리우스에 들어가 살기 시작했다. 한 번 완전히 박살났다가 구조된 그 차를 그는 6,000달러에 샀다.

"내게 가장 중요한 두 가지는 요리하는 것과 잠자는 것인데, 그 일들 덕분에 나는 내가 모험을 하고 있는 은퇴한 사람이라고 느낍니다." 데이비드가 참석자들에게 말했다. "나는 세상 구경을 하고 있어요! 멋진 시간을 보내고 있고요! 근사한 침대가 내게 있는 한, 그리고 요리를 할 수 있는 한, 나는 홈리스라고 느끼지 않습니다. 그 두 가지를 할 수 없으면 몰라도요."

데이비드는 차의 조수석을 어떻게 튼튼한 조리대로 교체했는지 사람들에게 보여주었다. 조리대는 두께 5센티미터의 티크 나무 상판으로 만들었는데, 예전에 그가 도자기 수십만 개를 만들었던 작업 테이블에서 떼어낸 것이었다. 이제 그는 그것을 식사 준비를 할 때 사용했다. 그 위에 핫플레이트 인덕션을 올려놓고, 자동차 배터리로 작동되는 인버터에 연결해서 썼다. 밤이 되면 조리대는 바람을 넣었다 뺐다

할 수 있는 캠핑용 매트리스와 침낭을 올려놓는 받침대가 되었다. 사생활을 보호하고 빛을 차단하기 위해 그는 가장자리를 따라 단춧구멍을 낸 암막 커튼을 만들었고, 후크로 차창에 걸어놓았다. 차 뒤편으로 공간을 확장할 수 있게 맞춤 제작한 텐트도 있었는데, 차 뒷문을 들어 열고 거기 연결해서 썼다.

그는 또 집으로 삼기에 알맞은 프리우스의 가장 중요한 장점을 설명했다. 그 차는 본질적으로 바퀴 달린 스마트 발전기였다. 엔진이 배터리를 충전하기 위해 한 시간에 한 번 혹은 두 번씩 자동으로 작동하기 때문에, 자는 동안에도 내장형 배터리로 난방 및 냉방 시스템을 돌릴 수 있었다.

일단 이런 배치에 익숙해지자, 프리우스에서 살면서 여러 가지로 생활의 쾌적함을 누릴 수 있었다고 데이비드는 말했다. "아침에 스타벅스에 차를 세우고 거기 와이파이를 사용하면, 들어가서 줄을 서기도 전에 제 커피가 준비되게 할 수 있죠." 그가 씩 웃으며 말했다. "저녁 시간을 재밌게 보내려면요, 작은 태블릿 하나 들고 운전석에 앉으면 돼요. 햇빛 가리개에다 벨크로로 태블릿을 붙이고, 의자만 뒤로 빼면 그대로 영화관이 되거든요."

소형 차량 세미나가 열리고 며칠이 지난 뒤, RTR은 처음 열리는 또 하나의 행사를 준비했다. 커뮤니티 장기자랑이었다. 린다는 갈색 종이 봉지 안쪽에 촛불을 밝히고 자갈로 봉지를 고정해, 무대 앞쪽을 따라 따뜻하게 일렁이는 촛불 조명을 즉석에서 만들어 세웠다. 쇼는 해 질

녘에 시작됐다. 음악이 있었다. 어떤 노마드는 젬베를 두드려 리듬을 쳤고, 또 다른 사람은 티베트 싱잉 볼°을 연주했으며, 어느 기타 연주자는 읊조리듯 다음과 같은 가사가 나오는 보틀 로키츠의 노래를 불렀다. "1,000달러짜리 자동차, 아무짝에도 쓸모없어. 1,000달러는 갖고 차는 그냥 태워버리는 게 낫네." 코미디도 있었다. 백파이프와 사랑을 나누려고 했던 문어에 관한 1인극부터, "돈을 많이 들여서 홈리스처럼 보일 수 있는 방법이 있다면 캠핑이다" 같은 짤막한 농담들을 인용하는 사람까지 다양했다. 웃통을 벗은 한 곡예사가 양손을 등 뒤에서 깍지 낀 다음, 어깨를 탈골시켜 양팔을 머리 위로 올리더니, 이내 몸통 앞쪽으로 가져왔다. 어느 가라테 고수는 맨손으로 나무판자를 반토막 냈다. 어느 요란한 취객은 무용수의 다리에 올라타려고 하는 개에게 "훌리오! 훌리오!" 하고 소리치면서 계속 공연을 방해했다. 청중들은 그 남자를 노려보았지만 아무 성과가 없었으므로, 그에게 조용히 하라고 주의를 주고 개를 무대에서 끌어내렸다.

분위기는 유쾌했지만, 예전과 비교하면 어딘가 무거운 느낌이 깔려 있었다. 한 세미나에서 밥은 운전면허증에 대한 보안 기준을 엄격화하는 법안인 '리얼 아이디법(Real ID Act)'°°을 언급했다. 수년간 노마드

⊙ 우묵한 그릇 모양의 종을 막대로 치거나 문질러 소리를 내는 것으로, 요가나 명상을 할 때 이용한다.
⊙⊙ 테러 예방 및 안보 강화 등을 위해 미 전역에서 사용할 수 있는 연방 표준의 단일 신원증 제도를 도입하는 것이 핵심 내용이다. 2020년 10월부터 전면 실시되고 있다.

들은 지역의 우편물 전달 서비스 주소지를 사용해서 거주 사실을 증명해오고 있었다. 이제는 대다수 차량관리국 직원들이 그 각각의 주소지를 온라인으로 검색했다. 만약 주소지가 사업체에 속해 있는 것으로 나오면, 그들은 실제로 거주하는 주소를 요구했다. 테러 행위를 뿌리 뽑기 위해 만들어진 이 법안은 노마드들에게도 불편을 초래했고, 가짜 정보를 만들어내도록 몰아넣었다. 가족이나 친구의 집에 살고 있다고 하거나, 매물로 나와 있는 부동산 주소를 임의로 빌려 써넣는 식이었다.

"정부는 여러분이 집에서 살기를 원합니다." 밥이 참석자들에게 경고했다. "그 사람들은 우리가 뭘 하는지 알고 있고, 내내 통제를 강화하고 있어요."

이때쯤, 나는 의문이 생겼다. 이 사람들은 다 어떻게 될까? 특히, 나는 린다가 아직도 어스십을 열렬히 짓고 싶어하는지 알고 싶었다. 몇 달 전 린다는 콜로라도강 근처에 있는 캘리포니아주 비달로 다시 장소를 옮겨 집 지을 땅을 찾아보기로 했다고 말했지만, RTR에서는 그런 이야기를 별로 하지 않았다. 물어보았더니, 린다는 다소 열의 없는 말투로 최근 미션 비에호에서 집을 정리하면서 어스십에 관한 책들 일부를 내다 버렸다고 했다.

나는 노마드들이 다 같이 돈을 갹출해 공동으로 사용할 토지를 구입하자고 논의하는 것을 몇 년에 걸쳐 들어왔지만, 그런 계획이 실현된 적은 없는 듯했다. 나는 노마드 생활을 그만두고 성인 자녀들에게 의존해 살게 된 몇몇 사람들을 알고 있었다. 자식들은 자기 집에서 부모를 모시고 살거나, 부모에게 아파트를 임대해주었다. 하지만 모든 사람에게 자식이 있는 것은 아니었다. 그리고 자녀 세대에게는 그들 나름의 재정적 괴로움도 있었다. 그중 일부는 부모는 말할 것도 없고 자신들의 생계조차 간신히 유지하고 있었다.

나는 더 이상 운전을 할 수 없게 된 RV 생활자들을 환영하는 유료 노인의 집에 대해 들어본 적이 있었다. '이스케이피스 케어'라 불리는 그곳은 그 시설보다 더 큰, 리빙스턴 시내에 있는 RV 주차장인 '레인보스 엔드'에 딸려 있다. ("케어가 죽으러 가는 곳이라는 말이 사실인가요?" 그 시설 웹사이트의 '자주 하는 질문' 페이지에는 이런 음울한 질문 하나가 적혀 있다.) 그곳에 거주하는 사람들은 자신의 모터홈에 머무른다. 하지만 거기 공간 하나를 빌리는 데는 1달에 850달러 이상이 든다. 옵션으로 성인을 위한 주간 돌봄 서비스를 선택하면 매주 200달러가 추가된다. 그 금액은 내가 만나본 사람들 대부분이 낼 수 있는 한도와는 상당히 거리가 먼 액수였다.

내가 들은 어떤 이야기들은 공포스러웠다. 구관조를 키우며 사는 노마드 아이리스는 자기가 아는 론이라는 사람이 쿼츠사이트에서 58킬로미터 떨어진 월마트 주차장에서 어떻게 분도킹을 하며 술을 마셔대다가 죽었는지 자세히 이야기했다. 그의 사체는 1달 동안 발견되지 않았다고 했다. '이사야 58 프로젝트'의 자원봉사자인 베키 힐은 자신들의 교회에 3달간 묵었던 여든 살의 남성에 관해 말해주었다. 그 남성은 에렌버그 근처의 사막에서 RV에 탄 채 사망한 상태로 발견되었다. "도와줄 사람이 아무도 없었던 거죠." 베키가 슬프게 말했다.

4년 전 내가 인터뷰를 했던 캠퍼포스 직원 한 명도 그해 2월에 세상을 떠났다. 내가 처음 만났을 때 패티 디피노는 쉰일곱 살이었고, 캔자스주 코피빌에 있는 아마존 창고에서 배치 담당자로 야간 교대 근무를 하고 있었다. 그는 자신의 1993년형 포드 몬테라 모터홈으로 나를 초대해 함께 수다를 떨었다.

패티는 덴버의 한 건설회사에서 회계 담당자로 15년간 일하다 2009년 회사가 문을 닫으면서 일자리를 잃었다고 했다. 비슷한 시기에 그는 복잡한 이혼 과정에서 집을 잃었다. 그래서 패티는 RV로 들어갔고, 정규직 노동 인구에 다시 속해보려고 애를 썼다. 30년간 쌓아온 사무 행정 경력이 쓸모 있을 거라 확신한 그는 그다음 몇 년간 온라인 입사 지원서를 수천 장 써냈다. 하지만 50대에 들어선 여성 실업자에게 구직 시장은 친절을 베풀어주지 않았다. 아무런 응답도 오지 않았다.

패티는 내게 블랙커피 한 잔을 따라주었다. 그는 사랑하는 2.3킬로그램짜리 치와와 '새미'에 대해, 쿼츠사이트에서 시간을 보내는 일에 대해, 그리고 어드벤처랜드 일자리에 지원할 계획에 대해 말해주었다. 농담 한마디를 가르쳐주기도 했다. "회계 담당자는 죽지 않는다. 밸런스®를 잃을 뿐이다." 패티는 아프가니스탄에서 팔다리를 잃고 휠체어를 타고 다니는 병사들에게 보낼 무릎 담요 뜨는 일을 취미 삼아 하고 있다고도 했었다. (해군 참전 군인인 패티의 딸이 캘리포니아에 있는 기지에서 담요를 나눠주겠다고 제안했다.)

패티는 아마존에서 시간당 10달러 50센트를 벌 수 있는 것에 기뻐했지만, 그렇게 번 돈을 아마존에 쓰고 싶어하지는 않았다. "저는 사람들한테 이렇게 말해요. '있잖아요, 월마트에 가지 마세요. 아마존에서 물건을 사지 마세요. 거리로 나서서 아이들 키우면서 장사하는 가게 주인들한테서 사고, 그렇게 대기업 주머니 터는 일을 시작해보자고요.'" 패티는 이렇게 말했다. "제 말은, 부자들은 점점 더 부자가 되는 반면 우리는 여기 앉은 채 점점 더 가난해지고 있다는 거예요."

패티는 남은 평생 동안 방랑을 하고 싶어하지는 않았다. 그는 오래도록 지속되는 공동체를 꿈꿨다. "제가 찾아내고 싶은 건 일종의 학교예요. 정원을 스스로 가꾸고, 메탄가스도 연료도 스스로 생산하고, 이것저것 할 수 있게 고령자들에게 땅을 좀 제공하는, 그래서 저도 받을 수 있는 학교요." 그가 설명했다. "그리고 저는 부엌이 생길 테니 까짓것, 요리는 우리가 하면 되죠. 사람들은 우리가 얼마나 재능이 풍부한지 잘 몰라요. 정원이 있으니, 자 뭘 할 수 있을까, 식품 통조림을 만들 수 있죠. 우리 중에 통조림 만드는 법을 아는 사람들이 있으니까요. 여러 해 전에 배웠거든요."

패티는 예순 살에 세상을 떠났다. 여기저기서 내가 들은 바로, 그는

⊙ 중의적인 농담으로, 밸런스(balance)에는 '균형'과 '(회계상의) 차액'이라는 뜻이 있다.

암으로 방사선 치료를 받고 있었다고 했다. 그의 페이스북 페이지에 친구 한 명이 추모 글을 올렸는데, 그 글 때문에 나는 거의 눈물을 흘릴 뻔했다.

마침내 빚진 돈 없이 영원히 살 집을 찾았구나! 이젠 캔자스에서처럼, 사막에서처럼 그렇게 추위에 떨며 지내지 않아도 되겠네! 비좁은 집도 이젠 없을 거야. 전화 끊기 전에 내가 항상 말하듯이, 사랑해, 패티. 네가 몹시 그리울 거야.

한번은 타로 카드 리더 실비앤에게 장기적인 계획을 물어본 적이 있었다. "지금 생각으로는 이 일을 언제까지나 계속할 것 같아요." 실비앤이 대답했다. "결국 〈델마와 루이스〉처럼 된대도, 내가 할 수 있는 일이 절벽 너머로 차를 달리는 것뿐이래도, 상관없어요."

나는 같은 질문을 아이리스에게도 했었다. "사막에서 죽은 채 발견될 테니 찾아줘요." 이것이 그의 대답이었다. "내 몸 위에 돌 몇 개 올려주고, 그런 다음에 날 보내주면 돼요."

밥에겐 좀 더 현실적인 노후 계획이 있었다. "커다랗고 길게 참호 하나를 판 다음에, 저렴한 스쿨버스를 한 대 사서 한쪽을 완전히 메우고 지붕도 덮을 거예요. 창문은 남쪽으로 향하게 하고요. 더 이상 운행하지 않는 낡은 스쿨버스는 500달러면 살 수 있어요. 엄청나게 튼튼한 차라 영원히 버틸 거예요." 하지만 그마저 더 이상 소용없게 되면, 그는 삼림지대로 들어가 돌아다니다가 총알 하나로 생을 마감할 계획이었다. "저의 장기적인 보건 의료 계획은 사막에 묻힌 해골이 돼서 태양빛에 바래는 거예요."

그 쓸쓸한 대단원은 더 큰 무언가를 암시하고 있기도 했다. 밥은 문명의 미래에 대해 낙관적이지 않았다. 그는 임박한 환경과 경제 재앙들이 인간 사회를 파멸시킬 거라고 봤다. 그는 "대공황 정도는 공원에서 보내는 오후처럼 느껴지게 할" 경기 침체를 예상했다.

밥이 인구가 너무 많은 이 행성의 운명을 암울하게 바라보는 동안, 그의 웹사이트에 오는 방문자 중 일부는 심지어 밴 생활조차도 너무 인기가 많아지고 있다고 걱정했다. 그들은 밥과 다른 노마드 생활 전도사들이 자신들의 생활방식에 대해 이제 그만 이야기하기를 바랐다. 더 이상 관심을 끌면 남의 눈을 피하기가 어렵고, 어쩌면 경찰 단속이 시작될지도 모른다는 걱정 때문이었다.

°

어느 날 오후 나는 쿼츠사이트에 있는, 자신을 '성질 더러운 미국놈'이라고 부르는 한 남자가 하는 타코 가게로 차를 몰았다. 그는 1년 넘게 그 가게를 팔려고 해봤고, 가격을 계속 내려봤지만, 사려는 사람이 아무도 없었다. 부리토를 주문하는 내게, 그는 죽으려고 쿼츠사이트에 찾아오는 나이 많은 사람들에 관한 시나리오를 쓰고 싶다고 말했다. 내가 놀란 표정을 하자, 그는 이 도시에서 자살한 사람이 지난해에만 다섯인가 여섯 명이라고 했다. "여긴 아무것도 없어요." 그는 쓸쓸하게 결론을 내렸다. 나는 음식을 받아 자리를 떴다.

RTR로 돌아와서, 나는 그 전해에 만났던 예순여섯 살의 피터 폭스를 찾아냈다. 1년 전 그는 연습 중인 밴 생활자로서 웨스트팰리아의 캠핑용 차량을 임대해 RTR에 머무르고 있었다. 샌프란시스코 택시 업계에서 운전사로, 배차 담당자로, 택시 면허 보유자로, 관리자로 28년 동안 일한 끝에 그는 우버 때문에 일자리에서 밀려났다. "공유경제, 그러니까 힘없는 사람들을 짓밟는 경제의 시대가 온 거죠." 그는 침울하게 선언했다. "저는 더 이상 집세를 내면서 밥을 먹는, 그 두 가지를 동시에 할 수 없는 시점에 다다라 있었어요." 그는 택시 면허를 팔려고 했다. 그가 생각하기로는 세금을 제하고 14만 달러는 받을 수 있을 듯했으므로, 은퇴를 하고 그 돈으로 살아갈 생각이었다. 하지만 면허 판매는 시에서 중개했고, 택시 면허에 대한 수요는 적었다. 그는 여전히 대기 명단에 올라가 있었다. 지난 반년 동안 그는 흰색 12인승 포드 E350 밴으로 이주해 들어갔고, 그 밴을 '펠리컨'이라고 이름 붙였다. ("펠리컨은 낮게, 천천히 나니까요." 그가 설명했다.) 밴 안에는 장애물을 없애주는 신으로 알려진 인도의 가네샤를 조각한 작은 조상을 놓아두었다.

피터가 워캠핑 일자리를 찾고 싶어해서, 우리는 카풀을 해서 빅 텐트까지 같이 갔다. 나는 피터가 캠프장 관리자를 채용하는 한 담당자에게 다가가는 것을 지켜보았다. "저는 어쩔 수 없이 은퇴를 했는데요, 돈을 벌어야 합니다." 그가 면접을 볼 수 있도록 나는 자리를 피했다. 시내에서 간단히 저녁을 먹은 뒤, 우리는 캠프로 돌아가기 위해 출발했다. "밤마다 이 시간쯤이 되면 이건 휴양이나 여행이 아니라는 생각이 듭니다." 그가 말했다. "바로 '이런' 거라고."

　며칠 뒤, 우리는 그의 밴 바깥에 깐 방수포 위에 앉아 잡담을 나눴다. "저는 여전히 두려움과 즐거움 사이에서 오락가락하는 기분이에요." 그가 말했다. 우리는 미래에 관해 이야기를 나누던 중이었다. "캠핑을 하거나 밴에서 살기에도 너무 나이가 많아지면, 사람들은 어디로 가게 될까요?" 그가 생각에 잠겨 물었다. 그는 그때 RTR에서 염증이 생긴 자신의 손가락을 절개해서 낫게 도와준 정식 간호사에게 고마운 마음이라고 했다. 노마드들에게, 특히 사람들이 모이는 주립 공원과 다른 무료 지역에서 서비스를 해줄 이동 의료팀이나 간이 보건소가 있었으면 좋겠다고 그는 생각했다. 나이 들어가는 밴 생활자들을 위한 비영리 법인을 누군가 설립하면 근사하겠다고도 했다. 어쩌면 누군가가 그런 일에 자금을 대지 않을까? 그는 존 프린의 노래 제목을 따서 그 법인을 '거기, 안에 계세요Hello in There' 재단이라고 부르고 싶다고 했다. 내가 그 노래를 들어본 적이 없다고 했더니, 그는 기타 하나와 악보를 꺼내 연주를 시작했다. 후렴구에 이르자 그의 목소리는 점점 커져갔다. 사람과 사람 사이의 온기를, 노년의 외로움을 덜어줄 연결됨을 간청하는 듯이.

그의 미래 계획은 무엇일까? 나는 물었다.

"죽지 말기. 나이 들지 말기." 그가 말했다. "저도 모릅니다." 만약 상황이 절박해지면 함께 살자고 조카들이 제안했었다고 그는 덧붙였다.

○

RTR이 끝날 무렵, 노마드들은 아마존의 판지 택배 상자로 작은 밴한 대를 만들었다. 모두가 거기 사인을 했다. 그날 밤, 그들은 그 조잡한 모형을 모닥불에 던져 넣었다. 그들은 그 새로운 의식을 '버닝 밴'이라고 불렀다. 그러고는 맬비나 레이놀즈가 1962년에 작곡한, 교외에서 사는 삶의 획일성을 비꼰 풍자적인 송가 〈작은 상자들Little Boxes〉의 가사를 다음과 같이 바꿔 부름으로써 의식을 기념했다.

> 사막의 작은 밴들
> 하나같이 싸구려로 만든 작은 밴들
> 사막의 작은 밴들
> 똑같은 건 하나도 없는 작은 밴들
>
> 흰색이 있고, 흰색이 있고
> 흰색이 있고, 꽃무늬가 있고

하나같이 싸구려로 만들었어

그리고 어떤 차도 서로 똑같지 않아

거기 사는 사람들은 타이어 떠돌이들

어디서나 가장 친절한 이들

그들은 상자에 들어가지 않을 거고

모두 똑같아질 일도 없을 거라네

우리는 친절해

우리는 한 가족

우리는 모이는 걸 너무 좋아해

사막에서, 사막에서,

어딜 가나 지형이 똑같은 곳에서……

우리는 별관도 없고,

욕실도, 중앙 무대도 없지만

우정이 쌓이는 불 구덩이는 있지

하나같이 싸구려로 만들어진 우리 중에

똑같은 생각을 하는 사람은 아무도 없지

노마드들은 그 의식을 즐겼고, 그것을 매년 하는 전통으로 만들겠다고 맹세했다. 아마도 그다음 해에는 누군가가 조금 더 오래오래 탈 수 있도록 합판으로 밴을 만들어야 한다고 제안했을 것이다.

。

린다는 가족의 소식을 전해 들었다. 손주들은 이제 RV 옆에 텐트를 치고 거기서 지내고 있었다. 폭풍이 거세게 치는 동안 텐트를 감싼 플라이가 들려 올라가는 바람에 그들은 비에 흠뻑 젖었다고 했다. 텐트 바닥에서도 물이 스며 들어오고 있었다. 손녀 중 하나가 진공청소기로 바닥을 청소했었는데, 텐트 천을 통해 모래 알갱이를 빨아들이는 바람에 작은 구멍들이 생기고 있다는 걸 알아차리지 못했다. 그들은 강력 접착테이프로 구멍들을 땜질했다. 자신의 가족이 최선을 다하고 있다고 린다는 말했다.

한편 린다에게도 새로운 어려움 몇 가지가 찾아왔다. 밤에 운전할 때면 시야 한복판에 검은 점이 보이기 시작했다고 린다는 말했다. 지프의 계기판이 작동하지 않았다. 린다는 우리가 시내에 갔다가 스캐던 워시를 따라 차를 몰고 있는 동안에 그것을 알아챘다. "속도계 없이는 안 되는데, 젠장." 린다가 말했다. "항상 뭔가 있다니까요."

린다와 라본은 봄에 할 워캠핑 일을 찾으려고 노력하고 있었다. 린다는 자신이 캘리포니아 랜드 매니지먼트사에서 캠프장을 관리하는 일자리 하나를 다시 한번 무사히 확보했다고 생각했다. 내가 RTR을 떠나려고 준비하고 있을 때 린다는 전화 한 통을 받았다. 그 일자리 자체가 없어졌다고 했다.

。

　그때 나는 그렇게 이 이야기가 끝날 거라고 생각했다. 린다가 타이어 떠돌이들의 랑데부로 돌아가, 가족이나 다름없어진 부족 한가운데에서, 이주노동자로서, 그의 삶을 좌우하는 계절성 노동의 순환을 다시 시작하는 것으로. 그다음 몇 주 동안 몇몇 노마드들과 함께 캠프를 철거하고 에렌버그로 떠나면서, 린다는 새로 친해진 사람들과 더욱 관계가 두터워졌다. 에렌버그에서 린다는 심한 기관지염에 걸렸다. 요리할 힘도 없어서 틈새 호텔에 누워 있는데, 이웃의 노마드들이 음식을 가지고 찾아왔다. 삶은 달걀, 토마토, 소시지였다. 나는 그 전해, 베스라는 노마드가 자기 밴(별명은 '야수') 바깥으로 발을 디디다 넘어져 왼팔이 부러졌을 때 사람들이 비슷하게 돌봐주는 것을 본 적이 있었다. 베스의 '밴 가족' 구성원 두 명이 자신들이 '캠프 회복실'이라 부르는 것을 설치했다. 그들은 베스가 나아질 때까지, 신발 끈 묶기부터 브래지어 후크 채우기까지 한 손으로는 할 수 없는 많은 일들을 도와주었다.

　린다가 병이 나고 몇 달이 지났을 때, 우리는 전화로 밀린 이야기를 나누고 있었는데, 그때 그가 놀라운 이야기를 했다. 어스십 지을 땅을 찾아냈다는 것이었다.

린다는 애리조나주 더글러스의 도시 경계, 멕시코 국경에서 북쪽으로 약 14킬로미터 떨어진 곳이자 치와와 사막 서쪽 끝에 있는 땅 2만 제곱미터가 크레이그스리스트에 매물로 올라와 있는 것을 보았다. 그곳은 린다가 예전에, 첫 번째로 타이어 떠돌이들의 랑데부에 참가한 뒤에 샅샅이 조사해본 적이 있는 지역이었다. 그때 그는 그곳이 너무 멀고, 너무 고립돼 있다고 생각했었다. 지금은 생각이 좀 달라졌다. "시간이 줄어들고 있어요." 린다가 말했다. "내가 그 일을 해낼 만큼 건강하고 튼튼할 시간이 얼마나 남았을까요? 결국 나 자신을 위해 지은 집에서 살 수 없게 된다면 너무나 큰 낭비가 될 거예요." 외로울까 봐 걱정되지는 않느냐고 나는 물었다. "수많은 내 친구들이 그 길로 왔다 갔다 하니까, 날 보러 올 거예요." 자신의 노마드 부족을 언급하며 린다가 말했다. "거기서 혼자 지내게 되진 않을 거예요."

그 땅덩어리는 농업 지구에 있었다. 그곳에서 1만 6,000제곱미터, 혹은 그 이상의 정부 공여 농지를 가진 사람들은 지역 건축 법규에서 면제 대상이었다. 다시 말해, 그곳은 어스십 창시자인 마이클 레이놀즈가 "이례적인 자유 지역"이라고 불렀던 지역 중 하나로, 불필요한 요식이 없고, 실험적인 건축이 꽃필 수 있는 곳이었다. 또 그곳은 고도가 1.3킬로미터인 고지대에 있었는데, 그건 여름에도 더위가 그렇게 심하지는 않으리라는 뜻이었다. 설령 너무 더워서 살기가 불편해지더라도 주위 산맥에 캠프장을 관리하는 일자리들이 있었다.

"법적으로 매우 접근하기 쉬운, 비어 있는 미개발 부지. 전기, 우물이나 하수 처리 시설 없음." 보이는 곳에 다른 집들은 전혀 없고, 개척되지 않은 채 끝없이 펼쳐진 사막뿐인 사진들과 함께 올라온 크레이그스리스트 게시물에는 그렇게 적혀 있었다. 게시자는 그 땅의 몇 가지 단점도 인정하고 있었다. 그 땅에 접한 도로들에는 메스키트 나무가 지나치게 무성하게 자라 있었다. 도로 하나는 뇌우가 쏟아지면 돌발 홍수 가능성이 있는 건조한 협곡을 관통하고 있었다.

결국 린다는 가격에 설득되었다. 판매자는 땅값으로 2,500달러를 불렀는데, 할부로 아주 조금씩 나눠서 달라고 했다. 계약금으로 200달러를 먼저 내고, 완납할 때까지 이자 없이 1달에 200달러씩 내면 됐다. 1년 전, 샌버나디노 산맥에서 캠프장 관리 일을 하는 동안 린다는 어느 스타트업 설립자가 쓴 『아이디어를 현실로 바꾸는 법: 비전과 현실 사이의 장애물 극복하기』라는 자기계발서에 열중하고 있었다. 나는 그 책을 읽는 이유를 린다에게 물었다. 린다는 자신이 그 책을 사위에게 주었는데 사위가 관심 없어 했다고, 그래서 자기가 열심히 읽게 되었다고 대답했다. "난 중간에서 멈춰버린 프로젝트가 있어요. 내 어스십이죠." 린다가 담담하게 말했다. "나한테 장애물이 뭘까요? 자금이죠. 하지만 그게 진짜로 장애물일까요?" 린다는 말을 멈추고 생각에 잠겨 담배 한 모금을 빨아들였다. 자신의 농지 프로젝트를 RTR에서 발표할 수도 있을 것 같다고, 나중에 린다는 말했다. 어쩌면 사람들이 와서 도와줄 수도 있었다. "내 땅에 와서 지내고 싶어요? 숙박비로는 하루에 흙으로 채워진 타이어 하나씩만 내요!" 린다가 웃으며 말했다. "물론 진짜로 사람들이 오면 타이어를 더 많이 채우게 시켜야 겠죠."

크레이그스리스트에서 그 게시물을 처음으로 보았을 때, 린다는 차로 12시간 이상 떨어진 세쿼이아 국유림에서 캠프장 관리자로 일하고 있었다. (린다는 다시 캘리포니아 랜드 매니지먼트사에 고용되어 있었다. 원래 약속받았던 일자리가 없어지고 나서 또 다른 일자리가 다른 곳에 생겼던 것이다.) 그는 직접 그 땅을 보러 갈 수가 없었다. 그래서 코치스 카운티를 담당하는 조세 사정인의 웹사이트에 들어가 지번을 입력했더니 그 땅의 위도와 경도, 좌표가 나왔고, 린다는 다시 지도 사이트인 맵퀘스트에 그것을 입력했다. 그 결과로 나온 위성사진에서 그 땅은 낙타색이었고, 덤불로 뒤덮여 있었다. 펼친 손바닥에 난 손금처럼 마른강들이 땅을 가로지르고 있었다.

계약금을 치르고 나서 린다는 페이스북에 땅을 샀다는 포스팅을 했다.

"됐어!!! 꿈이 실현됐네요." 아마존 캠퍼포스에서 린다와 친구가 된 밴 생활자 애시가 이렇게 댓글을 달았다. "집 지을 일꾼이 필요하면 우리한테 얘기해요!"

"멋져! 멋져! 멋져! 질투가 나네요! 우리 모두 언제 한번 들러서 집 짓는 걸 돕고 싶어요!" 애인과 함께 반려견들을 키우며 "바퀴 달린 작은 집"에서 살고 있는 또 다른 노마드 웬디도 댓글을 달았다. 웬

디의 집은 전에 스쿨버스였던 차에 비료화 화장실과 장작 난로를 설치한 것이었다.

린다는 캠프장 관리 일을 끝내고 아마존에서 하게 될 다음 일자리 등록을 하기 전에 그 땅에 찾아가볼 계획이었다. 타이어 떠돌이들의 랑데부에 참석했고 린다와 함께 캠프장 관리자로도 일하고 있던 개리라는 밴 생활자 역시 린다의 친한 친구가 된 터라 그 땅을 보고 싶어 했다. 개리도 아마존에서 일할 계획이었다. 린다는 자신이 로맨틱한 관계를 원하는지 아닌지 왔다 갔다 했지만, 개리는 린다에게 마음이 있어 보였다.

그 땅, 저도 같이 보러 가도 될까요? 내가 물었다. 린다는 괜찮다고 했고, 나는 피닉스로 가는 항공편을 예약했다. 하지만 7월 중순, 출발하기 직전에 나는 그들이 계획을 변경했다는 소식을 들었다. 개리에게 가벼운 뇌졸중 발작이 일어났었다고 했다. 그와 린다는 회복을 위해 RTR 사람들과 함께 플래그스태프로 피신해 있었다. 그들은 방문을 미루기로 했다. 개리의 건강 문제 말고도 린다는 그곳의 더위 역시 걱정하고 있었다. 린다는 섭씨 30도 안팎의 기온을 예상했었다. 그런데 일기예보를 보니 그 지역의 기온은 섭씨 39도였다. 린다의 지프에 있는 에어컨은 망가져 있었다. 이 모든 것에 더해, 그들은 아마존으로부터 날짜를 조금 당겨 8월 1일부터 일을 시작하라는 연락을 받았다. 덩치가 더욱 커져 노동자가 500명 이상이 될 캠퍼포스에 들어가기 위해서는 켄터키주 캠벨스빌에 있는 창고에 등록을 해야 했다. 그들은 날이

뜨거운 낮 시간대에 운전하는 일을 피해 국토를 천천히 횡단해서 가려고 계획 중이었다. "내가 거기 갈 수 없어서 슬플 뿐이에요." 린다가 말했다. 목소리가 지쳐 있었다.

어찌 됐든 나는 가기로 했다. 이미 항공편이 예약되어 있었다. 린다의 땅 2만 제곱미터에는 울타리가 쳐져 있지 않았고, 방문객 누구에게나 열려 있었다. 거기에 더해, 나는 그 땅으로 순례를 가보면 사라지지 않는 질문들에 대한 답을 얻을 수 있지 않을까 생각했다. 린다가 이미 머릿속에 세워놓은 미래는 그 텅 빈 사막의 땅덩어리 위에서 현실이 될 수 있을까? 아니면 그저 불가능한 꿈에 불과할까?

내가 탄 비행기는 애리조나의 우기인 7월 중순의 어느 날 피닉스에 착륙했다. 승객들이 내리고 있을 때, 내 것을 포함해 휴대전화 여러 대가 합창하듯 긴급 재난 문자 경보음을 울려댔다. 모래폭풍이 다가오고 있다는 미국 기상청의 경고 문자가 반짝였다. 아랍어 어원을 지닌 기상학 용어를 쓰지 말자고 최근 몇 년간 항의해온 애리조나의 일부 사람들에게는 원통한 일이지만, 그런 모래폭풍들은 '하부브'라고도 알려져 있다. "TV 뉴스 진행자들이 이제 이런 종류의 모래폭풍을 '하부브'라고 부르고 있어서 모욕감을 느낍니다." 애리조나에 사는 길버트라는 이름의 한 남자는 〈애리조나 리퍼블릭〉지에 보내는 편지에 이렇게 적었다. "우리 병사들이 애리조나로 돌아와서, 명백히 애리조나의 기상 현상인 것을 중동의 용어로 부르는 것을 들으면 기분이 어떨지, 그 사람들은 생각이나 할까요?"

터미널 바깥쪽 공기는 헤어드라이어에서 나오는 열기처럼 숨 막히게 뜨거웠다. 어두워지는 하늘은 아스팔트 포장 위로 백색광을 산란시키며 우윳빛 빛무리를 만들어내는 고운 실트로 가득했다.

나는 렌트한 토요타 코롤라의 사이드 미러와 백미러를 조정했다. (헤일런은 이제 동부로 돌아가 내 가족이 있는 곳에 주차되어 있었다.) 린다에게서 문자가 오기 시작했다. 린다는 지난번에 머물렀던 뉴멕시코주의 투쿰카리에서 동쪽으로 563킬로미터 떨어진 오클라호마시티 교외의 엘리노에 도착했고, 밤을 보내기 위해 이제 막 주차한 참이었다. 린다는 다음 날 우리가 연락할 시간을 잡고 싶어했다.

린다는 여전히 자기 땅을 굉장히 보고 싶어했지만, 아마존 일이 끝나는 1월까지는 그곳에 갈 수 없을 것이었다. 그래서 우리는 또 다른 계획을 생각해냈다. 그날 밤을 더글러스에서 보낸 뒤, 나는 시골의 사막지대로 차를 몰아 린다의 땅 2만 제곱미터에 최대한 가까이 갈 생각이었다. 그런 다음에는 노트북 컴퓨터와 스마트폰을 가지고 걸어가면서, GPS를 이용해 그 땅의 각 모퉁이에 있는 표지들을 찾기 시작할 것이다. 휴대전화 연결이 잘 되면 나는 그 도보 여행을 린다의 전화기로 직접 실시간 스트리밍할 예정이었다. 린다는 방송을 보면서 방향을 지시하고, 그 땅에서 조사해보고 싶은 특징들을 지적할 수 있었다. 마치 인간의 힘으로 움직이는 로테크low-tech 버전 화성 탐사 차량을 원격 조종하듯이.

복잡한 시차 문제를 풀고 나서—애리조나는 서머 타임을 실시하지 않고 있다─우리는 다음 날 나에게는 1시, 린다에게는 3시인 시각에 작업을 시작하는 데 동의했다. 린다는 벌써 그 대리 여행 생각으로 들떠 있었다.

"더글러스에 있는 동안 개즈던 호텔에 한번 가봐요." 린다가 권했다. "그 지역이 구리 광산으로 붐을 이뤘을 때부터 거기에는 대리석 기둥들이랑 티퍼니 스테인드글라스가 있었어요." 그런 다음 린다는 이렇게 문자를 보냈다. "지금 운전 중이에요?"

아뇨, 나는 답장을 했다. 차는 주차되어 있었다. 나는 운전 중에 문자를 하지 않았다.

"좋아요." 린다가 말을 이었다. "더글러스에 대형 월마트가 있어요. 물이 충분히 있는지 확인해봐요."

물, 선블록, 그리고 모자, 나는 다짐하듯 말했다.

"만약에 거기서 꼼짝 못 하게 되면…… 그 땅의 원래 주인을 연결해줄 수 있어요." 린다는 이렇게 문자를 보내고는, 생각을 바꿔 다시 보냈다. "꼼짝 못 하게 되지 말아요."

만약 흙길이 너무 부드러우면 차는 포장된 도로에 주차해두고 걸어서 들어갈게요, 내가 말했다. 그 말에 린다는 만족한 것 같았다.

"오케이, 들어가고 내일 연락해요." 린다가 문자를 보냈다. "당신도 참 이상한 여자예요. 당신이 이 일을 하고 있다니 믿을 수가 없네요!" 그리고 마지막 문자. "잘 자요."

밤 9시 무렵까지 공기는 맑고 고요했다. 나는 피닉스를 빠져나가 남동쪽으로 10번 주간고속도로를 타고 달려서 자정 넘어 더글러스에 도착했다. 다음 날 아침, 나는 코치스 카운티를 담당하는 조세 사정인의 웹사이트에 접속해 직사각형인 린다의 땅 위성사진을 불러왔다. 같은 지역을 구글 맵스에서 찾아낸 다음, 그 땅의 네 모퉁이를 가상의 핀으로 표시했다. 그 핀들이 지도에 저장되자 핀 아이콘이 작은 금빛 별들로 변했다. 화면에 푸른색 점으로 표시된 내 현재 GPS 위치에서 북동쪽으로 13.7킬로미터 떨어진 사막에 사각형 별자리 하나가 모습을 드러냈다.

나는 물병 뚜껑을 열고 오전이 반쯤 지나고 있는 시간의 뜨거운 열기 속으로 과감히 출발했다. 첫 번째로 내가 정차한 곳은 더글러스의 중심가인 G 애비뉴로, 린다가 내게 말한 멋지고 역사적인 호텔이 있는 곳이었다. 하지만 호텔 주위로 갖춰진 구색이라고는 텅 빈 건물들, 페인트가 벗겨지는 벽들, 빛이 바래가는 건물 정면, 합판으로 덮인 창문들뿐이었다. 보도에는 인적이 없었다. 이곳이 한때 애리조나 최대의 도시였다니 믿어지지 않았다. 1901년, 근처의 구리 광산들에서 나온 광석을 가공하는 제련 도시로 세워진 더글러스는 수십 년 동안 번성했다. 하지만 번영은 영원하지 않았다. 20세기 후반이 되자 대기오염이 건강과 환경에 끼치는 위험에 대한 미국인들의 인식이 높아졌다. 입법부는 1955년 그 문제에 대한 연구 자금을 댔고, 그 결과 1963년에 청정대기법이 제정되고 확대 적용되었다. 하지만 펠프스 도지 주식회사가 소유한 지역 제련소인 더글러스 리덕션 워크스는 새로 생겨난 연방 기준들을 1980년대까지 어찌어찌 피해갔다. 그 무렵 그곳은 미국 제조업계에서 가장 많은 양의 이산화황을 배출하는 작업장이었는데, 산성비를 유발하는 오염물질을 매일 950톤가량씩 뱉어냈다. 연기가 너무 짙은 나머지 어느 의사는 숨을 깊이 들이마실 때 일어날 일들을 우려하여 더 이상 환자들에게 운동을 권하지 않기로 했다. "공기가 정말 안 좋을 때는 폐가 온통 끈적끈적한 것처럼 느껴져요." 근처의 도시 비즈비에 살다가 가족과 함께 그 지역에서 멀리로 이사 갈 준비를 하고 있던 한 커피숍 주인은 〈어소시에이티드 프레스〉에 이렇게 밝혔다.

미국 환경보호국은 펠프스 도지사(社)에 5억 달러를 들여 배기가스 제어 장치를 설치하라고 명령했다. 회사는 그 명령을 따르는 대신 제련소를 닫아버렸다. 1987년 1월 중순, 노동자 네 명이 마지막으로 구리를 부어넣었다. 높이 솟은 굴뚝들에서 피어오르던 배기가스 연기가 멈췄다. 협곡에 걸려 있던 엷은 안개가 흩어져 사라졌다. 누구도 탁한 공기를 그리워하지는 않았지만, 다른 것들도 함께 사라졌다. 일자리 347개와 어림잡아 지역 경제의 4분의 1에 해당하는 봉급 총액 1000만 달러였다. 그 일은 더글러스 시민들의 마음에 상처로 남았다. 심지어 아직 일자리가 있는 사람들에게도 그랬다. "제련소 닫은 거랑 조금이라도 관계있는 개자식들은 죄다 러시아랑 캐나다로 보내버렸으면 좋겠네요." 쿠어스 맥주 판매 대리점의 한 직원은 〈보스턴 글로브〉에 이렇게 말했다. "제가 아는 한, 공산주의자들한테서 영향을 받아 그렇게 된 거라고요.”

더글러스의 미래 전망은 여전히 곤두박질치고 있다. 이 도시의 유일한 병원이 2015년 여름에 문을 닫으면서 일자리 70개가 더 사라졌다. 더글러스와, 마찬가지로 제련 도시였던 시에라 비스타를 둘러싼 도시권은 최근 미국에서 네 번째로 빠르게 인구가 줄어든 지역으로 꼽혔다. 2010년부터 2015년 사이에, 더글러스는 러스트 벨트°의 두 중심지, 즉 미시건주의 플린트와 오하이오주의 영스타운보다 더욱 급격히 인구가 감소했다.

G 애비뉴를 걸어 내려가는 동안 나는 더글러스의 전성기와 현재 사이의 격차를 곳곳에서 볼 수 있었다. 개즈던 호텔 건너편에는 세워진 지 100년쯤 된 브로피 빌딩이 서 있었다. 전에 상업 중심지였던 이곳은 장식적인 방패 문양, 달걀과 화살촉 모양이 번갈아 반복되는 몰딩, 그리고 작은 직육면체가 치열처럼 배치된 처마 밑 돌림띠 같은 신고전주의 양식의 아름다운 외관이 이제는 판자로 막아버린 건물 앞면에 기이한 엄숙함을 더하고 있는 곳이었다. 거기서 한 블록 북쪽, 오랫동안 텅 비어 있는 그랜드 시어터의 입구 위 상영 안내판에는 ‘지금 상여 중’이라는 글자만 남아 있었다. 1919년 그랜드 시어터가 개관할 무렵, 호사가들은 1,600석 규모의 이 영화의 전당을 “샌안토니오와

⊙ 제조업 중심지로 호황을 누렸으나, 제조업의 사양화 등으로 급격히 쇠락한 지역으로, 오하이오와 펜실베이니아 등 미 북부와 중서부 지역을 가리킨다.

로스앤젤레스 사이에서 최고로 근사한 극장 건물"이라고 부르면서, 무성 영화 상영 때 반주를 하는 파이프오르간, 찻집, 사탕 가게 같은 부대시설을 과하게 추어올렸다. 그랜드 시어터에서는 영화뿐 아니라 진저 로저스부터 존 필립 수자에 이르는 연예인들의 쇼도 볼 수 있었다. 그러나 20세기 중반 텔레비전의 등장이 호화로운 영화관들의 시대에 종지부를 찍으면서, 그랜드 시어터는 1958년 문을 닫게 되었다. 극장의 지붕은 나중에 부서져버렸다. 폐허에는 나무들이 자라났다. 1980년대 초반에 문화재 보존 운동가들이 그곳을 1달러에 샀으나, 복원에는 약 950만 달러가 들 것으로 예상돼 극장은 여전히 그대로 방치돼 있다. 이 버려진 극장에는 2000년대 들어 최소한 하나의 쓸모가 생겨났다. 핼러윈의 흉가 역할이었다. 건물 복원 기금을 모으기 위해 자원봉사자들은 연례 행사로 극장 내부에 실제 장례식장에서 주관해 만든 시체 방부 처리실과 고등학생들이 연기하는 영화 〈공포의 묘지〉의 무서운 장면을 비롯해 소름 끼치는 장면들을 연출했다.

린다는 널리 알려진 더글러스의 과거에 호기심을 품었지만, 이 도시의 쇠락은 그에게는 전혀 비극이 아니었다. 한정된 예산을 가진 실험적인 농지 소유자에게, 그런 쇠락은 많은 것들을 감당할 만한 수준이 되게 해주었다. 이곳의 저렴한 부동산은 이미 사업가들과 예술가들을 적은 수지만 꾸준히 끌어당기고 있었다. 그들 중에는 맨해튼에서 이주해 와 더글러스에 커피숍을 내고 4년 뒤에 시장으로 선출된 로버트 유라이브부터, 독창적으로 개조된 자동차들의 박물관인 '아트 카

월드'를 짓고 있는 버클리 출신의 영화감독 해로드 블랭크까지 있었다. '아트 카 월드'에 전시된 자동차 중에는 스테인드글라스 창문과 고딕 양식 첨탑들이 달린 영구차인 '차성당Carthedral'과 플라스틱 말 1,045마리로 장식된 '망아지차the Coltmobile'가 포함돼 있었다. '망아지차'는 베트남에 참전했던 어느 알코올의존증 환자가 만들었는데, 그는 재활 중에 술을 마시고 싶을 때마다 대신 차에 말 한 마리씩을 접착제로 붙였다고 한다.

하지만 이 도시에는 난관도 있었다. 새 보금자리가 될 곳을 조사하다가 린다는 불길한 정보 하나에 맞닥뜨렸다. "더글러스가 멕시코 국경에 바로 접해 있어서 마약 밀수 문제가 제법 심각했네요." 집 계약금을 지불하고 얼마 지나지 않아 린다는 내게 이렇게 말했다. 그 이야기는 더글러스에 관한 책에서 읽었다고 린다는 덧붙였지만, 그 책이 얼마나 오래전에 쓰인 것인지는 알지 못했다. 그러니 그 이후에는 아마도 상황이 좀 나아졌을까?

마약 밀매 문제에 관해 읽는 동안, 린다는 이 도시에서 가장 유명했던 마약 단속에 대해 알게 되었다. 그 단속은 1990년, 수사관들이 국경 밑에서 91미터짜리 터널을 발견했던 때로 거슬러 올라간다. 시날로아의 마약 범죄 조직이 코카인을 밀수하는 데 사용한, 콘크리트로 보강된 이 통로는 지하 3층 깊이에 자리 잡고 있었다. 터널은 입구가 교묘히 숨겨진 채 아구아 프리에타에 있던 어느 집에서 시작되었다. 수도 꼭지를 틀면 수압 승강기가 작동되었고, 수압 승강기는 당구대와, 당구대가 누르고 있던 널빤지를 들어 올려 아래쪽으로 통하는 사다리를 드러냈다. 터널 안쪽은 높이가 1.5미터에 에어컨이 설치되어 있었으며, 전등이 밝혀져 있고, 홍수를 막아주는 배수펌프가 있었다. 광차 한 대가 금속 선로 위를 끝에서 끝까지 달렸는데, 이 선로는 트럭 세차장으로 위장한 더글러스의 186제곱미터짜리 창고 밑에서 끝났다. 그곳에서 도르래로 움직이는 승강 장치가 코카인 꾸러미들을 지표면으로 끌어올리면, 노동자들은 기다리고 있던 여러 대의 견인 트레일러에 코카인을 옮겨 실었다. 수사관들은 '코카인 골목'이라고 별명이 붙은 이 터널이 "제임스 본드 영화에서 튀어나온 것처럼" 보였다며 놀라워했다. 시날로아 범죄계의 중심인물인 호아킨 '엘 차포' 구스만은 자부심을 한껏 드러내며, 자신의 전문가들이 "오지게 끝내주는 터널을 만들었다"고 자랑했다.

린다는 이 이야기에 흥미를 보였지만, 그게 무슨 이야기든 간에 그곳 농지에 집을 지으려는 그의 의지를 꺾지는 못했다. "예전에 국경을 순찰하는 경찰관이었던 어떤 사람이 경찰에 정보를 주었다가 살해당한 사람들 이야기를 글로 썼어요. 정보 제공자들에 대해서요." 린다가 심상하게 말했다. "그래요, 마약 범죄 조직은 정보 제공자들을 학살하지요. 근데 저는 그냥 이렇게 생각해요. '음, 난 이런 사람들하고는 아무 관계도 없잖아.'" 전화를 끊고 나서, 나는 린다가 자신을 안심시키려던 걸까 생각했다. 혹은 나를. 혹은 우리 둘 다를. 어느 쪽이었든, 린다가 말한 대로 더글러스가 바로 국경에 접해 있다는 건 과장이 아니었다. 그랜드 시어터에서 남쪽으로 열두 블록 내려가면 도시는 ─그리고 미국은─ 평행하게 놓인 두 개의 방벽에 부딪쳐 멈춰 선다. 방벽 사이에는 마른 해자처럼 보이는, 시멘트를 입힌 수로가 나 있다. (연방 도급업자들이 사용하는 이 수로의 공식 명칭은 '더글러스 국제 수로'다.) 해자의 미국 쪽, 첫 번째 방벽은 육중한 철망으로 만들어지고, 도드라지지 않는 색깔인 사막의 베이지색으로 칠해져 있다. 멕시코에 맞닿아 있으며 공식 국경 장벽인 두 번째 방벽은 감옥 영화에서 튀어나온 것처럼 보인다. 차량 진입 방지 기둥들처럼 설치된 이 구조물은 무거운 강철로 만들어졌고, 머리 위로 5.5미터나 솟아올라 있다. 시야에서 벗어나는 저 멀리까지 계속 옆으로 이어지며, 땅을 파서 통과하려는 사람들을 막기 위해 지면 아래로도 1.8미터에서 2.4미터 정도 박혀 있다. 방벽의 검은색 기둥들에는 녹이 슬어 얼룩이 져 있다. 이 기둥들은 10센티미터 간격으로 떨어져 있어서, 그 틈새로 멕시코에 있는 자매 도시이자 더글러스의 거의 다섯 배 크기인, 어수선하게 뻗어나간 산업 대도시 아구아 프리에타의 모습이 슬쩍슬쩍 엿보인다. 아구아 프리에타의 시민 대다수는 '마킬라도라', 즉 수출용 제품들을 조립하는 외국 소유의 공장에서 일하면서 자동차 부품부터 의료용품, 창문 블라인드, 전자기기, 의류에 이르기까지 모든 것을 만든다.

린다가 읽은 책들은 밀수에 대해서도 정확히 서술해놓았다. 마약 운반책들은 마킬라도라 노동자들이 1달에 버는 것보다 많은 돈을 하룻밤에 벌 수 있다. 그러니 더글러스 통관지에서 일하는 국경 순찰

대 수사관들이 미국으로 들어오는 차량의 쿼터 패널과 스페어타이어에서 종종 숨겨진 대마초 꾸러미들을 발견하는 것은 그리 놀라운 일이 아니다. (드물게는 메타암페타민, 헤로인, 코카인이 발견될 때도 있다.) 최근의 단속에서는 안전벨트를 이용해 방벽 꼭대기에서 밑으로 내려와 더글러스로 들어가려던 열여섯 살짜리 멕시코 소년이 붙잡혔다. 그의 임무는 아구아 프리에타에서 장벽 너머로 미리 던져놓은, 대마초 약 40킬로그램이 든 마대 자루들을 주워 근처에 세워둔 도주용 차량으로 끌고 가는 것이었다. 이 임무를 수행하는 대가로 소년은 400달러를 약속받았다. 멕시코의 마킬라도라에서, 이 소년은 자동차의 타이밍 벨트를 만들어 일주일에 42달러를 벌었고, 그 돈을 어머니와 아홉 형제자매들이 먹을 식료품을 사는 데 보태왔다.

국경 수사관들은 더욱 기이한 범죄 행위들도 기록해왔는데, 그중에는 머리 위로 마약 꾸러미를 운반하겠다며 마치 작은 케이블카와 같이 집라인을 집에서 만든 밀매상들도 있었다. 또 다른 창의적인 밀수꾼은 하수관을 통해 대마초 25킬로그램을 더글러스로 가지고 들어오려 했다. 수사관들은 맨홀 뚜껑을 열고, 스쿠버 탱크와 마스크를 장비하고 검정색과 보라색의 잠수복을 입은 그를 발견했다. 그는 잠수 장비와 대마초를 내던지고 아구아 프리에타 쪽으로 황급히 도망쳤다. 국경을 따라 위치한 다른 곳들에서는 원격 조종되는 초경량 항공기가 대마초를 싣고 방벽 위로 날아갔다는 이야기들도 전해져온다. (이 드론 중 한 대는 실수로 약 10킬로그램짜리 꾸러미를 애리조나주 노갤

러스의 어느 간이 차고 위에 떨어뜨리기도 했다.)

。

　내가 린다의 땅을 보려고 출발해 설퍼 스프링스 밸리로 차를 몰고 들어갔을 때는 이미 정오가 지나 있었다. 소노라 사막과 치와와 사막에 접해 있는 이 광활한 불모의 땅은 애리조나 남동부를 따라 거의 160킬로미터나 이어지면서 멕시코 북부로 들어간다. 아래쪽 절반은 여섯 개의 산맥으로 둘러싸여 있다. 서쪽으로는 드래군 산맥과 뮬 산맥, 그리고 동쪽으로는 치리카후아 산맥, 스위셸름 산맥, 페드레고사 산맥, 포리야 산맥이다. 린다의 농지는 포리야 산맥 기슭에 있었다. 린다는 자기 땅 북쪽, 치리카후아 산맥의 코로나도 국유림에 속하는 지역에 캠프장 관리 일자리들이 있다고 했다.

　나는 잡목들이 우거진, 끝없이 이어질 듯한 땅을 가로질렀다. 대부분은 사람이 살지 않는 땅이었다. 앞쪽에 있는 아스팔트가 어른거리는 물웅덩이처럼 보였다. 내가 가까이 가자 열기로 어른거리던 그 빛은 신기루처럼 사라졌다. 도로변에 있는 썩어가는 게시판에는 "자유무역 정책: 마약을 들여오고 $$$를 수십억 내보내기"라고 적혀 있었다. 이따금씩 지면에 바짝 엎드린 단층집들이 덤불 속에서 나타났다. 어떤 집들은 버려진 지 오래된 것처럼 보였다. 문과 창문이 있던 자리에는 텅 빈 구멍들이 입을 벌리고 있고, 뒤틀린 지붕널에 난 틈으로는

뼈대만 남은 서까래들이 슬쩍슬쩍 엿보였다. 도로 왼쪽으로는 조화들이 가득한 작은 흰색 제단 하나가 나타났고, 더 멀리 저쪽에는 마치 〈브레이킹 배드〉의 설정 숏처럼 황량하게 떨어진 곳에 신형 RV 한 대가 혼자 서 있었다.

몇 번인가 잘못된 방향으로 돌아 들어간 끝에, 나는 린다의 땅을 광고한 크레이그스리스트 게시물에 적혀 있던, 동쪽으로 향하는 울퉁불퉁한 길을 찾아냈다. 벌써 1시여서, 린다에게 10분쯤 늦을 것 같다고 문자를 보냈다. 곧장 답 문자가 왔다. "난 준비됐어요."

길은 좁았고 평평하지도 않았지만, 불그레한 흙은 단단하게 다져져 있었다. 한여름에 내리는 비를 생각해보면 그 점에서는 운이 좋았다. 나는 초조하면서 들뜬 상태였는데, 아마도 좀 너무 빠른 속도로 운전하고 있어서였을 것이다. 여기서 뭔가 안 좋은 걸 발견하면 어쩌지? 린다가 자기가 본 광경을 좋아하지 않으면 어떡하지? 차는 거칠게 흔들리며 길을 따라 나아갔고, 그 바람에 길 양쪽을 가득 메우고 있던 관목들에서 새들이 일제히 날아올랐다. 두 귀가 만화처럼 커다란 검은꼬리잭토끼 한 마리가 길을 가로질러 달아났다. 곧 교차로가 나타났다. 교차로는 한 쌍의 공식 도로명 표지판으로 표시가 되어 있었다. 그것들은 내가 그곳에서 처음 보는 도로명 표지판들이었는데, 포장되지 않은 황량한 길에 서 있기에는 기이할 정도로 격식을 차린 느낌이었다. 나는 또 다른 흙길로 돌아 들어간 다음 800미터쯤 차를 몰았다. 왼쪽으로 메스키트 나무가 우거진 아주 작은 길 하나가 나타났다. 햇빛에 바랜 분홍색 노끈 한 가닥이 관목에 매달려 있었다.

나는 스마트폰으로 지도를 확인했다. GPS의 푸른색 점이 린다의 땅을 표시하는 별자리 바로 옆에 와 있었다. 휴대전화 신호도 강했으므로, 나는 전화기를 와이파이 핫스팟으로 써서 노트북 컴퓨터를 온라인으로 연결한 다음 린다에게 화상 통화를 걸었다. 첫 번째 시도했을 때는 응답이 없었지만, 다시 걸자 린다가 받았다. 린다는 미소를 짓고 있었다. 장밋빛 테 이중 초점 안경 뒤로 주름 잡힌 두 눈가가 보였다. 나는 세 음으로 된 친숙한 인사말이 들려오기를 기다렸다.

"여보-세-요오!" 린다가 소리쳤다. 영상이 플립 북°의 페이지들처럼 일련의 정지 화면들로 끊기며 버벅거렸다. "끊어지네요." 린다가 말했다. 하지만 음성은 또렷이 들렸고 연결도 끊어지지 않아서, 우리는 한번 해보기로 했다. 나는 노트북 컴퓨터를 앞쪽으로 향한 다음 길 위에서 서쪽을 향해 몸을 돌렸다. "구름이 보여요!" 린다가 소리쳤다. 내가 노트북 컴퓨터의 카메라 각도를 너무 높은 곳으로 향하게 하는 바람에 머리 위 하늘이 휘휘 도는 방송이 나오고 있었다. 노트북 컴퓨터를 꺾어 화면을 아래로 조정하다가 나는 아래쪽에서 올려다본 내 콧구멍 사진을 린다에게 보내고 말았다. 마침내 각도가 제대로 됐다.

⊙ 책장마다 조금씩 이어지는 연속 동작을 그려 페이지를 빨리 넘기면 그림이 움직이는 것처럼 보이도록 한 것.

"아, 봐요! 저게 길인가?" 린다가 의심스러운 목소리로 물었다. 자신의 땅 2만 제곱미터는 PVC 파이프로 만든 말뚝으로 표시되어 있을 거라고 린다가 덧붙였다. 내가 그런 걸 봤던가? 아직은 못 봤다고 나는 대답했다. 본 거라곤 건조하고 불그레한 흙과 계곡 저 멀리 보이는 물 산맥의 실루엣뿐이었다. "확실히, 경치가 참 예쁘네요. 그렇죠?" 린다가 감탄했다. 그런 다음 그는 보이지 않는 누군가를 향해 외쳤다. "개리, 이리 와 앉아서 좀 봐요!"

"난 앉을 수가 없는데요." 조금 먹먹하게 말소리가 들려왔다.

"음, 그럼 나무에 기대요." 린다가 대답했다.

검은색 플라스틱 테 안경을 쓴, 린다보다 나이가 많아 보이는 남자가 나타났다. 그의 얼굴이 린다의 어깨 너머로 맴돌았고, 그가 화면을 응시하자 이마에 주름이 잡혔다. 그의 백발은 정수리 근처에서 숱이 적어졌고, 표정에는 호의적인 호기심이 어려 있었다.

"오늘은 날이 흐리네요." 그가 말했다. 그러고는 덧붙였다. "잔디가 아주 풍성한데!" 그 농담에 린다가 웃음을 터뜨리자 개리가 싱긋 웃었다. "잔디 깎기 기계를 구해서 타고 다녀야겠어요." 그가 짐짓 진지한 표정을 지으며 말했다.

멀리 흰색 기둥 하나가 나타났다. 기둥은 땅에 가시처럼 솟아 있었다. "저기 PVC 보이세요?" 내가 물었다.

"아뇨!" 린다가 대답했다. 그는 몸을 앞으로 기울이고 눈을 가늘게 떴다. 나는 계속 걸어갔다. 린다가 내게 조심하라고 주의를 주었다.

"발밑을 잘 보면서 걸어요." 그가 경고했다. "뱀이 없는지 꼬오오오오오오옥 확인하고요." 린다와 개리가 일했던 세콰이아 국유림의 캠프장 근처에는 방울뱀이 흔했는데, 린다는 그 뱀들이 여기에도 있다는 걸 알았다.

마침내, 우리는 근처에 도착했다. 1.5미터짜리 PVC 파이프는 작은 돌무더기와 철근 말뚝 옆에 심어져 있었다. "아! 보여요." 린다가 들뜬 목소리로 말했다. "그쪽 GPS에서는 어떻게 보여요?" 사막 위 내 위치를 나타내는 푸른색 점이 린다의 땅 북동쪽 모퉁이를 표시하는 별 바로 위에 놓여 있었다. "일치해요!" 내가 말했다. 린다가 환호성을 질렀다. "어디로 가보고 싶으세요?" 내가 물었다. "원하시는 건 뭐든지 할 수 있어요."

린다는 마른강을 보고 싶어했다. 말라붙은 강바닥이 그의 땅 북서쪽 모퉁이를 잘라내듯 가로질러 놓여 있었다. 땅을 살까 했던 다른 사람들은 그 벌어진 틈을 내려다보고는 그냥 돌아가버렸다고, 판매자는 린다에게 말했다. 하지만 린다는 그곳이 사막 폭풍 때 비를 모아놓을 수단이자 유용한 자산일 수 있겠다고 생각했다. "있죠, 나는 '물이 더 필요해' 하고 생각하고 있거든요." 린다가 나중에 설명했다.

내가 수맥을 탐지하는 막대기처럼 노트북 컴퓨터를 앞쪽으로 겨누고 서쪽으로 걸어가는 동안 우리는 농담을 주고받았다. "제가 보기 전에 뱀을 발견하면 말을 해주세요!" 내가 부탁했다. 이미 방송이 뚝뚝 끊긴다고 지적했던 린다는 그 부탁을 일축했다. "아니, 그렇게 화면이 지연되고 그러는데." 린다가 말꼬리를 흐렸다. 우리는 여전히 켄터키로 가는 도중인 린다와 개리가 있는 곳, 미주리주 조플린 바로 서쪽의 날씨 이야기를 했다. 그곳은 섭씨 34도였다. 여기와 같았지만 햇빛이 강하고 습했다. "아, 땀에 흠뻑 젖어가고 있어요!" 린다가 말했다. 우리가 화상 통화를 시작하기 전에 린다는 44번 주간고속도로를 따라 나무 그늘이 많은 곳, 미국 중서부의 찐득찐득한 여름 무더위 속에서 쾌적하게 쉴 수 있는 곳을 찾으려고 "질주"를 했다. ("질주"란 틈새 호텔을 타고 시속 100킬로미터로 달리는 거라고 린다는 나중에 설명했다. 그보다 빨리 달리면 틈새 호텔은 너무 심하게 흔들렸다.)

개미들이 아주 활발하게 움직이고 있는 어느 개미탑 근처로 걸음을 내딛으며, 나는 린다에게 보여주려고 노트북 컴퓨터의 카메라를 아래로 향했다. "오오오오, 개미들 멋지다!" 린다가 말했다. 그 광경을 보고 린다와 개리가 지면이 얼마나 단단한지 물었다. 이곳 땅에 돌이 많으냐고 개리가 질문했다. "그렇게 많지는 않은데 약간 있어요." 내가 말했다. 린다는 흙이 모래처럼 알갱이가 져 있는지, 아니면 가루처럼 고운지 큰 소리로 물었다. 린다는 토양 냉각 튜브를 설치하고 싶어 했다. 온도가 섭씨 13도까지 내려가는 지하 1.5미터에서 2.4미터 사이에 파이프들을 묻어 자연적으로 온도를 조절하는 시스템을 만들기 위해서였다. 린다는 그 파이프들을 이용해 자신의 집에, 그리고 온실에 공기를 공급할 생각이었다. 파이프들을 설치하려면 땅을 상당히 많이 파내야 했다.

"쉽게 부스러지는 흙이에요." 마르고 알갱이가 굵은 흙을 한 움큼 쥔 다음, 손을 활짝 펴서 흙이 땅에 떨어지는 것을 두 사람에게 보여주면서 내가 말했다. "손가락 사이로 흘러내리는 거 보이세요?"

"땅이 잘 파이겠네요." 개리가 대답했다. "엄청난 장점인데요." 린다가 동의했다. "냉각 튜브 설치하려고 땅 파는 것도 아주 쉬울 것 같네요. 아, 좋다. 아, 와우."

우리는 마른강 쪽으로 계속 나아갔고, 린다는 주변 식물들에 감탄했다. 여름에 여러 차례 내린 비가 사막의 식물들을 생기 있게, 거의 무성하게 바꿔놓았다. 크레오소트 나무의 부드러운 잎 사이에 여린 노란색 꽃이 매달려 있었다. 하얀 가시가 달린 아카시아 나무에는 꽃가루로 얼룩진 자그만 말불버섯들이 장식처럼 달려 있었다. 유카는 이제 막 꽃 피는 시기가 지났다. 칼날 모양의 잎들이 달린 잎자루마다 마른 꽃송이들을 품은 시든 줄기가 하나씩 튀어나와 있었다. 우리는 못투성이 촉수처럼 보이는 기다란 가지들이 물결처럼 넘실대고 있는 이상한 선인장 하나를 지나쳤다. 그 선인장은 백년초를 떠오르게 하는 빨간 혹 모양의 열매들로 뒤덮여 있었다. 하지만 린다는 그게 다른 품종이라는 걸 알고 있었다. "백년초는 잎이 납작해요. 저건 다른 종류의 선인장이에요." 그는 이렇게 말하고는 덧붙였다. "하지만 저 열매를 먹을 수는 있을 거예요." (나는 나중에 그 선인장이 '밤에 꽃피는 선인장'─'밤의 여왕'이라고도 불린다─이며 꽃은 1년에 꼭 한 번만 핀다는 것을 알게 되었다.)

잦못 꺾어 들어간 길을 제대로 찾고 나자 건조한 강바닥이 눈앞에 나타났다. "진짜 마른강인가요, 아니면 그냥 배수로인가요?" 린다가 물었다. "얼마나 깊죠?" 나는 노트북 컴퓨터를 마른강 가장자리 위에 두고, 카메라가 마른강 안쪽을 향하게 한 다음, 린다가 볼 수 있도록 마른강 안으로 기어 내려갔다. 어떤 곳에서는 마른강의 가장자리가 내 허리쯤에 닿았고, 또 어떤 곳에서는 어깨에 부딪쳤다. 나는 깊이가 90센티미터에서 120센티미터 사이일 거라고 짐작했다.

"그 땅을 가로지르는 내내 그렇게 깊은가요?" 린다가 물었다. 나는 아니라고 설명했다. 마른강은 땅의 북서쪽을 삼각형으로 살짝 잘라내듯 놓여 있을 뿐이었고, 그 삼각형도 그렇게 크지 않았다. 다른 모퉁이 들과 마찬가지로 이 모퉁이에도 파이프로 표시가 되어 있었다. 마른 강에서 나온 다음 나는 그 파이프를 찾으러 갔다. 이번에는 린다가 그 표지를 바로 알아보았다. "아, 저기 있어요, 봐요!" 린다가 소리쳤다. "예에에에에에!"

그런 다음 나는 처음 본 표지 쪽으로 되돌아 걸어갔다. "그래, 보니까 어떠세요?" 내가 린다에게 물었다.

"생각보다 더 좋은데요." 파노라마처럼 펼쳐지는 산들의 풍경과 토양의 질을 칭찬하며 린다가 말했다. "알고 보면 에렌버그처럼 그렇게 돌투성이 땅일지도 모른다고 생각했는데, 돌은 없네요." 타이어 떠돌이들의 랑데부가 끝난 뒤 머물렀던 자갈 덮인 땅을 언급하며 린다가 덧붙였다. 식물이 거의 없어 그곳은 황량한 달 표면처럼 보였다. 린다는 또 자신의 땅이 제대로 측량되고 표시된 데 기뻐했다. "그 동네에서 그건 대단한 거예요!" 린다가 말했다. "특히 그 가격에는요. 세상에!"

나를 처음 만났을 때부터 3년 반 동안, 린다는 자신이 가장 좋아하는 어스십인 모델명 '노틸러스'의 사진들을 내게 보여주었는데, 그 집의 평면도는 피보나치수열에 바탕을 두고 있었다. 나는 그 집이 이 한 조각의 땅에 솟아나는 것을, 주위를 둘러싼 산맥의 윤곽에 어우러지게 쌓은 경사진 어도비 점토 벽들이 있는 집 한 채가 서 있는 광경을 상상했다. "여기 어스십이 서 있는 모습을 그려보고 있어요." 내가 말했다.

"그래요, 바로 거기에, 너무 아름다울 것 같죠?" 린다가 행복한 목소리로 대답했다. 린다는 아마존 일이 끝나고 날씨가 시원해지면 이곳에 와서 캠핑을 할 계획이었다. 땅을 직접 보고 나면 어디에 집을 지을지 정할 수 있을 거라고 그는 생각했다. "그 땅 위에 잠깐만 앉아 있으면 집 지을 장소가 모습을 드러낼 거예요." 린다가 말했다.

반시간 동안, 나는 섭씨 32도가 넘는 기온에도 불구하고 기분을 쾌적하게 해주는 흐린 하늘 아래 계속 걸어 다니면서 말을 하고 있었다. 하지만 이제 모습을 드러낸 해가 사막을 프라이팬처럼 만들었다. 노트북 컴퓨터에서 기온 경보가 깜빡였다. 이런 열기 속에서는 노트북이 작동하지 않을 것이었다. 영상이 정지하더니 연결이 끊겼다. 투어가 끝났다.

나는 이 땅이 린다에게 갖는 의미를 생각하면서 긴 시간을 보냈다. 아무도 빼앗아갈 수 없는 무언가를, 빚도, 저당도 없이 소유할 수 있는 무언가를, 그 자신보다 오래 남을 무언가를 짓겠다는 꿈을 향한 진전이 여기, 손에 닿는 형태로 펼쳐져 있었다. 하지만 화면에 린다와 함께 나타난 개리라는 존재는 또 새로운 차원이었다. 그 모든 카리스마에도 불구하고 린다는 내게 언제나 고독한 늑대 같은 이미지로 다가왔다. 물론 그에게도 가족과 소중한 친구들이 있었지만, 그는 그들과 가까이 지내면서도 지극히 독립적인 사람으로 남아 있었다. 만약 새로운 사람들이 그 그림에 들어간다면 린다의 미래는 어떻게 될까, 그런 의문이 들기 시작했다. 개리는 린다와 함께 그 농지에서 살게 될까? 라본과 다른 노마드들이 이동 주택을 몰고 린다의 땅에 찾아올까? 그리고 린다가 갖게 될 이웃들은 정확히 어떤 사람들이지? 이 시골에 린다가 의지할 수 있는 누군가가 있나?

나는 다른 사람은 아무도 보지 못했다. 그래서 물을 실컷 마신 다음, 사람이 사는 곳의 표지를 찾기 위해 다시 차를 출발시켰다.

첫 번째 단서는 말들이었다. 린다의 땅에서 남서쪽으로 1.6킬로미터 떨어진 곳에, 말 세 마리가 녹색으로 칠해진 문 뒤에 서 있었다. 말들은 차가 다가오자 의심스럽다는 눈빛으로 쳐다보더니 천천히 걸어서 자리를 떴다. 문에 붙은 표지판에는 "통행금지: 위반 시 처벌함"이라고 적혀 있었다. 표지판에는 녹이 슨 총알구멍 아홉 개와 가장자리가 아직 녹슬지 않은, 최근에 산탄총으로 휘갈긴 듯한 흔적 하나가 나

있었다. 노란색 20구경 탄피 하나가 우그러진 채 근처의 흙 속에 묻혀
있었다.

미풍이 불어와 덤불이 바스락거렸고, 또 다른 소리도 실려 왔는데,
무언가를 긁는 소리와 삐걱거리는 소리의 중간쯤 되는 소리였다. 서쪽
으로 90미터쯤 떨어진 곳에 있는 다 허물어져가는 A 자 모양 오두막
집에서 들려오는 소리 같았다. 헐겁게 지붕을 덮고 있는 물결 모양의
양철판이 위아래로 시소 타듯 움직이면서 신음하고 있었다. 어떤 사람
들은 찾아오는 걸 싫어할 수도 있겠다는 생각이 처음으로 내 머리에
떠올랐다. 여기서 사람들을 놀래키는 일은 심각한 실수가 될 수도 있
었다. 그래서 나는 천천히 다가가, 길 잃은 여행자처럼 "계세요오오?"
하고 불러봤다. 대답이 없었다.

오두막집은 합판과 육각형 철조망, 양철을 이것저것 가져다 붙여 지
은 집이었다. 벽에 난 구멍 위에는 갈기갈기 찢긴 푸른 방수포 하나가
매달려 있었다. 흙바닥에 놓인 작은 벤치 하나를 제외하면 집 안은 텅
비어 있었다. 집 주위를 둘러싼 사막은 사람이 살던 삶이 중단되었음
을 보여주는 잔해들로 뒤덮여 있었다. 테디 베어 몇 개, 양수 냄비 하
나, 굽이 높은 신발 한 짝, 옷걸이들, 빈 깡통들, 도자기 머그컵, 그리고
그룹 시카고의 카세트테이프 하나. 나는 그 물건들의 주인이 궁금했
고, 그들이 이곳을 급하게 떠난 것일까 생각했다. (나중에 나는 국경
지대 사막에 쌓이는 쓰레기들에 대해 읽었는데, 대부분은 지친 이주
자들이 남겨두고 간 것이라고 했다. 어떤 경우에는, 걸어서 국경을 넘

는 사람들은 자신들을 몰래 데려갈 붐비는 차량 안으로 몸을 구겨 넣기 전에 소지품들을 줄여야 한다.)

운전을 다시 시작하자 사람이 사는 흔적이 더 많이 눈에 들어왔다. 그 오두막집에서 북쪽으로 흙길을 따라 800미터쯤 달려가다 보니, 평평한 지붕을 인 헛간 몇 채가 있는 땅, 어딘가에서 구해 온 팰릿으로 만든 울타리, 비닐하우스 두 채—아마도 정원일까?—그리고 보닛이 열린 채 버팀쇠로 받쳐진 아주 낡은 세단 한 대가 보였는데, 모두 철조망 뒤에 있었다. 동쪽으로 원을 그리며 돌아오면서, 나는 아까는 보지 못했던 땅 한 덩어리를 발견했다. 린다의 땅에서 남서쪽으로 약 1킬로미터쯤 떨어진 곳이었다. 내가 차를 세우자 방목지 안에서 당나귀 한 마리가 시끄럽게 울어댔다. 거기에는 본 화이트bone white색으로 표백된 여행용 트레일러도 한 대 있었는데, 차 옆에는 여행용 간이 화장실 한 채가 끈으로 묶여 있었다. 나는 다시 사람이 있는지 불러보았다. 대답은 없었다.

위성지도는 거기서 더 남쪽으로 내려가면 목장 하나가 있다고 했다. 누군가가 집에 있을까? 지도를 따라가며 나는 듬성듬성한 메스키트 나무들 밑에서 게으름을 피우고 있는 검은 소들을 지나쳤다. 곧 울타리 하나가 나타났고, 그 너머 멀리에 집 한 채가 보였다. 하지만 길이 좋지 않았다. 짧은 경사로를 올라가고 나자, 길은 하늘이 비쳐 보이는 물웅덩이가 있는 낮은 곳으로 빠지듯 이어졌다. 나는 가장자리로 돌아서 가려고 해보았다. 땅이 부드러웠다. 곧 내가 탄 코롤라의 앞쪽 끝이 휠 웰[◉]까지 진창에 빠져버렸다. 빠져나가려고 해봤지만 타이어들이 회전하면서 렌트한 흰색 차 여기저기에 진흙 덩어리가 튈 뿐이었다.

린다가 한 경고가 떠올랐다. 꼼짝 못 하게 되지 말아요.

차에서는 휴대전화 수신 신호가 약해서, 나는 차에서 빠져나와 둑처럼 솟은 갓길로 기어 올라갔다. 다섯 번 통화가 취소된 끝에, 미국 자동차 서비스 협회의 한 직원으로부터 흙길에서는 서비스가 되지 않는다는 설명을 들었다. 다음으로 통화를 시도해본 곳은 '냅리의 휴게소'라는, 아버지와 아들이 하는 견인 업체였다. 주인인 로니는 출장을 나가고 없었다. 제게 다시 전화를 주시겠어요? 물론이라고 했다. 무거운 구름들이 남동쪽 하늘에 모이고 있었다. 갑자기, 목장주의 집으로 걸어가보는 게 좋겠다는 생각이 들었다. 그 집에 가까워지자, 개 짖는 소리로 이루어진 불협화음이 고요를 산산조각 냈다. 개로 만들어진 초인종이었다. 개 여남은 마리가 땅 위를 돌아다니고 있었는데, 일부는 풀어놓은 개들이었고 일부는 우리 안에서 왔다 갔다 하고 있었다. 제일 작은, 검은색과 흰색 털을 한 강아지는 스스로 임명한 대사라도 되는 양 내 뒤를 쫄랑쫄랑 따라왔다. 앞마당에는 용접용 트럭 한 대, 예초기 한 대, 커다란 돌멩이들이 가득 든 양변기 하나가 있었다. 나는 문으로 걸어가 안에 누구 계시냐고 소리쳤다. 아무 대답도 없었다.

차로 돌아오고 있을 때 전화기가 울렸다. 로니는 근처에 거의 다

◉ 타이어를 끼우고 빼기 위해 움푹 파인 홈.

왔다고 했다. 곧 암소들이 있던 곳에 평상형 견인 트럭 한 대가 모습을 드러냈다. 나는 갓길 위로 올라가 조난당한 사람처럼 두 팔을 흔들었다.

로니와 그의 아들인 로니 주니어는 구름을 보고 서둘러 건너왔다고 했다. 목장의 일부는 홍수가 나면 물에 잠기는 평지였다. 한번은 택배사 UPS의 트럭이 장마철에 여기서 꼼짝 못 하게 된 적이 있었다. 운전사가 전화해 도움을 요청했을 때는 이미 타이어 위까지 물에 잠겨 있었다고 로니는 회상했다. 땅이 다 마를 때까지 할 수 있는 일이 없었다고 했다.

로니 주니어가 코롤라의 뒷범퍼 밑에 고리를 연결했다. 나는 기어를 중립에 두고 그에게 엄지손가락을 들어 보였다. 차가 진흙에서 빠져나와 뒤로 굴러가기 시작했을 때, 짙은 붉은색 사륜구동 픽업트럭이 도랑 건너편에 와서 섰다. 닳아서 해진 것처럼 보이는 검은색 야구 모자와 랭글러 청바지를 입은 한 남자가 차 밖으로 나와 양손을 허리에 얹고 지켜보았다. 나는 운전석에서 쭈뼛쭈뼛 손을 흔들었다.

"보기와 다르게 위험한 곳이에요, 저기가." 남자가 바라보며 말했다. 불그스름한 턱수염을 길렀고, 살짝 익힌 로스트비프처럼 분홍색인 피부에는 주근깨가 나 있었다. 차 구조하는 일이 끝나자 나는 로니와 로니 주니어에게 견인 비용으로 80달러에 팁 20달러를 얹어 지불한 다음, 거듭거듭 감사를 표했다. 픽업트럭을 몰던 남자는 목장 관리자라고 자신을 소개했다. "여기는 혼자 오셨어요?" 그가 물었다. 나는 답하기 좀 불편했지만, 정직한 대답이 아닌 그럴듯한 다른 대답은 생각해낼 수가 없었다. 그래서 나는 린다 얘기를 했고, 여기서 사는 건 어떠냐고 물었다. 관리자는 자신이 브랭거스 소―브라만과 앵거스 사이의 교배종으로 더위와 가뭄을 잘 견디는 품종―50마리를 키우고 있고, 이 지역에서 26년째 살고 있다고 했다. 대체로는 시끄러울 일이 없지만, 가끔씩 무거운 배낭을 멘 마약 운반책들이 와서 여기저기 돌아다닌다고 그는 말했다. 그자들은 피하는 게 상책이라고 했다. 그들이 그를 향해 총을 쏜 일이 두 번이나 있었다. 이제 그는 픽업트럭에 AR-15 소총을 가지고 다녔다.

나는 내가 렌트한, 우스꽝스럽게 더러워진 차를 타고 달려갔다. 페달들이 있는 부분에 진흙이 3센티미터쯤 차올라 있어서 페달을 밟는 스니커에서 철벅철벅 소리가 났다. 내가 막 떠나온 땅 위에 무지개 하나가 나타났을 때는 가식적으로 느껴졌지만―대자연이 빈정거리는 건가?―그래도 멈춰 서서 스냅사진 한 장은 찍었다.

더글러스 시내로 돌아와, 나는 개즈던 호텔 바깥에 주차를 하고 과감하게 로비로 걸어 들어갔다. 그 휑뎅그렁한 호박색 공간은 린다가 묘사한 대로 호화로웠다. 이탈리아식 기둥들과, 넓은 곡선을 그리는 대리석 계단, 가죽 소파들이 있었다. ("거기 앉으면 교양 교육을 받은 해적의 소굴에서 느긋하게 시간을 보내는 듯한 기분이 된다." 언젠가 〈로스앤젤레스 타임스〉 기자는 이렇게 쓴 적이 있었다.) 린다가 말했던 티퍼니 유리창은 중이층에 있는 13미터짜리 벽 장식이었다. 역광이 비치는 창유리들에는 소용돌이치는 여러 빛깔로 사막 풍경이 그려져 있었다. 황갈색 흙, 푸른 하늘, 지평선의 보라색 산들, 녹색 유카에 만발한 꽃들. 값비싼 보석들로 만들어진 그 풍경은 린다의 땅을 그린 것으로 착각할 수도 있을 듯했다. 나는 거의 텅 빈 호텔 레스토랑 '카사 세고비아' 안으로 걸어 들어가 엔칠라다° 한 접시와 미켈라다°° 한 잔을 7달러에 주문했다. 티퍼니 유리창 속 풍경이 눈부신 섬광이 지나간 뒤의 잔상처럼 내 머릿속에 걸려 있었다. 나는 린다가 그렇게 아름답게 꾸며진 황무지로, 그 남서부의 에덴동산으로 걸어 들어가는 모습을 보고 싶었다. 하지만 오후 내내 나는 걱정들을 틀어막고 있던 참이었다. 이제 혼자서 생각에 잠겨 있자니, 걱정들이 다시 기어 나오기 시작했다.

이틀 더 운전하면 린다와 개리는 켄터키주 캠벨스빌에 도착할 것이었다. 거기서 그들은 다음 5개월을 아마존 창고에서 하루에 10시간씩 야간 교대 근무를 하며 보낼 예정이었다. 린다에게 그 일은 오직 돈을 벌어 자신의 집을 짓기 시작하기 위한 것이었다. 린다의 마음은 온통 거기 쏠려 있었다. 하지만 그 땅이 멀리 떨어져 있다는 사실을―그리고 어질어질한 여름의 더위, 무장한 마약 운반책들, 갑작스러운 홍수, 방울뱀 같은 것들을―떠올리다 보면 이런 생각이 들었다. 너무 비정

◉ 토르티야 사이에 고기, 해산물, 치즈 등을 넣어 구운 멕시코 요리.
◉◉ 맥주, 토마토와 라임 주스, 여러 가지 소스와 향신료로 만드는 멕시코 칵테일.

상적인 계획 아닌가? 3년 동안 린다의 꿈을 곰곰이 생각해보면서, 전에도 의심은 들었었다. 하지만 대체로 드라마 〈엑스파일〉에 나오는 폭스 멀더의 주문을 나도 외곤 했다. "나는 믿고 싶다."

그 뒤, 나는 린다에게 그 지역에 대해 알아낸 것을 적은 기록들을 보냈다. 좋은 점과 나쁜 점, 걱정되는 부분들을 솔직히 적었다. 그리고 린다의 땅과 그 주위 풍경을 담은 사진들과 함께 지도 한 장도 이메일로 보냈다. 린다는 첫 번째 글에는 답을 하지 않았지만, 사진을 받고 몹시 기뻤다고는 아마존에서 보낸 답장에 적었다. "그 사진들을 자주 열어보면서 거기 있는 꿈을 꿔요." 린다가 말했다. "이 빌어먹을 일이 싫지만 사진들 때문에 계속할 수 있어요. 15주만 더 있으면 난 자유의 몸이에요."

그러는 동안, 내 마음속 깊은 곳에는 다른 걱정들이 쌓이고 있었다. 린다의 몸이 집 짓는 고된 노동을 견뎌낼 수 있을까? 나는 린다가 네바다주 편리에 있는 아마존 창고에서 했던 첫 번째 근무를, 스캐너를 겨누다가 생긴 반복 사용 긴장성 손상 증후군을, 그리고 그것 때문에 생긴, 결국 그를 응급실에 가게 만들었던 현기증을 다시 떠올렸다. 린다의 손목은 낫는 데 3년이 걸렸다. 만약 다시 다치면 어떡하지? 아마존이 그 뒤로 더 가벼운 바코드 스캐너로 교체하기는 했다. 어쩌면 그게 도움이 될까? 그 업무가 린다를 지치게 하지 않을까 하는 걱정도 됐다. 린다는 원래 선반에 제품을 올려놓는 배치 담당자로 일하게 되어 있었지만, 나중에는 이번 시즌 관리자들이 다른 캠퍼포스 일꾼들과 자신을 좀 더 힘든 업무, 이를테면 주문 물품을 모으는 피커 같은 업무로 옮길 것을 고려하고 있다고 말했다. 지난해에 어느 피커가 핏 빗 밴드를 착용하고 일한 적이 있었다고 린다는 이야기하면서, 단 하루 만에, 그의 기록에는 29킬로미터, 그리고 계단 44층을 오른 거리가 찍혔다고 했다.

설령 린다가 아마존에서의 근무를 잘 끝낸다 해도, 어스십 건축을 시작할 만큼 충분한 돈을 모을 수 있을까? 지난번에 캠퍼포스 일을 했을 때, 야간근무와 초과근무 수당을 제한 린다의 기본임금은 시간당 11달러 50센트였다. 이제 그 액수는 10달러 75센트였다. (린다는 처음에 몇몇 다른 캠퍼포스 시설들보다 높은 임금을 주는 편리 시설에서 일했지만, 그 창고는 2015년에 문을 닫았다.)

린다에게 의욕이 있을지도 걱정이 되었다. 아마존에서 일한 첫 번째 시즌에 린다는 미국인들이 구입하는 방대한 양의 쓰레기를 가까이에서 보고 몸서리를 쳤었다. 그 경험은 환멸의 씨앗을 심어놓았다. 린다가 창고를 떠난 뒤에도 그것은 계속 자라났다. 커다란 RV에서 아주 조그만 트레일러로 차량 규모를 줄였을 때, 린다는 미니멀리즘과 '작은 집 운동'에 대해서도 읽고 있었다. 그는 소비문화에 대해, 사람들이 자신들의 짧은 삶을 얼마나 많은 쓰레기로 채우는지에 대해 아주 많은 생각을 했다. 나는 그 모든 생각들이 린다를 어디로 이끌어갈까 궁금했다.

린다는 여전히 그 생각들을 붙잡고 싸우고 있었다. 몇 주가 지나 켄터키에서 일을 시작한 뒤에, 그는 다음과 같은 글을 페이스북에 포스팅하고, 나에게도 따로 문자 메시지로 보내게 된다.

누군가가 내게 왜 농지에 집을 짓고 싶어하느냐고 물었습니다. 독립적으로 살기 위해, 극심한 경쟁에서 벗어나기 위해, 지역 경제를 지지하기 위해, 미국에서 만든 물건만 사기 위해서요. 내가 좋아하지도 않는 사람들에게 좋은 인상을 남기려고 필요도 없는 물건들을 사는 일은 그만둘 겁니다. 바로 지금, 나는 어느 메이저 온라인 공급사를 위해 커다란 창고에서 일하고 있습니다. 물건들은 모두 세상의 다른 어딘가, 아동노동법이 없고, 노동자들이 하루에 14시간에서 16시간씩, 식사 시간이나 화장실 갈 시간도 없이 노동을 하는 국가들에서 만들어진 쓰레기들입니다. 이 창고에는 채 한 달도 못 쓰고 버려질 물건들로 채워진 공간 9만 3,000제곱미터가 있어요. 그것들은 모두 쓰레기 매립지로 가게 될 겁니다. 이 회사에는 그런 창고가 수백 개나 있습니다. 우리의 경제는 중국, 인도, 멕시코, 그리고 다른 제3세계 국가들에서 우리가 부리는 노예들의 등 위에 세워져 있습니다. 그 나라들에는 값싼 노동력이 있고, 우리는 거기 있는 그들을 볼 필요가 없지만 그들이 하는 노동의 결실을 즐길 수는 있지요. 미국이라는 이 기업은 아마도 세계 최대의 노예주일 겁니다.

그 메시지를 보낸 뒤에 린다는 이어서 하나를 더 보냈다.

과격하다는 건 나도 알지만, 이게 일할 때 내 머릿속에 드는 생각이에요. 그 창고에는 중요한 것이라곤 아무것도 없어요. 그 창고는 그런 쓰레기를 사기 위해 자신의 신용을 사용하는 구매자들을 노예로 만들었어요. 그들이 그 빚을 갚기 위해 자신들이 싫어하는 일을 계속하게 하고요. 거기 있는 건 정말 좌절스러운 일이에요.

린다는 자신이 "도덕적 문제"를 마주하고 있다고 덧붙였다. "내 계획을 완성시키기 위해 내가 벌고 있는 돈을 어떻게 존중할 수 있을까 하는 거예요. 나도 알아요. 돈은 자기가 어디서 왔는지 모르죠. 이런 시대에, 필요한 자금을 필요할 때 얻을 수 있는 다른 방법이 내게 있나요? 이 지구상에 내가 존재하는 시간은 짧아요."

린다는 마지막 한 문장에 자신의 감정들을 압축했다. "난 마치 은퇴하기 위해 마지막 일을 하고 있는 은행 강도 같아요."

하지만 더글러스에 있을 때, 린다는 아직 내게 그런 이야기는 전혀 하지 않았다. 나는 접시에 든 엔칠라다를 깨작거리며 다음에 무슨 일이 일어날까 생각했다. 내가 다시 길로 나왔을 때는 해가 지고 있었다. 나는 191번 고속도로를 타고 북쪽으로 달렸다. 하루 종일 올 것 같던 비는 오지 않았지만, 구름들은 서쪽으로 움직여 이제는 뮬 산맥에 걸려 있었다. 구름과 산봉우리 사이 하늘에는 갈라진 틈이 있었다. 낮의 마지막 빛줄기들이 그곳을 빠져나와 너울거리며 세상을 소라 껍데기 빛깔로—온통 분홍색과 귤색으로—물들이다 짙은 붉은색으로 잦아들었다. 32킬로미터를 더 가서 나는 왼쪽으로 돌았고, 뮬 산맥의 위쪽 산등성이를 따라 계속 달렸다. 이제 날은 어두웠다. 번개의 뾰족뾰족한 모서리들이 드래군 산맥 위에서 저 멀리 북쪽까지 깜빡였다.

나는 툼스톤—'죽기에는 너무 터프한 도시'—을 통과한 다음 벤슨에 있는 텍사코 주유소에서 멈췄다. 주유기들 위로 조명을 밝힌 차양 하나가 대낮처럼 밝은 빛을 발하고 있었고, 나방과 딱정벌레 들이 술 취한 듯 소용돌이를 그리며 벌레들의 디스코를 추었다. 핑 소리와 함께 린다로부터 문자 메시지가 왔다. "시내로 잘 돌아갔어요?" 린다가 물었다. 네, 나는 대답했다. 린다는 사막에서 연락이 끊긴 뒤 자신과 개리가 켄터키를 향해 국토를 횡단하는 여정에서 113킬로미터를 더 달렸고, 이제 밤을 보내려고 미주리주 스프링필드에서 차를 세웠다고 했다. "우리는 하루에 483킬로미터씩 달리는 중이에요." 린다가 덧붙였다. "개리가 많이 지쳤고, 더위 때문에 나도 애를 먹고 있어요."

"많이 갔다니 다행이네요!" 내가 답장을 했다. 그런 다음 나는 문자 보내기를 그만두고 린다에게 전화를 걸었다. 우리의 화제는 다시 린다의 땅으로 돌아갔다.

"아름다웠어요." 린다가 말했다. "당신이 흙 속에 손을 집어넣을 때 난 '젠장, 흙 진짜 근사하네!' 하고 생각했죠." 그런 다음 린다는 개리에 대해 조금 더 말해주었다. "그 사람, 나를 진짜 좋아해요." 린다가 말했다. "그리고 나만큼이나 해본 일이 많더라고요!" 개리는 영상의학과에서 일해봤고, 식료품점도 관리해봤고, 건설업계에서 일한 적도 있다고 린다는 세세히 들려주었다. "그리고 그 사람, 아주 지적이고 기억력도 좋아요. 글씨도 예쁘게 쓰고요. 숫자도 잘 다뤄서, 머릿속으로 온갖 지랄맞은 수학 문제를 다 풀어요."

그가 어스십 짓는 일을 도울까? "그 사람이 한곳에 정착해 살고 싶어하는지는 잘 모르겠어요." 린다가 생각에 잠겨 말했다. "하지만 내 계획이 정말로 훌륭하다고 그러더라고요. 난 공상에 빠져 있는 게 아니에요. 그냥 판타지만은 아니라고요. 실행할 수 있는 일이에요." 그들 사이가 어떻게 되든, 자신은 사막에 있는 땅을 단독 명의로 유지할 거라고 린다가 덧붙였다. 농지에 집을 짓는 일은 결국, '린다의' 꿈이었으니까.

이제 관건은 켄터키에 도착해 크리스마스까지 잘 버티는 것이었다. 린다에겐 이미 아마존 너머, 건너편이 보였다. 현금과 그 현금을 사용할 계획을 가지고 풀려나, 애리조나로 달려가서 자신의 땅에서 캠핑을 하는 것. 린다 자신의 손가락 사이로 흘러 내리는 흙을 느끼며 미래를 계획하는 것. 그 이미지가 린다로 하여금 수 킬로미터를 끝까지 운전하게 하는 힘이었다. 할 수만 있다면, 그 이미지는 아마존에서 린다가 보내는 밤들 역시 끝까지 버티게 해줄 것이었다. 린다 자신의 땅 한 덩어리가 끌어당기는 힘에 기대. 린다는 수없이 많은 해를 계획하며 보내왔다. 그는 억눌러온 그 모든 생각들을 실행에 옮길 준비가 되어 있었다.

"난 행복해요, 행복해요, 행복해요." 린다가 말했다. "거기 가서 빨리 그 모든 걸 '하고' 싶어 기다릴 수가 없어요."

그 말을 끝으로 우리는 전화를 끊었다. 밤이 깊어가고 있었고, 린다에게는 앞으로 운전해야 할 긴 하루가 또다시 남아 있었다.

코다

○

코코넛 속 문어

미국은 초겨울이다. 눈보라가 제트기류를 타고 대륙을 가로질러 서쪽에서 동쪽까지 드넓은 지역에 흰색으로 붓질을 하는 중이다.

캘리포니아의 샌버나디노 산맥 높은 곳에서는 제프리소나무들 사이로 소용돌이치며 날아간 눈이 해나 플랫의 빈 캠핑터들 위로 내려앉는다. 네바다주 엠파이어에서, 눈은 침묵에 잠긴 석고보드 공장과 텅 빈 집들 위로 떨어진다. 노스다코타에서는 잠들어 있는 사탕무 들판을 담요처럼 덮는다. 켄터키주 캠벨스빌의 아마존 창고, 그리고 그 근처, 캠퍼포스 노동자들이 사는 RV 주차장들 주위로도 세차게 내린다.

하지만 소노라 사막에 있는 한 작은 도시에서는 태양이 빛나고 오후 기온이 섭씨 20도 너머까지 올라간다. 이번 해의 쿼츠사이트 이주가 시작되었고, 미국 전역에서 노마드 수만 명이 흘러 들어온다. 그들은 저녁 캠프파이어를 둘러싸고 다시 만나 거의 저물어가는 한 해의 이야기를 나누고, 이제 곧 시작될 한 해의 계획들을 세운다.

스왱키 힐스는 콜로라도 로키스에서 초가을까지 캠프장 관리 일을 하고 쿼츠사이트로 돌아왔다. 그 캠프장에서 스왱키는 일흔두 번째 생일을 맞았고, 업무 중에 갈비뼈 세 대가 부러졌다. 난방이 안 되는 밴에서 추운 밤들을 보내며 고생한 끝에 그는 차 안에 작은 팝업 텐트를 설치해 잠잘 때면 침대를 고치처럼 감싼다. 그는 앞날을 내다보며 새로운 목표를 위해 훈련을 하는 중이다. 그 목표는 1,287킬로미터에 달하는 아마존 트레일을 하이킹하는 것이다.

스왱키 근처에서는 실비앤 델마스가 캠핑을 하고 있다. 실비앤은 낮 동안 시내에 있는, 장신구 만드는 재료들과 크리스털 제품을 파는 아웃렛 '젬 월드'에서 계산원으로 일한다. 어느 날 밤 각자 음식을 들고 가는 저녁식사 겸 가라오케 모임에 참석한 그는 용기를 내 사람들 20여 명 앞에서 자신의 송가인 〈길 위의 여왕〉을 부르고, 환호성과 박수갈채가 쏟아진다. 실비앤은 7년 만에 처음 하는 데이트도 준비하고 있다. 산림 관리원 사무소에서 만난 잘생긴 RV 생활자와 함께 저녁을 먹을 예정이다.

라본 엘리스는 스탠딩 록 인디언 보호구역에서 2주간 일하며 노스다코타 액세스 파이프라인사에 항의하는 사람들의 시위에 참여한 다음 에렌버그로 돌아왔다. 사막의 고요 한가운데서, 그는 글이 써지지 않는 슬럼프 상태를 뚫고 어린 시절의 기억을 담은 짤막한 회고록『빨간 깃털 크리스마스트리』집필을 마치기 위해 애를 쓴다. 그 책은 아마존에서 출간된다. ("린다 메이는 한 번도 의심하지 않았다." 책 속 '감사의 말'에는 이렇게 적혀 있다.) 그런 다음 그는 저렴한 안경을 사려고 로스알고도네스를 방문한다. 라본은 미래를 위해 새로운 꿈을 품고 있다. 뉴멕시코주 타오스 근처에 땅을 구입해 낡은 스쿨버스를 영구히 주차해두고 그곳을 밴 여행 사이사이에 머무를 수 있는 본거지로 삼는 것이다.

밥 웰스도 에렌버그에 머물며 사상 최대 규모인 타이어 떠돌이들의 랑데부를 개최할 준비를 하고 있다. 수백 명이 찾아올 것을 예상하면서, 그는 2주간의 회합을 위해 새로운 규칙들을 세운다. 시끄럽게 음악을 틀거나 개에게 목줄을 하지 않고 풀어놓는 행위를 금지하는 것이다. 그는 또 전통으로 자리 잡아온 식사 모임들을 행사 일정표에서 지우고 있다. 먹일 입이 너무 많아져 식사 모임을 감당하기가 어렵겠다는 판단 때문이다. (그가 잘 모르고 있는 것들: 그해 행사에는 500대가 넘는 이동 주택들이 몰려올 것이며, 그중 많은 수가 밥이 유튜브에 올린 영상들을 보고 찾아온 사람들일 것이다.)

더 많은 노마드들이 곧 도착할 것이다. 그들 중에는 부서졌다 복원된 프리우스에서 사는 전직 전문 도예가 데이비드 스완슨도 있다. 데이비드는 지난해 구경꾼들에게 자신의 차 내부를 보여주며 보냈던 타이어 떠돌이들의 랑데부로 돌아가게 되어 들떠 있다. 그는 지금 텍사스의 파드리섬에 주차해 있다. 내게 보낸 페이스북 메시지에서, 그는 차와 텐트, 둘 다 해변 캠핑이 법적으로 허용되는 그 섬을 "노마드들의 천국"이라고 묘사한다. 그러더니 그는 묻는다. "2017년 RTR에 가실 건가요?"

나는 유감스럽다는 메시지를 보낸다. "지난 3년간 RTR에 갔었는데, 올해는 갈 수 없어서 너무 괴로워요." 나는 집필 중인 책을 마치려고 애쓰고 있다고 데이비드에게 말한다.

"단어 투척이 술술 잘 되기를!" 그가 유쾌하게 대답한다. "힘내요!"

하지만 데이비드의 질문이 내 가슴 한구석에 구멍을 뚫어놓는다. 노마드들에 관해 기록하며 3년을 보내고 나니, 이제 RTR을 그리워하면 안 될 것처럼 느껴진다. 나는 논픽션 글쓰기의 기본 수칙을 나 자신에게 되풀이해 말한다. 이야기는 미래로 계속 펼쳐지지만, 어느 시점이 되면 작가는 물러나야 한다.

그런데 이 문장의 뒷부분을 나는 지키지 못했다. 이야기가 집까지 나를 따라왔기 때문이다. 브루클린에는 어디에나 바퀴 달린 작은 집들이 있다. 나는 그 집들에서 눈을 떼지 못한다.

보럼 힐에 있는 내 아파트 근처, 정액 요금으로 주차가 가능한 골목길에는 은색 하이톱 포드 캠핑용 밴 한 대가 서 있고, 그 차의 백미러에는 사악한 눈을 물리치기 위한 나자르 부적이 하나 매달려 있다. 차창은 거의 검은색에 가까운 어두운 색으로 코팅되어 있고, 차창 안에는 블라인드가 내려져 있다.

베드퍼드-스타이브슨트에 있는 내 동생이 사는 건물에서 조금만 걸어가면 상업용 트럭 주차장 바로 맞은편에 낡은 모터홈 한 대가 주차되어 있다. 모터홈의 운전석 뒤쪽에는 사생활 보호용 커튼이 내려져 있다. 침실로 쓰는 로프트의 유리는 열을 빠져나가지 못하게 하는 포일 단열재로 막혀 있다. 뒤쪽에 매단 스페어타이어 주변으로는 전에 창문이 있던 곳에 난 텅 빈 구멍이 쓰레기 봉지들과 강력 접착테이프로 덮여 있다.

프로스펙트 공원의 가장자리에는 더 많은 캠핑용 밴들이 주차하고, 이따금씩 RV도 한 대씩 와서 선다. 그 차들은 고왜너스와 크라운하이츠의 낮은 창고들 근처, 불만을 표할 이웃이 아무도 없는 곳으로 몰린다. 이런 이동식 보금자리들은 어디에나 있다. 그들은 평범한 곳에 숨어 보이지 않는 도시를 이루고 있다.

계절 들어 첫눈이 내린 다음 날 밤, 나는 브루클린에서 마지막으로 해안 산업 시설이 남아 있는 지역 중 한 군데인 레드 후크에 간다. 뒷골목은 어둡고, 도급업자용 밴, 배달 차량, 푸드 트럭, 다목적 트레일러 등 갖가지 산업용 차량이 한데 모여, 도시의 캠핑용 차량들이 섞여 들어가기 좋은 은신처를 제공해준다. 그 차들은 이내 내 눈에 들어오기 시작한다. 햄 통조림처럼 생긴 아주 낡은 여행용 트레일러. 속사정이 뻔히 티나는 사생활 보호용 커튼이 쳐지고, 주거 공간의 창문은 플라스틱 판과 성조기로 막혀 있는 셰비 애스트로 밴. 색유리와 밝은 빨강색 휠 캡을 끼우고, 엔진이 꺼진 동안 열을 공급하기 위해 뒷범퍼 위에 프로판가스 보일러를 용접해 붙여 개조한 운송용 버스. 블라인드가 내려진 신형 캠핑용 밴 여러 대.

그 모든 차량 가운데 시선을 가장 집중시키는 주거지는 작은 노란색 스쿨버스다. 그 버스의 창문들은 절대로 들여다볼 수 없도록 판금으로 덮여 있다. 지붕 가장자리에서 반짝거리는 것, 지면에서는 간신히 알아볼 수 있는 그것은 완벽하게 정렬된 태양전지판 네 장의 알루미늄 틀이다. 앞유리창 안에는 천이 드리워져 있고, 유리의 안쪽 표면에는 물방울들이 맺혀 있다. 속사정을 드러내는 또 다른 예다. 버스는 이스트강을 마주 보는 곳, 시야를 가리는 것 없이 자유의 여신상이 내다보이는 위치에 주차되어 있다.

내 안의 저널리스트 자아가 버스 문을 두드려보고 싶어한다. 하지만 그 순간 스텔스 주차를 했던 때의 기억들이, 가려진 창문 안쪽에 숨어 있을 때의 기분이, 낯선 사람이 다가오는 발소리에 빨라지던 심장 박동 같은 것들이 되살아난다.

나는 그냥 지나간다.

브루클린 곳곳에서 이토록 많은 노마드들과 마주치게 되는 것은 놀라운 일이다. 하지만 이 프로젝트가 이토록 가까운 일로 느껴진 것이 처음은 아니다. 취재를 하던 도중에 나는 시애틀에서 소프트웨어 엔지니어로 일했던 스왱키의 작은아들이 몇 년 전 내가 버닝 맨 축제에서 만났던 사람임을 깨달았다. 그리고 나중에, 라본과 나는 라본의 친한 친구 중 한 명이 버클리에 있는 내 저널리스트 친구 한 명과 결혼했다는 사실을 알게 되었다. 두 번 모두 나는 생각했다. 이런 일이 생길 확률이 얼마나 되지?

아마 그렇게 낮지는 않을 것이다. 어쨌든, 미국인 수백만 명이 전통적인 중산층으로 사는 일의 불가능성과 씨름하고 있으니까. 미국 곳곳의 집들에서는 부엌 테이블 위에 내지 못한 청구서들이 흩어져 있다. 밤늦게까지 전등은 꺼지지 않는다. 피로 속에서, 때로는 눈물을 터뜨리며, 사람들은 똑같은 계산을 하고 또 하고, 다시 하고 또 다시 한다. 임금에서 식료품 구입비를 뺀다. 의료 요금을 뺀다. 신용카드 사용 금액을 뺀다. 공공요금을 뺀다. 학자금 대출과 자동차 할부금을 뺀다. 그리고 이 모든 지출 중에 액수가 가장 큰 것. 집세를 뺀다.

점점 커지는 예금과 부채 사이의 간극에는 질문 하나가 매달려 있다. 계속 살아가기 위해 당신은 이 삶의 어떤 부분을 기꺼이 포기하겠는가?

이런 딜레마에 직면한 사람들 가운데 대부분은 차량에서 생활하게 되지는 않을 것이다. 차량 생활을 하게 되는 사람들은 생물학자들이 '지표종'이라고 부르는 생명체들과 유사하다. 그들은 생태계에 일어난 훨씬 더 큰 변화를 알려줄 능력이 있는 민감한 생명체들이다.

노마드들과 마찬가지로, 미국인 수백만 명이 삶을 변화시키라는 강요를 받고 있다. 그 변화가 급진적이되 겉으로는 잘 드러나지 않는다고 해도. 생존이라는 문제를 쪼개 하나하나 분석할 방법은 많다. 이번 달에, 당신은 식사를 거를 건가? 주치의 대신 응급실을 찾아갈 건가? 채권 추심으로 넘어가지 않기를 바라면서 신용카드 청구서 지불을 미룰 건가? 전등과 난방 설비를 계속 쓸 수 있기를 바라면서 전기와 가스 요금을 미룰 건가? 언젠가 따라잡을 방법이 생기기를 바라면서 학자금 대출과 자동차 할부금에 이자가 쌓이게 놔둘 건가?

이런 치욕들은 더 큰 질문 하나를 강조하고 있다. 불가능한 선택지들은 사람들을, 한 사회를 언제부터 분열시키기 시작하는가?

그 분열은 이미 일어나고 있다. 사람들을 밤늦게까지 깨어 있게 만드는, 계산기를 두드려봐도 감당이 안 되는 가계 상태라는 문제가 왜 생겨나는지는 전혀 비밀이 아니다. 평균 소득을 비교할 때, 상위 1퍼센트에 속하는 사람들은 이제 하위 50퍼센트에 속하는 사람들의 81배를 벌고 있다. 소득 사다리에서 하위 50퍼센트에 속하는, 약 1억 1700만 명에 이르는 성인 미국인의 소득은 1970년대부터 변하지 않은 채 그대로다.

이것은 임금 격차가 아니다. 차라리 하나의 단절이다. 그리고 점점 커지는 그 분열의 대가는 우리 모두가 치르고 있다.

"나는 아무래도 아인슈타인의 뇌 무게와 거기 있는 주름들보다는, 그와 똑같은 재능을 지닌 사람들이 목화밭에서, 그리고 노동력을 착취하는 공장들에서 지내다 죽었다는 거의 확실한 사실 쪽에 더 관심이 간다." 작고한 작가 스티븐 제이 굴드는 이렇게 적었다. 계급 분열의

심화는 사회이동을 거의 불가능하게 만든다. 그 결과는 사실상의 신분제다. 이것은 도덕적으로 옳지 않을 뿐 아니라 엄청나게 낭비가 심한 시스템이다. 인구 대부분을 차지하는 사람들에게 기회에 접근할 권리를 주지 않는 것은 방대하게 비축되어 있는 재능과 지력을 그냥 내다버린다는 뜻이다. 이런 시스템은 경제성장 또한 둔화시키는 것으로 드러났다.

소득 불평등을 계산하는 데 가장 널리 인정되는 기준은 만들어진 지 100년쯤 된 지니계수라는 공식이다. 이 공식은 세계은행, CIA, 파리에 본부를 둔 경제협력개발기구(OECD), 그리고 지구 곳곳의 경제학자들에게 가장 신뢰할 만한 표준이다. 지니계수가 폭로하는 사실은 놀랍다. 오늘날 모든 선진국 가운데 미국이 가장 사회적으로 불평등한 국가다. 미국의 불평등 수준은 러시아, 중국, 아르헨티나, 그리고 전쟁으로 분열된 콩고민주공화국에 비견할 만하다.

그리고 상황은 지금 나쁜 것만큼이나 앞으로 더욱 악화될 것으로 보인다. 이 사실은 내게 다음과 같은 생각을 하게 만든다. 앞으로 몇 년 동안 사회질서에는 어떤 더 심한 뒤틀림이, 혹은 돌연변이 같은 변화가 나타날까? 얼마나 많은 사람들이 시스템에 의해 파괴될까? 시스템을 벗어날 길을 찾아내는 사람들은 또 얼마나 될까?

。

우리가 처음 만나고 며칠 뒤에, 린다는 내가 오른손에 끼고 있던 문어 모양의 반지를 알아챘다. "실험실에 있는 문어 본 적 있어요? 그 친구들이 얼마나 똑똑한지?" 린다가 감탄하며 말했다. "문어들은 탈출의 명수예요!"

린다는 자신이 온라인으로 본 영상 하나를 설명해주었다. "그러니까, 첫 번째 탱크에는 커다란 문어 한 마리가 혼자 들어 있고, 두 번째 탱크에는 먹을 것이 들어 있어요. 문어는 튜브 속으로 자기 몸을 구겨 넣어서 두 번째 탱크로 건너가요." 더 많은 실험들이 이어졌다. "조건을 계속 더 어렵게, 더 어렵게 만들었어요." 린다가 말을 이었다. "튜브 속으로 들어가려면 먼저 위로 젖히는 문을 열어야 한다는 식으로요."

무엇을 어떻게 하든 상관없이, 문어는 빠져나갔다.

"가끔은 사람들도 그렇게 할 수 있지요." 내가 말했다.

"맞아요. 누가 우리를 상자에 가두려고 한다면요." 린다가 말했다. 그러고는 웃었다.

그로부터 한참이 지난 어느 날 린다가 새로운 영상 하나를 자신의 페이스북에 링크해서, 나는 그날의 대화가 다시 떠오른다. 그 영상은 대양저를 가로지르는 문어 한 마리를 보여준다. 문어는 다리를 어색하게 질질 끌면서 움직이는데, 그러는 이유는 자막에 설명되어 있다. 문어는 둘로 쪼개진, 텅 빈 코코넛 껍데기 한 쌍을 운반하고 있다. 문어가 갑자기 튀어 오르더니 코코넛 속으로 들어간다. 껍데기를 자기 몸에 가깝게 끌어당긴 채, 문어는 촉수 달린 볼링공처럼 굴러가며 여행을 계속한다.

그 문어는 이동과 보호라는 두 가지 목적을 충족시키는 도구를 창조해냈다. 일종의 '코코넛 이동 주택'이다. 인도네시아에서 어느 스쿠버다이버가 그 장면을 비디오에 담아냈다. 린다는 그 문어가 "사상 최고로 귀엽고 똑똑한 문어"라는 댓글을 단다.

。

린다는 다시 길 위에 있다. 켄터키주 캠벨스빌에 있는 아마존 창고의 계절성 일자리에서 해방된 그는 서쪽으로 여행을 시작한다. 개리는 그곳에 남아 좀 더 일을 하기로 했기 때문에, 이번에 린다는 혼자 여행하며 지프 뒤로 틈새 호텔을 끌고 겨울의 짧은 낮과 길고 어두운 밤들을 통과하는 중이다.

린다의 첫 번째 목적지는 뉴멕시코주 타오스다. 그곳에서 린다는 가장 좋아하는 어스십 '노틸러스'를 방문하고, 건축가와 상담해 자신의 필요에 맞게 그 집의 디자인을 변경할 계획이다. 그런 다음 그는 타이어 떠돌이들의 랑데부를 향해 여행을 계속할 것이다. 그리고 그 뒤에는, 애리조나주 더글러스 근처의 사막으로 차를 몰고 가 자신의 미래가 되어줄 땅을 처음으로 만날 것이다.

그런데 타오스 외곽에서, 린다의 지프 계기판에 엔진 경고등이 들어온다. 눈보라가 그 지역으로 밀려오는 소리가 들린다. 산맥들을 가로질러 운전하는 동안 악천후로 인한 고장을 피할 수 있기를 바라면서, 린다는 여행 일정을 바꿔 곧바로 더글러스로 향한다.

그는 사고 없이 도착한다. 첫날 밤, 그는 동트기 전 기온이 영하로 떨어지는 바로 그 순간에 폐업한 세이프웨이 주차장에 들어가 캠핑을 한다. 다음 날에는 시내 북쪽의 박람회장에 있는, 가격이 할인되는 RV 주차장 한 군데를 찾아낸다. 몬태나에서 온 한 커플이 린다의 옆자리에 머무르고 있다. 그들은 옛날에는 괜찮아 보였을 5.2미터짜리 낡아빠진 에어스트림 트레일러에서 산다. 린다는 그들에게 자신의 어스십 이야기를 들려주고, 계획들로 가득 채워진 3공 바인더를 보여준다.

하루가 지난 다음 우리는 전화로 밀린 이야기를 나눈다. 린다는 타오스를 방문하려던 계획이 틀어진 것을 빼면 켄터키에서 돌아오는 여행은 순조로웠다고 내게 말한다. "날씨가 완벽했어요!" 린다가 말한다. "다 해봐야 비는 세 방울이나 맞았을까?" 여행은 사흘밖에 걸리지 않았다. 린다는 여전히 1박에 15달러밖에 하지 않는 RV 주차장에 머무르고 있다. 오늘은 샤워를 하러 다녀왔다. 여행하는 동안에는 유아용 물티슈로 몸을 닦으며 어찌어찌 보냈다. "트레일러에 앉아 쉬고 있는 중이에요." 만족스럽게 휴 하고 숨을 내뱉으며 린다가 말한다.

그리고 린다는 자신의 땅 2만 제곱미터를 찾아갔다. 지난봄에 그가 크레이그스리스트에 올라온 사진으로 처음 본, 그리고 여름에 스마트폰 영상으로 본 사막의 그 땅은 이제 3차원 입체가 되어 있었다. 그 땅은 진짜이고, 만질 수 있으며, 린다가 지금 걸어 들어온 주변 환경 그 대로다. 린다는 그곳에서 심지어 방울뱀 소리까지 들었다고 단언한다. "아름다워요." 린다가 말한다.

이제 미래는 다급할 만큼 가깝게 느껴진다. "난 예순여섯 살이에 요." 린다가 건조하게 말한다. "여기서 속도를 좀 내야겠어요. 언젠가 긴장을 풀고 그 땅을 즐길 수 있으면 좋겠어요."

자세한 설명이 쏟아진다. 린다는 이제 막 4,000와트짜리 휴대용 발 전기를 정가의 반값도 안 되는 26달러에 샀다고 내게 말한다. "맙소 사, 나한테 전기가 생겼어요!" 린다가 환호성을 지른다. 그 발전기는 돌리면 진공청소기만큼이나 시끄러울 테지만, 린다에게 그런 건 문제 가 되지 않는다. 그 기계의 발전량에 비하면 린다가 그동안 45와트짜 리 태양전지판에서 찔끔찔끔 얻어온 전력은 아주 적게 느껴진다.

린다는 자신의 땅 근처에서 커다란 탱크들을 채울 수 있는 저렴한 물 배달 서비스 업체를 찾아낸 과정을 자세히 설명해준다. (어스십에 빗물을 받아 모으는 탱크가 있기는 하지만, 충분하지 않을 수도 있고, 집 짓는 과정이 끝날 때까지 린다가 생활하는 데도 물이 필요할 것이 다.) 린다는 땅을 측량하는 일에 대해서도 이야기한다. 영속농업°을 위해 둑처럼 솟은 갓길을 평평하게 깎아내기 전에 그는 그 높이를 알

◉ 지속농업과 유사한 개념으로, 천연자원을 고갈시키지 않는 방식으로 식료품, 에너지 등을 생산하는 실천 행위.

아내야 할 것이다. 그리고 내일은 카운티의 건축 부서에 찾아가 건축 선 제한—길에서 얼마나 거리를 두고 집을 지어야 하는가—과 건축 규제상의 다른 세부 항목들에 대해 알아볼 생각이다.

"이미 건축부 웹사이트에서 개발 행위 허가 없이 4,000제곱미터까지는 땅을 정리할 수 있다는 설명을 읽었어요." 린다가 말한다. "어쨌든, 그게 내가 바라는 전부니까요."

린다는 타이어 떠돌이들의 랑데부가 끝난 뒤에 건축 공사를 시작할 계획이다. 개리가 린다와 함께 그곳으로 돌아오기로 했다. 라본도 올 것이다. 함께, 그들은 온실을 짓기 시작할 것이다. 그 온실은 유기 농업을 할 수 있게 해주고, 린다의 집을 짓는 동안 비바람으로부터 보호해줄 것이다.

린다는 이제 그 광경을 볼 수 있다. 마치 자신의 3공 바인더 속 사진들이 생명을 갖게 된 것처럼. 그가 그토록 오랫동안 상상해온 어스십이 사막의 황폐한 땅 위로 솟아오른다. 그는 자신의 결연한 두 손으로, 가족이 된 친구들의 도움을 받아 그 집을 짓는다. 어스십이 완성되면—그것은 완성될 것이다—그 집은 그들의 보금자리가 될 것이다. 재생 가능한 식량, 물, 전력, 난방, 냉방 시스템을 갖춘 그곳은 집인 동시에 살아 있는 생명체, 사막과 조화를 이루며 존재하는 하나의 유기체가 될 것이다. 그곳은 그들 모두보다 오래 살아남을 것이다.

그 미래는 이제 단지 몇 주밖에 남지 않은 새해가 찾아오면 시작될 것이다. 린다는 이미 첫 단계 계획을 세워두었다. 땅을 파내는 것이다.

그는 유류비나 출장비 등 추가 비용이 전혀 없이 1시간에 35달러를 받는 굴착기 운전사를 찾아냈다. "작업 시간은 그 사람이 트랙터 운전석에 엉덩이를 대는 순간 시작이에요." 린다가 행복하게 말한다. 린다는 운전사와 이야기를 나누고 1월 말로 날짜를 예약해두었다.

그 작업은 8시간쯤 걸릴 거라고 린다가 말한다. 그 일은 다음과 같이 진행된다.

먼저 굴착기가 관목이 지나치게 우거진 진입로를 정리하면서 린다의 땅에 길 하나를 낸다. 그런 다음 굴착기는 길을 닦아 틈새 호텔을 주차할 수 있는 차도를 만들 것이다.

마지막으로 굴착기는 주된 공사 지역의 작업을 시작한다. 굴착기의 암이 뻗어나간다. 버킷이 흙을 퍼낸다. 굴착기가 사막의 질긴 관목들을 잡아 뜯는 동안 금속 이빨들이 몇 번이고 계속해 땅을 찍는다. 거기 닿는 모든 것은 굴복한다. 얼키설키한 덤불도, 억센 선인장도, 무거운 바위도. 이것들은 린다의 미래 앞에 놓인 장애물들이다. 하나씩 하나씩, 장애물들이 들려 나간다.

곧 작업이 끝난다. 굴착기가 철수하자, 린다는 기계가 뒤에 남겨놓은 평평하고 텅 빈 땅으로 걸어 들어간다. 이 땅은 린다의 현재를 맞이할 준비가 되어 있다. 2만 제곱킬로미터의 완벽한 땅, 기반이 되어줄 존재로서.

감사의 말

3년 동안 2만 4,140킬로미터를 여행하다 보면 많은 사람들을 만나게 된다. 이 책은 그들의 친절 덕분에 존재할 수 있게 되었다. 나는 내게 지혜를, 짓궂은 농담을, 캠프파이어를, 커피를 나눠준 길 위의 모든 사람들에게, 그리고 지지를 보냄으로써 그 여행을 가능하게 해준, 내가 사는 곳의 모든 사람들에게 감사한다.

린다 메이에게 가장 깊은 감사를 보낸다. 자신의 이야기를 들려줄 만큼 누군가를 신뢰하는 것은 쉬운 일이 아니다. 작가라는 자가 3년 동안 주위를 맴돌고, 나타났다 사라졌다 하며, 자기 딸네 집 바깥에 주차해놓은 밴에서 잠을 자고, 캠프장 운영용 골프 카트 뒤를 따라 달리기를 하면서 수첩에 무언가를 끄적거리는 사람일 때는 특히 그렇다. 나는 린다의 재치와 담대한 마음, 그리고 회복력이 나를 감동시킨 것만큼 다른 사람들도 감동시켰으면 한다.

수백 명에 이르는 노마드들이 시간을 나눠주었고, 이 책에 흔적을 남겨놓았다. 나열하기에는 너무 많지만, 나는 특히 라본 엘리스, 실비앤 델마스, 밥 웰스, ('스왱키 휠스'로 알려진) 샬린 스왱키, 아이리스

골드버그, 피터 폭스, 고스트 댄서, 바버라와 척 스타우트, 루이스 미들턴, 필과 로빈 드필, 개리 팰런, 데이비드 로더릭, 앨 크리스텐슨, 루 브로셰티, 젠 더지, 애시 하그, 빈센트 모즈먼, 데이비드 스완슨, 마이크와 캣과 알렉스 밸런티노에게, 그리고 물론 수수께끼의 인물 돈 휠러에게도 감사한다.

컬럼비아 대학 저널리즘 스쿨은, 특히 내 동료인 루스 파다워와 데이비드 하이두는 열렬한 지지를 보내주었다. 록펠러 재단은 벨라지오 센터에서 1달을 지내게 해주었고, 필라 펄래시아와 클로디아 주이크는 그곳을 마술적인 장소로 만들어주었다. ('연회장Il Convivio'이라고도 부르던) 그곳의 내 동료들은 동지애와 깊은 통찰, 그리고 자연스럽게 열리는 댄스파티에 참가할 기회를 나눠주었다. 적절한 때에 적절한 질문들을 던져준 (그리고 내 사진도 찍어준) 사진작가 토드 그레이에게 특별한 감사를 보낸다.

〈하퍼스 매거진〉의 제임스 마커스는 처음으로 이 이야기에 신뢰를 보내준 편집자였고, 인간의 품위에 있어 모범을 보여준 사람이다. 〈하퍼스 매거진〉 기사를 도와준 다른 사람들로는 줄리아 멜루치, 섀런 J. 라일리, 그리고 기사에 들어간 사진을 찍어준 재능 있는 사진작가 맥스 휘태커가 있다. 〈더 네이션〉지의 리지 래트너와 세라 레너드, 〈크리스천 사이언스 모니터〉지의 클래라 저머니, 그리고 경제 위기 기록 프로젝트의 앨리사 쿼트는 모두 이 책을 만드는 데 한 부분씩 도움을 주었다.

열렬한 양육자 같은 내 에이전시 담당자 조이 해리스는 깊은 공감과 함께 이 프로젝트를 처음부터 '이해'해주었다. 노턴 출판사의 편집자 앨레인 메이슨은 차분한 손길로 원고를 정리해주었다. 애덤 리드, 애슐리 패트릭, 카일 래들러, 로라 골딘 역시 많은 도움을 주었다.

마이클 에번스, 로버트와 캐런 코프스타인, 제리 허슈, 스텔라 루, 스튜 러빈은 나와 헤일런에게 (문자 그대로) 은신처를 제공해주었다. 앤 큐잭은 작은 성조기와 함께 항생제 네오스포린, 아이리시 스프링 비누 같은 잡화들이 들어 있는 생필품 꾸러미를 보내주었다. 애리조나주 더글러스에 있는 '낼리의 휴게소'의 로니와 로니 주니어는 내 차 바퀴를 진흙에서 끌어내주었다. 캔자스주 허친슨에 있는 '콘클린 카스'의 애런과 빌, 그리고 전문 수리팀은 내 교류 발전기를 고치기 위해 근무시간 이후에도 영업을 해주었다.

내 가족들에게도 감사한다. 아버지 론은 동부로 돌아오는 여행에서 많은 부분 헤일런을 함께 운전하며 도와주었다. (곧 브루더 박사님이 될) 어머니 수전은 내가 어렸을 때부터 글 쓰는 법을 가르쳐주었다. 내 여동생 메긴은 강하고 멋진 사람이며, 내가 집에 돌아와서 누리는 가장 좋은 혜택 중 하나다. ('머트-머트 왜글버트'라고도 불리는) 반려견 맥스는 내가 글을 쓰는 긴긴밤들에 곁에서 쌕쌕거리며 바싹 붙어 있어주었다.

내 공동체가, 혹은 '논리적 가족'이 있어서 나는 무척 운이 좋다. 이 공동체에는 다음 사람들이 포함된다. 더글러스 울크, 리베카 피팅, 크리스 테일러, 제스 테일러 울프, 캐롤라인 밀러, 조시와 로언 헌터, 세라 팬, 크리스 해킷, 세라 맥밀런, 도로시 트로자나우스키, 엘리너 로빈스키, 말린 크리자, 줄리아 솔리스, 존 로, 크리스토스 패시어키스, 로버트 커트러프, 로브 슈미트, 스테이시 카울리, 데이비드 다이트, 비애나 페더리코, 네이트 스미스, 라이아 더컨, 마이클 이븐슨, 엘런 테일러, 클라크 매캐슬랜드, 마사 프라켈트, 배리스 울쿠, 셸 키먼, 이바 로즈, 제임스 매스트렌젤로, 나이앰비 퍼슨 잭슨, 어밀리아 클라인, 앤서니 트랜구치, 그리고 몹시 그리운 데이비드 카. 또한 나의 부족들인 마다가스카르 협회, 플레이밍 로터스 걸스, 일루미네이션 빌리지, 29 아워 뮤직 피플, 다크 패시지에도 감사한다.

나의 공모자가 되어준 ('서퍼 줄리아'라고도 하는) 줄리아 모버그는 내가 균형을 잡게 도와주었다. 그는 균형 잡기로는 마모셋보다 나으며, 내게는 과분한 사람이다.

이 책은 내 가장 친한 친구인 데일 머해리지에게 바친다. 지난 14년 동안, 당신은 시간에 상관없이 내 전화에 대답해주는 목소리였다.

현대의 가족은 꼭 우리처럼 보일 것이다.

옮긴이의 말

2014년 〈하퍼스 매거진〉에 '은퇴의 종말: 노동을 그만둔 삶을 감당할 수 없어질 때'를 기고한 후, 저널리스트 제시카 브루더는 주위로부터 "이 글은 책 한 권 분량이 될 만큼의 이야기를 담고 있으니 더 길게 써주었으면 좋겠다"는 권유를 받았다. 기사를 위해 취재를 하며 린다 메이를 비롯한 노마드들을 만난 지 얼마 되지 않았던 당시만 해도, 그는 자신이 3년 이상 그들을 따라다니며 그들의 삶에 그토록 가까이 다가가게 될 거라곤 상상하지 못했다.

그는 집 혹은 아파트라는 전통적인 형태의 주거지를 포기하고 밴과 RV에 들어가 길 위에서 생활하는 노마드들을 점점 더 많이 만나게 되었다. 그들은 은퇴를 하고 편안히 노후를 즐기며 여행을 하는 사람들도, 반자본주의 캠페인을 벌이는 시민단체 회원들도, 그저 우연히 비슷한 시기에 개인적 불행을 겪은 사람들도 아니었다. 돈 문제로 점철된 사연은 다양했지만 그들의 상황은 하나같이 절박했다. 높은 학위, 전문 분야, 직업에 대한 자부심을 갖고 평생 동안 성실하게 일해온 사람들이 어떻게 해서 60대, 70대의 나이에 집과 직장과 저축을 잃고 물류 센터나 놀이공원, 혹은 사탕무 수확 같은 불안정한 임시 일자리에 고용되어 저임금 노동으로 하루하루를 이어가며, 자신의 존재가 자식들에게 짐이 되지 않을까 걱정하게 된 것일까? 그런 사람들이 왜 그렇게 많은 것일까? 제시카 브루더는 이 부조리한 현상을 집요하게 파고들었고, 이내 노마드들 대부분에게 공통분모가 있다는 사실을 알게 되었다. 2007년에서 2009년에 걸쳐 미국에서 일어났고 결국 '대침체'로 불리는 전 세계적 경제 위기를 몰고 온 서브프라임 모기지 사태가 그것이었다.

잠깐 이 사태를 간략히 살펴보자. 2000년대 초반 미국이 경제 부양책으로 펼친 초저금리 정책으로 인해 주택 융자 금리가 인하되자, 대출을 받고 주택을 구입하는 사람들이 늘어났다. 주택 수요가 높아지자 부동산 가격이 급상승했다. 저금리로 이자 수익이 적어지자 불만족스러워진 은행들은 수익을 내기 위해 저소득층의 상환 능력을 고려하지 않고 거의 모든 사람에게, 때로는 죽은 사람이나 반려동물의 명의로까지 대출을 해주었다. 이 대출을 바탕으로 만들어진 것이 서브프라임 모기지 채권이었다. 이 채권은 수익률이 높은 상품으로 알려져 불티나게 팔려 나갔다. 누구도 견고한 주택시장에 위기가 올 거라고는 생각하지 않았다. 집이 필요하지 않은 사람은 없었고, 아무리 사정이 어려워도 사람들은 어떻게든 할부금을 마련해서 낼 거라고 모두가 믿었다.

그러나 2004년, 미국이 저금리 정책을 종료하면서 부동산 버블이 꺼지기 시작했다. 서브프라임 모기지론 금리가 올라갔고, 저소득층 대출자들은 원리금을 제대로 갚을 수 없게 되었다. 하지만 잘 팔리는 상품을 판매해서 수익을 올리면 그만이었던 금융업계 종사자들은 주택 시장에 버블이 존재한다는 사실도, 그것이 붕괴하고 있다는 사실도 인정하려 들지 않았다. 은행에서는 채권들이 부실하다는 사실을 알면서도 판매 수수료를 받아내기 위해 사태를 방치하는 한편으로, 낮은 등급과 높은 등급의 채권을 섞는 방법으로 평균 등급을 올린 부채 담보부증권을 만들어 대규모로 팔아치웠다. 신용등급 평가 기관은 채권이 건전한지 제대로 평가하는 데 소홀했다. 모두가 눈앞의 이익만을 생각하는 가운데 이 거대한 사기극이 만들어낸 위기는 필연적이었지만, 아무도 거기에 대비할 생각을 하지 않았다. 결국 2007년, 서브프라임 모기지론을 구매한 금융 기관들이 대출금 회수 불능 사태에 빠지기 시작했다. 은행들과 은행에 투자했던 기업들이 줄줄이 도산했다.

그리고 피해는 사정을 전혀 알지 못한 채 은행에 자산을 맡기고 주택 할부금을 내고 있던 사람들의 몫으로 고스란히 돌아왔다. 미국에서만 5조 달러가량의 연금, 퇴직금, 저축이 증발했다. 2008년 기준으로 미국 내 주택 중 압류된 주택의 비율은 87퍼센트에 달했고, 사태가 진정되었을 무렵에는 미국인 약 800만 명이 일자리를, 600만 명이 집을 잃은 것으로 집계되었다. 『노마드랜드』에 등장하는 노마드들 대부분은 이 시기에 직접적인 피해를 입은 사람들이다. 전에는 대체로 중산층으로 불렸고, 사회가 요구하는 대로 직장을 얻어 열심히 일을 하면 자신의 노후와 자식들의 미래가 편안할 거라고 믿었던 그들에게 보상을 해주는 사람은 아무도 없었다.

사실 이 재앙은 일시적인 우연이라기보다는 그동안 차곡차곡 쌓여왔던 시스템의 해악이 한꺼번에 터져 나온 당연한 결과였다. 이런 재앙 이후에도 미국의 경제 시스템에 큰 변화가 없었다는 사실은 놀라우면서도, 한편으로는 그리 놀랍지 않다. 사회는 부유층이 더 부유해지는 쪽으로 제도를 운용하고 때로는 암암리에, 때로는 노골적으로 약자를 희생시킨다. 사태 이후 미국의 빈부 격차는 오히려 더욱 심화되었고, 집값은 계속 상승하는 반면 임금 수준은 제자리에 머무른 까닭에 점점 더 많은 사람들이 자신이 하는 일로는 먹고살 수 없는 처지로 내몰리고 있다. 아무리 좋은 대학에 들어가 학위를 몇 개씩 받아도 괜찮은 일자리를 구할 수 없는 상황에서 청년들은 공부를 계속할 의미를 모르겠다고 털어놓는다. 도널드 트럼프 전 대통령은 선동과 혐오의 정치를 펼침으로써, 이런 현실을 경험하며 쌓여온 국민들의 분노와 불만을 이민자와 유색인종 등 소수자들에게로 돌리는 데 성공했다. 미국의 점점 많은 주들이 차량에서 잠을 자는 행위를 불법으로 규정하고 있으며, 늘어가는 경찰의 단속과 행인들의 괴롭힘 때문에 노마드들은 눈에 띄지 않게 위장을 해야 한다. 그럼에도 백인들은 그나마 안전한 편이라고 저자는 말한다. 노마드 중에 백인이 많다는 사실은, 다시 말하자면 '집이 없다는 것'이 곧바로 '범죄'와 연결되는 사회에서 유색인종으로 밴 생활을 한다는 것이 얼마나 어렵고 위험한 일인지를 말해준다. 한편, 은퇴할 나이가 된 많은 노인들에게 유일한 수입원인 사회보장연금은 생활을 유지하기에는 턱없이 부족한 액수다. 육체적으로 아무리 힘들어도 은퇴할 수 없게 된 그들은 '자산이 버텨주는 것보다 내가 더 오래 살아남으면 어떻게 하나'를 고민한다.

미국의 경제체제는 총체적으로 실패했으며, 아메리칸드림은 산산조각 났고, 중산층의 안정이라는 환상 역시 붕괴했다. 『노마드랜드』는 역사적, 경제적, 사회적, 문화적 고찰을 통해 이 사실을 다각도로 형상화하고, 노마드라는 새로운 부족으로 떠오른 개인들의 구체적인 일상에서 시작해 그들이 자신의 존재 자체로 고발하는 사회의 더 큰 부조리를 선명히 드러내는 데 성공한다. 처음에는 집을 버리고 밴으로 들어간 노마드들의 생활방식을 지나치게 급진적인 것으로, 자족적인 주택인 '어스십'을 짓겠다는 그들의 꿈을 다소 허황된 것으로 느낀 사람이라도, 책을 다 읽을 무렵에는 길 위로 나서기로 한 것이 그들에게 유일하고도 합리적인 선택이었다는 데 동의하게 될 것이다.

그러나 저자는 불행한 피해자 집단으로 노마드들을 뭉뚱그려 그리지 않는다. 대신 수년간 그들과 함께 생활하면서, 삶이 무너져 내린 것처럼 보이던 자리에서 생겨나는 새로운 목표들을, 소비문화의 속박에서 탈출해 자연을 벗 삼아 살아가는 삶이 가져다주는 자유와 평화를 그려 보인다. 가진 것을 최대한 활용하고 서로 도와가며 위기 한복판에서 공동체를 만들어가는 생명력과 연대 의식을 전한다. 노마드들 각자의 얼굴만큼이나 그들의 현재와 미래 역시 입체적으로 그려진다. 그들은 자신들이 '홈리스'가 아니라 '하우스리스'라는 사실을 분명히 하지만, '홈리스'라는 사회적 낙인에 대해서는 복합적인 감정을 품고 있다. 그들은 망가진 사회에 문제를 제기하는 양심적인 문제 제기자들이자 대안적인 삶을 사는 사람들이라는 자부심을 품고 있지만, 삶을 유지하기 위해 때때로 의지와는 다른 선택을 해야만 한다. 아마존닷컴은 물류 창고의 열악한 노동 환경을 근본적으로 개선하는 대신, 근면하고 성실한 사람들이라는 사탕발림 칭찬으로 적은 임금과 혹독한 노동을 덮으면서, 세액 공제를 받을 수 있는 수단으로 그들을 이용하는 일을 계속할 것이다. 그리고 다른 대안이 생기기 전까지는, 노마드들은 그런 저임금 일자리를 옮겨 다니며 생활을 이어가야 할 것이다.

저자는 암담한 현실에서 오는 염려와 노마드들의 낙천적인 태도에서 오는 희망을 반반씩 품은 채 그들의 일상을 조심스럽게 따라간다. 『노마드랜드』가 길 위의 삶을 다룬 기존의 작품들과 구별되는 점이 있다면 노년 여성들의 일상을 최대한 사실적으로 묘사하고 있다는 점일 것이다. 남성보다 임금과 사회보장연금은 더 적게 받지만, 가족을 돌보는 노동의 의무는 더 많이 부담하고 있는 나이 든 여성들이 취업 시장에서, 밴에 탄 채 혼자 밤을 보내야 하는 거리에서, 육체노동을 하는 현장에서 구체적으로 무엇을 감당하고, 언제 기쁨과 슬픔을 느끼는지 이토록 생생하게 그려낸 작품은 아마도 없을 것이다.

저자가 꼼꼼히 그려낸 미국인들의 삶의 현실을 우리말로 옮기는 동안 내 머릿속에 환청처럼 맴돌았던 문장이 있다. '너는 혼자다.' 세계에서 가장 부유하면서 가장 불평등한 국가인 미국이 국민 개개인에게 지속적으로 불어넣는 메시지가 있다면 바로 그것이 아닐까. '네가 처해 있는 현실이 어떻든, 네 삶이 어떤 모양새든, 그건 모두 너의 책임이다. 너의 불행은 너만의 불행이다. 너를 안전하게 지켜줄 사회안전망 같은 건 없다.' 내게는 그것이 먼 이야기로, 미국만의 이야기로 느껴지지 않았다. 오히려 너무도 가깝게 느껴져 아찔할 정도였다. 코로나로 수많은 사람들이 위기 상황으로 내몰린 지금, 취약한 계층들은 예전보다 더욱 취약해지고 있다. 급증한 수요를 소화하기 위해 직원들을 대규모 채용하고 있는 물류 센터의 열악한 노동 현실에 관한 기사를 읽을 때마다 나는 이 책에 나오는 아마존 창고의 풍경을 떠올리지 않을 수 없었다. 더 약한 사람들을 보듬어 함께 살아갈 길을 모색하는 대신 개인이 성공하면 끝이라는 '각자도생'의 시대정신은 이곳에서도 마찬가지로 견고하다.

그러나 작업을 마칠 무렵, 내 머릿속에 더 강렬하게 새겨진 것은 어스십을 지을 땅을 언급하며 린다 메이가 했던 한마디였다. "거기서 혼자 지내게 되진 않을 거예요." 이 문장을 읽는 순간, 나는 『노마드랜드』가 '너는 혼자다'라는 메시지에 있는 힘껏 맞서 싸우기 위해 기획

되고 쓰여진 이야기였음을 그제야 총체적으로 깨달았다. 앞으로 어떤 상황이 벌어지든, 린다는 혼자 지내게 되지는 않을 것이다. 그 자신이 길에서 만난 친구들이 어려움에 처해 있을 때 절대로 혼자 두지 않을 사람, 남을 착취하지 않고 남에게 착취당하지도 않으면서 사는 삶이 함께라면 가능할 거라고 진심으로 믿는 사람이므로. 린다가 비범할 정도로 강인하고 긍정적인 사람인 것은 사실이지만, 내게 이 책은 특별한 한 개인의 이야기라기보다는 수없이 겹쳐진, 아주 많은 목소리들의 기억으로 남을 것 같다. 어떤 이유로든 삶을 더 이상 계속할 수 없을 것 같다는 생각이 들 때마다 그 목소리들이 그렇지 않다고 설득해줄 거라는 이상한 확신이 든다. 그 힘과 용기, 동료애를 독자들 역시 느낄 수 있었으면 좋겠다.

마지막으로 궁금한 독자들을 위해 소식 한 가지를 전하자면, 『노마드랜드』가 영화화되어 전 세계의 호평을 받고 있는 2021년 3월 현재, 린다 메이는 전에 애리조나주 더글러스에 사두었던 2만 제곱미터의 땅을 밴 생활자들의 연대인 '홈스 온 휠스'에 기부하고, 뉴멕시코주 타오스에 새로 땅을 샀다. 그는 그곳에 온실과 작은 집을 짓고 정착할 예정이라고 한다. 자급자족이 가능한 보금자리를 향한 린다의 여정은 여전히 진행 중이다. 린다와 모든 노마드들의 건강과 안전을 빈다.

서제인

참고 문헌

이 책에 나오는 기록 일부는 〈하퍼스 매거진〉 2014년 8월호에 실린 나의 기사 '은퇴의 종말: 노동을 그만둔 삶을 감당할 수 없어질 때'에서 가져왔다.

참고 문헌들의 연대는 출간일순이 아닌 이야기의 시간 순서를 따랐다. 돈 휠러, 그리고 내가 사탕무 수확과 캠퍼포스 일을 하는 동안 만난 사람들을 제외하고 이 책에 언급되는 모든 사람의 이름은 실명이다.

1장

이 장의 기록 대다수는 린다 메이가 샌버나디노 국유림에 있는 해나 플랫 캠프장에서 일하는 경험을 기록하기 위해 그와 함께 그곳으로 여행한 2015년 5월의 기록들이다.

19 샌버나디노 산맥에 관한 미국 지질조사국의 표현: https://geomaps.wr.usgs.gov/archive/socal/geology/transverse_ranges/san_bernardino_mtns.

19 여전히 상승하고 있는 샌버나디노 산맥: Paul W. Bierman-Lytle, "Case Study: San Bernardino and Urban Communities Interface: Historical, Contemporary and Future," in *Climate Change Impacts on High-Altitude Ecosystems*, ed. Münir Öztürk et al. Cham, Switzerland: Springer, 2015, pp. 292–93.

21 오래된 헌터 콤팩트 II 광고 브로슈어는 오래된 RV 브로슈어 저장소에서 다운로드했다: http://www.fiberglassrv.com/forums/downloads//ec_tmp/CompactIIBrochure.pdf.

22 캘리포니아 랜드 매니지먼트사의 브로슈어와 아메리칸 랜드 앤드 레저의

배너는 2014년부터 2016년까지 애리조나주 쿼츠사이트의 스포츠, 휴양 및 RV 쇼에 방문하는 동안 관찰한 것이다.

24 최저임금 노동자의 집세 부족: Diane Yentel et al., *Out of Reach 2016: No Refuge for Low Income Renters*. Washington, D.C.: The National Low Income Housing Coalition, 2016. http://nlihc.org/sites/default/files/oor/OOR_2016.pdf.

25 여섯 가구에 한 가구꼴로 수입의 대부분을 주거에 쓰는 미국인: Marcia Fernald, ed., *The State of the Nation's Housing 2016*. Cambridge, MA: Joint Center for Housing Studies of Harvard University, 2016, p. 31. http://nlihc.org/sites/default/files/oor/OOR_2016.pdf.

31 오르테가 고속도로의 위험들: Dan Weikel, "Driving a Deadly Dinosaur," *The Los Angeles Times*, August 11, 2001, p. A1.

35 '그라우트'라는 이름은 자리 잡지 못했다: John McKinney, "Grout Bay Trail Leads to History," *The Los Angeles Times*, July 25, 1999, p. 8.

36 버틀러 2호 산불이 56제곱킬로미터 이상을 삼켜버렸다: 캘리포니아주 산림 보호 및 화재 예방국의 2007년 9월 21일 사고 기록에서 발췌했다.

38 실비앤의 블로그: Silvianne Wanders, The Adventures of a Cosmic Change Agent, https://silviannewanders.wordpress.com.

39 〈퀸 오브 더 로드Queen of the Road〉의 가사는 실비앤 K. 델마스가 작사했고, 그의 동의하에 수록했다.

42 「모든 걸 풀 세트로」: Randy Vining, *Forty Years a Nomad: Poems From the Road*, Kindle ed., self-published, 2015.

42 린다가 읽고 있던 책들: Anne LaBastille, *Woodswoman: Living Alone in the Adirondack Wilderness*. New York: Penguin Books, 1991; Scott Belsky, *Making Ideas Happen: Overcoming the Obstacles between Vision and Reality*. New York: Portfolio, 2012.

49 워캠퍼 그레그와 캐시 빌라로보스에 관한 기사: Jane Mundy, "California Labor Law Also Applies to Seniors," LawyersAndSettlements.com, July 16, 2014. http://www.lawyersandsettlements.com/articles/california_labor_law/interview-california-labor-law-43-19945.html.

페이스북을 통해 연락이 닿았을 때, 그레그 빌라로보스는 자신이 이 기사에 등장하는 사람임을 확인해주었고 다이렉트 메시지로 이렇게 덧붙였다. "이 문제는 아주 흔하지만 캠프장 관리자 대부분은 아무런 보상도 없이 그냥 추가 근무를 합니다. 저는 캠프장 관리 일자리 두 군데에서 일해봤는데 두 군데 모두에서 같은 대우를 받았습니다. 두 군데 각각 다른 회사였어요. 저는 더 이상 캠프장 관리 일을 하지 않아요. 캠핑객들은 아주 좋았지만 경영진은 싫습니다."

50 캘리포니아 랜드 매니지먼트사에 관한 별 하나짜리 리뷰: https://www.yelp.com/biz/california-land-management-palo-alto.

52 캘리포니아 랜드 매니지먼트사 대표 에릭 마트로부터 온 이메일(2016년 12월 26일 자)에는 또한 다음과 같은 내용도 포함되어 있었다:

"어떤 이유로든 '시간 외' 근무를 하는 것은 회사 정책을 위반하는 것이며, 이 정책을 위반하는 직원들은 고용 기간 종료 조치까지 포함하는 징계 대상이 될 것입니다……"

"회사를 운영하는 36년 동안 우리는 직원들이 제기하는 많은 불만을 조사해왔습니다. 우리가 종종 발견한 바로는, 불만 사항을 둘러싼 사실들이 직원이 주장하는 것과 달랐습니다. 그러나 실제로 경영진의 부당대우가 발견될 때에는 그 관리자에 대해 시정 조치를 행하고 있습니다."

"우리는 여름 시즌 최성수기 동안 450명 이상을 고용하고 있으며, 해마다 우리 회사로 돌아와 다시 일하는 계절성 노동자 인구의 비율은 매우 높습니다. 우리의 인사 정책이 귀하의 편지가 주장한 것과 같은 일들을 허용한다면 이런 현상은 분명 일어나지 않을 것입니다."

2장

62 미국 우정청이 '카지노'라는 도시 이름을 거절하다: Frank Aleksandrowicz, "Nevada by Day: The Other Attractions Around Las Vegas," *The Elyria Chronicle- Telegram*, June 17, 1990, p. E11.

67 데니스 위버의 다큐멘터리: *Dennis Weaver's Earthship*. Directed by Phil Scarpaci. Robert Weaver Enterprises, 1990.

67 위버의 어스십에 대한 제이 레노와 이웃들의 농담: Associated Press,

"Actor Builds Treasure with Other People's Trash," *Colorado Springs Gazette Telegraph*, November 28, 1989, p. B8.

67 위버의 어스십 건축 비용: Patricia Leigh Brown, "Father Earth," *The New York Times*, January 10, 1993, p. A1.

67 뉴질랜드인 브라이언 거브의 어스십: http://gubbsearthship.com.

68 시애틀에 있는 "꼬마 어스십": Sara Bernard, "Earthship!" *Seattle Weekly*, August 12, 2015, p. 9.

68 '천국의 문'에 대한 마이클 레이놀즈의 코멘트: Martha Mendoza/ Associated Press, " 'Earthships' Meld Future with Past," *The Los Angeles Times*, May 18, 1997, p. 1.

69 레이놀즈의 고군분투를 다룬 다큐멘터리: *Garbage Warrior*. Directed by Oliver Hodge. Open Eye Media, 2007.

69 레이놀즈의 웹사이트에서 인용한 구절들: "경제라는 이름의 괴물": http://earthship.com/a-brief-history-of-earthships; "경제는 게임입니다": http://earthship.com/Designs/earthship-village-ecologies.

71 고령 여성과 가난: Jasmine Tucker and Caitlin Lowell, *National Snapshot: Poverty Among Women & Families*, 2015. Washington, D.C.: National Women's Law Center, 2016. http://nwlc.org/wpcontent/uploads/2016/09/Poverty-Snapshot-Factsheet-2016.pdf.

71 남성들보다 적은 여성들의 사회보장연금 액수: Joan Entmacher and Katherine Gallagher Robbins, *Fact Sheet: Women & Social Security*. Washington, D.C.: National Women's Law Center, 2015. http://nwlc.org/wp-content/uploads/2015/08/socialsecuritykeyfactsfactsheetfeb2015update.pdf.

71 성별 임금 격차: Ariane Hegewisch and Asha DuMonthier, *The Gender Wage Gap: 2015*. Washington, D.C.: Institute for Women's Policy Research, 2016. http://www.iwpr.org/publications/pubs/thegender-wage-gap-2015-annual-earnings-differences-by-genderrace-and-ethnicity.

71 여성이 남성보다 5년 오래 산다: Jiaquan Xu et al., *Mortality in the United States, 2015*. Hyattsville, MD: Centers for Disease Control and Prevention

National Center for Health Statistics, 2016. https://www.cdc.gov/nchs/data/databriefs/db267.pdf.

3장

이 장에 등장하는 네바다주 엠파이어에 관한 기록 대부분은 〈크리스천 사이언스 모니터〉지의 인쇄판 2011년 6월 13일 자 33페이지에 실린 나의 기사 '마지막 기업 의존형 마을'에서 가져왔다.

78 〈공포의 휴가길〉: 원작 컬트 클래식 〈공포의 휴가길The Hills Have Eyes〉, 1977년 웨스 크레이븐 감독, 뱅가드. 리메이크 〈힐즈 아이즈The Hills Have Eyes〉, 2006년 알렉산드르 아야 감독, 폭스 서치라이트 픽처스.

80 엠파이어를 체르노빌에 비유한 기사: Jenny Kane, "Gypsum Mine, Town of Empire Sold," *The Reno Gazette-Journal*, June 4, 2016, p. A5.

80 마시다 만 커피잔, 넘겨지지 않은 달력들: Jenny Kane, "Empire Mining Co. Will Only Restore Part of Ghost Town," *The Reno Gazette-Journal*, August 24, 2016, p. A4.

81 이 글을 작성하는 시점에서도 구글 맵스는 여전히 스트리트 뷰 업데이트를 하지 않고 있었으며, 엠파이어 주민 한 명이 잔디에 물을 주는 모습은 아직도 다음 주소에서 볼 수 있다: https://www.google.com/maps/@40.572901,-119.34298,3a,75y,340.84h,74.5t/data=!3m6!1e1!3m4!1sNxq0MbTKOKuCSPq0olMttQ!2eo!7i3328!8i1664.

83 24킬로미터 이상: "Amazon CamperForce Program," promotional video, published by AmazonFulfillment on July 19, 2013, https://youtu.be/jT1D1RsW1bQ.

86 '대침체기의 오키': http://lovable-liberal.blogspot.com/2013/08/grapes-of-workamping.html; '미국인 난민': http://unlawflcombatnt.proboards.com/thread/9293; '돈 많은 홈리스': http://earlystart.blogs.cnn.com/2012/12/12/workampers-fillingtemporary-jobs-for-amazon-com-cnns-casey-wian-reports-onthese-affluent-homeless; '현대의 과수원 부랑자': http://union/02/workampers-are-new-iwwwobblies.html.

86 워캠퍼 구인광고: *Workamper News* http://workamper.com, *Workers on Wheels* http://www.work-for-rvers-and-campers.com.

88 폭죽 판매 일을 준비하기: *Workamper News*, July/August 2013, p. 33.

89 스토리 랜드 구인광고: *Workamper News*, November/December 2015, p. 36.

89 조지아의 라마 농장 구인광고: *Workamper News*, September/October, p. 20.

89 수상 택시 자원봉사자 모집 광고: *Workamper News*, September/October, p. 17.

91 '풀타임으로 여행하는 사람들'이 사우스다코타 주민이 되기 위해 필요한 것들: http://dps.sd.gov/licensing/driver_licensing/obtain_a_license.aspx.

91 레크리에이션 리소스 매니지먼트사의 고용 상황: Kristyn Martin, "Working into Their 70s: the New Normal for Boomers," *Al-Jazeera America*, October 17, 2014. http://america.aljazeera.com/watch/shows/real-money-with-alivelshi/2014/10/Workampers-retirement-babyboomers.html.

91 캠프그라운즈 오브 아메리카의 고용 상황, 〈워캠퍼 뉴스〉의 회원 수: Melissa Preddy, "Work Camping: Seasonal Jobs on the Road," *AARP Bulletin*, December 2014.

92 밴 생활의 유행: Eric Spitznagel, "What the Kids Are Doing These Days," *The New York Times Magazine*, November 6, 2011, p. 9.

93 캠퍼포스의 추천 보너스 125달러: Amazon CamperForce Referral Form, 2015; 2012년에는 50달러였다는 기록: *Amazon CamperForce Newsletter*, May 2012, p. 5.

93 캠퍼포스 베테랑들의 팁: *Amazon CamperForce Newsletter*, July 2012, pp. 2–5.

94 네바다주 펀리의 '불경기 댄스' 축제: *Amazon CamperForce Newsletter*, April 2012, p. 3.

94 피칸 줄기: *Amazon CamperForce Newsletter*, March 2013, p. 3.

94 캠퍼포스 구인광고 전단: https://www.scribd.com/document/133679509/CamperForce-Recruiting-Handout.

95 "과장된 애정의 형태로 된 인센티브": "Bottom Line at Amazon.com: Money," *Workamper News*, July/August 2014, pp. 31–34.

101 노동자들을 버스로 실어 나르기: *Amazon CamperForce Newsletter*, July 2013, p. 1.

103 앰케어: 앰케어에 만족할 수 없었던 노동자들은 훗날 페이스북에서 아마존의 내부 의료 서비스를 논하던 중 두 단어로 이루어진 혼성어 "샘케어Shamcare"라는 신조어를 만들어냈다.

103 나이 많은 노동자들에 대한 캠퍼포스 운영자의 말: "*Workamper News* Jobinar with AmazonCamperForce," http://www.youtube.com/watch?v=STC3funa1Gg〔2013년 3월 21일 업로드됨〕.

104 노동자들을 세액 공제에 활용하는 아마존에 대한 블로그 코멘트: http://talesfromtherampage.com/amazon.

105 고령 노동자들에 대한 사탕무 수확 채용 담당자의 말: "*Workamper News* Jobinar with Express Sugar Beet Harvest," https://www.youtube.com/?v=cbJtFHJHf_M〔2014년 2월 26일 업로드됨〕.

109 높은 연령대 미국인들의 고용 상황: Bureau of Labor Statistics, U.S. Department of Labor, Labor Force Statistics from the Current Population Survey, 65세 이상인 사람들의 실업률: https://data.bls.gov/timeseries/LNU02000097.

109 자산이 버텨주는 나이보다 오래 사는 일을 두려워하는 사람들: "Reclaiming the Future: Challenging Retirement Income Perceptions," Allianz Life Insurance Company of North America, 2010.

110 은퇴에 대한 견해: S. Kathi Brown, "Retirement Attitudes Segmentation 2013," AARP Research, Washington, D.C., 2013.

111 윌리엄 오슬러에 관한 사설: "Old Men at Forty," *The New York Times*, February 24, 1905.

111 인기가 없었던 소설 『일정한 시기The Fixed Period』: David Lodge, "Rereading Anthony Trollope," *The Guardian*, December 15, 2012, p. 16.

111 연금 옹호자의 우울한 전망: Lee Welling Squier, *Old Age Dependency in the United States: A Complete Survey of the Pension Movement*. New York: The Macmillan Company, 1912, pp. 28–29.

112 콜로라도와 오하이오의 구빈원들: Harry C. Evans, *The American Poorfarm* *and Its Inmates*, Des Moines, IA: The Loyal Order of the Moose, 1926, pp. 13, 29.

113 모노폴리 게임판의 구빈원: Nancy Altman, "Social Security at 80: Lessons Learned," *The Huffington Post*, August 18, 2015.

114 나이 많은 미국인들의 생계 유지 수단: U.S. Social Security Administration, "Historical Background and Development of Social Security: Pre Social-Security Period," https://www.ssa.gov/history/briefhistory3.html.

115 위험의 대규모 이동: Jacob S. Hacker, *The Great Risk Shift: The Assault on American Jobs, Families, Health Care, and Retirement and How You Can Fight Back*. Oxford: Oxford University Press, 2006, pp. x, 5–6.

115 가장 큰 수입원으로서의 사회보장연금: "Fact Sheet: Social Security," U.S. Social Security Administration, https://www.ssa.gov/news/press/factsheets/basicfact-alt.pdf.

115 다리 세 개 달린 의자에서 스카이콩콩으로: Emily Brandon, "The Retirement Pogo Stick," *U.S. News & World Report*, February 5, 2009, online only http://money.usnews.com/money/blogs/planning-toretire/2009/02/05/the-retirement-pogo-stick.

115 하루에 5달러밖에 되지 않는 식품 구입비: Teresa Ghilarducci, "Our Ridiculousto Retirement," *The New York Times*, July 22, 2012, p. SR5.

116 전직 미국 상원의원 앨런 심슨의 사회보장연금에 대한 코멘트: Jeanne Sahadi, "Co-Chair of Obama Debt Panel under Fire for Remarks," CNNMoney.com, August 25, 2010. http://money.cnn.com/2010/08/25/news/economy/alan_simpson_fiscal_commission.

4장

밥 웰스에 관한 전기적 사실들은 직접 진행한 인터뷰를 통해, 그리고 3년간 타이어 떠돌이들의 랑데부에서 그가 연 세미나들과, 그의 웹사이트 http://CheapRVLiving.com을 통해 얻었다. (이 사이트의 초기 버전들에는 웹 아카이브 사이트인 'The Wayback Machine', http://archive.org/web을 통해 접근할 수 있었다.)

118 "어쩌면 전생에 집시였거나": https://web.archive.org/web/201301142
25344/http://cheaprvliving.com.

122 알래스카 대지진: "The Great M9.2 Alaska Earthquake and Tsunami of
March 27, 1964," http://earthquake.usgs.gov/earthquakes/events/alaska1964.

122 데날리 초등학교, 앵커리지 국제공항 관제탑, J. C. 페니 빌딩의 피해: "The
GreatEarthquake of 1964: Engineering," National Research Council, 1973,
pp. 310, 416–418, 823; Wallace R. Hansen et al., "The Alaska Earthquake:
March 27, 1964: Field Investigations and Reconstruction Effort," U.S.
Geological Survey, 1966, p. 83.

125 억지로 하게 된 밴 생활에 대한 밥의 견해: "What's Your Vision for
Your Life?" https://web.archive.org/web/20120728075840/http://
cheaprvlivingblog.com/2012/07/whats-your-vision-for-your-life.

126 CheapRVLiving.com을 인기 있게 만든 경기 침체와 수명을 다해가는 사
회적 계약에 관한 밥의 견해: "Thriving in a Bad Economy," https://web.
archive.org/web/20121223110050/http://cheaprvlivingblog.com/2012/09/
thriving-in-a-bad-economy.

127 1930년대 중반의 하우스 트레일러 붐: David A. Thornburg, *Galloping
Bungalows: The Rise and Demise of the American House Trailer*. Hamden,
Archon Books, 1991.

127 하우스 트레일러에서의 생활: "Two Hundred Thousand Trailers," *Fortune*,
March 1937, p. 220.

127 "세금과 집세에서 탈출한다": Philip H. Smith, "House Trailers— Where
Do They Go From Here?" *Automotive Industries*, November 14, 1936, p. 680.

128 트레일러에 관한 예측과 로저 밥슨: Clyde R. Miller, "Trailer Life Seen
as Good for Nation, Aiding Instead of Displacing Homes," *The New York
Times*, December 20, 1936, p. N2.

128 "새로운 삶의 방식": Konrad Bercovici, "Gypsy in a Trailer [Part I],"
Harper's Magazine, May 1937, p. 621.

128 150만 대에서 200만 대가량의 하우스 트레일러: David A. Thornburg,
Galloping Bungalows: The Rise and Demise of the American House Trailer.

Hamden, CT: Archon Books, 1991, p. 181.

128 이동식 주택 거주민들의 음유시인: David A. Thornburg, *Galloping Bungalows: The Rise and Demise of the American House Trailer*. Hamden, CT: Archon Books, 1991, pp. 2, 60–61.

130 예산 마련에 관한 밥의 코멘트: "Where Does My Money Go?" http://www.cheaprvliving.com/blog/where-does-my-money-go.

131 트루퍼 댄: http://www.cheaprvliving.com/survivalist-truck-dweller.

131 샬린 스왱키의 프로필: http://www.cheaprvliving.com/inspiring-vandweller-charlenes-story.

135 Lance5g의 소개글: https://groups.yahoo.com/neo/groups/liveinyourvan/conversations/messages/2.

137 임시로 만들어낸 인터넷 연결에 대한 고스트 댄서의 코멘트: https://groups.yahoo.com/neo/groups/vandwellers/conversations/messages/156516.

137 야후 그룹 '밴에서 살아라 2': https://groups.yahoo.com/neo/groups/VanDwellers.

137 "밴 생활의 창시자": http://swankiewheels.blogspot.com/2012/01/ghost-dance-arrived-at-rtr-today.html.

139 페이스북 그룹 '밴 생활자들: 밴에서 살아라': https://www.facebook.com/groups/Vandwellers/files.

139 레딧의 밴 생활자 스레드: https://www.reddit.com/r/vandwellers/.

141 월마트 주차장 난투극: Jim Walsh, "Family in Walmart Melee Performed," *The Arizona Republic*, March 25, 2015, p. A8; Jon Hutchinson, "Camping Ban Now Enforced at Cottonwood Walmart Store," *The Verde Independent*, March 27, 2015, http://www.verdenews.com/news/2015/mar/27/camping-ban-now-enforced-at-cottonwoodwalmart-st.

141 철야 주차를 망치는 '얼간이'들: http://rvdailyreport.com/opinion/opinion-will-walmart-camping-become-thing-of-the-past.

141 월마트 고객들에 대한 이동 푸드 뱅크 봉사 모임 설립자의 코멘트: Jimmy Maas, "Meet Austin's 'Real People of Walmart,'" KUT 90.5 FM, May 26, 2016, http://kut.org/post/meet-austins-real-people-walmart.

142 "월마트 철야 주차장 지도 앱": http://www.allstays.com/apps/walmart.htm.

143 블로그 '티오가와 조지의 모험': http://blog.vagabonders-supreme.net.

144 블로그 '떠돌이 스트리퍼': https://rvsueandcrew.com.

144 RV수와 그의 반려견 승무원들: 이전 게시물: https://rvsueandcrew.com/; 최근 게시물: http://rvsueandcrew.net.

154 블로그 '짐보의 여행': https://jimbosjourneys.com.

5장

159 아마존 타운: 내가 아는 한, 캠퍼포스 일꾼들의 일시적인 거주지를 가리키는 이 표현은 다음 기사 제목에서 처음 등장했다: Stu Woo, "Welcome to Amazon Town," *The Wall Street Journal*, December 20, 2011, p. B1.

161 등반용 앵커: Shelby Carpenter, "What Happens When Climbing Bolts Go Bad?" Outside website, November 4, 2015, https://www.outsideonline.com/2031641/what-happens-when-climbing-bolts-go-bad.

162 산불에 원인을 제공한 혐의로 기소된 사냥꾼: "Man Charged with Starting Massive California Blaze," The Associated Press, August 8, 2015.

163 "우정의 가치": *Amazon CamperForce Newsletter*, June 2013, p. 1.

163 "2013년, 역사를 만들 준비!": *Amazon CamperForce Newsletter*, March 2013, p. 1.

164 "아마존 캠퍼포스 프로그램 첫 몇 주간 생길 일": *Amazon CamperForce Newsletter*, April 2013, p. 1.

165 아마존 창고에서 이루어지는 감시에 관한 기록 일부는 내가 쓴 다음 칼럼에서 가져왔다: "With 6,000 Jobs, What Is Amazon Really Delivering?" Reuters, June 17, 2015, http://blogs.reuters.com/greatdebate/2015/06/17/with-6000-new-warehouse-jobs-what-is-amazon-really-delivering.

165 아마존 직원들의 동선을 추적하는 시스템에 관한 기록 일부는 내가 쓴 다음 기사에서 가져왔다: "We're Watching You Work," *The Nation* print edition, June 15, 2015, p. 28.

171 직업안전보건관리국의 기록: Nevada Occupational Safety and Health Administration Inspection Report Number 317326056 (October 7, 2013).

이 기록과 다른 기록들은 네바다주 기록공개법에 따른 2016년 5월의 요청에 대한 답변으로 직업안전보건관리국에 의해 제공되었다.

172 아마존 임금 소송: Richard Wolf, "Justices Say Security Screening After Work Isn't Paid Time," *USA Today*, December 9, 2014, http://www.usatoday.com/story/news/nation/2014/12/09/supreme-courtamazon-workers-security-screening/20113221.

174 정전기 충격에 관한 직업안전보건관리국의 조사: Nevada Occupational Safety and Health Administration Inspection Report Number 315282491 (March 24, 2011) and 316230739 (February 7, 2012).

179 크리스 팔리가 연기한 밴 생활자 캐릭터: "Matt Foley, Motivational Speaker," *Saturday Night Live*, NBC, May 8, 1993.

185 아마존의 휴일 시즌 판매 기록: "Record-Setting Holiday Season for Amazon Prime" BusinessWire, December 26, 2013.

6장

192 "달리는 에덴동산": E. B. White, "One Man's Meat," *Harper's Magazine*, May 1941, p. 665.

192 쿼츠사이트의 연중 인구: 미국 인구조사국의 2015년 인구조사에 따르면 3,626명으로 추정. https://factfinder.census.gov/faces/nav/jsf/pages/community_facts.xhtml#.

194 쿼츠사이트를 방문한 떠돌이 철공의 버스: http://www.fulltime.hitchitch.com/dec2010-1.html; 철공 조 베이컨의 웹사이트: http://joetheblacksmith.com.

199 "어딕티드 투 딜스는 완전히 미쳤어요.": https://www.yelp.com/biz/addicted-to-deals-quartzsite.

199 '리더스 오아시스'의 건축: Bill Graves, "Inside the Desert Bazaar—Quartzsite," *Trailer Life*, November 1999, p. 118.

200 전도사의 말을 인용한 문장들은 내가 2014년 1월 14일 라스트 콜 텐트 목사관에서 열린 전도 집회에서 직접 녹음한 것이다.

203 "어르신들의 봄방학": http://obsirius.blogspot.com/2009/01/like-spring-

break-for-seniors.html.

203 "가난한 사람들의 팜 스프링스": Mark Shaffer, "Snowbirds Walk on the Wild Side," *The Arizona Republic*, February 22, 2004, p.1.

203 7개월까지 180달러: Dennis Godfrey, "Where Friends Are Like Family," *My Public Lands: The Bureau of Land Management Magazine*, Spring 2015, p. 26.

205 사막에서 이웃임을 표시하는 기호들: http://littleadventuresjg.blogspot. com/2015/01/odds-and-ends-from-quartzsite.htm; http://www. misadventureranch.com/winter07.htm.

206 '차를 탄 외톨이들' 클럽의 규칙: Henry Wolff Jr., "Loners, But Not Alone!" *The Victoria Advocate*, April 17, 1988, p. 2, 이 클럽의 웹사이트는 http://www.lonersonwheels.com/membership-form.html.

207 나체주의자들을 놀리는 쿼츠사이트 주민들의 코멘트는 2016년 12월 8일 자 페이스북 그룹 'Quartzsite Chatter'에서 인용했다.

207 "기괴하고 심하게 미쳐 있는 곳들": Nicholas Woodsworth, "Flight of the Polyester-Clad Snowbirds," *The Financial Times*, March 8, 1997, p. 19.

208 쿼츠사이트의 타이슨 요새와 하지 알리: Federal Writers' Project, *The WPA Guide to Arizona: The Grand Canyon State*. San Antoinio, TX: Trinity University Press, 2013, p. 361.

208 타이슨 웰스에 대한 회고록 저술가의 기록: Martha Summerhayes, *Vanished Arizona: Recollections of the Army Life of a New England Woman*. Philadelphia: J. B. Lippincott, 1908, pp. 138-139.

209 투손에서 로스앤젤레스까지 우편물을 배달한 낙타들: Kenneth Weisbrode, "The Short Life of the Camel Corps," *The New York Times*, December 27, 2012, http://opinionator.blogs.nytimes.com/2012/12/27/theshort-life-of-the-camel-corps.

210 인구가 열한 가구로 줄어들었다: Peter T. Kilborn, "Where Scorpions Roam and Snowbirds Flock," *The New York Times*, February 10, 2003, p. A1.

210 쿼츠사이트 벼룩시장의 유래: Kate Linthicum, "Keeping It Quirky," *The Los Angeles Times*, April 16, 2011, p. 1.

216 그랜드 개더링: http://www.qiaarizona.org/Grand-Gathering.html.

222 블루버드와 함께하는 사격 수업: http://www.wanderlodgeownersgroup. com/forums/showpost.php?p=193151&postcount=126.

7장

225 니들스의 조드 가족: John Steinbeck, *The Grapes of Wrath*. New York: Viking, 1939.

227 RTR 초대장: http://web.archive.org/web/20140112194330/http://www. cheaprvliving.com/gatherings.

231 〈매드 맥스 2〉스러운 미래: http://www.cheaprvliving.com/tribe/report-winter-rtr-january-2014/#comment-10786.

234 앨 크리스텐슨의 블로그 '굴러가는 강철 텐트': http://rollingsteeltent. blogspot.com/2014/01/someone-asked-my-story-fool.html.

235 밥의 책: *How to Live in a Car, Van or RV... And Get Out of Debt, Travel & Find True Freedom*, CreateSpace Independent Publishing Platform, 2014, p. 43.

236 "노크 소리": 2015년 8월 13일 자 샬린 스왱키의 페이스북 게시물에서 인용.

244 로스알고도네스에서 들려오는 이글스의 노래에 관한 글렌 모리세트의 글: http://tosimplifyold.blogspot.com/2014_01_01_archive.htm.

248 라본 엘리스가 자신의 블로그에 쓴 첫 번째 RTR 참가 후기: http:// completeflake.com/looking-back.

254 어드벤처랜드에서 사망한 워캠퍼: 조사번호 1154435에 따른 아이오와주 직업안전보건관리국의 규칙 위반 고지 및 벌금 통지서에서 인용. (2016 년 8월 16일): Kevin Hardy, "Worker Who Dies Was Just Six Days on His Job," *The Des Moines Register*, June 14, 2016, p. A4.

260 작별에 관한 라본의 글: http://completeflake.com/the-down-side-of-vandwelling-is-saying-goodbye.

8장

269 쾌활한 언론 보도: Lynn Neary, "Amazon's Seasonal 'Workampers' Fill

Holiday Orders," *All Things Considered*, National Public Radio, December 22, 2011.

270 '징징거리지 마'정서: Jaimie Hall Bruzenak, "Great Expectations—Do You Need an Attitude Adjustment?" *Workamper News*, September/October 2013, p. 7.

271 "환상에 중독된 이 미국적인 태도": James Rorty, *Where Life Is Better: An Unsentimental American Journey*. New York: Reynal & Hitchcock, 1936, p. 13.

272 역경에 직면한 사람들의 공동체: Rebecca Solnit, *A Paradise Built in Hell: The Extraordinary Communities That Arise in Disaster*. New York: Viking, 2009.

283 밴에서 보내는 첫날밤: Bob Wells, *How to Live in a Car, Van or RV: And Get Out of Debt, Travel, & Find True Freedom*, CreateSpace Independent Publishing Platform, 2014, p. 88.

288 "치과보험 혜택을 받지 못하는 시민이 전체의 3분의 1이 넘는 나라": National Association of Dental Plans, "Who Has Dental Benefits," http://www.nadp.org/Dental_Benefits_Basics/Dental_BB_1.aspx#_ftn1; 이 주제에 관해 더 읽고 싶다면 가난, 낙인, 그리고 나쁜 치아 건강에 대한 세라 스마시의 명료하고 훌륭한 다음 에세이를 추천한다: "Poor Teeth," *Aeon*, October 23, 2014, https://aeon.co/essays/there-is-no-shame-worse-than-poor-teeth-in-a-rich-world.

289 방황하는 개인들의 네트워크: http://rvsingles.org.

295 페이스북의 아마존 캠퍼포스 공식 페이지: https://www.facebook.com/amazoncamperforce.

295 "불편한 생활을 하는 것"과 특권: Christian Lander, "#128 Camping," *Stuff White People Like*, August 14, 2009, https://stuffwhitepeoplelike.com/2009/08/14/128-camping.

9장

303 트럭 사고: Sarah Volpenhein, "Amid Sugar Beet Truck Accidents, Some

Question Minnesota, North Dakota Regulations for Ag Drivers," *The Grand Forks Herald*, October 7, 2015, http://www.grandforksherald.com/news/business/3856308-amid-sugar-beet-truck-accidents-some-question-minnesota-north-dakota.

317 '택트 타임'의 정의: https://ocw.mit.edu/courses/engineering-systems-division/esd-60-lean-six-sigma-processes-summer-2004/lecture-notes/8_1assembly_op.pdf.

10장

327 홈리스가 된 듯한 느낌에 대한 라본의 글: http://www.completeflake.com/what-vandwelling-is-really-like.

329 "불가촉천민들"에 대한 라본의 코멘트: http://www.completeflake.com/second-chances.

329 홈리스에 대한 밥의 정의: Bob Wells, *How to Live in a Car, Van or RV: And Get Out of Debt, Travel, & Find True Freedom*, CreateSpace Independent Publishing Platform, 2014, pp. 6–7.

330 홈리스 상태의 범죄화에 대한 〈뉴욕 타임스〉의 기사: Adam Nagourney, "Aloha and Welcome to Paradise. Unless You're Homeless," *The New York Times*, June 3, 2016, https://www.nytimes.com/2016/06/04/us/hawaii-homeless-criminal-law-sitting-ban.html.

331 숲을 '주거 용도'로 사용하기: Cyndy Cole, "Some Folks Camping Out for Life," *The Arizona Daily Sun*, August 9, 2011, http://azdailysun.com/news/local/some-folks-camping-out-for-life/article_5623148e-2326-5ce2-97c2-2ce18b6cde82.html.

331 산림청이 개발하고 있는 앱: Zach Urness, "Trashing the Forest: Long-Term Camping Causes Environmental Problems," *The Statesman Journal*, April 19, 2016, p. D3.

332 "가솔린 집시": Editorial, "Trailer Lessons," *The New York Times*, May 4, 1937, p. 24.

332 "자동차 빈민가": "Two Hundred Thousand Trailers," *Fortune*, March

1937, p. 106.

332 "탈세자": "Slants," *Automotive Industries*, October 31, 1936, p. 564.

332 라본이 들은 '노크 소리': http://completeflake.com/the-dreaded-knock.

11장

337 "미국은 지구상에서 가장 부유한 국가지만": Kurt Vonnegut, *Slaughterhouse-Five*. New York: Dell Publishing, 1991, pp. 128–129.

338 린다에 대한 라본의 코멘트: http://completeflake.com/why-i-spent-the-day-at-the-laundromat-or-shit-happens.

340 상금 15억 달러의 파워볼 추첨: Charles Riley, Sara Sidner, and Tina Burnside, "We Have Powerball Winners!" CNNMoney, January 14, 2016, http://money.cnn.com/2016/01/13/news/powerball-winner-lottery.

343 미래에 대한 밥의 의기소침한 전망: http://www.cheaprvliving.com/budget/poverty-prepping-food-pantry.

360 하부브: Marc Lacey, "Haboobs Stir Critics in Arizona," *The New York Times*, July 22, 2011, p. A11; Don Yonts, "Don't Call Our Dust Storm Haboobs," *The Arizona Republic*, July 16, 2011, p. B4.

363 한때 애리조나 최대의 도시: Thomas Palmer, "A Town in Search of a Future," *The Boston Globe*, February 8, 1987, p. 73.

363 청정대기법의 역사: https://www.epa.gov/clean-air-act-overview/evolution-clean-air-act.

364 제련소의 오염물질: Iver Peterson, "Acid Rain Starting to Affect Environment and Politics in West," *The New York Times*, March 30, 1985, p. 6; Scott McCartney, "Country Town's Air Goes up in Smoke of Copper Smelters," *The Los Angeles Times*, July 27, 1986, p. 2.

364 제련소의 폐쇄: "Last Copper Is Poured at a Polluting Smelter," *The New York Times*, January 15, 1987, p. A14.

364 공산주의자들에 대한 비난: Thomas Palmer, "A Town in Search of a Future," *The Boston Globe*, February 8, 1987, p. 73.

365 병원의 폐쇄: Anthony Brino, "Cochise Regional Hospital in Arizona to

Close after Medicare Stops Reimbursements over Safety," *Healthcare Finance News*, July 29, 2015, http://www.healthcarefinancenews.com/news/cochise-regional-hospital-arizona-close-after-medicare-stops-reimbursements-over-safety.

365 네 번째로 빠르게 인구가 줄어든 도시: Thomas C. Frohlich, "Going, Going, Gone: America's Fastest-Shrinking Cities," *USA Today*, April 8, 2016, http://www.usatoday.com/story/money/2016/04/08/24-7-wallst-america-shrinking-cities-population-migration/82740600.

365 더글러스의 그랜드 시어터: Bonnie Henry, "Keeping Their Dream Alive," *The Arizona Daily Star*, June 19, 2008, p. E1; Cindy Hayostek, "Haunted Theatre a Success," *The Douglas Dispatch*, November 5, 2002, http://www.douglasdispatch.com/news/haunted-theatre-a-success/article_674369bc-6037-529a-8325-64394a4a8d6a.html; National Registry of Historic Places Nomination Form, Entered July 30, 1976, http://focus.nps.gov/nrhp/GetAsset?assetID=684cabb7-8870-4872-bffc-b0492928ffb6.

366 더글러스의 새로운 방문객들: Perla Trevizo and Luis F. Carrasco, "Artists Try to Help Paint New Future for Douglas," *The Arizona Daily Star*, December 19, 2015, p. A1.

368 엘 차포의 터널: "Agents Find Drug Tunnel to U.S.," Associated Press, *The New York Times*, May 19, 1990, p. 7; Monte Reel, "Underworld," *The New Yorker*, August 3, 2015, p. 22; Adam Higginbotham, "The Narco Tunnels of Nogales," *Bloomberg Businessweek*, August 6–12, 2012, p. 56.

370 열여섯 살짜리 밀수범: Nigel Duara, "Teen Drug Mules Are in for a Shock in Arizona; County Charges Them as Adults Instead of Freeing Them," *The Los Angeles Times*, May 3, 2016, p. A1.

370 집에서 만든 집라인: Perla Trevizo, "Beyond the Wall: Shifting Challenges on Rugged Arizona Line," *The Arizona Daily Star*, July 10, 2016, p. F9.

370 스쿠버 밀수범: Devlin Houser, "Man in Sewer System Drops 55Lbs. of Weed," *The Arizona Daily Star*, February 27, 2010, p. A9; Brenna Goth, "Creative Pot Smugglers Try 'a Little Bit of Everything,'" *The Arizona Daily*

Star, September 28, 2011, p. A1.

370 드론이 마약을 떨어뜨리다: Elahe Izadi, "What a Marijuana Bundle Droppedthe Sky Can Do to a Doghouse," *The Washington Post*, September 28, 2015, https://www.washingtonpost.com/news/post-nation/wp/2015/09/28/what-a-marijuana-bundle-dropped-from-the-sky-can-do-to-a-dog-house.

385 "해적의 소굴": Lawrence W. Cheek, "Heritage Hotels: Time Stands Still at Four Historic Arizona Hotels Rife with Amusing Quirks and Characters of the Old West," *The Los Angeles Times*, January 5, 1992, p. L1.

코다

396 RTR의 새로운 규칙들: http://www.cheaprvliving.com/blog/rubbertramp-rendezvous-schedule-2017.

401 하위 50퍼센트에 속하는 사람들의 소득: Patricia Cohen, "A Bigger Economic Pie, but a Smaller Slice for Half of the U.S.," *The New York Times*, December 6, 2016, https://www.nytimes.com/2016/12/06/business/economy/a-bigger-economic-pie-but-a-smaller-slice-for-half-of-the-us.html.

401 아인슈타인의 뇌: Stephen Jay Gould, "Wide Hats and Narrow Minds," *New Scientist*, March 8, 1979, p. 777.

402 경제성장 둔화: Sean McElwee, "Three Ways Inequality Is Making Life Worse for Everyone," *Salon*, Friday, April 3, 2015, http://www.salon.com/2015/04/03/3_ways_inequality_is_making_life_worse_for_everyone.

402 미국이 가장 사회적으로 불평등하다: "Inequality Update," Organisation for Economic Co-operation and Development, November 2016, https://www.oecd.org/social/OECD2016-Income-Inequality-Update.pdf.

402 국가 간 불평등 수준 비교: http://www.indexmundi.com/facts/indicators/SI.POV.GINI/rankings.

403 코코넛 속 문어: https://www.facebook.com/LADbible/videos/2969897786390725.

옮긴이 서제인

기자, 편집자, 작가 등 글을 다루는 다양한 일을 하다가 번역을 시작했다. 거대하고 유기체적인 악기를 조율하는 일을 닮은 번역 작업에 매력을 느낀다. 옮긴 책으로 『잃어버린 단어들의 사전』이 있다.

노마드랜드

1판 1쇄	2021년 3월 26일
1판 8쇄	2023년 11월 30일

지은이	제시카 브루더
옮긴이	서제인
펴낸이	김이선
편집	권은경 김이선
디자인	김진영
마케팅	김상만

펴낸곳	(주)엘리
출판등록	2019년 12월 16일 (제2019-000325호)
주소	04043 서울특별시 마포구 양화로 12길 16-9(서교동 북앤빌딩)
✉	ellelit@naver.com
⬡	ellelit2020
전화	(편집) 02 3144 3802 (마케팅) 02 3144 2553
팩스	02 3144 3121

ISBN 979-11-91247-05-3   03300